Liselotte Staub

Das Wohl des Kindes bei Trennung und Scheidung

Grundlagen für die Praxis der Betreuungsregelung

2., überarbeitete Auflage

hogrefe

Dr. phil. Liselotte Staub
Eisenbahnweg 6
3426 Aefligen
Schweiz
kontakt@staub-psychologie.ch
www.staub-psychologie.ch

Bibliografische Information der Deutschen Nationalbibliothek
Die Deutsche Nationalbibliothek verzeichnet diese Publikation in der Deutschen Nationalbibliografie; detaillierte bibliografische Daten sind im Internet über http://www.dnb.de abrufbar.

Anregungen und Zuschriften bitte an:
Hogrefe AG
Lektorat Psychologie
Länggass-Strasse 76
3012 Bern
Schweiz
Tel: +41 31 300 45 00
info@hogrefe.ch
www.hogrefe.ch

Lektorat: Dr. Susanne Lauri
Herstellung: René Tschirren
Umschlagabbildung: Nadine Strub, Worb
Umschlag: Claude Borer, Riehen
Satz: Mediengestaltung Meike Cichos, Göttingen
Druck und buchbinderische Verarbeitung: Finidr s.r.o., Český Těšín
Printed in Czech Republic

2., überarbeitete Auflage 2023

(E-Book-ISBN_PDF 978-3-456-96248-1)
(E-Book-ISBN_EPUB 978-3-456-76248-7)
ISBN 978-3-456-86248-4
http://doi.org/10.1024/86248-000

Das Wohl des Kindes bei Trennung und Scheidung

Das Wohl des Kindes bei Trennung und Scheidung

Liselotte Staub

Inhaltsverzeichnis

Teil II: Sorgerecht, Festlegung von Betreuungsanteilen und Kontaktregelung

Anhang

Vorwort

Der 11-jährige L. und die 8-jährige S. leben seit der Trennung ihrer Eltern vor zwei Jahren bei der Mutter. Den Donnerstag nach Schulschluss und jedes zweite Wochenende verbringen sie mit ihrem Vater. Im Zusammenhang mit der anstehenden Scheidung beantragt nun der Vater vor Gericht die geteilte Obhut. Die Mutter ist strikte dagegen.

In einem anderen Fall verweigert der 6-jährige K. den Kontakt zu seinem Vater hartnäckig. Während die Mutter auf den Willen des Kindes verweist, die Bemühungen des eingesetzten Beistands als quälende Einmischung betrachtet und den Mahnfinger der Behörde als Zumutung wahrnimmt, klagt der Vater die gleiche Behörde an, sein Kontaktrecht schleifen zu lassen und das Gesetz nicht anzuwenden. Die Behörde verspricht sich von einer Begutachtung einen Ausweg aus dieser Doublebind-Situation. Es findet sich aber kein Gutachter, der sich zeitnah um den Fall kümmern könnte, und die Zeit drängt.

Zwangslagen wie diese gehören zum Tagesgeschäft der Familien- bzw. Zivilgerichte und der Kindes- und Erwachsenenschutzbehörden. Daran hat sich nichts geändert, seit im Rahmen der Reformen des Familienrechts in Deutschland (1998), Österreich (2013) und schließlich in der Schweiz (per 1. Juli 2014) die gemeinsame elterliche Sorge unabhängig vom Zivilstand der Eltern zum Regelfall erklärt wurde. Der mit den Reformen einhergehende Paradigmenwechsel bezieht sich im Grundsatz auf die Rechtsgleichheit zwischen den Eltern, welche nun unabhängig vom ehelichen Status die Verantwortung für Erziehung und Entwicklung des Kindes gemeinsam behalten. Anders als die Sorge bzw. das Sorgerecht kann man das Kind selber aber nicht teilen. Daher gilt es weiterhin, den oder die obhutinnehabenden Elternteile und die entsprechenden Betreuungsanteile zu bestimmen oder den persönlichen Kontakt des Kindes mit dem getrennt lebenden Elternteil zu regeln.

Wenn sich die Eltern nicht einigen können, wo und mit wem das Kind nach der elterlichen Trennung aufwachsen soll, und die Kindbetreuung zum unüberwindbaren Konflikt führt, stellen sich den Entscheidungsbehörden heute jedoch differenziertere und kindeswohlspezifischere Fragen: Während es vor den Reformen nicht selten zu entscheiden galt, welchem Elternteil bei gleicher Voraussetzung die Sorge und Obhut über das Kind zugeteilt werden und welcher Elternteil mit einem Kontaktrecht von circa zwei Wochenenden pro Monat den „Trostpreis" bekommen soll, ist es heute möglich, eine dem individuellen Kind angepasste Betreuungsaufteilung zu bestimmen.

Die Tatsache, dass die Reformen im Familiengesetz die Eltern als Kenner und Experten für ihre Kinder mit mehr Eigenverantwortung ausstatten und die Sorgerechtsverteilung in der Regel nicht mehr Inhalt der Scheidungsverhandlung ist, entlastet jedoch nicht automatisch die Scheidungsverfahren. Die aus kinderpsychologischer Sicht notwendigen und wichtigen Veränderungen gehen nämlich mit einer größeren Unsicherheit der Entscheidungsbehörden einher, zumal die Frage, welche Betreuungsform dem einzelnen Kind am besten entspricht, keine rechtliche Fragestellung ist. In einem Rechtssystem, in dem eigenverantwortliche Individuen mit gleichen Rechten ausgestattet sind, entstehen an den Grenzen der Rechtsgleichheit naturgemäß Konflikte. Und weil in der Demokratie mangels hierarchischer oder diktatorischer Regeln die Konflikte eben ausgehandelt werden und das Ergebnis dem Kindeswohl entsprechen muss, ist damit zu rechnen, dass die Eltern die Behörden des Staates häufiger anrufen werden, wenn sie ihre Konflikte nicht eigenverantwortlich lösen können.

Beim Entscheiden der ausnehmend psychologischen Frage, welche Kindbetreuung nach der elterlichen Trennung dem Kindeswohl am besten entspricht, sind die Entscheidungsbehörden häufig überfordert, insbesondere dann, wenn sich diese Frage vor dem Hintergrund von scheinbar unlösbaren Elternkonflikten stellt. Demzufolge werden Gutachter beauftragt, Empfehlungen auszusprechen.

Mit diesem Buch soll ein Beitrag zur Entscheidbefähigung von Fachpersonen in entsprechenden Behörden geleistet werden. Diesen Fachleuten eröffnet es die Möglichkeit, sich über die wesentlichen Aspekte, Kriterien und deren Wechselwirkungen zu informieren und diese Aspekte angemessen zu gewichten, um schließlich zu einer Entscheidung zu gelangen. Darüber hinaus richtet sich das Buch an Gutachter und an Psychotherapeuten, welche im Rahmen ihrer Tätigkeit mit getrennten Eltern und deren Kindern arbeiten.

In die vorliegende zweite, überarbeitete Auflage wurden neue Erkenntnisse und Erfahrungen der praktisch tätigen Autorin seit Erscheinen der ersten Auflage aufgenommen. Da im familienrechtspsychologischen Handlungskontext der Umgang mit Kontaktschwierigkeiten die größte Herausforderung darstellt, wird in der zweiten Auflage die Verortung der Problematik unter anderem in der Elternpersönlichkeit verstärkt gewichtet, und entsprechende Lösungsmöglichkeiten (wie z.B. Teilnahme an Elternprogrammen, Obhutumteilung oder Erinnerungskontakte auch bei jüngeren Kindern) werden diskutiert. Erweiterte Ausführungen zur Beurteilung der Qualität eines Gutachtens richten sich sowohl an die Entscheidbehörden als auch an die Sachverständigen.

Abkürzungsverzeichnis

ABGB	Allgemeines Bürgerliches Gesetzbuch (Österreich)
Auß StrG	Langtitel: Bundesgesetz über das gerichtliche Verfahren in Rechtsangelegenheiten außer Streitsachen, Kurztitel: Außerstreitgesetz (Österreich)
BGB	Bürgerliches Gesetzbuch (Deutschland)
FamFG	Gesetz über das Verfahren in Familiensachen und in den Angelegenheiten der freiwilligen Gerichtsbarkeit (Deutschland)
HKÜ	Haager Kindesentführungsübereinkommen
StGB	Strafgesetzbuch (Deutschland, Österreich)
ZGB	Zivilgesetzbuch (Schweiz)
ZPO	Zivilprozessordnung (Schweiz)

Einleitung

Die Etablierung eines kindeswohlverträglichen Betreuungsmodells bildet sowohl für die Betroffenen als auch für die Entscheidungsbehörden eine der größten Herausforderungen im Umgang mit Trennungseltern. Insbesondere wenn sich Eltern nicht darüber einigen können, fällt dem Staat die Wächterfunktion darüber zu, dass bei allem Verständnis für die Rechte und Bedürfnisse der Eltern das Kindeswohl nicht ins Hintertreffen gerät. Die Mitarbeiter und Mitarbeiterinnen in Entscheidungsbehörden müssen Situationen identifizieren können, die Kinder in die Rolle drängen, verlorene Partnerliebe zu kompensieren oder monetäres Ungleichgewicht zwischen den Eltern auszugleichen. Die Behörden müssen einschreiten, wenn der Kampf der Eltern um die Kinder zur Schädigung dieser Kinder führt.

Dass die betroffenen Kinder nicht gleichzeitig bei beiden Eltern leben können, erzeugt einen Interessenkonflikt, der insbesondere beim elterlichen Wunsch nach möglichst „gerechter" Anwesenheitsverteilung des Kindes ins Gewicht fällt. Nach welchen Kriterien entscheidet man darüber, welches Betreuungsmodell für das Kind am zuträglichsten ist? Welche Gründe führen zu dem Phänomen, dass Kinder nach der Trennung der Eltern den Kontakt zu einem Elternteil ablehnen, und wie ist vorzugehen?

Das vorliegende Buch thematisiert die Herausforderungen und Hürden, welche sich mit den Familiengesetz-Reformen in den deutschsprachigen Ländern und den damit einhergehenden gesellschaftlichen Ansprüchen einerseits und den konkreten Ansprüchen der getrennten Eltern auf möglichst viel Zeit mit ihren Kindern andererseits ergeben. Im Zentrum der Betrachtung steht das Erleben des Kindes im Umgang bzw. Kontakt mit seinen getrennten Eltern aus entwicklungspsychologischer, systemischer und familienrechtspsychologischer Sicht, dies vor dem Hintergrund der gesetzlichen Vorgaben und Interventionsmöglichkeiten.

Das Buch gliedert sich in drei Teile:
Ausgangspunkt des **ersten Teils** ist die Bühne, auf welcher die Betreuungsanteile der sorge- und obhutsberechtigten Eltern für das Kind oder der persönliche Verkehr des Kindes mit dem Elternteil ohne Obhut bestimmt und geregelt werden. Vor einem familienrechts-

psychologischen Hintergrund werden Aspekte dargestellt und erläutert, welche im Drama der konflikthaften „Aufteilung" des Kindes zwischen den getrennten Eltern eine Rolle spielen, miteinander interagieren und beim Bestimmen der Betreuungsanteile und des persönlichen Verkehrs berücksichtigt und beurteilt werden müssen.

Auf der Seite des Kindes ist dies zunächst der trennungsinhärente *Loyalitätskonflikt* (Kap. 1) – der Belastungsfaktor, den alle Trennungskinder miteinander teilen. Warum entsteht aus Loyalität ein Loyalitätskonflikt? Was ist das Besondere am Loyalitätskonflikt, und wie wirkt er auf das Kind, wenn sich die Eltern trennen?

Zwar wirkt sich auch die *altersabhängige Ambivalenzfähigkeit* (Kap. 4.1) und *die Resilienz* des Kindes (Kap. 4.3) auf das Ausmaß des Loyalitätskonfliktes aus. Aber den größten Einfluss auf dessen Ausprägungsgrad und den Umgang des Kindes damit nehmen die Eltern mit ihrem Verhalten. Eine besonders prägende Größe stellt der anhaltende *Elternkonflikt* dar (Kap. 2), welcher unabhängig vom Einfluss auf die Betreuungsaufteilung als der kindeswohlschädlichste Trennungsfaktor gilt.

Die Erfahrung zeigt, dass die persönlichkeitsbedingten Problemlösungsstrategien und Absichten der zerstrittenen Eltern eine entscheidende Rolle im Konflikt um die Betreuungsanteile spielen. Daher befasst sich ein weiteres Kapitel mit dysfunktionalem Elternverhalten vor dem Hintergrund der am häufigsten identifizierbaren *Persönlichkeitsmerkmale* (Kap. 3.1) bei hochkonflikthaften Eltern.

In Abhängigkeit von den genannten Faktoren auf der Kind- und der Elternseite zeigt sich das Ausmaß des Loyalitätskonfliktes schließlich im geäußerten Willen des Kindes auf die Frage, wo und mit wem es nach der Trennung zusammenleben möchte. Im Kapitel 5 über den *Kindeswillen* werden die entwicklungspsychologischen Voraussetzungen für eine Willensbekundung dargelegt und Einflussgrößen aufgezeigt, welche den Willensausdruck formen.

Im Zusammenhang mit dem Kindeswillen gilt es, die Voraussetzungen für die *Urteilsfähigkeit* zu bestimmen (Kap. 6).

Ein maßgebender Aspekt bei der Betreuungsaufteilung ist in der *Beziehungsgeschichte* und den daraus entspringenden individuellen Beziehungen des Kindes zu seinen beiden Eltern verortet (Kap. 8). Während ältere Kinder die Charakteristik dieser Beziehung auf unterschiedliche Art zum Ausdruck bringen, ist sie bei jüngeren Kindern nur aufgrund der *Bindungsentwicklung* beurteilbar. Unverzichtbar ist folglich bei der Bestimmung einer kindeswohlverträglichen Betreuungsform für Säuglinge und Kleinkinder die Berücksichtigung des *Bindungsaspekts* (Kap. 9).

Vor dem Hintergrund des systemischen Geschehens interagieren die Aspekte auf der Kindseite mit den Aspekten auf der Elternseite. Während bei obhutinnehabenden Eltern die *Erziehungsfähigkeit* (Kap. 7) vorausgesetzt werden muss, ist für einen Elternteil mit einem minimalen Kontaktrecht die Betreuungsfähigkeit hinreichend. Daraus ergibt sich die Notwendigkeit, zwischen erziehen und betreuen zu unterscheiden.

Die miteinander interagierenden Aspekte auf der Bühne des Streits um das Kind sind nun vorgestellt und charakterisiert. Im **zweiten Teil** werden die Voraussetzungen und

Kriterien für *die Festlegung von Betreuungsanteilen bzw. die Regelung des Umgangskontakts* eingehend diskutiert. Hochkonflikthafte Eltern imponieren in den Beratungen, Mediationen oder anderweitigen Interventionen in der Regel durch Uneinigkeit in Bezug auf die Frage, wo das Kind nach der Trennung leben, ob und mit welchem Elternteil es wann, wie häufig und wie lange Kontakt haben soll. Können sich die Eltern nach ihrer Trennung oder Scheidung nicht einigen, wo das Kind leben wird und mit welchem Elternteil das Kind wie oft und wie lange Kontakt haben soll, obliegt die Entscheidungskompetenz darüber grundsätzlich den zuständigen Entscheidungsbehörden.

Im **dritten Teil** werden *Interventionen und Handlungsmöglichkeiten* dargestellt, welche den Behörden bei solchen Fragen zur Verfügung stehen und das Potential haben, in der konflikthaften Betreuungsaufteilung und bei Kontaktrechtstreitigkeiten das Kindeswohl zu gewährleisten. Die Voraussetzungen sowie Nutzen und Schaden von *drittbegleiteten Eltern-Kind-Kontakten, Pflichtmediation, Therapieprogrammen für Eltern, interventionsorientierten Gutachten* und *Erinnerungskontakten* werden diskutiert. Im Rahmen der jüngeren Reformen im Familienrecht wurden als hauptsächliche Ziele die stärkere Eigenverantwortung der Eltern sowie der Vorrang von Beratung und einvernehmlicher Konfliktlösung formuliert. Daher wird sowohl den Interventionsmöglichkeiten als auch den Entscheidungshilfen große Bedeutung zugemessen. Das Buch schließt mit Überlegungen zur Erzwingung und Vollstreckung von Eltern-Kind-Kontakten aus psychologischer und ethischer Sicht.

Teil I: Theoretische Grundlagen

1
Von der Loyalität zum Loyalitätskonflikt

Fallbeispiel

Die beiden berufstätigen Eltern betreuten den 8-jährigen Jan etwa zu gleichen Teilen selber, bis die Mutter den Vater nach einer heftigen Auseinandersetzung wegen einer Außenbeziehung des Vaters aus der gemeinsamen Wohnung wies und mit Jan zurückblieb. Von nun an kämpften beide Eltern erbittert um die Obhut über Jan. Eine alternierende Obhut kam für die Mutter nicht in Frage. Beim Versuch, Jan auf ihre Seite zu ziehen, machten die Eltern den je anderen Elternteil schlecht. Einerseits unterstützte Jan seinen Vater, indem er in dessen Klagen über die Mutter einstimmte, andererseits berichtete der Junge der Mutter nach den Kontakten mit dem Vater nur Negatives über den Vater. Wie das Kind seine Eltern wahrnahm, führte zu zusätzlichen Konflikten zwischen den Eltern, die Jan immer eins zu eins mitbekam. Zunehmend kamen Klagen von der Schule, dass Jans Leistungen nachließen und er oft in Schlägereien verwickelt sei.

Dieses Beispiel verdeutlicht die Loyalitätsbemühungen des Kindes und den daraus resultierenden Konflikt. Der Loyalitätskonflikt ist ein scheidungs- bzw. trennungsinhärenter Belastungsfaktor für das Kind und gehört unausweichlich zur elterlichen Trennung dazu. Der Loyalitätskonflikt zählt zu den bedeutsamsten Stressfaktoren, mit denen ein Kind bei der Trennung seiner Eltern konfrontiert ist. Die Auswirkung des Loyalitätskonflikts manifestiert sich insbesondere in Kontakt- und Beziehungsschwierigkeiten zwischen dem Kind und seinen getrennten Eltern. Loyalitätskonflikte sind oft auch dann der Motor, wenn sich Kinder gerecht auf Mutter und Vater verteilen wollen, um ihre streitenden und bedürftigen Eltern zufriedenzustellen. Weil das Fühlen, das Verhalten und der Willensausdruck des Kindes im Loyalitätskonflikt immer darauf ausgerichtet ist, diesen unangenehmen Zustand auszuhalten oder aufzulösen, kann man generell davon ausgehen, dass sich die meisten Umgangs- und Kontaktschwierigkeiten des Kindes vom Loyalitätskonflikt her erklären lassen. In Abhängigkeit von bestimmten Faktoren unterscheiden sich Loyalitätskonflikte im Ausprägungsgrad und Bewältigungsmuster. Diese Tatsache rechtfertigt eine eingehende Betrachtung des Phänomens.

1.1 Grundlage der Loyalität

Was genau ist Loyalität, wie entsteht sie und wie mutiert sie zum Konflikt?

Etymologisch stammt das Wort „loyal" vom französischen *loi*, „Gesetz", und bedeutet gesetzestreu, redlich, anständig. Im familiendynamischen Ansatz des Begründers und Pioniers der Familientherapie, Ivan Boszormenyi-Nagy, wird Loyalität als ein Zusammenwirken von Begegnung und Gerechtigkeit verstanden. Während Begegnung als grundlegendes und konstituierendes Element von Menschsein betrachtet wird, gilt Gerechtigkeit als existentielle Gegebenheit eines Ordnungsprinzips menschlicher Beziehungen.

Vor dem Hintergrund der begründeten Annahme, dass das Streben nach Gerechtigkeit ein primäres Handlungsbedürfnis des Menschen ist, entwarf Boszormenyi-Nagy 1973 eine psychologische Theorie, in der gegenseitige Verpflichtungen, Erwartungen und Ausgleichsbedürfnisse zwischen Familienmitgliedern zu wesentlichen bewussten und unbewussten Verhaltensmotiven werden. Die treibende Kraft erkannten Boszormenyi-Nagy und Spark (1981) in der Loyalität, welche so lange unsichtbar bleibt, wie das Individuum nicht genötigt wird, Position zwischen zwei Menschen oder zwei Gruppen zu beziehen.

Boszormenyi-Nagy betont die *vertikale* Loyalität unter Blutsverwandten inklusive Adoptivkindern und unterscheidet diese von der *horizontalen* Loyalität bei Herzensbeziehungen, zum Beispiel Freundschaften. Er geht davon aus, dass allen menschlichen Individuen in den Beziehungen zu ihren Angehörigen ein angeborenes Bedürfnis nach Gerechtigkeit und Gegenseitigkeit innewohnt. Jedes Sein entwickelt sich psychisch in einer Intersubjektivität, der Kind-Eltern-Beziehung. Aufgrund seiner frühen Geburt und der damit einhergehenden biologischen und psychologischen Unreife ist das Menschenkind auf seine Eltern bzw. primären Bezugspersonen angewiesen und muss deren Erwartungen erfüllen, um überleben zu können.

Die bedingungslose Bereitschaft zur Fürsorge beziehen die Eltern aus ihrem wieder auflebenden primären Narzissmus[1], welcher sich in Liebe zum Kind verwandelt: Die Eltern sehen im Kind sich selber. Diese Wiederbelebung des primären Narzissmus mit der Elternschaft ist ein inhärenter Bestandteil der menschlichen Entwicklung und offenbart sich beispielsweise in Fällen, in denen Eltern ihr zur Adoption freigegebenes Kind nie kennengelernt haben, sich aber mit diesem Kind lebenslänglich verbunden fühlen und große Anstrengungen unternehmen, um Kontakt zu diesem herzustellen. Das Gegen-

---

1 Am Anfang des Lebens steht die enge Beziehung von Mutter und Kind, in der das Kind ein ozeanisches Gefühl der Vollkommenheit und Harmonie erlebt. Der Säugling kann noch nicht zwischen sich und der Umgebung unterscheiden. Er fühlt sich noch identisch mit der Umwelt und die Umwelt identisch mit sich. Man nimmt an, dass im Verlauf seiner Entwicklung ein intensives Bestreben beim Individuum besteht, den verloren gegangenen Idealzustand der Verschmelzung in der frühen Kindheit wiederherzustellen. In dem Maße, wie der Mensch diesem Ideal nachkommt, verspürt er erneut einen Teil von dem anfänglichen Gefühlszustand der Vollkommenheit, der im psychoanalytischen Jargon als „primärer Narzissmus" definiert wird.

stück dazu ist die narzisstische Kränkung eines Vaters, der erfährt, dass er nicht der biologische Vater des Kindes ist, in welches er investiert hat, und sich aufgrund dieser Kränkung von diesem Kind zurückzieht (vgl. Klosinski, 2007).

Gründend auf dieser Theorie definiert Ducommun-Nagy (2012) fünf Dimensionen bzw. Bestimmungen von Loyalität innerhalb der Familie:

Die ethische Bestimmung bezieht sich auf die Verpflichtungskomponente von Loyalität. Diese ist zunächst an unser Pflichtbewusstsein und unseren Sinn für Fairness und Gerechtigkeit gebunden. Im Gegenzug für ihre Verfügbarkeit zugunsten der Kinder erwarten die Eltern von diesen Loyalität. Diese Loyalität beherrscht die Beziehung und wird auf die Kinder übertragen. Ob dieser Prozess genetisch angelegt ist, unbewusst tradiert wird oder das Resultat von Erziehung ist, bleibt offen.
Fazit: Die Verletzung dieser Dimension geht mit einer ethischen Zuwiderhandlung einher und erzeugt beim Individuum Angst, verstoßen zu werden.

Die psychologische Bestimmung von Loyalität bezieht sich auf den Verlustschmerz, der fast alle Eltern erfasst, wenn die Kinder autonom werden und von zuhause ausziehen. Im überwiegend unbewussten Wissen um den Verlustschmerz der Eltern geht die Autonomieentwicklung auf Seiten der Kinder mit mehr oder weniger Schuldgefühlen einher. Um diese Schuldgefühle abzuwenden, kommt es vor, dass Kinder auf die Verwirklichung ihrer persönlichen Projekte verzichten oder mit den Eltern einen unbewussten Ausgleichshandel eingehen. Beispielsweise kann ein Sohn seine Selbständigkeit nur schuldlos verwirklichen, indem er den Eltern einmal in der Woche seine Schmutzwäsche bringt, sie also besucht. Dass es sich dabei um einen unbewussten Prozess handelt, der mit der äußeren Realität nichts zu tun hat, zeigt sich daran, dass viele Eltern, welche unter einem ausgeprägten Verlusterleben leiden, die Autonomieentwicklung ihrer Kinder stets als oberstes Erziehungsziel auf ihrer Agenda hatten und diese Entwicklung auch förderten und unterstützten.
Fazit: Die Verletzung der psychologischen Bestimmung der Loyalität wird als Ungerechtigkeit empfunden und erzeugt beim „Täter“ Schuld- und Schamgefühle.

Die systemische Bestimmung erkennt in der Loyalität ein primäres Ordnungsprinzip, welches die Homöostase der Familie aufrechterhält. Loyalität ist der emotionale Leim, welcher das Weiterbestehen der Familie über die Zeit hinweg garantiert und in der bedingungslosen Akzeptanz von Familienmitgliedern zum Ausdruck kommt. Die Familie ist in ihrem Fortbestehen auf die Loyalität ihrer Mitglieder angewiesen und bestraft die Deserteure. Vom systemischen Standpunkt aus betrachtet, sichert die Loyalität, dass die Kinder die Erwartungen der Eltern erfüllen, um Repressalien zu verhindern.
Fazit: Die Verletzung dieser Dimension geht mit Angst vor Bestrafung einher.

Die faktische Bestimmung von Loyalität bezieht sich auf den biologischen Aspekt von Loyalität bzw. die Tatsache, dass von einer genetisch angelegten oder durch Prägung entstandenen Verbindung zwischen Familienangehörigen auszugehen ist. Dies zeigt sich unter anderem darin, dass Kinder ihren Erzeugern gegenüber oft auch dann loyal sind, wenn diese es nicht verdient haben oder wenn Kinder nie eine Beziehung zu ihren Erzeugern aufgenommen haben.[2] Entsprechend ist die Abwendung und Abkehr von Freunden leichter zu bewältigen als die rigorose Abwendung von der Familie. Offenbar haben wir nicht nur eine verinnerlichte Tendenz, Menschen zu bevorzugen, mit denen wir ein genetisches Erbe teilen, sondern unsere Identitätsentwicklung verlangt auch, dass wir eine tatsächliche oder wenigstens eine imaginierten Verbindung mit unseren Erzeugern etablieren, ähnlich einer Figur, die ohne Hintergrund, von dem sie sich abhebt, nicht erkannt werden kann. Die faktische Loyalität des Kindes gegenüber seinen Eltern ist intrinsisch motiviert und ein existentielles Bedürfnis. Die Unterdrückung dieses Bedürfnisses geht mit Identitätsverlust einher bzw. mit dem Gefühl, nicht zu wissen, woher wir kommen und wer wir sind. Das Kind als Produkt beider Eltern definiert seine Identität zunächst körperlich, seelisch und geistig über seine Eltern. Von diesem Standpunkt betrachtet, sind Loyalitätsbrüche immer auch Identitätsbrüche. Werten sich die Eltern gegenseitig ab, wird damit auch immer ein Teil des Kindes in Frage gestellt.
Fazit: In der Loyalität zum einen und gleichzeitigen Illoyalität zum anderen Elternteil kann das Kind auch einem Teil von sich selber nicht treu sein.

Die existentielle Determinante von Loyalität ist mit der dialektischen Definition von Autonomie verknüpft. Da unsere Autonomiemöglichkeit von einer Verbindung mit anderen abhängt, bieten wir unseren Nächsten unsere Loyalität an, um eine „Ich-du-Verbindung" herzustellen. Diese Verbindung ist für unsere Individuation in der Abgrenzung vom Gegenüber existentiell. Kinder offerieren diese Art von Loyalität auch ihren anonymen Erzeugern. Allein das Wissen darum, dass diese an ihrer Existenz beteiligt sind, reicht dazu offenbar aus.
Fazit: Die Unterdrückung oder das Fehlen dieser Dimension von Loyalität kann die Individuation bzw. das Gefühl von Einzigartigkeit und Einmaligkeit gefährden oder unmöglich machen.

---

2 In der klinischen Arbeit zeigt sich nicht selten, dass insbesondere die von ihren Eltern am meisten vernachlässigten oder misshandelten Kindern oft diejenigen sind, welche gegenüber ihren Eltern am loyalsten sind. Dies hat damit zu tun, dass die menschliche Psyche die Tatsache kaum integrieren kann, dass ausgerechnet *der* oder *die* Menschen uns misshandeln, die für unseren Schutz und unsere Geborgenheit zuständig sind. Im Nicht-wahrhaben-Wollen dieser Tatsache tendiert das Individuum dazu, in einer Art „Wiederholungszwang" den Täter immer wieder zu prüfen, in der Hoffnung, zu erkennen, dass es selber sich getäuscht hat.

1.2 Loyalitätsverletzung und Loyalitätskonflikt

Die Triebfeder der Loyalität ist also in den primären Bedürfnissen nach Bindung, Zugehörigkeit, Identität und Individuation verortet, welche das Individuum mittels Aufrechterhalten der unsichtbaren Loyalität gewährleistet. Kommt der Mensch in die Lage, dass er diese Loyalität freiwillig oder unfreiwillig verletzen muss, stellen sich unterschwellig sämtliche unangenehmen Gefühle ein, welche den fünf genannten Determinanten von Loyalität innewohnen: Angst vor Bestrafung, Angst, ausgeschlossen zu werden, Schuldgefühle und Angst vor Bedeutungslosigkeit infolge fehlender Identität und Individuation.

Ausgehend von der Familie als Dreh- und Angelpunkt von Loyalität ergibt sich, dass das System „Familie" aus verschiedenen Subsystemen zusammengesetzt ist, welche miteinander in Konflikt geraten und sich gegenseitig die Loyalität aufkündigen können. Der Loyalitätskonflikt ist in seiner Natur triangulär und bezieht sich auf drei reale oder imaginierte Protagonisten. Im Sinne von „Wenn zwei sich streiten, leidet der Dritte" ist dieser Dritte mit einer kognitiven Dissonanz konfrontiert:[3] Loyal zu bleiben, ist ihm nicht mehr möglich, weil Loyalität gegenüber dem einen Subsystem zu Illoyalität gegenüber dem anderen Subsystem führt.

Abgesehen davon, dass die unabwendbare Verletzung von Loyalität gegenüber einem Subsystem mit den oben beschriebenen unangenehmen Gefühlen einhergeht, bewirkt die kognitive Dissonanz zusätzliche unangenehme Gefühle, nämlich Schuldgefühle, Kontrollverlust, Hilflosigkeit und Aussichtslosigkeit. Das Aushalten dieser Gefühle wird zum psychischen Kraftakt und drängt nach Erlösung. Die Begründung dafür liefert die Gestalttheorie.

1.3 Loyalitätskonflikt des Kindes vor dem Hintergrund der Gestalttheorie

Die Gestalttheorie ist ein psychologischer Ansatz, der am Anfang des 20. Jahrhunderts von den Psychologen Max Wertheimer, Wolfgang Köhler, Kurt Koffka und Kurt Lewin konzipiert und unter der Bezeichnung „Gestaltpsychologie" bekannt wurde. Unter dem Begriff „Gestalt" versteht man eine Konfiguration oder eine Ereignisfolge, die zwar aus verschiedenen Elementen, Gliedern und einzelnen Ereignissen zusammengesetzt ist, aber als einheitliches Ganzes wahrgenommen wird. „Das Ganze ist etwas anderes als die Summe seiner Teile" – so lautet denn auch der Leitsatz der Gestaltpsychologie. Der Wortteil „Gestalt" als eine Art Ganzheitsbegriff bezieht sich nicht nur auf die Wahrnehmung von Konfigurationen, sondern auch auf ein gestalthaftes Denken. Während in den Naturwissenschaften das Hauptinteresse dem Erkennen von kleinsten Teilen gilt, liegt der Fo-

3 „Kognitive Dissonanz" bezeichnet einen unangenehmen Gefühlszustand, den man bei sich widersprechenden Meinungen oder Handlungen verspürt und daher auflösen will.

kus beim gestalthaften Denken auf der Bezogenheit der Teile zueinander. Diese Auffassungsweise führt weg von der Quantität und rückt die Qualität ins Zentrum.

Auf den Menschen bezogen beschäftigt sich die Gestalttheorie vor allem mit der Entstehung von Ordnung im psychischen Geschehen des Individuums in der dynamischen Interaktion mit seiner Umwelt: Der Mensch organisiert seine Wahrnehmungen, sein Denken, Fühlen und Verhalten nach bestimmten Mustern. Dabei bestimmen nicht nur Triebbedürfnisse, außenliegende Kräfte oder feststehende Persönlichkeitseigenschaften das Erleben und Verhalten des Menschen, sondern auch die Interaktion von Individuum und Situation im Sinne eines dynamischen Feldes.

Die Gestalttheorie geht davon aus, dass die Dynamik des psychischen Systems „Mensch" durch eine Tendenz zu ausgewogenen Zuständen charakterisiert ist und daher Strukturen mit ausgeglichenen dynamischen Beziehungen anstrebt: Der Mensch strebt nach der „guten Gestalt" oder „guten Form" und bevorzugt gewisse Konfigurationen wegen ihrer Einfachheit und Kohärenz. Dieses Bedürfnis nach einer harmonischen Form hat zur Folge, dass Individuen versuchen, Inkonsistenzen zu vermeiden, und sich um eine geordnete und kohärente Sicht der Welt bemühen.

Vor diesem Hintergrund hat sich der Gestalttheoretiker Fritz Heider in den 1950er Jahren in seiner Balancetheorie mit der Widersprüchlichkeit in den Beziehungen beschäftigt, die eine Person zwischen sich und anderen Elementen ihrer Umwelt wahrnimmt. Er geht davon aus, dass der Mensch auch in sozialen Beziehungen ausgewogene Zustände gegenüber unausgewogenen Zuständen bevorzugt. Als ausgewogenen oder Gleichgewichtszustand bezeichnet Heider eine soziale Beziehungsordnung, in welcher die Relationen zwischen den Akteuren aufeinander abgestimmt und harmonisch sind und daher nicht nach Veränderung drängen.

Die Zustände „Ausgeglichenheit" und „Unausgeglichenheit" werden in der Gleichgewichtstheorie auf eine aus drei Akteuren bestehende Triade angewendet. Bestimmend für die Entscheidung, ob ein Beziehungssystem als ausgewogen wahrgenommen wird oder nicht, ist die Anzahl der beteiligten positiven (+) und negativen (–) Beziehungen zwischen den Beziehungsakteuren (s. **Abb. 1**). Eine Triade „ICH – Person A – Person B" ist im Gleichgewicht, wenn das triadische System eine gerade Anzahl negativer Beziehungen aufweist (Situation 2, 3 und 4 in Abb. 1) oder gar keine negativen Beziehungen enthält (Situation 1). Alle anderen Konstellationen, wie zum Beispiel zwei Positivbeziehungen und eine Negativbeziehung (Situationen 5, 6 oder 7), sind nicht im Gleichgewicht. Situation 8 ist unbestimmt.

Die ausbalancierten, das heißt nach keiner Veränderung strebenden Triaden lassen sich metaphorisch aus der Sicht von ICH bzw. meiner Sicht wie folgt interpretieren:
(Situation 1): Der „Freund" meines „Freundes" ist mein „Freund".
(Situation 2): Der „Feind" meines „Freundes" ist mein „Feind".
(Situation 3): Der „Freund" meines „Feindes" ist mein „Feind".
(Situation 4): Der „Feind" meines „Feindes" ist mein „Freund".

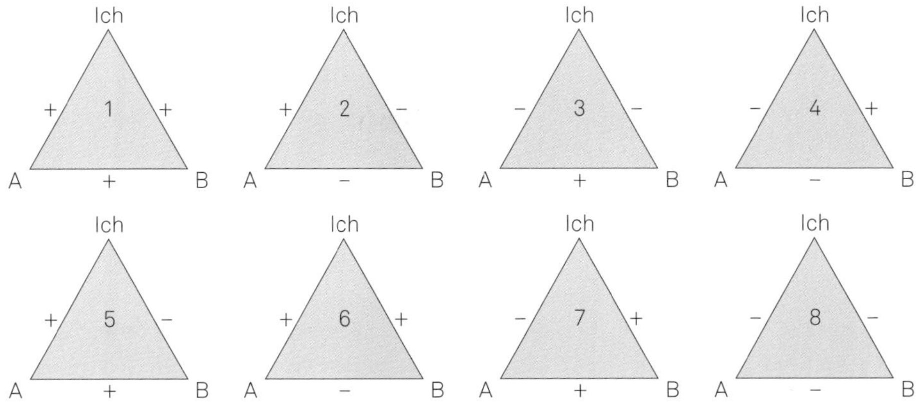

Abbildung 1: Mögliche Beziehungs-Triaden nach Heider (1977, S. 240)

In den unausgeglichenen Triaden (Situationen 5, 6 und 7) steht das ICH in einem Loyalitätskonflikt. Die damit verbundene Spannung tendiert zu einer Veränderung oder geht mit der Mobilisierung von psychischer Energie einher, wenn der Loyalitätskonflikt aufrechterhalten werden will oder aufrechterhalten werden kann. Der Ausprägungsgrad des Loyalitätskonfliktes oder die Fähigkeit, die Spannung auszuhalten, hängt nun von verschiedenen Einflussgrößen ab:

- meiner Abgrenzungsfähigkeit,
- meiner Beziehungsgeschichte mit A und B,
- dem Ausprägungsgrad der Negativbeziehung zwischen A und B,
- dem Ausprägungsgrad der Bedürftigkeit von A und B, wie ich sie wahrnehme,
- den Loyalitätsforderungen von A und B mir gegenüber,
- dem Grad meiner Abhängigkeit von A bzw. B.,
- der mir zur Verfügung stehenden Zeit, die Bedürfnisse sowohl von A als auch B zu bedienen.

Auf dieser Grundlage lässt sich nun der Loyalitätskonflikt des Kindes mit getrennten Eltern darstellen: Das Kind steht an meiner Stelle bzw. anstelle von ICH, und Vater und Mutter ersetzen meine Freunde bzw. übernehmen die Position von A und B:

In dieser Konstellation (**Abb. 2**, Situation 1) gibt es naturgemäß zwei positive Vorzeichen für die Beziehung des Kindes zu Mutter und Vater und ein negatives Vorzeichen für die Beziehung zwischen Vater und Mutter. Diese Triade ist im Ungleichgewicht und strebt somit nach einer Spannungsauflösung bzw. nach einem Gleichgewicht. Aus der Sicht der Eltern wäre ein Gleichgewicht dann hergestellt, wenn die Beziehung des Kindes zum anderen Elternteil negativ wird (Situation 2 oder 3), und aus der Sicht des Kindes wäre ein Gleichgewicht vorhanden, wenn die Beziehung zwischen den Eltern sich wieder in Rich-

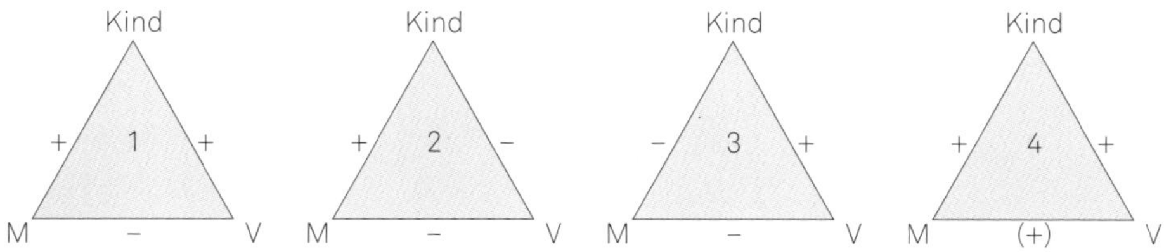

Abbildung 2: Das Kind in der Triade mit seinen Eltern (M, V) in Trennungsfamilien

tung „positiv“ verändert (Situation 4). Das natürliche Streben nach Veränderung bezieht sich beim Kind also auf den Wunsch, dass die Beziehung zwischen den Eltern wieder positiv wird. Geschieht dies nicht, bleibt das Kind im Loyalitätskonflikt gefangen. Es hat genau zwei Möglichkeiten: Entweder ist es in der Lage, die aus diesem Ungleichgewicht resultierende Spannung und die damit einhergehenden unangenehmen Gefühle auszuhalten (Situation 1) oder es solidarisiert sich mit einem Elternteil und opfert die Loyalität zum anderen Elternteil (Situation 2 oder 3). Das Gleichgewicht wäre auch dann hergestellt, wenn das Kind zu beiden Elternteilen eine Negativbeziehung installieren würde. Aber diese Möglichkeit bleibt wohl allenfalls erwachsenen Kindern vorbehalten.

1.4 Kriterien für die Ausprägung des Loyalitätskonflikts beim Kind

Vor dem Hintergrund der bio-psycho-sozialen Natur von Loyalität ergibt sich in Verbindung mit den gestalttheoretischen Gesetzen die Tatsache, dass *jedes* Kind in einen Loyalitätskonflikt gerät, wenn sich die Eltern trennen. Der Loyalitätskonflikt gehört zur elterlichen Trennung wie das Fieber zur Grippe-Erkrankung. Aber wie eine Grippe mit unterschiedlich hohem Fieber einhergehen kann, ist auch der Loyalitätskonflikt beim Kind unterschiedlich ausgeprägt. Wie schwerwiegend der Loyalitätskonflikt des Kindes in der Beziehung zu seinen getrennten Eltern ist, hängt grundsätzlich von den genau gleichen Faktoren ab wie in der freundschaftlichen Triade. Aber schon deshalb, weil der emotionale Leim der vertikalen Familien-Loyalität fester zusammenhält, ist die Situation der Kinder in der Zerrissenheit zwischen den Eltern gravierender als in den vergleichbaren Situationen von Freunden in der horizontalen Loyalität in Abbildung 1. Während wir in der Beziehung zu zwei Freunden jederzeit die Möglichkeit haben, ein Gleichgewicht herzustellen, indem wir die Loyalität zu A und/oder B aufkündigen, ist diese Bewältigungsstrategie beim Kind schon allein aufgrund der emotionalen und auch existentiellen Abhängigkeit des Kindes von seinen Eltern zumindest problematisch.

Ob das Kind in der Lage ist, den Konflikt auszuhalten, oder ob es den Konflikt auflöst, indem es im Sinne einer Bewältigungsstrategie eine Allianz mit einem Elternteil eingeht, hängt von folgenden Faktoren ab:

- der Abgrenzungsfähigkeit des Kindes,
- der Beziehungsgeschichte des Kindes mit dem Vater und der Mutter,
- dem Ausprägungsgrad der Negativbeziehung zwischen Vater und Mutter,
- den Loyalitätsforderungen und Manipulationsversuchen von Vater und Mutter gegenüber dem Kind,
- der vom Kind wahrgenommenen Bedürftigkeit des Vaters oder der Mutter,
- dem Grad der Abhängigkeit des Kindes von Vater und Mutter,
- der Zeit, welche dem Kind zur Verfügung steht, die Beziehungsbedürfnisse sowohl des Vaters als auch der Mutter zu bedienen.

1.4.1 Abgrenzungsfähigkeit des Kindes

Das Kind kann den Konflikt eher aushalten, wenn seine Ambivalenzfähigkeit entwickelt ist und es über eine gute Abgrenzungsfähigkeit verfügt (vgl. Kap. 5.1). Die Ambivalenzfähigkeit ist aber anfällig für Störungen. Ist das Kind durch die Trennung der Eltern schwer belastet, kommt es zu einer Regression[4] in der Ambivalenzentwicklung, wobei sich das Kleinkind wieder an seine Bezugsperson klammert und mit dieser eine Allianz eingeht und das ältere Kind in seiner Ambivalenzfähigkeit einbricht und entsprechende Irritationen und Verunsicherungen zeigt. Beim älteren Kind hängt die Abgrenzungsfähigkeit auch von individuellen Faktoren ab, etwa von Resilienz und Geschlecht. Erfahrungsgemäß können sich Knaben besser abgrenzen als Mädchen. Dies hat damit zu tun, dass sich Mädchen eher über Beziehungen identifizieren und Knaben eher über Kompetition.

1.4.2 Beziehungsgeschichte des Kindes mit dem Vater und der Mutter

Der Loyalitätskonflikt ist umso schwerer, je sicherer und vertrauter das Kind an beide Elternteile gebunden ist und je verfügbarer und verlässlicher beide Elternteile dem Kind vor der Trennung zur Verfügung gestanden haben. Mit der Unerträglichkeit eines ausgeprägten Loyalitätskonflikts steigt das Risiko, dass das Kind die Beziehung zu einem Elternteil opfert.

Man könnte nun meinen, dass – ähnlich wie bei Freundschaftstriaden – auch unterschiedlich enge Eltern-Kind-Beziehungen den Loyalitätskonflikt des Kindes bestimmen. Entsprechend wäre ein 8-jähriger Knabe mit einer engen Beziehung zur Mutter und einer distanzierten Beziehung zu seinem beruflich oft abwesenden Vater weniger loyalitätsbelastet. Aber aufgrund der besonderen Bedeutung der vertikalen Loyalität unter Familien-

---

4 Im psychologischen Sprachgebrauch versteht man unter „Regression“ einen Rückfall auf einen bereits überschrittenen Punkt der Reifungsentwicklung. Regressives Verhalten tritt in Stresssituationen auf und läuft unbewusst ab. Es dient der Stabilisierung des psychischen Gleichgewichts. In diesem Sinne ist es nicht dysfunktional, sondern Teil der Fähigkeit zur Selbststeuerung.

angehörigen (vgl. Kap. 1.1) kann man keineswegs davon ausgehen, dass dieses Kind weniger leidet, im Gegenteil. Seine Schuldgefühle können sogar noch größer sein, wenn es den Grund für seine enge Verbindung mit der Mutter und seine distanzierte Beziehung zum Vater vor der Trennung bei sich verortet. Hingegen ist der Loyalitätskonflikt dieses Kindes sicher kaum ausgeprägt, wenn es selber oder die Mutter vor der Trennung häufig Opfer von Gewalt und Missbrauch durch den Vater geworden ist.

1.4.3 Ausprägungsgrad der Negativbeziehung zwischen Vater und Mutter

Der Loyalitätskonflikt ist umso schwerer, je größer der emotionale Abstand der Eltern infolge Elternkonflikt ist und je länger dieser Konflikt dauert. Eltern, welche ihre emotionalen Ressourcen in einen anhaltenden Konflikt investieren, fehlt es an Ressourcen, das Kind im Aushalten des Loyalitätskonfliktes positiv zu beeinflussen und zu unterstützen. Schon allein dadurch steigt das Risiko, dass das Kind den Loyalitätskonflikt längerfristig nicht mehr aushält und dysfunktional löst.

1.4.4 Loyalitätsforderungen und Manipulationsversuchen von Vater und Mutter gegenüber dem Kind

Entsprechendes Verhalten spielt sich oft vor dem Hintergrund spezifischer Persönlichkeitseigenschaften der Eltern ab (vgl. Kap. 3). Die Grenze zwischen subtilen, unbewussten Loyalitätsforderungen und bewussten Entfremdungsstrategien ist fließend und stellt für das Kind eine große Versuchung dar, sich in der Allianz mit einem Elternteil vom unerträglichen Loyalitätskonflikt zu entlasten.

1.4.5 Vom Kind wahrgenommene Bedürftigkeit des Vaters oder der Mutter

Die Not eines oder beider Elternteile kann die Loyalitätsverteilung des Kindes steuern. Insbesondere wenn das Kind bemerkt, dass es mit seinem Verhalten oder allein durch seine Gegenwart diese Not zu lindern vermag und damit in diesem Chaos etwas Kontrolle zurückgewinnen und sich wirksam fühlen kann, steigt das Risiko, dass es sich *dem* Elternteil zuwendet, dem es schlechter geht. Diese Wahrscheinlichkeit ist umso höher, wenn es sich bei diesem Elternteil um *den* Elternteil handelt, von dem sich das Kind nach der Trennung abhängiger fühlt.

1.4.6 Grad der Abhängigkeit des Kindes von Vater und Mutter

Während sich in Freundschaftsbeziehungen oft subtil unterschiedliche Abhängigkeiten identifizieren lassen, ist ein Kind naturgemäß von beiden Eltern abhängig. Aber auch das Kind ist ein Homo oeconomicus und wählt in Notsituationen seine Entscheidung und Handlung im Sinne einer Maximierung der Nutzenfunktion. Ist die Grenze der Erträglichkeit erreicht, steigt das Risiko, dass das Kind seine Loyalität letztlich *dem* Elternteil zukommen lässt, von dem es sich nach der Trennung abhängiger fühlt.

1.4.7 Zeitliche Verfügbarkeit

Für die Pflege von zwei Zweierbeziehungen bzw. der Beziehung mit dem Vater und der Beziehung mit der Mutter muss zwangsläufig mehr Zeit aufgewendet werden als für das Zusammensein mit beiden Eltern. Da auch der Tag eines Kindes nur 24 Stunden hat, kommen insbesondere ältere Kinder in Bedrängnis, wenn sie sich ihren Eltern gegenüber verpflichtet fühlen und infolgedessen ihre altersentsprechenden Entwicklungsaufgaben vernachlässigen.

1.5 Loyalitätskonflikt und psychische Störungen

Das Aushalten eines Loyalitätskonflikts absorbiert viel psychische Energie. Je nach individueller Konstitution des Kindes kann es geschehen, dass diese Energie nicht mobilisiert werden kann und das Kind psychisch dysfunktional reagiert. So entwickelt ein vormals unauffälliges Kind nicht selten Ängste, Rückzugstendenzen, Schulschwierigkeiten oder zeigt depressive Tendenzen, wie zum Beispiel erhöhte Weinerlichkeit, niedrige Frustrationstoleranz, aggressives Verhalten oder Antriebsschwierigkeiten, oder das jüngere Kind reagiert nach abgeschlossener Sauberkeitsentwicklung erneut mit Ausscheidungsstörungen.

Nebst der Koalition und Allianzbildung mit einem Elternteil und Distanzierung bis Ablehnung des anderen Elternteils entwickeln loyalitätsbelastete Kinder auch andere Störungen, welche im Sinne einer subjektiven Bewältigungsstrategie verstanden werden müssen. Prototypisch dafür sei der selektive Mutismus genannt. Diese psychische Sprachstörung beginnt meist zwischen dem 5. und 9. Lebensjahr. Betroffene Kinder können sprechen, tun dies aber nur mit einer bestimmten sozialen Gruppe, in der Regel mit den Eltern und engen Verwandten. Das emotional bedingte selektive Verstummen ist nicht mit bewusster Antipathie oder Sympathie gegenüber einer Person zu erklären, und meistens ist kein eindeutiger, punktueller Auslöser identifizierbar. Geht der Loyalitätskonflikt mit einer vorbestehenden Sprachentwicklungsverzögerung einher, ist das Risiko besonders hoch, dass sich ein selektiver Mutismus entwickelt.

Mutistisches Schweigen ist ein verständlicher Lösungsversuch in einer Situation der Verwirrung, in der Unklarheit über Grenzen und Unsicherheit darüber herrscht, mit welchen Personen noch gesprochen werden darf. Das Kind spricht dann nicht mehr, um sich nicht zu versprechen. Darüber hinaus geht das Sprechen und Verstandenwerden bei Kindern mit verzögerter Sprachentwicklung von vornherein mit einer Anstrengung einher. Daher ist es aus der Optik des Kindes funktional, nicht mehr zu sprechen und demzufolge nichts mehr falsch zu machen. Kann das psychische System des Kindes den Loyalitätskonflikt nicht mehr bewältigen und kommt es zu einer Symptombildung, droht die Gefahr, dass das Symptom ins Zentrum der Aufmerksamkeit rückt und vom eigentlichen Problem ablenkt. Eine psychotherapeutische Abklärung hat zwar das Potential, das Problem zu erkennen. Mit der damit einhergehenden Pathologisierung kann die Belastung des Kindes aber auch ansteigen (vgl. Kap. 19).

2
Der anhaltende Elternkonflikt

Die in den Meta-Analysen zusammengefassten Resultate der Scheidungsforschung verweisen auf folgende Faktoren, welche – mit absteigender Stärke – negative Auswirkungen auf das Wohlbefinden der Kinder nach der Scheidung haben (Amato & Keith, 1991a; Amato & Keith, 1991b; Amato & Gilbreth, 1999; Amato, 2001):

- ausgeprägter Nachscheidungskonflikt zwischen den Eltern;
- beeinträchtigte Beziehung zu einem belasteten Elternteil, in der Regel zur Mutter;
- abwesender oder beeinträchtigter nicht sorgeberechtigter Elternteil, in der Regel der Vater;
- finanzielle Schwierigkeiten der Restfamilie;
- substantielle Veränderungen der gewohnten Umgebung wie zum Beispiel Umzug der Kinder oder Verlusterfahrungen;
- unzulängliche Bewältigungsstrategien der Kinder selber.

Der nach der Trennung anhaltende Elternkonflikt wurde wiederholt und konsistent als der vermutlich schädlichste Faktor in Bezug auf die Anpassung der Kinder nach der Scheidung identifiziert. Der schädliche Einfluss resultiert aus dem Loyalitätskonflikt, der mit dem Elternkonflikt einhergeht, aus den Gefühlen von Unsicherheit und Kontrollverlust infolge mangelhafter Bewältigungsstrategien des Kindes und aus der verringerten Aufmerksamkeit der mit ihrem Konflikt beschäftigten Eltern.

Auf der Bühne der Sorge- und Obhutsverteilung spielt der Elternkonflikt die entscheidende Rolle. Hochkonflikthafte Trennungsfamilien sind jedoch eine sehr heterogene Gruppe. Das Auftreten und die Intensität typischer Konflikteigenschaften können stark variieren. Um die kindeswohlrelevanten Eigenschaften des Elternkonfliktes zu identifizieren und die betreuungsrelevanten Faktoren im Einzelfall zu bestimmen, ist daher die Beurteilung der Konfliktdynamik, des Konfliktinhalts und des Konfliktverhaltens unumgänglich.

2.1 Bedeutung der Charakteristik des Konflikts für das Kind

Es versteht sich von selbst, dass der anhaltende Streit der Eltern das Kind emotional bedroht und daher in seiner Entwicklung beeinträchtigt. Inwieweit das Kind davon betroffen ist und Schaden nimmt, hängt von den Eigenschaften des Konflikts ab.

Häufigkeit und Dauer des Konflikts. Das Kind leidet umso mehr, je häufiger es dem elterlichen Konflikt ausgesetzt ist und je länger die Konflikte anhalten. Über mehrere Stunden oder Tage brodelnde Spannungen sind besonders belastend. Das Kind hat nur wenige Gelegenheiten, seine Eltern noch als Einheit zu erleben, und je häufiger und länger das Kind die Eltern im Konflikt erlebt, desto seltener macht es die Erfahrung, dass die Eltern sich freundlich begegnen.

Ausprägungsgrad des Konflikts. Das Konfliktausmaß für sich genommen fällt bei Kleinkindern mehr ins Gewicht als bei älteren Kindern. Lautstarke und bedrohliche Auseinandersetzungen strapazieren das Bindungssystem von Säuglingen und Kleinkindern, und zwar unabhängig vom Inhalt des Konflikts. Beispielsweise ist es für das Kleinkind bedrohlicher, wenn sich die Eltern anschreien, als wenn die Eltern überhaupt nicht mehr miteinander reden. Zu bedenken ist auch die anscheinende charakterliche Verwandlung der Eltern während eines heftigen Streites: Je ausgeprägter der Konflikt ist, desto deutlicher nimmt das Kind die Veränderung in Mimik, Stimme und Bewegungsmuster seiner Eltern wahr. Diese Veränderungen sind insbesondere für Kleinkinder irritierend und beängstigend.

Charakteristik bzw. „Spielart" des Konfliktes. Es ist hinreichend belegt, dass körperliche Gewalt zwischen den Eltern für das Kind besonders traumatisierend ist. Neuere Untersuchungen weisen darauf hin, dass es für das Kind sogar traumatischer ist mitzuerleben, wenn sich die Eltern gegenseitig misshandeln, als wenn es selbst misshandelt wird (Lehmann, 1997; Osofsky, 2003). Offenbar belastet körperliche Gewalt zwischen den Eltern die Kinder unabhängig davon, ob sie direkt oder indirekt Zeugen der Gewalt sind. Selbst wenn die Kinder der Gewaltszene nicht direkt ausgesetzt waren oder nach wie vor sind, zeigen sie häufig posttraumatische Belastungsstörungen, Depressionen, regressives Verhalten, Schlafstörungen und eine erhöhte Anfälligkeit für andere psychischen Störungen (z.B. Kindler, 2006; 2013b).

Konfliktdynamik. Das Kriterium Konfliktdynamik fragt nach dem Verlauf und der Beteiligung der Akteure. Für die anhaltende Hochkonflikthaftigkeit nach der elterlichen Trennung stimmt die Redewendung „Zum Streiten gehören zwei" nur bedingt: In der Praxis finden sich durchaus auch Fälle, in denen ausschließlich ein Elternteil – häufig aufgrund einer nicht bewältigten Trennung – den anderen Elternteil mit streitsüchtigem Verhalten an sich bindet oder ein Stalking-Verhalten entwickelt (vgl. Kap. 4.2). Da die beiden Partner durch gemeinsame Kinder naturgemäß verbunden sind und den Kontakt der Kinder zu beiden Elternteilen gewährleisten müssen, kann sich der harmoniewillige Ex-Partner nicht in dem Maße vom streitsüchtigen Partner distanzieren oder verabschieden, wie dies bei kinderlosen Paaren angemessen wäre. Sind die Kinder in der Lage, das streitsüchtige Verhalten eines Elternteils zu erkennen, steigt das Risiko, dass sich die Kinder von diesem Elternteil distanzieren, was in der Regel das streitsüchtige Verhalten des Elternteils zusätzlich nährt.

Inhalt des Konfliktes. Streitigkeiten über kindbezogene Themen wie zum Beispiel Kontakte zum anderen Elternteil oder Erziehung sind für Kinder besonders belastend, weil diese Konflikte ein hohes Scham- und Schuldpotential enthalten.

Art und Weise der Konfliktauflösung. Jeder Konflikt hat eine Dynamik und eine Struktur mit einem Anfang und in der Regel auch einem Ende. Für Kinder ist es wichtig zu wissen, was nach einer Auseinandersetzung kommt, wann der Streit beendet ist und wann sie wieder angstfrei durchatmen können. Erkennen Kinder das Ende einer Auseinandersetzung nicht, bleiben sie in der Angst gefangen.

2.2 Auswirkungen des Elternkonflikts auf das Erleben des Kindes

Feindseligkeit zwischen den Eltern verringert sich in der Regel in den ersten drei Jahren nach der Scheidung. Acht bis zwölf Prozent der Eltern verharren jedoch in anhaltendem, kindeswohlschädigendem Konflikt. Ergänzend zu den Ausführungen über die Auswirkungen des Elternkonflikts auf die Kinder in unserem Buch *Scheidung und Kindeswohl* (Staub & Felder, 2004) sei festgehalten, dass sich anhaltende Trennungskonflikte auf sämtliche Bereiche des kindlichen Erlebens auswirken.

Mangelhafte Aufmerksamkeit. Der anhaltende Konflikt beansprucht streitende Eltern oft emotional und kognitiv derart, dass sie nicht mehr in der Lage sind, die Bedürfnisse ihrer Kinder im Auge zu behalten und diese in ihren Entwicklungsaufgaben hinreichend zu unterstützen.

Inkonsistente Disziplinierung. Anhaltender Elternkonflikt geht oft mit einer inkonsistenten Disziplinierung der Kinder einher. Dies ist besonders problematisch, weil das Kind in den Zeiten des Familienumbruchs und des damit verbundenen Orientierungsverlusts auf eine verlässliche Elternführung angewiesen wäre.

Bedrohte emotionale Sicherheit. Elternkonflikt bedroht Kinder in erster Linie in ihrer emotionalen Sicherheit und aktiviert Trennungs- und Verlustangst. Nach der elterlichen

Trennung aktiviert jeder Streit der Eltern bei jüngeren Kindern die Angst, dass es auch vom anderen Elternteil verlassen werden könnte.

Assoziation von „Streit“ und „Katastrophe“. Nicht selten kommt es vor, dass Kinder aus differenzierten und gut situierten Familien ihre Eltern im Rahmen einer dramatischen Trennung zum ersten Mal richtig streiten sehen und dieser Streit sogar gewalttätig abläuft. Wenn dieser Konflikt in der Folge anhält und sich chronifiziert, fehlt diesen Kindern die Erfahrung, dass sich Eltern streiten und danach wieder versöhnen können. In der Folge setzt das Kind Streit mit Trennung gleich. Diese Gleichsetzung wird zum Risiko in der kindlichen Sozialentwicklung, wenn konflikttraumatisierte Kinder im späteren Alter dazu tendieren, Beziehungen in Frage zu stellen oder sofort zu beenden, sobald sich zwischenmenschliche Konflikte einstellen.

Elternkonflikt als traumatische Erfahrung. Nicht zuletzt erfüllt ein eskalierender Elternkonflikt kurz vor oder anlässlich der vollzogenen Trennung die drei Kriterien des Traumas, wenn der Konflikt im Leben des Kindes ein (a) einschneidendes, (b) nicht vorhersehbares und (c) nicht beeinflussbares Ereignis darstellt.

Gefahr des emotionalen Missbrauchs. Wie hinreichend belegt ist, steigt mit zunehmendem Konflikt die Wahrscheinlichkeit, dass die Kinder von ihren Eltern parentifiziert[5] werden, indem diese ihre emotionale Situation mit den Kindern diskutieren und von ihnen Unterstützung und Loyalität erwarten oder einfordern (Fichtner, Dietrich, Halatscheva, Hermann & Sander, 2010).

2.3 Auswirkungen des Elternkonflikts auf die Gesundheit des Kindes

Die psychischen Reaktionen des Kindes auf den Elternkonflikt sind vielfältig und können sich in so gut wie sämtlichen Verhaltensproblemen des Kindesalters manifestieren. Auffälliges Verhalten und somatoforme Störungen[6] resultieren zum größten Teil aus der Beeinträchtigung der emotionalen und existentiellen Sicherheit. Abgesehen davon, dass das

5 Der Begriff „parentifizieren“ bezeichnet eine unbewusste Haltung und Verhaltensweise, die Ausdruck einer spezifischen Beziehungserfahrung des Kindes mit den Eltern ist. Dabei übernimmt das Kind die Rolle und die Aufgabe eines Elternteils für die Mutter, den Vater oder sogar für beide. Häufig kompensiert das Kind damit defizitäres Elternverhalten.

6 Als „somatoforme Störungen“ werden körperliche Beschwerden bezeichnet, die sich nicht oder nicht hinreichend auf eine organische Erkrankung zurückführen lassen. Dabei stehen neben Allgemeinsymptomen wie Müdigkeit und Erschöpfung Schmerzsymptome an vorderster Stelle, gefolgt von Herz-Kreislauf-Beschwerden, Magen-Darm-Beschwerden und pseudoneurologischen Symptomen wie zum Beispiel Störungen der Sinnesorgane.

Kind seine Eltern im Streit verändert und als fremd wahrnimmt, stellt sich insbesondere das Kleinkind die wenn auch unbewusste, so doch existentielle Frage: Wer achtet auf mich, wenn die Eltern sich in Monster verwandeln oder einander kaputt machen? Ältere Kinder im Stadium der Entwicklung des Gerechtigkeitssinnes fühlen sich gezwungen herauszufinden, wer von den streitenden Eltern im Unrecht ist. Rückzugsverhalten, Weinerlichkeit und Konzentrationsprobleme sind Ausdruck der übermäßigen gedanklichen Beschäftigung mit dem Elternkonflikt. Im Endeffekt können sich diese Kinder nicht auf ihre Entwicklungsaufgaben konzentrieren. Viel zu sehr sind sie damit beschäftigt, das Elternverhalten zu überwachen und zu kontrollieren, um gegebenenfalls rechtzeitig reagieren oder sogar einschreiten zu können. Häufig entwickeln diese Kinder ein ausgeprägtes Kontroll- und Sicherheitsbedürfnis, was mit zunehmendem Alter zur Belastung wird und oft Anlass für eine psychotherapeutische Behandlung ist. Insbesondere im Zusammenhang mit dem Elternkonflikt und dem Loyalitätskonflikt entwickeln Kleinkinder mit verzögerter Sprachentwicklung nicht selten zusätzlich einen selektiven Mutismus (vgl. Kap. 1.5).

Das andauernde Überwachen der elterlichen Konflikte und die gedankliche Beschäftigung damit bringt das Kind an die Grenzen seiner emotionalen Ressourcen und erzeugt einen chronischen Zustand andauernder hoher physiologischer Erregung. Mittlerweile ist es unbestritten, dass chronischer Stress die Funktionen der Immunabwehr negativ beeinflusst. Bekannt ist, dass in Stresssituationen beispielsweise Glukokortikoide verstärkt ausgeschüttet werden. Diese Hormone hemmen die Bildung von immunkompetenten Zellen. Dies führt bei konfliktbelasteten Kindern zu einer erhöhten Infektanfälligkeit. Darüber hinaus ist erwiesen, dass chronischer Stress im jungen Gehirn die Entwicklung von Regionen beeinträchtigt, die sowohl für die kognitive als auch für die emotionale Steuerung bedeutsam sind (vgl. Roth & Strüber, 2014; Schubert, 2015).[7]

2.4 Zusammenhang von Elternkonflikt und Eltern-Kind-Kontakt

Die Autoren des Forschungsprojekts „Kinderschutz bei hochstrittiger Elternschaft“ des Deutschen Jugendinstituts in München identifizierten die Gründe für die Belastung der Kinder in hochkonflikthaften Trennungsfamilien vor allem in der wenig entwicklungsgerechten Gestaltung des persönlichen Verkehrs (Fichtner et al., 2010). Konfliktbelastete Kinder neigen dazu, den Kontakt mit dem Elternteil, mit dem sie nicht zusammenleben, zu vermeiden oder zu verweigern. Im verzweifelten Versuch, sich in einer ausweglosen Situation ein Maximum an emotionaler Sicherheit zumindest *eines* Elternteiles zu bewah-

7 Weil bestimmte Neurotransmitter verstärkt freigesetzt werden, kommt es zu einer funktionellen Entkoppelung von Amygdala, Hippocampus und präfrontalem Kortex, so dass die einströmenden kognitiven und emotionalen Reize nicht fokussiert wahrgenommen und integriert werden können, sondern lediglich als fraktionierte Sinnesmodalitäten abgespeichert werden.

ren, sind Kinder bereit, die Beziehung zum anderen Elternteil zu opfern, auch wenn sie mit diesem Elternteil vor der elterlichen Trennung emotional verbunden waren. Diese Tatsache schlug sich auch in den Forschungsresultaten nieder: Je länger Kinder im Hochkonfliktfeld der Eltern verblieben, desto häufiger wechselten sie zur Strategie der Distanzierung bis zur Kontaktverweigerung. Dass aber das konfliktbelastete Kind auf diese rigorose Bewältigungsstrategie zurückgreift, ist nur vor dem Hintergrund eines ausgeprägten Loyalitätskonfliktes zu verstehen (vgl. Kap. 1.4). Ein Hinweis darauf ist folgende klinische Erfahrung: Kein Kind hat es gerne, wenn die Eltern streiten. Werden aber sowohl Scheidungskinder als auch Kinder aus vollständigen Familien gefragt, ob es für sie schlimmer wäre, wenn die Eltern sich häufig streiten oder wenn sie sich trennen würden, ziehen die Kinder in der Regel streitende Eltern vor.

3
Persönlichkeit der Eltern

Sind Fachpersonen und Entscheidungsbehörden im familienrechtspsychologischen Kontext mit unüberwindbaren und kindeswohlschädigenden Nachtrennungskonflikten konfrontiert, stellt sich die Frage nach spezifischen Persönlichkeitseigenschaften dieser Eltern.

Persönlichkeitseigenschaften sind relativ zeitstabile und überdauernde Charaktermerkmale, welche einen Menschen im Kern ausmachen. Dazu gehören auch Dispositionen bzw. Tendenzen, in bestimmten Situationen in bestimmter Weise zu erleben und sich zu verhalten. In der Persönlichkeitspsychologie hat sich das Fünf-Faktoren-Modell der Persönlichkeit etabliert. Nach diesem Modell der „Big Five" lassen sich die meisten menschlichen Persönlichkeitseigenschaften mittels fünf Persönlichkeitsdimensionen beschreiben, unabhängig von der jeweiligen Sprache oder Kultur. Entsprechend lässt sich jeder Charakter anhand der Ausprägung dieser fünf Haupteigenschaften bestimmen: Offenheit, Gewissenhaftigkeit, Extraversion, Anpassungsbereitschaft und emotionale Stabilität. Die interindividuellen Unterschiede in der Ausprägung dieser fünf Eigenschaften sind etwa zur Hälfte genetisch determiniert und etwa zur Hälfte das Resultat von Entwicklungserfahrungen und deren Wechselwirkung mit der genetischen Anlage.

Die Theorie der „Big Five" ist durch eine Vielzahl von Studien belegt und gilt seit den 1970er Jahren als Standardmodell in der Persönlichkeitsforschung (vgl. Amelang & Bartussek, 2001).

3.1 Persönlichkeitsmerkmale von hochkonflikthaften Eltern

In der Praxis imponieren die Gemeinsamkeiten von Eltern, welche nach der Trennung auf einem hohen Konfliktniveau weiteragieren: Hochkonflikthafte Trennungseltern sind in anhaltende Konflikte hinsichtlich Obhutsregelung und Umgangsvereinbarungen verwickelt. Das Konfliktniveau bleibt über längere Zeit hinweg konstant hoch und lässt sich weder durch behördliche noch durch gerichtliche Interventionen nachhaltig reduzieren. Die Hochkonflikthaftigkeit schlägt sich auf mehreren Ebenen nieder:

Auf der **individualpsychologischen Ebene** handelt es sich um emotional traumatisierte Eltern. Persönliche Grundängste, wie zum Beispiel Angst vor dem Verlassenwerden oder Angst vor Bedeutungs- oder Machtverlust, wurden mit der Trennung aktiviert. Die Beziehung zwischen den Eltern ist geprägt von Demütigungen, emotionalem Missbrauch, Wut, Rachegelüsten und gegenseitigem Misstrauen.

Auf der **Paar-Ebene** wird deutlich, dass die emotionale Bindung zwischen den Beziehungspartnern nicht aufgelöst werden kann. Schuldzuweisungen und Bestrafungswünsche dienen als Klebstoff. Entsprechend lässt sich die Paar-Ebene nicht von der Eltern-Ebene separieren. Auf der **Eltern-Ebene** findet ein kindzentrierter Rechtsstreit statt. Inhalte beziehen sich auf das Sorgerecht, die Obhut und den persönlichen Verkehr. Darüber hinaus drehen sich die anhaltenden Auseinandersetzungen zwischen den Eltern um Erziehungsfragen und Koordinationsfragen wie zum Beispiel Übergabezeiten oder Nachholen von Wochenenden. Die feindselige Kommunikation anlässlich von Übergaben kann von psychischer oder körperlicher Gewalt begleitet sein. Die Beziehung des Kindes zum anderen Elternteil wird nicht respektiert. Nicht erwiesene Anschuldigungen wegen des Verhaltens und der Erziehungsmethoden des anderen Elternteils wie zum Beispiel Vernachlässigung oder Misshandlung des Kindes gehören zur Tagesordnung. Die Eltern sind nicht oder nicht mehr in der Lage, sich die Bedürfnisse des Kindes ins Bewusstsein zu rufen.

Auf der **sozialen Ebene** suchen sich die Eltern in ihrem Kampf Verbündete. Zunächst wird das Kind in den Konflikt einbezogen und sowohl implizit als auch explizit dazu angehalten, Stellung zu beziehen. Die erweiterte Familie bzw. Verwandtschaft, Freunde und professionelle Helfer werden ebenfalls in den Konflikt einbezogen oder angehalten, Stellung zu beziehen.

Die Hochkonflikthaftigkeit erreicht sehr rasch auch die **behördliche Ebene.** Vereinbarungen, welche anlässlich von Verhandlungen unterzeichnet worden sind, werden nicht umgesetzt und gerichtliche Anordnungen oder Interventionen nicht eingehalten. Es kommt zu Beschwerden und Wiederaufnahmen von Verfahren. Interventionen, welche darauf abzielen, das Konfliktverhalten der Eltern zu beeinflussen, scheitern. Sämtliche in Frage kommenden Maßnahmen sind alsbald ausgeschöpft.

Obwohl nur ein kleiner Prozentsatz aller Scheidungseltern langfristig als hochkonflikthaft gilt, beanspruchen diese Familien unverhältnismäßig viele personelle und finanzielle Ressourcen. Abgesehen davon ist die professionelle Arbeit mit hochkonflikthaften Eltern zeitintensiv und psychisch belastend.

Die Autoren des Projekts „Kinderschutz bei hochstrittiger Elternschaft“ (Fichtner et al., 2010) haben sechs Merkmale hochstrittiger Eltern identifiziert:

- reduzierte Offenheit für neue Erfahrungen,
- reduzierte Verträglichkeit,
- gering erlebte Selbstwirksamkeit in der elterlichen Beziehung,
- unflexible Denkstrukturen,
- Wahrnehmungsverzerrungen,
- eingeschränkte Emotionsregulation.

Die Vermutung liegt nahe, dass Eltern oder Elternteile, welche die Fachpersonen hilflos machen und Entscheidungsnotstände generieren, psychisch beeinträchtigt sind. Dabei handelt es sich jedoch seltener um offensichtliche psychiatrische Erkrankungen wie Schizophrenie, Wahnerkrankung, manische Störung, Angst- oder Depressionserkrankungen. Zum einen sind Eltern mit diagnostizierten psychiatrischen Störungen in der Regel in Behandlung oder haben Helfer im Hintergrund, welche mit den Möglichkeiten und Grenzen dieser Eltern in Bezug auf die Kindbetreuung vertraut sind. Zum anderen verfügen Menschen mit neurotischen Erkrankungen wie Zwangsstörungen, Angsterkrankungen oder Depressionen über eine Krankheitseinsicht und erleben ihre Beeinträchtigung als ich-dyston, das heißt als störend und ich-fremd. Daher sind diese Menschen in der Lage, Hilfe anzunehmen.

Wenn eine nicht auflösbare Hochkonflikthaftigkeit bei psychiatrisch unauffälligen Trennungseltern mit fehlender Ansprechbarkeit auf Unterstützung und Noncompliance in Bezug auf behördliche Maßnahmen einhergeht, handelt es sich bei den Akteuren in der Regel um Menschen mit einer akzentuierten Persönlichkeitsstruktur oder gar Persönlichkeitsstörung.

3.1.1 Von der akzentuierten Persönlichkeit zur Persönlichkeitsstörung

In der Persönlichkeit präsentiert ein Mensch seine charakteristischen Verhaltensweisen, seine Vorlieben und sein zwischenmenschliches Beziehungsmuster, womit er soziokulturelle Aufgaben und entsprechende Erwartungen erfüllt. In der Kombination mit den erworbenen Charaktereigenschaften sind es auch die stark genetisch bestimmten Eigenschaften wie Temperament und Intelligenz, welche die individuelle Persönlichkeit prägen und dem Individuum zu einer sinnstiftenden Identität verhelfen. Vor diesem Hintergrund sind Persönlichkeitszüge als tief verwurzelte Muster des Verhaltens, der Wahrnehmung, der Beziehungsgestaltung und des Denkens sowohl in Bezug auf sich selbst als auch auf die Umwelt zu verstehen.

Bei einer akzentuierten Persönlichkeitsstruktur und gar Persönlichkeitsstörung sind die Persönlichkeitszüge unflexibel, wenig angepasst oder dermaßen dysfunktional, dass die Leistungs- und Beziehungsfähigkeit beeinträchtigt und die kulturspezifische Lebenstauglichkeit eingeschränkt ist. Dabei sind die dysfunktionale Wahrnehmung und das entsprechende Verhalten des betroffenen Menschen zu einem integrierten Bestandteil von dessen Persönlichkeit geworden und mit seinem Charakter verschmolzen. Das gestörte Verhalten wird vom Betroffenen als ich-synton (zum Ich gehörend) und daher kaum als abnorm erlebt. Während subjektiv kaum ein Leidensdruck beklagt wird, ist es vielmehr das Umfeld, das leidet und hilflos wird.

Bei Elternteilen mit akzentuierter Persönlichkeitsstruktur oder gar Persönlichkeitsstörung und einem entsprechend dysfunktionalen Kommunikations- und Konfliktverhalten sind zumindest die Kinder, aber auch die damit befassten Fachpersonen und Behörden betroffen. Weil persönlichkeitsauffällige Menschen in der Regel über eine intakte Ich-Stärke[8] verfügen und jegliche Schwächen leugnen, sind ihre Beeinträchtigungen und deren Auswirkungen nicht auf Anhieb erkennbar, schon gar nicht, wenn man diese Menschen im Einzelsetting anhört. Der Kern von Persönlichkeitsstörungen offenbart sich in zwischenmenschlichen Spannungen, und so dient es dem diagnostischen Verständnis, hochkonflikthafte Eltern miteinander interagieren zu lassen.

Die Grenze zwischen individuellem Persönlichkeitsstil (z. B. gewissenhaft, sorgfältig), akzentuierter Persönlichkeit (z. B. pedantisch) und einer ausgeprägten Persönlichkeitsstörung (z. B. schwer zwanghaft) ist fließend und lässt Raum für verschiedenste Ausprägungen. Die Abgrenzung zwischen „normal", „akzentuiert" oder „gestört" wird auf der einen Seite von der Antwort auf die Frage bestimmt, ob ein Mensch durch seine Persönlichkeit in seinem sozialen Kontakt, in seiner sozialen Stabilität oder in seinem Wohlbefinden beeinträchtigt ist. Auf der anderen Seite stellt sich die Frage, ob sich seine soziale Umgebung durch seinen Persönlichkeitsstil gestört fühlt. Wenn eine Person trotz eines sehr ausgeprägten, vielleicht sogar auffälligen oder bizarren Persönlichkeitsstils ihre Umwelt nicht als feindselig oder bedrohlich wahrnimmt und ihre Mitmenschen im sozialen Umgang nicht belastet, hat sie keine Persönlichkeitsstörung. In Betracht ziehen muss man eine Persönlichkeitsstörung hingegen, wenn die zwischenmenschliche Interaktion mit allgemeinen, kontextuellen oder rechtlichen Normen in Konflikt gerät oder wenn Konflikte in sozialen Beziehungen so gravierend werden, dass die private und berufliche Leistungsfähigkeit und die Lebensqualität des betroffenen Individuums erheblich eingeschränkt sind. Daher ist eine anhaltend „übersteigerte" Ausprägung einer normalen menschlichen Eigenschaft, die regelmäßig zu sozialen Konflikten führt, ein wichtiges Merkmal jeder Persönlichkeitsstörung.

Unter den Persönlichkeitsstörungen, welche im DSM-V und ICD-10[9] unterschieden werden, sind im Kontext des zivilrechtlichen Kindesschutzes Eltern mit einer Borderline-Persönlichkeitsstruktur (häufiger Frauen) und Eltern mit einem hohen Narzissmus-Anteil (häufiger Männer) übervertreten. Wo Kinder nachweislich von einem Elternteil dem anderen entfremdet werden oder wo Eltern trotz objektiver Aussichtslosigkeit nicht aufhören, auf behördlicher Ebene um ihre Kinder zu kämpfen, *muss* sogar eine Persönlichkeitsstörung in Betracht gezogen werden.

---

8 Als „Ich-Stärke" wird die Fähigkeit des Individuums bezeichnet, sich in seinem Erleben und Verhalten am Realitätsprinzip zu orientieren, Kontrolle über seine Triebregungen auszuüben und sich inneren und äußeren Widerständen anzupassen.

9 Sämtliche psychischen Störungen und Erkrankungen werden im Diagnostischen und Statistischen Manual Psychischer Störungen (DSM) der American Psychiatric Association (APA) und in der Internationalen statistischen Klassifikation der Krankheiten (ICD) der Weltgesundheitsorganisation (WHO) beschrieben und klassifiziert.

3.1.2 Ursachen von Persönlichkeitsstörungen

Persönlichkeitsstörungen sind hauptsächlich die Folge frühkindlicher Negativerfahrungen mit den Bezugspersonen. Sind die Eltern beispielsweise nicht in der Lage, die Grundbedürfnisse ihres Kindes nach Wertschätzung und Anerkennung adäquat zu befriedigen und seine Gefühle zu spiegeln, entwickelt das Kind Strategien, um gesehen zu werden. Hat das Kind damit Erfolg, vertraut es auch in Zukunft auf diese Strategien, welche zunehmend ausgebaut werden und die kindliche Wahrnehmung der Welt prägen. Daher werden Persönlichkeitsstörungen im psychologischen Jargon auch als „frühe Störungen" oder „strukturelle Störungen" bezeichnet. Wenn auch nur zögernd, so setzt sich doch allmählich die Auffassung durch, dass Persönlichkeitsstörungen im Kern Störungen der Interaktion, der Beziehung oder der Beziehungsgestaltung sind und daher nicht als Krankheit, sondern als Beziehungsstörungen betrachtet werden sollten (vgl. Fiedler, 2007; Sachse, 2020). In Bezug auf Beziehungen halten persönlichkeitsauffällige Menschen ungünstige Überzeugungen aufrecht, wie zum Beispiel „Man kann niemandem trauen" oder „Wenn man wahrgenommen werden will, muss man die Aufmerksamkeit auf sich ziehen". Aufgrund dieser Überzeugungen entwickeln die Betroffenen schon früh dysfunktionale Strategien der Beziehungsgestaltung. Um die Zuwendung oder Aufmerksamkeit der Interaktionspartner zu gewinnen, machen sie mit Verhaltensweisen oder Abwehrmechanismen auf sich aufmerksam, die für kleine Kinder typisch sind, während gesunde Menschen im Lauf des Lebens reifere Strategien entwickeln. Daher spricht man auch von den „unreifen" Abwehrmechanismen von persönlichkeitsauffälligen Menschen. Das fehlangepasste und unflexible Verhaltensmuster ist in der Regel schon in der Kindheit oder im Jugendalter erkennbar. Die Diagnose einer Persönlichkeitsstörung wird aber erst ab dem 18. Lebensalter gestellt. Das liegt daran, dass es abzuwarten gilt, welche Entwicklung der Jugendliche nimmt. In der Durchschnittsbevölkerung wird die Häufigkeit von Persönlichkeitsstörungen auf 4 bis 14 Prozent geschätzt.

3.2 Zur Borderline-Persönlichkeit

Bei Borderline handelt es sich um eine Persönlichkeitsstörung, die durch Impulsivität und Instabilität in zwischenmenschlichen Beziehungen, in der Stimmung und im Selbstbild gekennzeichnet ist. Aufgrund der vielfältigen Symptomatik galt sie früher als schwer einzugrenzen, weshalb sich die englische Bezeichnung „Borderline" (deutsch „Grenzlinie") durchgesetzt hat. Es wird geschätzt, dass 1 bis 2 Prozent der Menschen unter Borderline leiden. Ursache der Störung ist ein komplexes Gefüge von belastenden Lebenserfahrungen mit den Bezugspersonen in der Kindheit und vermutlich auch genetischen Einflüssen.

Menschen mit einer Borderline-Struktur imponieren mit einer Als-ob-Persönlichkeit. Ihr Verhalten gleicht der Darstellung eines solide ausgebildeten Schauspielers, dem für die lebensechte Verkörperung seiner Rollen nur der entscheidende Funke fehlt. Das künstlerische Defizit dieses Schauspielers ist aber nicht allen Zuschauern offensichtlich. Entsprechend ist es einem Laien kaum möglich, eine Borderline-Persönlichkeit aufgrund einer einmaligen Begegnung zu erkennen. Die Borderline-Persönlichkeit bleibt nämlich so lange unauffällig, wie sie narzisstische Zufuhr von der sie umgebenden Gruppe erhält. Häufig agiert sie je nach Bereich auf verschiedenen Funktions-Ebenen. Ein Hin- und Herwechseln zwischen diesen Ebenen ist völlig normal. So kann es vorkommen, dass eine hochintelligente Borderline-Persönlichkeit im beruflichen Kontext sehr erfolgreich ist, sich aber im privaten Beziehungsleben ausgesprochen dysfunktional verhält, indem sie zum Beispiel in der Partnerschaft Gewalt ausübt und sich nicht um die gemeinsamen Kinder kümmert. Borderline-Persönlichkeiten funktionieren tatsächlich oft recht gut und leisten Hervorragendes, wenn in einer Situation oder einem Arbeitsprozess eine Struktur vorgegeben ist. Sie sind in der Lage, oberflächliche Kontakte zufriedenstellend zu gestalten. Bei Menschen, die sie nicht kennen, kommen sie oft ganz gut an. So wundert es nicht, dass viele Künstler und Schauspieler an einem Borderline-Syndrom leiden. Dieses Phänomen wird damit erklärt, dass bei Borderline-Betroffenen die Endorphinausschüttung nicht richtig funktioniert. Weil der Körper keine hinreichende Dosis Glückshormone erhalte, sei er süchtig nach dem besonderen Kick. Diesen fänden Betroffene im Rampenlicht – die Sucht nach Selbstdarstellung sei ein klassisches Symptom (vgl. Bandelow, 2006).

Während die Ich-Funktionen wie Sprache, Denken, Gedächtnis und Intelligenz bei Borderline-Betroffenen unauffällig sind, ist das Selbst[10] fragmentiert. Hinter ihrer scheinbaren Kompetenz und ihrer öffentlichen Person lebt eine tief gestörte Seele. Borderline-Persönlichkeiten weisen charakteristische dichotome Schwarz-Weiß-Denkmuster auf. Damit assoziiert sind rigide Abwehrmechanismen, die vor allem eingesetzt werden, wenn der Betroffene stark emotionalisiert ist oder wenn Verlusterfahrungen drohen. Insbesondere wenn er sich identitätsstiftenden Anforderungen gestellt sieht, wie zum Beispiel Prüfungen oder Trennungen in Beruf oder Partnerschaft, erlebt er dies als eine existentielle Bedrohung. In solchen Fällen droht seine Als-ob-Fassade zusammenzubrechen, und der Betroffene kann dysfunktional oder sogar destruktiv reagieren.

3.2.1 Borderline und Partnerschaft

In den beiden Standardwerken über die Borderline-Persönlichkeit *Ich hasse Dich – verlass mich nicht* (Kreisman & Straus, 1989) und *Wenn Hass und Liebe sich umarmen* (Gneist, 2003) wird das verhängnisvolle emotionale Ausbluten und die hoffnungslose und frustrierende Lebensreise der Borderline-Betroffenen und ihrer engsten Bezugspersonen ein-

---

10 Das Selbst ist für die Psyche das, was der Körper für den Menschen ist. Im Unterschied zum Ich und zum Du bezieht sich das Selbst auf eine Struktur, die alle psychischen Instanzen umfasst und sich als Repräsentation der ganzen Person im Ich darstellt.

drucksvoll beschrieben. Unter anderem wird aufgezeigt, dass die Borderline-Persönlichkeit nach Perfektion strebt und aufgrund ihrer Ambivalenzunfähigkeit und dem damit einhergehenden Spaltungsmechanismus nicht differenzieren kann. Die materielle und soziale Umwelt wird „schwarz-weiß“, „für mich oder gegen mich“, „gut oder böse“ wahrgenommen. Die Borderline-Persönlichkeit kann dem Menschen, mit dem sie zusammenlebt, nicht zugestehen, Fehler zu haben oder Fehler zu begehen und dennoch liebenswert zu sein. Alles ist widersprüchlich und passt nicht zusammen. Der Betroffene projiziert seine dysfunktionalen Beziehungsüberzeugungen auf den Partner. Diesem wird projektiv vorgeworfen, dass er es nicht ehrlich meint, immer etwas Böses denkt, dauernd etwas im Schilde führt und nur an sich selber denkt. In Zeiten starker Einsamkeit neigt der frustrierte Borderline-Betroffene dazu, sich auf sexuelle Abenteuer einzulassen, um den Partner zu bestrafen oder zu erpressen. Diese Seitensprünge werden aber in der Regel genauso schnell und abrupt wieder beendet.

Im Zusammenleben treffen die extremen Stimmungsschwankungen den Lebenspartner und die Kinder schnell und explosiv. Der oft schon durch Kleinigkeiten hervorgerufene enorme Zornausbruch des Borderline-Betroffenen kann weder durch ein rücksichtsvolles Gespräch noch durch eine andere Aktion oder Reaktion des Gegenübers abgewendet oder abgemildert werden. Jede Verhaltensweise des Angehörigen wertet die Borderline-Persönlichkeit als Bestätigung ihrer Verdächtigungen und zieht sie zur Rechtfertigung des Vorwurfes oder Zornausbruches heran. Je heftiger die Borderline-Persönlichkeit reagiert, desto ruhiger muss der Partner werden, damit der Streit nicht in einer Katastrophe endet.

Borderliner reagieren sehr sensibel auf äußere Reize. Aber durch die Borderline-typischen Spaltungsmechanismen werden Sinneseindrücke und Ereignisse nicht normentsprechend wahrgenommen und interpretiert. Die Konfrontation des Gegenübers mit diesen subjektiven Wahrnehmungen und entsprechenden Unterstellungen gleicht dem Einsatz eines psychologischen Pfeffersprays. Beispielsweise wirft die Borderline-Persönlichkeit dem Partner vor, einem Dritten gegenüber intime Informationen weitergegeben zu haben, was in keiner Weise der Wahrheit entspricht. Aber der Vorwurf erfolgt so heftig und zielgerichtet, dass das Gegenüber zunächst unsicher wird und sich im emotionalen Pfeffernebel Orientierung verschaffen muss, bevor es feststellen kann, dass es sich um eine Unterstellung handelt. Während dieser Orientierungszeit hat die Borderline-Persönlichkeit aber bereits zum nächsten Schlag ausgeholt. Weil die Borderline-Persönlichkeit das emotionale Erleben mit der Realität nicht in Einklang bringen kann, ist eine sachliche, differenzierte und introspektive Auseinandersetzung im Konflikt nicht möglich. Und da es nie eine Einigung geben kann, bleiben alle Streitpunkte unverarbeitet und werden auch noch nach Jahren immer wieder in neue Scheinkonflikte verwoben.

Durch das emotionale Aufladen von banalen Situationen unterdrückt die Borderline-Persönlichkeit das chronische Leeregefühl und die darin auftauchende Grundangst vor dem Verlassenwerden. Darin findet sie den Sinn und die Berechtigung ihres Daseins und fühlt sich lebendig. Doch die ununterbrochene manipulative Beanspruchung des Partners raubt diesem die existentielle Energie. Der ausgebrannte Partner kann der Borderline-Persönlichkeit letztlich nichts recht oder annehmbar machen. Wenn die Trennung nicht gelingt, steigt das Risiko des suizidalen Ausstiegs. Da aber für den Borderline-Betroffenen das Verlassenwerden den „Super-Gau" bedeutet, kann er die Anerkennung dieser Realität nur abwenden, indem er in fortgesetztem Konflikt starke Hass- und Rachegefühle aufrechterhält. Der Konflikt hat die Funktion, die Beziehung aufrechtzuhalten, und dient als Klebestoff. Die Trennung kann sowohl auf dem Papier als auch real längst vollzogen sein. Aber die Verbindung zum Partner darf nicht sterben. Der Konflikt versorgt die „Beziehung" mit Energie und hält sie so am Leben.

3.2.2 Merkmale von Partnern von Borderline-Persönlichkeiten

Da in einer Beziehungskonstellation einer Borderline-Persönlichkeit mit einem Partner häufig kollusive Persönlichkeitsmerkmale imponieren, lässt sich in einem prototypischen Kontext die Frage nach einer zugrundeliegenden Borderline-Störung bei einer verhaltensauffälligen Kindsmutter am ehesten vor dem Hintergrund der Persönlichkeitsmerkmale des dazugehörigen Kindsvaters beantworten.

In kollusiven Zweierbeziehungen passen die neurotischen Dispositionen beider Partner wie Schlüssel und Schloss zusammen, und die Partner nehmen zur Aufrechterhaltung der Beziehung unbewusst komplementäre Ergänzungsrollen ein (vgl. Willi, 1975). Entsprechend fühlen sich Borderline-Betroffene angezogen von ausgeglichenen, zuverlässigen und gewissenhaften Partnern, die aufgrund einer eher dependenten Persönlichkeitsstruktur grenzenlos loyal sind und somit die Verlassenheitsangst der Borderline-Persönlichkeit nicht strapazieren.

Gemäss neuerem Verständnis wird heute nicht nur bei Partnern von Suchtkranken von Co-Abhängigkeit[11] gesprochen, sondern auch bei Partnern von Borderline-Betroffenen (vgl. Niklewski & Riecke-Niklewski, 2006). Partner von substanzabhängigen Personen und von Borderline-Betroffenen entsprechen sich in ihrer Persönlichkeitsstruktur: Sie leiden an einem geringen Selbstwertgefühl in Bezug auf ihre Attraktivität und ihre Lebendigkeit und sind zunächst fasziniert von der sprunghaften und schillernden Partnerin, welche Spannung, Spontaneität und Kreativität in ihr subjektiv unattraktives Dasein bringt.

11 Unter Co-Abhängigkeit wird ein sozialmedizinisches Konzept verstanden, nach dem Bezugspersonen eines Suchtkranken unter dessen Sucht leiden, aber diese durch ihr Verhalten zusätzlich fördern. Weiter gefasst bezeichnet Co-Abhängigkeit auch ein Verhalten von Menschen mit einer Beziehungsstörung, bei der sie sich ganz allgemein von anderen Menschen abhängig machen. Ob Co-Abhängigkeit als abhängige Persönlichkeitsstörung eingestuft werden kann, ist umstritten, zumal nicht jedes co-abhängige Verhalten pathologisch ist.

Wie in Alkoholiker-Partnerschaften glauben Borderline-Partner, durch die Opferung der eigenen Bedürfnisse, einer besonderen Nachgiebigkeit und Konfliktvermeidung und Anpassung, ihrem Gegenüber zu helfen. Vor dem Hintergrund der selbstwertbedingten Überzeugung, man müsse sich alles gefallen lassen, wenn man wirklich liebt, neigen Co-Abhängige in Beziehung mit Borderline-Persönlichkeiten dazu, mit der emotionalen Instabilität der Partner mitzuschwingen, Fehlverhalten zu verzeihen und Demütigungen auszuhalten. Der co-abhängige Partner identifiziert sich zunehmend über seine Rolle, seine Borderline-Partnerin als unentbehrlicher Helfer in sämtlichen Lebensbereichen zu unterstützen. Dies führt dazu, dass er ständig damit konfrontiert ist, auf den Trümmerfeldern der Borderline-Partnerin Feuer zu löschen. Stellt sich im Laufe der Zeit eine unterschwellige Scham sowohl für das Verhalten der Borderline-Partnerin als auch für die eigene Duldung dafür ein, kommt es zu einer Isolierung von der Außenwelt. Dieser Aspekt verhindert oft Hilfe für beide Partner und birgt die Gefahr, dass der „stabilere" Partner unter der Verantwortung, die er glaubt, tragen zu müssen, zusammenbricht.

3.2.3 Auswirkungen der Borderline-Störung auf die Kinder

Menschen mit einer Borderline-Struktur sind wie jeder normale Mensch dazu imstande, sich ein Erziehungswissen anzueignen, Vorstellungen von verantwortungsvoller Erziehung zu entwickeln und aufrechtzuerhalten. Vor diesem Hintergrund sind sie hinreichend dazu ausgerüstet, ihre Kinder zu disziplinieren, altersgerecht zu fördern und im Alltag kompetent zu unterstützen. Wie im Kapitel 8.4 ausgeführt, sind die vordergründigen Voraussetzungen für eine hinreichende Erziehungsfähigkeit meistens gegeben.

Bei Borderline-Eltern ergeben sich die defizitären und kindeswohlschädlichen Interaktionen mit dem Kind aus der störungsbedingten emotionalen Instabilität und dem entsprechend inkonsistenten Verhalten. Allerdings können sie in emotional unbelasteten Momenten wie ganz normale Eltern liebevoll und herzlich mit dem Kind interagieren. Wie alle Kinder haben auch die Kinder von Borderline-Persönlichkeiten ein genuines Interesse, die Erwartungen ihres Elternteils zu erfüllen, von dem sie abhängig sind. Weil das Kind den betroffenen Elternteil nun gelegentlich als liebevoll und zugewandt erlebt, wird es alles versuchen, um den Elternteil zu entsprechendem Verhalten zu bewegen, denn es weiß: Eltern sind lieb, und mein Elternteil ist es manchmal auch. Oft entwickeln Kinder darin erstaunliche Fertigkeiten. Misserfolge werden auf das eigene Konto verbucht, im Sinne von: Ich war nicht gut genug, deshalb war Mama ärgerlich. Mangels Möglichkeit, seiner Selbstwahrnehmung zu vertrauen, lernt das Kind, seine Existenz durch Aufmerksamkeit auf die Bezugsperson abzusichern. Das schränkt seine Identitätsbildung stark ein.

Borderline-Eltern tendieren dazu, ihrem Kind die Verantwortung und Sorge für sich selber zu übertragen. Gleichzeitig halten sie ihr Kind abhängig. Sie gehen mit ihrem Kind eine symbiotische Beziehung ein und gestehen ihm keine Eigenständigkeit zu. Sind die Gefühle des Kindes nicht mit ihren Gefühlen identisch, negieren und verurteilen sie die

Gefühle des Kindes oder setzen sie herab und bewirken beim Kind eine tiefe Unsicherheit in der Gefühlswahrnehmung. Borderline-Betroffene neigen dazu, ihr Gefühlschaos und ihre ständig wechselnden emotionalen Zustände auf das Kind zu übertragen. Daraus resultieren ein inkonsistentes Erziehungsverhalten und ein Pendeln zwischen gewährender Gleichgültigkeit und harter Bestrafung. Fortschritte des Kindes werden als Bedrohung wahrgenommen und Erfolge nur gefördert, wenn der Erfolg des Kindes der Erhöhung des eigenen Ansehens dient. Im Rahmen der Anbindung an sich selber werden Kinder oft isoliert, oder deren soziale Kontakte werden streng kontrolliert. Fehlverhalten der Kinder wird mit Liebesentzug sanktioniert. Aufgrund der Aufteilung der sozialen und dinglichen Welt in Schwarz und Weiß bzw. Gut und Böse werden auch Familienmitglieder entsprechend klassifiziert. Handelt es sich um Geschwister, wird häufig ein Kind idealisiert und mit der Rolle des weißen, guten Kindes bestückt, während das schwarze, böse Kind als Projektionsfläche für die eigenen Aggressionen und Negativgefühle herhalten muss (vgl. Lawson, 2006; Rösel, 2016).

Inwieweit das Kind von dem dysfunktionalen Verhalten eines Elternteils mit einer Borderline-Störung betroffen ist, hängt zum einen vom Störungsgrad des betroffenen Elternteils ab und zum anderen von der Verfügbarkeit eines „gesunden" bzw. stabileren Elternteils.

3.2.4 Kinder in der alleinigen Obhut von Borderline-Eltern

Aufgrund der Schwierigkeit, die Partnerschaft mit einem Borderline-Betroffenen aufrechtzuerhalten, werden diese Beziehungen und Ehen häufig getrennt und bleiben noch lange nach der Trennung konflikthaft. Kinder von alleinerziehenden Borderline-Persönlichkeiten ohne hinreichenden Kontakt zum stabileren Elternteil haben keine andere Wahl, als sich dem Regime dieses Elternteils zu fügen. Da die Bezugsperson vermittelt, was richtig und was falsch ist, und diese Bewertung von ihrem augenblicklichen emotionalen Zustand abhängt, hat das Kind keine Chance, sich zu orientieren. Es erlebt sich als verantwortlich für die Gefühle seiner Bezugsperson und entwickelt ungerechtfertigte Schuld und Verantwortungsgefühle. Um diese unangenehmen Gefühle abzuwenden, wird das Kind nun verstärkt versuchen, den Erwartungen seiner Bezugsperson gerecht zu werden, um sich deren minimale Aufmerksamkeit und Versorgung zu sichern. Dabei muss das Kind dem Borderline-Elternteil uneingeschränkte Loyalität zollen.

Vor dem Hintergrund eines Borderline-typischen ausgeprägten Nachtrennungskonflikts ist das Risiko relativ hoch, dass der von Rachegefühlen und Verlustangst geprägte Elternteil alles versucht, um das Kind an sich zu binden. Dazu gehört auch, dass er oder sie Loyalitätsbekundungen des Kindes dem anderen Elternteil gegenüber subtil unterbindet oder sanktioniert. Es besteht das Risiko, dass der Borderline-Elternteil das Kind bewusst oder unbewusst vom anderen Elternteil fernhält und es ihm entfremdet. Entsprechend hoch ist in dieser Konstellation die Wahrscheinlichkeit, dass das Kind die

Komplexität der Situation reduziert und in der Allianz mit dem Borderline-Elternteil den Kontakt zum anderen Elternteil verweigert, und zwar unabhängig von der vorangegangenen Qualität der Beziehung.

3.2.5 Funktionales Elternmodell als Schutzfaktor

Steht dem Kind eines Borderline-Elternteils ein „gesunder" Elternteil zur Verfügung und besteht zwischen dem Kind und diesem Elternteil eine emotional tragfähige und verlässliche Beziehung, dient der „gesunde" Elternteil dem Kind nicht nur als sicherer Hafen, sondern auch als eine Art Korrektiv in einer „verrückten" Umgebung. Eine solche Ausgangssituation liegt vor, wenn sich vor der elterlichen Trennung sowohl der Borderline- als auch der andere Elternteil zu etwa gleichen Teilen um das Kind gekümmert hat. Diese Konstellation ist erfahrungsgemäß in Akademikerfamilien anzutreffen oder in Familien, in denen die wirtschaftlichen Verhältnisse oder Arbeitsbedingungen den Eltern keine andere Wahl lassen, wie zum Beispiel in bäuerlichen Familien. Da diesen Kindern während des Zusammenlebens mit den Eltern stets ein funktionales Elternmodell zur Verfügung stand und sich aufgrund der zeitlichen Verfügbarkeit eine vertrauensvolle, tragfähige Beziehung zu diesem Elternteil entwickeln konnte, kommt es vor, dass diese Kinder sich nach der Trennung auf die Seite des „gesunden" Elternteils schlagen und in der Sicherheit seiner Obhut die Schwierigkeiten des Elternteils mit der Borderline-Störung zunehmend erkennen. Nicht zuletzt bestätigt der „gesunde" Elternteil sie ja nun endlich in ihren zuweilen verwirrenden Gefühlen dem Borderline-Elternteil gegenüber. Wenn mit wachsendem Abstand die Loyalität diesem Elternteil gegenüber schwindet, ist es für diese Kinder oft schwer zu verstehen, warum sie in ihrem Interesse einen regelmäßigen, der Beziehung und der Realitätskontrolle dienenden Kontakt zu diesem Elternteil dennoch aufrechterhalten sollten.

3.3 Zur narzisstischen Persönlichkeit

Umgangssprachlich ist der Begriff „Narzissmus" oft negativ konnotiert. Im alltäglichen Verständnis ist ein Narzisst ein selbstverliebter, selbstbezogener Egoist, der sich über die Interessen seiner sozialen Umwelt hinwegsetzt. Der Begriff „Narzissmus" geht auf eine griechische Sage von Ovid zurück. In dieser Sage verliebt sich der außergewöhnlich schöne Jüngling Narzissos in sein eigenes Bild, welches sich in einem See spiegelt. Er verharrt in großer Verliebtheit vor diesem Bild und kann sich davon nicht mehr lösen. Schließlich stirbt er, woraufhin ihn die Götter in eine Narzisse verwandeln.

Der Begründer der Psychoanalyse, Sigmund Freud, hat diesen Begriff übernommen, um den primären vom sekundären Narzissmus zu unterscheiden. Primärer Narzissmus meint ein normatives Entwicklungsstadium des Kleinkindes, das sich noch nicht vorstellen kann, dass es außer ihm und seiner Bezugsperson auch andere Menschen gibt. Es nimmt die Mutter noch nicht als vollständig von sich getrennt wahr, sondern als ewig stillende Brust. Lernt das Kind laufen, hat es das Gefühl, dass ihm die Welt gehört und dass es alles selber machen kann. Diese starke Ich-Bezogenheit und der „Größenwahn" des Säuglings und Kleinkindes heißt in der Sprache der Psychoanalytiker „primärer Narzissmus". Der sekundäre Narzissmus stellt eine Regression bzw. einen Rückfall auf diese Stufe dar. Die Liebesenergie wird wieder auf sich selbst gerichtet.

Der Narzissmus hat viele Gesichter. Ebenso wie eine Borderline-Persönlichkeit ist auch ein Narzisst für Laien nicht sofort als solcher erkennbar. Es gibt sozial sehr angepasste Narzissten, die ihren Narzissmus in einer Nische ausleben. Andere tarnen sich mit Bescheidenheit. Parasitäre Narzissten lassen sich von ihrer sozialen Umwelt aushalten. Fordernde Narzissten zeigen ein Imponiergehabe und wirken einschüchternd. Im Allgemeinen sind Narzissten unzimperlich im Austeilen, aber mimosenhaft im Einstecken und daher leicht kränkbar. Wegen einer zugrundeliegenden, jedoch gut getarnten Selbstunsicherheit sind Narzissten oft humorlos und unfähig zur Selbstironie. Sie sind aber oft redegewandt, energiegeladen, enthusiastisch und vermitteln einen selbstsicheren Eindruck. Ihre eigentliche Leistung besteht darin, sich geschickt in Szene zu setzen, andere zu beeindrucken, zu vereinnahmen und ihnen zu gefallen.

Das Verhalten des Narzissten zielt ununterbrochen darauf ab, Anerkennung, Bewunderung und Lob zu erhalten. Zur Stützung seiner zugrundeliegenden Selbstunsicherheit braucht er Anerkennung wie ein Süchtiger seine Drogen. Er ist auch bereit, viel dafür zu leisten. Daher sind Narzissten sehr leistungsorientiert. Das Problem dabei ist, dass ein Narzisst von der Bewunderung und Anerkennung nie wirklich satt wird. Sobald sich ein Erfolg eingestellt hat, muss er den nächsten Erfolg anstreben. Daraus ergibt sich eine endlose Folge von Anstrengungen, wobei der Narzisst niemals den Zustand innerer Zufriedenheit erreicht.

Da eine hohe Narzissmusausprägung karrierefördernd ist, finden sich viele Narzissten in den Chefetagen. Neueren Untersuchungen zufolge sind Menschen mit einer narzisstischen Persönlichkeit etwa drei- bis viermal häufiger in Machtpositionen vertreten als im Bevölkerungsdurchschnitt. Man geht davon aus, dass etwa 4 Prozent der Bevölkerung Narzissten sind (vgl. Haller, 2013; Dammann, 2007).

Mit der Borderline-Persönlichkeit gemeinsam haben sie einen Empathiedefekt. Auch Narzissten sind nicht in der Lage, sich in andere einzufühlen, und wie die Borderline-Persönlichkeiten sind auch Narzissten gute Schauspieler. Aber während der Borderline-Schauspieler verschiedene Rollen annimmt, weil er keine eigene Rolle hat, steht das Schauspielen des Narzissten im Dienst der Vertuschung. Narzissten sind ich-stärker als Borderline-Persönlichkeiten. Dadurch sind sie in der Lage, ihre Disposition zu erkennen. Die Grundangst vor Einfluss- und Machtverlust aber wollen sie um jeden Preis abwenden und vertuschen. Darum streben sie nach Rollen auf dem Siegertreppchen.

Weil der Narzisst das Lob und die Anerkennung zum Leben braucht wie das Atmen, ist seine Situation sehr störanfällig. Wird er nämlich von seiner narzisstischen Zufuhr abgeschnitten, reagiert er gereizt, nervös, ungeduldig, launisch, wütend und feindselig. Die leichte Kränkbarkeit zeigt sich in einem demonstrativen sozialen Rückzug. Im Konflikt ist der Narzisst nicht in der Lage, den ersten Schritt zu tun. Er verharrt im Zustand des Beleidigtseins, bis ihm wieder genügend Anerkennung zuteil wird. Bleibt diese Zufuhr von Bewunderung über eine lange Zeitspanne aus und ist keine Zufuhr in Sicht, zum Beispiel, weil der Narzisst seine Arbeit, seinen Partner, sein Vermögen oder seine Gesundheit verloren hat, gerät er in eine tiefe Krise. Das Leben erscheint ihm sinnlos, wenn er nicht mehr im Rampenlicht steht. Er verliert seine Lebensenergie. Zu den häufigsten Störungsbildern gehören introvertierte Störungen wie tiefe Depressionen oder Suizidalität, aber auch extrovertierte Störungen wie Stalking (s. Kap. 4.2).

3.3.1 Auswirkungen der Narzissmus-Störung auf Kinder

Narzissten sind oft liebevolle Eltern, solange die Kinder klein sind und ihnen viel Bewunderung entgegenbringen. Wie Borderline-Persönlichkeiten neigen auch Narzissten dazu, ihre Kinder als Verlängerung ihrer selbst zu betrachten bzw. ihre Kinder narzisstisch zu besetzen. Während Borderline-Eltern sich vom Erfolg ihrer Kinder in der Regel bedroht fühlen, verlangen die leistungsbetonten Narzissten von ihren Kindern große Leistungen. Solange die Kinder den Erwartungen des Narzissten entsprechen, werden sie mit Bewunderung und Anerkennung bedient. Die mit einem Empathiedefekt einhergehende defizitäre Beziehungsgestaltung zeigt sich aber spätestens dann, wenn das Kind den Erwartungen des Narzissten nicht mehr entsprechen will oder kann. Weil er den Misserfolg des Kindes als persönliche Kränkung erlebt, wird er das Kind bestrafen: Er wendet sich vom Kind ab, oder er erhöht den Druck auf das Kind.

Bei einem narzisstischen Missbrauch wird dem Kind das Recht auf eigene Gefühle und eigene Bedürfnisse abgesprochen. Dabei nutzt der narzisstische Elternteil die emotionale Abhängigkeit des Kindes und geht mit ihm eine symbioseähnliche Beziehung ein. Nach außen imponiert eine Eltern-Kind-Beziehung, in der das Kind eng an seinen Elternteil gebunden ist und von diesem umsorgt, behütet und unterstützt wird. Aber im Grunde genommen handelt es sich um eine ausbeuterische Beziehung: Das Kind ist sozusagen ein vom Elternteil geschaffenes Wesen. Der Narzisst nimmt das Kind als einen Teil seiner selbst wahr und verfügt über diesen Teil beliebig. Weil er das eigenständige Wesen des Kindes nicht erkennt, stülpt ihm der narzisstische Elternteil eine Bedeutung über, die auf seine eigene Person bezogen ist. Er idealisiert das Kind und spricht ihm Eigenschaften und Verhaltensweisen zu, die allein seinen Vorstellungen darüber entspringen, wie das Kind sein sollte.

Das narzisstisch missbrauchte Kind hat die Aufgabe, das als mangelhaft empfundene Ich des narzisstisch bedürftigen Elternteils zu vervollständigen und dessen defizitäres Selbst zu kompensieren. Autonomiebestrebungen des Kindes werden unterbunden, bestraft und mit dem Erzeugen von Schuldgefühlen belastet oder nur so weit zugelassen, wie sie im Dienste der mütterlichen oder väterlichen Bedürfnisbefriedigung narzisstisch ausbeutbar sind. Jedes Abweichen von den Erwartungen des Elternteils wird als Ausdruck von Verrat empfunden und sanktioniert. Innere wie äußere Trennungen aber gilt es um jeden Preis zu vermeiden. Daher entbrennt ein Machtkampf nicht nur hinsichtlich des Verhaltens des Kindes, sondern auch hinsichtlich der Kontrolle seiner Gefühle und Gedanken. Der Elternteil ist davon überzeugt, das Kind besser zu kennen, als es sich selber kennt. Besser als das Kind meint er zu wissen, was es wirklich denkt, fühlt, will und braucht und was es zu denken, zu fühlen, zu wollen und zu tun hat. Umgangssprachlich kommt dieses Verhalten in der Bezeichnung „Eislaufmutter“[12] zum Ausdruck. Im schlimmsten Fall entwickelt das Kind eine selbstlose Haltung und wird in der Abhängigkeit vom narzisstischen Elternteil zum Komplementärnarzissten: Durch Identifizierung mit dem großartigen Elternteil lebt es den eigenen Narzissmus aus und kann kein eigenes Selbst entwickeln. Der Teufelskreis beginnt zu drehen.

3.3.2 Narzissmus und Kind-Eltern-Beziehung nach der elterlichen Trennung

Wächst das Kind mit einem narzisstischen Elternteil in einer vollständigen Familie auf, wird es zunächst naturgemäß versuchen, diesem Elternteil zu gefallen bzw. seine Erwartungen so gut wie möglich zu erfüllen, und zwar unabhängig von der emotionalen Verfügbarkeit dieses Elternteils, das heißt unabhängig von der Qualität der Beziehung. Ist der andere Elternteil des Kindes warmherzig und feinfühlig, wird es sich diesem Elternteil zwar näher fühlen und diesen in emotionalen Situationen bevorzugen. Aber solange das Kind in der vollständigen Familie ein Teil der triadischen Beziehung ist, fällt diese latente Bevorzugung kaum ins Gewicht oder ist zumindest nicht offensichtlich: Der narzisstische Elternteil kann derjenige sein, der beruflich oft abwesend ist und den fehlenden emotionalen Kontakt zum Kind damit begründet; oder aber der hauptbetreuende Elternteil, von dem sich das Kind existentiell abhängiger fühlt, ist der narzisstische. In dieser Konstellation imponiert oft eine symbioseähnliche Eltern-Kind-Beziehung, die sich dadurch auszeichnet, dass das Kind diesem Elternteil uneingeschränkte Loyalität zollt.

Derartige Loyalitätsbindungen vor dem Hintergrund eines „emotionalen Inzests“ sind grundsätzlich schwer bis kaum auflösbar und werden häufig massiv verstärkt, wenn sich die Eltern trennen: Erfolgt die Trennung konflikthaft und dauert der feindselige Konflikt an, ist die Wahrscheinlichkeit sehr hoch, dass das narzisstisch besetzte Kind sich mit seinem Partner-Elternteil verbündet, welcher den anderen Elternteil ablehnt und vom Kind Loyalität erwartet. Mittels Entfremdungsstrategien kann der narzisstische Elternteil die-

12 Unter einer Eislaufmutter (gelegentlich auch: Tennismutter) versteht man eine Mutter, die ihr Kind aus übertriebenem eigenem Ehrgeiz und eventuell ohne Rücksicht auf die Neigungen des Kindes in eine sportliche oder künstlerische Karriere drängt.

se Allianz konsolidieren und veränderungsresistent machen. Wie bei der Konstellation mit einem Borderline-Elternteil ist auch in diesen Fällen die Wahrscheinlichkeit hoch, dass sich das Kind von der uneingeschränkten Loyalität zum Partner-Elternteil Entlastung verspricht und den Kontakt zum anderen Elternteil verweigert.

Handelt es sich beim narzisstischen Elternteil um den weniger verfügbaren – das ist in der Regel der Vater –, während die Mutter emotional spürbarer und feinfühliger ist, entwickelt sich meist keine ausgesprochen enge Vater-Kind-Beziehung. Allein im Interesse der Konfliktvermeidung und aus Angst vor Rache und Bestrafung versuchen diese Kinder trotzdem, die Erwartungen des narzisstischen Vaters zu erfüllen, und genießen die väterliche Zuwendung, wenn es ihnen gelingt, dem Vater Lob und Anerkennung zu entlocken. Mit der Auflösung der triadischen Beziehung anlässlich der elterlichen Trennung bricht diese Ordnung jedoch auf und organisiert sich entlang der emotionalen Kräfte neu.

Während das Kind in der Dreierbeziehung die fehlende Feinfühligkeit des Vaters hat kompensieren können, ist dies in der Zweierbeziehung mit dem Vater oder der Mutter nicht mehr möglich. Die relative Unfähigkeit des narzisstischen Vaters, auf die Bedürfnisse des Kindes einzugehen und sich in das Kind einzufühlen, wird dem Kind in der Zweierbeziehung mit diesem zum Verhängnis. Es fühlt sich nicht wohl und hat keine Ausweichmöglichkeit. Die Kraft des Kindes, den Erwartungen des narzisstischen Elternteils zu entsprechen, erschöpft sich zunehmend. Es fühlt sich immer mehr alleingelassen und unverstanden. Anders als früher bleibt in der Zweisamkeit mit dem Vater die direkte Unterstützung der Mutter aus. Motivationsversuche ihrerseits außerhalb der Kontakte, sich doch auf den Vater einzulassen, überzeugen das Kind nicht mehr, vor allem wenn die getrennten Eltern stark zerstritten sind. Wie in Kapitel 1.1 dargestellt, ist die familiäre Loyalität eine Kraft, die unabhängig von der Beziehungsqualität wirksam ist. Hauptsächlich Schuldgefühle nähren den Loyalitätskonflikt dieser Kinder, insbesondere wenn der narzisstisch gekränkte oder gar depressive Vater dem Kind seine Not signalisiert. Gefühlsmäßig ist das Kind zwar der Mutter gegenüber loyal. Aber mit dem Vater hat es Mitleid und fühlt sich für diesen verantwortlich. Das Kind muss psychische Energie mobilisieren, um dieses Dilemma auszuhalten. Auch hier besteht das Risiko, dass das Kind psychische oder somatoforme Symptome entwickelt oder die Situation nicht mehr aushält und die Kontakte zu dem narzisstischen Elternteil zunehmend verweigert.

4 Schädigende Verhaltensweisen persönlichkeitsauffälliger Trennungseltern

Während emotional instabile Eltern mit einer akzentuierten Persönlichkeit oder Persönlichkeitsstörung im unbelasteten und problemlosen Alltag oft hinreichend kompensiert wirken und kaum Leidensdruck beklagen, stellen Stress- und Belastungssituationen für diese Menschen eine große Herausforderung dar. Vor dem Hintergrund, dass Persönlichkeitsstörungen auch als Beziehungsstörungen definiert werden (vgl. Sachse, 2020) und die Trennung bzw. Scheidung ein einschneidendes Lebensereignis darstellt, liegt es auf der Hand, dass betroffene Eltern im Rahmen einer Trennung psychisch dekompensierten und ihre Beziehungs- und Interaktionspartner mit dysfunktionalen Bewältigungsmustern konfrontieren. Werden die eigenen Kinder Opfer des missbräuchlichen Verhaltens ihrer Eltern, ist das Wohl dieser Kinder nicht selten schwer gefährdet.

4.1 Manipulations- und Entfremdungsstrategien

In Trennungsfamilien erreicht der narzisstische Missbrauch eines Kindes den Gipfel, wenn ein Elternteil den Loyalitätskonflikt des Kindes benutzt, um es dem anderen Elternteil manipulativ zu entfremden. Dabei handelt es sich nicht um ein geschlechtsspezifisches Phänomen. Der Grund, warum dieses Phänomen häufig bei Müttern beobachtet wird, liegt darin, dass nach der elterlichen Trennung die meisten Kinder in der Obhut der Mutter verbleiben. Im familienrechtspsychologischen Kontext sind wir aber mit einer vergleichsweise hohen Anzahl von Vätern konfrontiert, welche die Kinder von den Müttern entfremden. Erfahrungsgemäß ist das Vorgehen bei entfremdenden Vätern weit aggressiver und zielgerichteter als bei entfremdenden Müttern, welche eher subtil und verdeckt agieren.

Die Übergänge bzw. Betreuungswechsel zwischen den getrennten Eltern stellen für loyalitätsbelastete Kinder von hochstrittigen Eltern eine große Belastung und Herausforderung dar. Daher ist es normal, dass diese Kinder den anstehenden Kontakten zu dem getrenntlebenden Elternteil nicht mit großer Vorfreude entgegenfiebern. Empathischen und feinfühligen Eltern gelingt es in der Regel, den situativen Widerwillen des Kindes positiv zu beeinflussen oder das Kind zur Umgangspflege anzuhalten. Manipulative Eltern hingegen benutzen die Belastung des Kindes gezielt, indem sie den Widerstand subtil unterstützen. Wenn das Kind in der Folge den Umgang immer hartnäckiger ablehnt und sich schließlich erfolgreich verweigert, delegiert der manipulierende Elternteil die Verantwortung an das Kind: Der manipulierende Elternteil lehnt sich entspannt zurück, weist jede Schuld von sich und besteht darauf, dass nicht *er*, sondern *das Kind selber* den Kontakt ablehnt. Nicht selten lässt sich der manipulative Elternteil in dieser Haltung von Angehörigen unterstützen.

Die von entfremdenden Eltern eingesetzten Manipulationsstrategien setzen in der Regel auf verschiedenen Ebenen an:

Verhaltensmodifikation durch Verstärkung. Bei diesem Mechanismus wird das Kind bewusst oder unbewusst einem Lernprogramm unterzogen. Wenn der entfremdende Elternteil negativ gefärbten Äußerungen des Kindes über den anderen Elternteil besondere Aufmerksamkeit schenkt, lernt das Kind, dass seine Erzählungen über negative Erlebnisse mit dem anderen Elternteil ein positives Echo finden und belohnt werden. Entsprechendes Ignorieren von positiven Äußerungen über den anderen Elternteil interpretiert das Kind dahingehend, dass es nicht erwünscht ist, positive Erlebnisse mit dem anderen Elternteil zu berichten. Dieser Mechanismus kann mit subtiler Bestrafung zusätzlich verstärkt und in der Folge konditioniert werden. Beispielsweise macht das Kind die Erfahrung, dass es stets unmittelbar nach der Schilderung eines positiven Erlebnisses wegen seiner Tischmanieren oder seiner Zimmerordnung gerügt wird. In diesem Fall verinnerlicht das Kind die Verknüpfung zwischen positiver Berichterstattung und Rüge, auch wenn es den Mechanismus dieses elterlichen Vorgehens nicht benennen kann.

Gefühlsmäßige Einbindung, kognitive Überforderung und Dämonisierung. Damit das Kind beim Blick auf seine Eltern eine Schwarz-Weiß-Optik entwickeln und aufrechterhalten kann, muss der manipulierende Elternteil das Kind in seine Gefühlswelt einbinden können. Er wird dem Kind Inhalte vermitteln, die es kognitiv überfordern, zum Beispiel indem er frühere Negativereignisse in der Paarbeziehung vor dem Kind ausbreitet, normative Kind-Eltern-Konflikte immer wieder aktiviert, aktuelle Gerichtsprozesse oder finanzielle Aspekte mit dem Kind diskutiert. Diese Einbindung ist eine wirksame Methode, den manipulierenden Elternteil als Opfer und den anderen Elternteil als Dämon mit einem Heer von Helfershelfern hinzustellen.

Auf manipulative Entfremdung weisen zum Beispiel folgende Umgangs- und Äußerungsweisen hin:

- Verhaltensweisen unausgewogen rechtfertigen, Rundumschläge;
- Gefühle des Elternteils und der Kinder verschmelzen, sogenannte Wir-Aussagen;
- die Beziehung zwischen dem Kind und dem anderen Elternteil verleugnen;
- Verhaltensweisen, welche die Elternteil-Kind-Beziehung direkt oder indirekt gefährden oder durchkreuzen;

- grenzüberschreitendes Verhalten während der Umgangszeiten, zum Beispiel häufiges Telefonieren;
- die Kinder zum Spionieren auffordern, wenn Umgangskontakte angesagt sind;
- Erwachsenenangelegenheiten mit den Kindern erörtern und diskutieren, zum Beispiel Unterhaltszahlungen oder Trennungsgründe;
- die Kinder als Botenträger missbrauchen;
- geringschätzig und entwertend über den anderen Elternteil sprechen;
- andere Familienmitglieder und Freunde für den Kampf aufbieten.

4.2 Stalking nach konflikthaften Trennungen

Eine eher geschlechtsspezifische bzw. eher männertypische Verhaltensauffälligkeit bezieht sich auf aggressives und bedrohliches Stalking, sozusagen das Gegenstück zur manipulativen Entfremdung. Der englische Begriff Stalking stammt aus der Jägersprache und bedeutet „sich an Wild anpirschen, anschleichen". Auf Menschen bezogen versteht man darunter das Nachstellen, die fortwährende Belästigung, Verfolgung und Bedrohung einer anderen Person. In den folgenden Kapiteln werden die beiden Phänomene näher beschrieben.

Stalking-Verhalten muss von querulatorischem Verhalten oder Fanatismus unterschieden werden. Bei Querulanten handelt es sich um rechthaberische, unbelehrbare und rücksichtslose Menschen, deren unbeirrbarer und zäher Rechtskampf sich in der Regel nicht gegen eine bestimmte Person richtet, sondern gegen die Obrigkeit bzw. Behörden oder den Staat. Ein Fanatiker kämpft unbeirrbar und rigoros für die Durchsetzung von bestimmten Ideen, wie zum Beispiel religiösen Überzeugungen, Gesundheits- oder Ernährungsvorstellungen.

Die Merkmale des Stalkings bestehen darin, dass die obsessive Verfolgung und Belästigung wiederholt auftritt und auf eine bestimmte Person abzielt. Das unerwünschte und als grenzverletzend wahrgenommene Verhalten löst bei der betroffenen Person Angst oder Besorgnis aus.

Stalker bedienen sich folgender Taktiken (wobei nicht sämtliche Taktiken vorhanden sein müssen, um von Stalking-Verhalten zu sprechen):

- **Hyperintimität.** Damit sind Handlungen gemeint, mit welchen der Stalker seine Wünsche nach sexueller Beziehung offensiv zum Ausdruck bringt, sei es mittels verbreiteter Kommunikationsmittel, sei es durch persönliches Ansprechen.
- **Verfolgung.** Der Stalker sucht die Nähe des Opfers. Er überwacht und kontrolliert die Bewegungen des Opfers durch Auflauern am Wohnort oder am Arbeitsplatz. Er dringt in den Privatraum des Opfers ein und überschreitet damit soziale Normen deutlich.
- **Annäherung über Dritte.** Der Stalker fragt Freunde, Bekannte oder Arbeitskollegen aus oder gibt Drittpersonen Aufträge zur Informationsbeschaffung.
- **Einschüchterung und Belästigung.** Dem Opfer wird offen und verdeckt gedroht, oder es werden Strategien zur Rufschädigung angewendet. Oft werden auch Personen belästigt, welche dem Opfer nahestehen.

- **Zwang und Nötigung.** Das Opfer wird immer wieder zu Gesprächen oder Zusammenkünften genötigt. In schweren Fällen kann der Stalker das Opfer einsperren oder entführen.
- **Aggression.** Stalking kann auch mit körperlichen Attacken auf das Opfer oder Angehörige des Opfers einhergehen.

In fast 50 Prozent aller Fälle handelt es sich bei Stalkern und deren Opfer um Ex-Partner, und in rund drei Viertel dieser Fälle sind die Opfer weiblich und die Täter männlich (Hoffmann & Wondrak, 2009). In dieser Gruppe findet sich auch die höchste Gewaltrate bis hin zu Tötungsdelikten. Die Erfahrung zeigt, dass im Vorfeld der Tötung von Ex-Partnern oft massives Stalking aufgetreten ist.

Stalkende Ex-Partner zeichnen sich durch einen Hang zu egozentrischer Wahrnehmung aus, verbunden mit einem Gefühl der Unsicherheit und Hypersensibilität gegenüber Kritik und Zurückweisung. Der stalkende Ex-Partner sieht sich als Opfer und macht das Gegenüber oder das Umfeld für seine Probleme verantwortlich.

Nach einer Meta-Analyse in den USA ist bei 50 Prozent aller Stalker eine Persönlichkeitsstörung diagnostizierbar, wobei Borderline- und narzisstische Persönlichkeiten unter den Stalkern gehäuft zu finden sind (vgl. Kap. 3.2 und 3.3). Die Mehrzahl aller Stalker leidet also nicht an einer klassisch psychiatrischen Erkrankung wie Schizophrenie oder Wahnerkrankung, und aus Laiensicht sind daher keine signifikanten Auffälligkeiten im Alltag erkennbar. Allen Stalkern gemeinsam ist das tiefe Bedürfnis, das Unkontrollierbare zu kontrollieren. Bei den meisten Betroffenen ist eine frühe Bindungsproblematik verhaltensbestimmend: nicht adäquat verarbeitete frühe Trennungserfahrungen von Bezugspersonen.[13] Verstärkende Risikofaktoren für Stalking-Verhalten sind der Verlust einer vertrauten und strukturierenden Umgebung infolge Trennung und eine damit einhergehende soziale Isolation. Auf der Gefühls-Ebene dominieren Kränkung, Diskriminierungsgefühle und Rachebedürfnisse.

4.2.1 Gesetzesgrundlage für die Sanktionierung von Stalking

In Deutschland ist am 31. März 2007 mit dem § 238 Strafgesetzbuch (StGB) ein neuer Straftatbestand in Kraft getreten: die „Nachstellung". Darin heißt es, dass ein unbefugtes

---

13 Der Stalking-Experte Jens Hoffmann (2006) vermutet, dass die Wiederannäherungsphase (vgl. Kap. 5.1.1 Zur Entwicklung der Ambivalenzfähigkeit) die Geburtsstunde des Stalkings ist. Im Wissen um das Getrenntsein von der Mutter fühle das Kind Trennungsangst und suche die Nähe der Mutter. Der Konflikt zwischen Loslösung und Individuation sei allgegenwärtig. In Verbindung mit dem gegensätzlichen Verhalten des Weglaufens trete regelmäßig das Phänomen des „Beschattens" auf. Eine gewisse Übereinstimmung mit bestimmten Stalking-Handlungen sei offensichtlich. Somit könnte an diesem Punkt eine Chronifizierung entwicklungspsychologisch ursprünglich normaler Verhaltensweisen stattfinden, welche sich später in Form von Stalking zeigen.

und beharrliches Nachstellen wie oben beschrieben mit Freiheitsentzug bis zu drei Jahren oder Geldstrafe bestraft werden kann. Zusätzlich ist im März 2017 eine Gesetzesnovelle in Kraft getreten: § 238 StGB wurde dahingehend geändert, dass es sich dabei nun um ein Gefährdungsdelikt handelt. Das Stalking-Opfer muss nicht mehr nachweisen, dass es schwerwiegend beeinträchtigt ist.

In Österreich wurde ein vergleichbarer Straftatbestand bereits am 1. Juli 2006 eingeführt. Dort wird nach § 107ab des Österreichischen StGB derjenige mit bis zu einem Jahr Freiheitsstrafe bestraft, der eine Person widerrechtlich beharrlich verfolgt. „Beharrlich verfolgt" bedeutet eine Vorgehensweise, die geeignet ist, die betreffende Person in ihrer Lebensführung unzumutbar zu beeinträchtigen. Außerdem findet sich seit dem 1. Januar 2016 in § 107c StGB auch eine Bestimmung, die das sogenannte Cybermobbing unter Strafe stellt, was im Zusammenhang mit Stalking ebenfalls von Belang sein kann.

In der Schweiz gibt es für Stalking keinen eigenen Straftatbestand. Im Frühjahr 2016 hat der Bundesrat die Einführung einer eigentlichen Strafnorm für Stalking mit Verweis auf Artikel 28b Absatz 1 und 2 Zivilgesetzbuch (ZGB) „Schutz der Persönlichkeit gegen Gewalt, Drohungen oder Nachstellungen" abgelehnt. Gemäß diesem „Nachstellungsartikel" kann die klagende Person zum Schutz gegen Gewalt, Drohungen oder Nachstellungen bei Gericht beantragen, dem Verfolger für eine bestimmte Zeit zu verbieten, sich ihr anzunähern oder sich in einem bestimmten Umkreis ihrer Wohnung aufzuhalten, sich an bestimmten Orten – namentlich bestimmten Straßen, Plätzen oder Quartieren – aufzuhalten, mit ihr Kontakt aufzunehmen – namentlich auf telefonischem, schriftlichem oder elektronischem Weg – oder sie in anderer Weise zu belästigen. Lebt die klagende Person mit der verletzenden Person in einer Wohnung zusammen, so kann sie bei Gericht überdies beantragen, die verletzende Person für eine bestimmte Zeit aus der Wohnung auszuweisen. Aus wichtigen Gründen kann diese Frist einmal verlängert werden.

Gewalt im Sinne von Artikel 28b ZGB bedeutet eine mit einer gewissen Intensität erfolgte unmittelbare Beeinträchtigung der physischen, psychischen, sexuellen oder sozialen Integrität eines Menschen. Drohung liegt vor, wenn eine widerrechtliche, ernst zu nehmende Beeinträchtigung von physischer, psychischer, sexueller oder sozialer Integrität in Aussicht gestellt wird. Nachstellung meint das zwanghafte Verfolgen und Belästigen einer Person über längere Zeit, wie Ausspionieren, Drang nach physischer Nähe, stetiges Verfolgen und Aufsuchen sowie Belästigen und Bedrohen, wobei dieses Verhalten wiederholt auftreten und bei der betroffenen Person starke Furcht hervorrufen muss.

4.2.2 Auswirkung von Stalking

Stalking-Verhalten stellt für Betroffene nicht nur eine Belastung dar, sondern führt häufig zu psychischen Problemen wie psychosomatischen Störungen, Angststörungen, Depressionen oder massiven Schlafstörungen. Darüber hinaus entwickeln Opfer selbstlimitierende Verhaltensweisen. Sie bewegen sich ängstlich im öffentlichen Raum. Sie treffen erhöhte Sicherheitsvorkehrungen und geben oft viel Geld für Schutzvorrichtungen aus. Sie meiden bestimmte Orte, wechseln den Arbeitsplatz oder ziehen um. Dies ist besonders problematisch, wenn die Opfer Kinder haben, welche sie betreuen und erziehen. Auch Kinder, welche keine eigenen Erfahrungen mit dem Stalker gemacht haben, werden zum Opfer, weil sie die gleichen Verhaltensweisen entwickeln wie ihre Bezugsperson. Was im Leben Angst macht und was nicht, entscheiden nicht die Gene, sondern wird gelernt. Kinder von Stalking-Opfern tragen ein hohes Risiko, eine ängstliche Persönlichkeit auszubilden oder eine Angst-Störung zu entwickeln.

4.2.3 Umgang mit Stalking

Es gibt Hinweise darauf, dass Opfer von Stalkern gewisse Persönlichkeitsmuster aufweisen, welche Stalker besonders anziehen. So zeigte sich, dass abhängige oder selbstunsichere Personen eher betroffen sind. Bei hochverstrickten Ex-Partnern, von denen einer zum Stalker wurde, identifizierte Hoffmann (2006, S. 155) auch Opfer mit histrionischen Zügen, welche offenbar auch eine gewisse narzisstische Befriedigung aus der Aufmerksamkeit zogen, welche ihnen mit der Verfolgung zuteil wurde. Die Identifikation von Verhaltensweisen von Stalking-Opfern, welche ein gewisses Stalking-Verhalten begünstigen, sollte jedoch nicht mit einer Suche nach Mitschuld verwechselt werden. Balloff (2008) weist zu Recht darauf hin, dass eine solche Argumentation die Haltung stützen würde, zu einem Stalking-Verhalten gehörten zwei und das Opfer ermuntere durch seine Reaktion den Stalker geradezu zum Weitermachen. In Fällen von Sorge- und Umgangsrechtsstreitigkeiten vor Gericht erkennt Balloff (2008) eine besondere Gefahr, Stalking-Verhalten zu fördern, weil von Amtes wegen der betroffene Elternteil mit dem Stalker zusammentreffen muss und häufig im Interesse des Kindeswohls zur Kooperation verpflichtet wird.

Für das Stalking-Opfer haben sich folgende Strategien als nützlich und hilfreich erwiesen (vgl. Wolfgram, 2009):

Konsequente Kontaktvermeidung. Das Ziel ist, dem Stalker eindeutig zu vermitteln, dass man keine Kontakte wünscht. Die betroffene Person darf auf keine Kontaktversuche wie zum Beispiel Telefonanrufe, Briefe oder E-Mails reagieren. Eine einzige Reaktion genügt, um das Stalking-Verhalten über intermittierende Verstärkung[14] aufrechtzuerhalten. Der Stalker fühlt sich in seinem Vorgehen bestätigt und wird dieses fortsetzen.

14 Die intermittierende bzw. „unterbrochene" Verstärkung beschreibt die nicht regelmäßige Bekräftigung eines Verhaltens mittels eines Verstärkers. (Beispiel: Dem Hund soll das Betteln nach Futter vom gedeckten Tisch abgewöhnt werden. Aber manchmal wird sein Betteln doch belohnt, und er bekommt trotzdem etwas.) Bei intermittierender Verstärkung ist das gelernte Verhalten löschungsresistent. (Der Hund wird das Betteln beibehalten, denn er hat gelernt, dass er manchmal damit Erfolg hat.)

Distanz zum Stalker schaffen. Ziel ist es, sich für den Stalker unsichtbar zu machen. Zu diesem Zweck sollten Situationen gemieden werden, in denen es zu einem Zusammentreffen kommen könnte. Orte, die früher gemeinsam besucht wurden, wie zum Beispiel Restaurants oder Veranstaltungen, sollten ebenfalls gemieden werden.

Dokumentation und Beweis der Stalking-Handlungen. Diese Strategie steht zum einen im Dienste eines erfolgreichen juristischen Vorgehens, wofür handfeste Beweise notwendig sind. Zum anderen ist die Dokumentation wichtig, um die Dynamik des Stalking-Verlaufs einschätzen zu können. Beispielsweise lässt sich so das Risiko einer Gewaltsteigerung mit zunehmender Eskalation abwägen.

Offensive Bekanntmachung des Stalking-Geschehens im Bekanntenkreis und an der Arbeitsstelle. Stalker versuchen häufig, über Dritte Kontakt mit ihren Opfern aufzunehmen oder sich Informationen über sie zu beschaffen. Um zu verhindern, dass Dritte ungewollt in die Lage kommen, Informationen an den Stalker weiterzugeben, sollte sowohl das private als auch berufliche Umfeld vorgängig offensiv informiert werden. Die Herstellung von Öffentlichkeit hilft den Betroffenen, den Weg aus der Isolation zu finden. Darüber hinaus dient der offene Umgang mit dem Problem dazu, Missverständnissen und Fehleinschätzungen Dritter vorzubeugen. Die versuchte Rufschädigung des Stalkers läuft ins Leere.

Zeugen für die Stalking-Handlungen suchen. Diese Maßnahme dient ebenfalls der Beweisführung, wenn juristische Maßnahmen anstehen.

Einschalten der Polizei. Als wirksamste offensive Maßnahme zum Abbruch des Stalkings wird in der einschlägigen Literatur die „Gefährderansprache" genannt. Bei dieser verhaltensbeeinflussenden Intervention der Polizei handelt es sich um ein Instrument, mit welchem dem potentiellen Gefährder signalisiert wird, dass polizeiliches Interesse an seiner Person besteht, dass die Gefährdungslage der Polizei bekannt ist und ernst genommen wird und dass alle notwendigen Maßnahmen durchgeführt werden, um eine gegebenenfalls angedrohte Tatausführung zu verhindern. Die individuelle Ansprache bewirkt, dass dem Stalker ein erhöhtes Tatentdeckungsrisiko deutlich gemacht wird. Das Gespräch erlaubt, zusätzliche Informationen über den Verfolger zu gewinnen, die für das polizeiliche Folgehandeln eine wichtige Grundlage bilden. Nicht zuletzt hat die Gefährderansprache das Potential, den Stalker aus seiner Isolation zu befreien, indem ihm Bewältigungsmöglichkeiten aufgezeigt werden. Geht das Stalking mit Umgangs- bzw. Kontaktrechtsstreitigkeiten einher, sollte bei Gericht auch der Richter diese Gefährderansprache nutzen, in der Schweiz ein Behördenmitglied bei der Kindes- und Erwachsenenschutzbehörde (KESB).

4.2.4 Stalking und Eltern-Kind-Kontakt

Dysfunktionales Verhalten wie Stalking hat zweifellos Auswirkungen auf den persönlichen Umgangskontakt zwischen einem Stalker und dessen Kindern. Da viele Stalker eine Persönlichkeitsstörung mit entsprechendem Einfühlungsdefizit aufweisen und sich daher nicht in das Kind einfühlen können, besteht die Gefahr, dass es den Stalkern im Kampf um Kontakt zum Kind nicht um das Kind geht, sondern primär darum, das Opfer zu quälen. Wenn das Kind zum Instrument für dieses Ziel wird, stellt sich die Frage nach dem Kindeswohl.

Zwar gibt es durchaus Fälle, in denen es dem Stalker im Kampf um einen unbegleiteten Kontakt wirklich um die Aufrechterhaltung seiner Beziehung zum Kind geht. Aber da es schwierig ist, einem Menschen mit derart dysfunktionalem Verhalten wie Stalking zu vertrauen, geschweige denn ein Kind anzuvertrauen, ist es eher riskant, dem Willen des Stalkers stattzugeben. Ein besonderes Gefährdungsmoment stellt die mögliche Entführung des Kindes dar. Die Gefahr ist real, wenn ein kulturfremder Stalker mit der Entführung des Kindes droht, sich oft in der Nähe des Kindes herumtreibt und versucht, dieses mit Geschenken oder Versprechungen anzulocken, oder wenn der Stalker versucht, die Lehrkräfte des Kindes unter Druck zu setzen. Grundsätzlich schließen sich identifiziertes Stalking-Verhalten und unbegleiteter Kontakt des Stalkers zu seinen Kindern aus. Das hat auch das Schweizer Bundesgericht erkannt:[15] Ordnet ein Richter Fernhaltemaßnahmen an oder wird ein Stalker sogar verurteilt, anerkennt das Gericht damit implizit auch eine Gefährdung des Kindeswohls. Das Gericht verstößt gegen das Willkürverbot, wenn es dem schädigenden Elternteil dennoch ein freies und unüberwachtes Besuchsrecht einräumt.

Ob und inwieweit einem Kind ein begleiteter Umgang mit einem mutmaßlich stalkenden Elternteil zugemutet werden kann, hängt ab vom Ausmaß der Dissozialität des Stalkers, von der Bereitschaft des Kindes, von der Bereitschaft des betroffenen Elternteils und von der Glaubwürdigkeit des klagenden Elternteils.

Dissozialität des Stalkers. Es ist ein Unterschied, ob ein verzweifelter Stalker die Bewegungen des Opfers verfolgt und versucht, über Drittpersonen Informationen zu gewinnen, oder ob er Leib und Leben des Opfers bedroht und offensichtliche, aber nicht nachweisbare Sachbeschädigung betreibt. Abgesehen davon, dass ein massiv dissozialer Stalker den Rahmen einer Kontaktbegleitungsinstitution sprengt, dürften sich wohl kaum private Drittpersonen finden, welche die Gunst beider Elternteile genießen und sich zutrauen, die Eltern-Kind-Kontakte zu begleiten.

Bereitschaft des Kindes. Sträubt sich ein Kind vehement gegen die Kontakte mit einem Elternteil, der den anderen Elternteil quält, ist es relativ schwierig, diesem Kind glaubhaft

15 BGE 5A_377/2009 vom 3. September 2009.

zu vermitteln, dass es sich vor diesem Elternteil nicht zu fürchten bräuchte. Zumindest lässt sich auch bei einem begleiteten Umgang nicht ausschließen, dass der Stalker das Kind ausfragt oder anderweitig unter Druck setzt.

Bereitschaft des betroffenen Elternteils. Aus der Sicht des Opfers ist chronisches Stalking mindestens so gewalttätig wie die wiederkehrende Erfahrung von körperlicher Gewalt. Entsprechend ähnlich sind die damit einhergehenden psychischen Reaktionen des Opfers: Angst, Panik, posttraumatische Belastungsreaktionen. Ein davon betroffener Elternteil ist nicht in der Lage, seinem Kind ernsthaft zu vermitteln, dass es vor dem Stalker keine Angst zu haben braucht. Die Situation ist noch grotesker, wenn der betroffene Elternteil im Nichtumgang mit dem Stalker sämtliche Ratschläge befolgt, zum Beispiel jeglichen Kontakt vermeidet, wegzieht, Telefonnummer wechselt oder Opferschutzorganisationen einschaltet, zugleich aber angehalten wird, seinem Widersacher das Kind anzuvertrauen. Selbst wenn das Kind im theoretischen Fall nichts vom Stalking-Verhalten seines Elternteils wüsste, wäre es irritiert, wenn sein Zusammensein mit diesem Elternteil bei seiner Hauptbezugsperson panische Angst erzeugt.

Glaubhaftigkeit des klagenden Elternteils. Kinder sind darauf angewiesen, dass ihre Eltern ihnen modellhaft vermitteln, wovor sie sich im Leben fürchten müssen. Der Fall stellt sich anders dar, wenn die panische Angst der Bezugsperson ganz klar irrational ist bzw. die Bezugsperson dem anderen Elternteil fälschlich und unbegründet Stalking unterstellt. In diesen Fällen könnte eine korrigierende Erfahrung des Kindes in einem geschützten Setting verhindern, dass das Kind ebenfalls ein neurotisches Angstverhalten entwickelt.

Vorausgesetzt, das Kind und der betroffene Elternteil sind dazu bereit, sollte man einen möglichen begleiteten Umgang von einer glaubhaften und nachhaltigen Verhaltensveränderung des Stalkers abhängig machen. Es sind Fälle möglich, in denen ein Stalker nicht von seinem Verhalten ablässt, weil ein begleiteter Umgang für ihn keinen Anreiz darstellt. Möglicherweise argumentiert er, dass er das Opfer in Ruhe lassen würde, wenn er regelmäßigen Kontakt zum Kind hätte. Dieser Umkehrschluss ist jedoch nicht zulässig. Kinder sind kein Pfand oder Belohnungsmittel für gutes Verhalten.

4.3 Parentifizierung

Erwarten persönlichkeitsauffällige Eltern von ihren Kindern in unangemessener Weise emotionale Unterstützung, droht die Gefahr einer Rollenumkehr und entsprechenden Parentifizierung. Die Bezeichnung Parentifizierung oder Parentifikation stammt aus dem Lateinischen *parentes* „Eltern" und *facere* „machen" und bezeichnet die Umkehrung der Rollen von Elternteilen und Kind. Dabei werden Kinder sowohl explizit als auch implizit aufgefordert, eine für sie unzumutbare und überfordernde Elternrolle einzunehmen und sich in den entsprechenden Bereichen für das Wohl der Familienmitglieder verantwortlich zu fühlen. Zu einem umfassenderen Verständnis von Parentifizierung gehören auch Situationen, in denen ein Elternteil ein Kind auf die Elternebene holt und mit ihm eine partnerschaftliche Beziehung eingeht oder wenn das Kind auf Augenhöhe mit einem Elternteil dessen bester Freund ist.

4.3.1 Formen von Parentifizierung

Bei der Parentifizierung wird zwischen funktionaler und instrumenteller Parentifizierung unterschieden. Bei der *funktionalen* Parentifizierung werden Kinder mit nicht altersgerechten Aufgaben betraut, wie z. B. Übernahme von Haushaltsarbeiten, Einkäufen oder Betreuung von jüngeren Geschwistern oder mit der Übernahme von Pflegeaufgaben, insbesondere bei kranken Eltern. Bei der *instrumentellen* Parentifizierung übernehmen die Kinder auch die Rollen von Vertrauten und Ratgebern der Eltern und stellen für diese Eltern die primäre Quelle von Unterstützung und Trost dar. Vom Kind wird erwartet, dass es sich um die Aufrechterhaltung von Stabilität und Geborgenheit in der Familie bemüht.

Eine weitere Unterscheidung bezieht sich auf die Rollenzuschreibung im Rahmen der Parentifizierung: Bei einer *adaptiven* Parentifizierung werden Kinder von den elterlichen Bezugspersonen auf die Elternebene geholt und dort wie Freunde behandelt. Das Kind wird jedoch nicht vollständig in die Elternrolle gedrängt, sondern vielmehr selektiv mit einer elterlichen Rolle betraut. Es erhält dafür Unterstützung und positive Rückmeldung.

Bei der *destruktiven* Parentifizierung geben die Eltern ihre Elternrolle nahezu vollständig an ihre Kinder ab, ohne diesen selbst Unterstützung zukommen zu lassen. Typischerweise hat ein destruktiv parentifiziertes Kind für die Eltern auch eine emotionale Funktion und zeigt sich im Rahmen der Überidentifikation und Überverantwortlichkeit bei der Aufgabenübernahme selbst dann überverantwortlich, wenn es keine Beachtung bekommt oder sogar kritisiert wird.

Die Parentifizierung von Kindern trifft häufig in Verbindung mit erschwerten Lebensumständen auf. Es handelt sich um einen Kindesmissbrauch und ist Ausdruck einer eingeschränkten Erziehungsfähigkeit.

4.3.2 Merkmale von Parentifizierung

Als Risikofaktoren für eine Parentifizierung gelten grundsätzlich die Abwesenheit eines Elternteils durch Tod oder Scheidung, eine psychische Störung eines Elternteils oder eine Kombination dieser Faktoren. Eine kulturspezifische Parentifizierung ist häufig in patriarchalischen Gesellschaften zu beobachten, wo bei Wegfall des männlichen Familienoberhauptes vom ältesten Sohn erwartet wird, dessen Rolle zu übernehmen.

Aus Sicht der Bindungstheorie wird Parentifizierung als eine Form der Bindungsstörung betrachtet. In diesem Fall stellt der Elternteil keine sichere Bindungsperson für das Kind dar. Meistens hat der Elternteil in seiner Kindheit selbst keine verlässliche Bindung erlebt. Die eigene Unsicherheit in Bezug auf die Verfügbarkeit von Bindungspersonen und der Wunsch nach Liebe, Fürsorge und Empathie aufgrund einer mangelnden Bedürfnisbefriedigung in der eigenen Kindheit führen dazu, dass das Kind zur Bindungsperson für den parentifizierenden Elternteil wird.

Als Risikofaktoren für Parentifizierung seitens der Kinder gelten ein höheres Kindesalter, hohe Sozialkompetenz und Empathie und insbesondere das weibliche Geschlecht (vgl. Graf & Frank, 2001; Becker, 2007; Hooper, DeCoster, White & Voltz, 2011). Da Mädchen aufgrund der schnelleren Hirnreife früher empathiefähig sind als Knaben und vermutlich daher stärker auf Hilfeleistung, Umsorgen und Zusammenhalt sozialisiert werden als diese, reagieren sie auf die Bedürftigkeit ihrer Eltern empfindlicher und aufmerksamer als Knaben. In der klinischen Praxis werden aber auch häufig parentifizierte männliche Einzelkinder in der Obhut ihrer alleinerziehenden Mütter beobachtet.

Der Missbrauch eines Kindes durch destruktive Parentifizierung, wo Kinder ihre psychisch kranken oder persönlichkeitsauffälligen Eltern sowohl funktional als auch emotional unterstützen, bleibt seltener unauffällig, zumal diese Kinder oft mit Verhaltensauffälligkeiten oder psychischen Störungen über die Parentifizierung hinaus imponieren. Häufiger, jedoch unbeachteter ist die subtilere Form der adaptiven Parentifizierung mit sowohl instrumentellen als auch emotionalen Anteilen. Betroffene Kinder zeigen häufig keine offensichtliche Störung, welche zu Besorgnis Anlass gibt, sondern fallen gegen außen als pflegeleicht, angepasst und resilient auf.

In vollständigen Familien kommt es häufig zur Parentifizierung eines Kindes, wenn sich die Eltern aufgrund einer fehlenden Verbundenheit und Unterstützung in der Paarbeziehung von der Partnerschaft verabschiedet haben und ein Elternteil seine Elternrolle infolgedessen nicht mehr wahrnimmt. Kompensatorisch dafür holt der andere Elternteil das dafür am besten geeignete Kind auf die Paarebene. Auf dieser Ebene übernimmt das Kind eine Partnerfunktion und fungiert als beste Freundin, Vertrauensperson und Ratgeber.

In Trennungsfamilien tendieren vor allem überforderte Elternteile mit einer dependenten Persönlichkeitsstruktur dazu, Kinder auf die Erwachsenebene zu holen und mit diesen eine Art Partnerschaft einzugehen. Die psychische Belastung eines Elternteils aktiviert beim Kind Verlustängste. Es kontrolliert diese Ängste selbstwirksam, indem es sich um den leidenden Elternteil sorgt und zunehmend Verantwortung für diesen übernimmt. Da parentifizierte Kinder hochmotiviert sind, die Erwartungen ihrer Bezugspersonen zu erfüllen, sind sie auch für eine Manipulation durch den bedürftigen Elternteil empfänglich. Wenn in stark konfliktbelasteten Trennungsfamilien der parentifizierende Elternteil vom Kind erwartet, den anderen Elternteil als Schuldigen oder Aggressor abzulehnen, stellt dies einen fruchtbaren Boden für die Entfremdung zwischen Elternteil und Kind dar.

4.3.3 Auswirkungen auf die Kinder

Nach außen imponiert die Beziehung zwischen dem bedürftigen Elternteil und dem Kind häufig als besonders eng, und subjektiv zeigen parentifizierte Kinder in der vorpubertären Latenzzeit kaum einen Leidensdruck, im Gegenteil: Zum einen fühlen sie sich aufgewertet, wenn die Eltern ihnen zutrauen, Aufgaben von Erwachsenen zu erfüllen, zum andern ist ihnen diese Rolle vertraut. Sie kennen nichts anderes. Innerpsychisch geht die Parentifizierung jedoch mit einer Fehlentwicklung in verschiedenen Bereichen einher:

Bindungsverhalten: In der Rollenumkehr sichert sich das Kind körperliche wie auch emotionale Nähe zum Elternteil, indem es seine Aufgabe gut macht. Nur auf diese Weise kann das Kind eine affektive Bindung zum Elternteil herzustellen, die es sonst nicht erhalten würde. Insbesondere wenn das Kind Lob, Aufmerksamkeit und Bewunderung ausschließlich dann erfährt, wenn es seine Aufgabe gut macht, wird es diese elterlichen Reaktionen mit Liebe gleichsetzen. Die Sucht nach Liebe und die erlebte Kontrolle und Erfahrung, zum Wohlbefinden des geliebten Elternteils beizutragen, führt dazu, dass das Kind zunehmend auch intrinsisch motiviert ist, die Erwachsenenrolle einzunehmen und entsprechende Aufgaben zu erfüllen. Die fehlende Erfahrung des Kindes, um seiner selbst willen geliebt zu werden, führt jedoch zu einer Bindungsunsicherheit. Diese zeigt sich zum einen in einer Übervorsichtigkeit und Ängstlichkeit, anderseits beeindrucken parentifizierte Kinder mit weniger Explorationsverhalten, weil sie aufgrund der permanenten Beschäftigung mit den elterlichen Bedürfnissen ihre eigenen Entwicklungsaufgaben und Interessen vernachlässigen.

Selbstbild: Das Selbstbild dieser Kinder entwickelt sich entlang der Erwartungen des bedürftigen Elternteils. Das Selbstbild ist masochistisch geprägt oder zeigt eine stark leistungsorientierte Prägung. Weil das Kind keine Toleranz für eine kindtypische Unvollkommenheit entwickelt, orientiert es sich an der Perfektion und wird dabei laufend mit der Erfahrung konfrontiert, dass seine Anstrengungen und Leistungen nicht genügen. Aufgrund der hohen Anforderungen an sich selbst sind Versagensängste und Gefühle der Unzulänglichkeit permanente Begleiter dieser Kinder.

Da sich diese Kinder über ihre Funktion für ihre Eltern definieren, entwickeln sie kein Bewusstsein für eine funktionale Eltern-Kind-Hierarchie. Mangels Erfahrung verstehen sie nicht, dass Eltern für Kinder da sind und nicht umgekehrt. Im besten Fall betrachten sie sich als beste Freundin des bedürftigen Elternteils und achten die Regeln des gegenseitigen Nehmens und Gebens, welche eine Freundschaft ausmachen, aber nicht eine Eltern-Kind-Beziehung.

Als Folge des schwachen Selbstvertrauens und Selbstwertgefühls haben parentifizierte Kinder und insbesondere Jugendliche eine große Angst vor Liebesverlust und imponieren in den wenigen Freundschaften als ausgesprochen eifersüchtige Beziehungspartner.

Sozialverhalten: Nach außen wirken parentifizierte Kinder eher ernst, angepasst und pflegeleicht und für ihr Alter ungewöhnlich reif und verantwortungsbewusst. Im Vergleich zu Gleichaltrigen haben sie seltener Aufmerksamkeitsprobleme, zeigen ein ausgeprägtes prosoziales Verhalten und gute Problemlösefähigkeiten. Da der parentifizierende Elternteil mit der Angst lebt, dass das Kind sich abwenden könnte und dadurch die emotionale und instrumentelle Unterstützung wegfallen könnte, stellen für den bedürftigen Elternteil außerfamiliäre Sozialkontakte des Kindes eine Bedrohung dar. Das Kind wendet diese Bedrohung ab, indem es seine Beziehungen zu Gleichaltrigen aus Loyalität zum Elternteil einschränkt. Als Kompensation zur Isolation und Einsamkeit entwickeln parentifizierte Kinder in der Folge eine soziale Hypersensibilität für die Bedürfnisse und Erwartungen anderer und werden Weltmeister darin, diese sofort zu identifizieren.

Autonomie: Das Kind befindet sich in einem chronischen Dilemma zwischen der Hilfsbedürftigkeit seines Elternteils und seinen eigenen Wünschen nach Ablösung und Selbstverwirklichung. Die Unfähigkeit und die Hilflosigkeit des Elternteils sind für das Kind schwer auszuhalten und lösen Mitgefühl und Schuldgefühle aus, welche jegliche Autonomiestrebung im Keim ersticken, was insbesondere im Jugendalter zum Ausdruck kommt:

Im Zuge der Ausreifung des Frontalhirns im Jugendalter sind auch parentifizierte Kinder fähig, über ihren Horizont hinauszudenken und sich mit der Außenwelt auseinanderzusetzen. Aber es ist auch eine Funktion des Frontalhirns, sich für viel mehr Dinge verantwortlich zu fühlen, als dies einem jüngeren Kind möglich ist. Das Gefühl der chronischen Überforderung kann nicht mehr verdrängt werden, sondern muss mit reiferen Abwehrmechanismen unter Verschluss gehalten werden. Das Zaubermittel heißt „Schuldgefühl".

Drängen die in der Adoleszenz wirkenden Kräfte das jugendliche Kind, Grenzen auszuloten oder sich normabweichend zu verhalten, geht dies mit massiven Schuldgefühlen einher. Da das jugendliche Kind seine Kindheit verpasst und nie gelernt hat, seine eigenen Bedürfnisse wahrzunehmen, ist es nun auch nicht in der Lage, den aufkommenden Ärger dem missbrauchenden Elternteil gegenüber zu verstehen, geschweige denn auszuhalten.

Leistungsverhalten: Aufgrund der nicht altersentsprechenden Anforderungen und der Angst, zu versagen und den Elternteil zu enttäuschen, ist das parentifizierte Kind permanent überfordert und belastet. Es erkennt aber seine Not nicht, sondern reagiert mit Schuldgefühlen und Insuffizienzgefühlen auf diese Überforderung. Dies hat auch Auswirkungen auf das schulische Leistungsverhalten. Durch die ihnen zugewiesenen Verantwortlichkeiten sind Kinder psychisch und physisch oft so erschöpft, dass sie dem Schulunterricht nicht zu folgen vermögen. Während belastbare, intelligente und vom zwanghaften Erfolgs- und Perfektionszwang angetriebene Kinder oft außergewöhnliche schulische Leistungen erzielen, werden weniger belastbare Kinder zu Leistungsversagern.

Vernachlässigung von Entwicklungsaufgaben: Da parentifizierte Kinder oft rund um die Uhr damit beschäftigt sind, den Erwartungen der Eltern gerecht zu werden und die ihnen aufgetragenen Aufgaben zu erfüllen, fehlt ihnen die Zeit und die Möglichkeit, ihre Entwicklungsaufgaben wahrzunehmen. Neben dem Erwerb der Kulturtechniken gehört es zu den Entwicklungsaufgaben des Kindes, seine Bedürfnisse mit den Erwartungen seiner Umwelt abzugleichen, sich im Spiel mit Gleichaltrigen soziale Räume außerhalb der Familie zu erschließen, Interessen und Begabungen bei sich wahrzunehmen und mit Unterstützung der Bezugspersonen pflegen zu können. Es liegt auf der Hand, dass bei diesen Kindern eine altersgerechte kindliche Entwicklung nicht stattfinden kann und sie schlecht ausgerüstet in die biologisch determinierte Phase der Adoleszenz eintreten.

Psychische Störungen: Die anhaltenden Überforderungsgefühle werden zum Grundgefühl, welche zum Leben des Kindes gehören. Die Verdrängung dieser unangenehmen Gefühle gelingt im Kindesalter noch weitestgehend oder kommt insbesondere bei destruktiver Parentifizierung in unspezifischen psychischen Auffälligkeiten zum Ausdruck. Typischerweise verhindert die hohe Anpassungsbereitschaft dieser Kinder die Expression von extravertierten bzw. sozial störenden Verhaltensauffälligkeiten wie z. B. Aggressionen oder Stehlen. Vielmehr neigen diese hochbelasteten Kinder zu unspezifischen psychosomatischen Störungen, wie z. B. Bettnässen, Wachstumsstörungen oder gastrointestinale Beschwerden.

4.4 Falsche Missbrauchs- und Gewaltanschuldigungen

Während Kindesmissbrauch in allen Familien vorkommen kann, ist die Missbrauchsanschuldigung bei hochzerstrittenen Trennungseltern übervertreten. Dabei erhebt ein Elternteil – in der Regel die Mutter – schwere Vorwürfe gegen den anderen Elternteil – in der Regel den Vater – und beschuldigt diesen, gegenüber dem Kind gewalttätig zu sein oder sich am gemeinsamen Kind in sexueller Hinsicht vergangen zu haben. Während nicht in Frage gestellt wird, dass sowohl Väter als auch Mütter sich ihren Kindern in sexuell übergriffiger Absicht nähern können, stellt die Unterscheidung von stattgefundenem Missbrauch und Falschanschuldigungen des sexuellen Missbrauchs sowohl für die Strafbehörden als auch für die zivilrechtlichen Entscheidungsbehörden eine große Herausforderung dar. Die Häufigkeit falscher Anschuldigungen ist nicht belegt und bewegt sich in der Literatur zwischen 6 und 35 Prozent (vgl. Weiner & Freedheim, 2003, S. 438). Vermutlich handelt es sich seltener um Falschanschuldigungen, wenn ein Elternteil die schweren Vorwürfe unbeeinflusst und in gutgläubiger Absicht vorbringt, als wenn die Anschuldigung in bewusster und vorsätzlicher Absicht vorgebracht wird.

Während ein tatsächlich erfolgter sexueller Missbrauch ein Kind schwer traumatisiert und in seiner Entwicklung beeinträchtigt, sind die Folgen eines „Missbrauchs des Missbrauchs" für ein Kind traumatisierend, wenn das Kind in der Folge so behandelt wird, wie wenn dieser Missbrauch stattgefunden hat, und das Kind diese Annahme schließlich als

Realität verinnerlicht. Die anhaltende Traumatisierung rührt daher, dass auf dem Boden der falschen Annahme keine innerliche Versöhnung mit dem „vermeintlichen" Täter stattfinden kann. Weil das Kind zwar überzeugt ist, dass der Missbrauch stattgefunden hat, aber keinen Zugang zu dieser Erfahrung hat, wird es unter Umständen ein Leben lang in der Opferrolle gefangen sein und seine zukünftige Lebensumwelt auf der Grundlage eines falschen Opferbewusstseins wahrnehmen und interpretieren. Die Tendenz, nicht hinreichend zwischen erlebnisgestützten und eingebildeten Erfahrungen bzw. Pseudoerinnerungen unterscheiden zu können, weitet sich auch auf andere Lebensbereiche aus und führt schließlich zu einer tiefen Verunsicherung der eigenen Identität.

Da der wissentliche Missbrauch des Missbrauchs ein sehr schwerwiegendes und geächtetes Verhalten ist, geben Eltern niemals zu, bewusst Falschangaben gemacht zu haben. Abgesehen davon ist es sehr schwierig, eine falsche Behauptung oder deren Gegenteil zu beweisen. Eine hinreichende Aufdeckung oder Widerlegung einer falschen Anschuldigung ist jedoch von entscheidender Bedeutung, sowohl für die weitere Entwicklung des Kindes und des denunzierten Elternteils als auch für die Entscheidungsbehörden, welche unter der Beeinflussung und dem Druck des beschuldigenden Elternteils den Missbrauch für möglich halten und mit einem „iatrogenen"[16] Entscheid sowohl den Kontaktabbruch zementieren als auch einem Entwicklungsschaden des Kindes Vorschub leisten.

Fallbeispiel

Die seit zwei Jahren getrennten Eltern der zwei fünf- und sechseinhalbjährigen Mädchen sind hochzerstritten und streiten unerbittlich um die Kinder, welche bis zur Trennung tragfähige und enge Beziehungen zu beiden Elternteilen pflegten und danach alle zwei Wochen Kontakt zum Vater hatten. Die Mutter lebt mit einem neuen Partner zusammen, den die Kinder Papi nennen. Sie ist überzeugt davon, dass der leibliche Vater den Kindern schadet, und möchte diesen aus ihrem Leben und dem Leben der Kinder entfernen, während der Vater um mehr Kontakt zu seinen Kindern kämpft. Kurz nach der Trennung beschuldigte die Mutter den Vater des sexuellen Übergriffs auf die ältere Tochter. Diese habe angegeben, dass sie dem Vater immer das Glied halten müsse, wenn er auf der Toilette sei. Der Vater habe auch an ihrer Muschi Salbe angemacht und den Finger reingesteckt.

Die Anschuldigungen des sexuellen Übergriffs hielten der strafrechtlichen Untersuchung und dem Glaubhaftigkeitsgutachten nicht stand. Auf der Grundlage der unverrückbaren Überzeugung der Mutter wurden jedoch die Vater-Kind-Kontakte fortan begleitet. Als im Rahmen der zivilrechtlichen Begutachtung die Möglichkeit unbegleiteter Vater-Kind-Kontakte abgeklärt werden sollte, begründet die Mutter ihre diesbezügliche Weigerung damit, dass die sexuellen Übergriffe des Vaters an den Töchtern trotz der Kontaktbegleitung anhalten würden. Mittlerweile äußere nämlich auch die jüngere Tochter, dass sie das Glied des Vaters halten müsse.

16 Der Begriff „iatrogen" findet vor allem in der Medizin Verwendung und bezieht sich auf Gesundheitsschäden, die als Resultat ärztlicher Eingriffe oder Therapiemaßnahmen zustande kamen.

Nachdem vorangegangene Strafverfahren und Glaubhaftigkeitsgutachten keine Hinweise für einen tatsächlich erfolgten Übergriff zutage gefördert hatten, die Mutter diese Befunde jedoch ignoriert und eher einen Kontaktabbruch als eine Wiederherstellung eines unbegleiteten Kontaktes befürwortet hatte, wurde die mit der zivilrechtlichen Begutachtung beauftragte Fachperson angehalten, sich ein Bild der Gesamtsituation zu machen und Empfehlungen abzugeben.

Beschuldigter Elternteil

Die Evaluation der Entwicklungsbedingungen in der Primärfamilie des beschuldigten Elternteils zielt darauf ab, allfällige Hinweise auf eine pädophile Disposition oder sexuelle Deviation aufzudecken. Entsprechende Fragen beziehen sich auf die Entwicklung der geschlechtlichen Identität und der sexuellen Orientierung, Zeitpunkte, Verlauf und Erleben der körperlichen sexuellen Entwicklung in der Pubertät, Inhalte erotisch-sexueller Imaginationen oder Phantasien in der biographischen Entwicklung, Erleben sexueller oder gewalttätiger Übergriffe in der Kindheit, Jugend oder im Erwachsenenalter, Pornographiekonsum und Prostituiertenkontakte. Der Übergriff ist eher unwahrscheinlich, je weniger die Abklärungen Hinweise auf eine abweichende Entwicklung zutage fördern und je eher die Aussagen des Beschuldigten vor dem Hintergrund einer guten Schwingungsfähigkeit und intakten Introspektions- und Reflexionsfähigkeit glaubhaft und nachvollziehbar erscheinen.

Im Narrativ über den Entstehungsprozess der Anschuldigungen bringt der Elternteil seine Wahrnehmung der Paargeschichte zum Ausdruck, welche Hinweise auf die Konfliktdynamik erlaubt und mit den entsprechenden Angaben des anschuldigenden Elternteils einen mehr oder eben auch weniger fruchtbaren Boden für Falschanschuldigungen freilegt.

Anschuldigender Elternteil

Die Angaben der persönlichen Entwicklungsgeschichte des anschuldigenden Elternteils im Abgleich mit seinem Narrativ der Beziehungsgeschichte lassen Rückschlüsse auf dessen Persönlichkeitsstruktur zu, welche die Motivation für allfällige Falschanschuldigungen begünstigt. Die wichtigsten Motive für Anschuldigungen des sexuellen Missbrauchs sind eigene Missbrauchserfahrungen und das Bedürfnis, den anderen Elternteil „zu entsorgen“, sei es aus Rache oder im Interesse einer Konsolidierung einer neuen Familie. Stehen die Falschanschuldigung im Dienst einer induzierten Entfremdung der Kinder vom störenden Elternteil, können folgende Leitmotive identifiziert werden:

- Ich habe Angst, dass mein Kind den andern Elternteil mehr lieben wird als mich und mit ihm zusammenleben will
- Ich will mein Kind ganz für mich alleine haben
- Wenn der andere Elternteil bzw. mein Ex-Partner mich nicht will, bekommt er auch unser Kind nicht

- Ich will mich am Ex-Partner rächen, was am besten gelingt, wenn ich ihm sein Kind wegnehme
- Ich will nicht das Risiko eingehen, dass mein Kind so wird wie mein Ex-Partner
- Ich war immer der wichtigere Elternteil für das Kind als der Ex-Partner
- Ich möchte nicht, dass mein Kind seinen neuen Stiefelternteil liebt

Obwohl Falschanschuldigungen oft mit Entfremdungsabsichten einhergehen, muss berücksichtigt werden, dass nicht alle Falschanschuldigungen auf entfremdenden Motiven beruhen. In einem Klima des Misstrauens und der Verachtung kann ein Elternteil eine Aussage des Kindes falsch verstehen oder überinterpretieren und dadurch zu einer falschen Schlussfolgerung gelangen. Die fehlende Kommunikation mit dem anderen Elternteil verhindert, dass Missverständnisse aus dem Weg geräumt werden können.

Nach der Prüfung der Motivationstreiber für die Beschuldigungen geht es darum, die Entstehung der Überzeugung oder Begründungen für einen vermeintlich stattgefundenen Übergriff unter die Lupe zu nehmen. Wenn die Eltern berichten, dass ihre Kinder entsprechende Aussagen gemacht haben, gilt es zu beurteilen, in welchem Kontext diese Aussagen gemacht worden sind und wie der Elternteil sprachlich, emotional und verhaltensmäßig darauf reagiert hat. Insbesondere ist darauf zu achten, ob in der Reaktion des Elternteils suggestive Elemente identifiziert werden können, wie z. B. wiederholte Befragung, geschlossene Fragen, Videoaufnahmen der Aussagen des Kindes oder allein der Ausdruck einer großen emotionalen Betroffenheit oder eines Interesses an den Aussagen des Kindes. Nicht zuletzt muss beurteilt werden, inwiefern die Angaben des beschuldigenden Elternteils glaubhaft sind.

In der Beobachtung der Interaktion zwischen dem anschuldigenden Elternteil und dem Kind ergeben sich Hinweise darauf, wie sehr das Kind bemüht ist, die Erwartungen des Elternteils zu erfüllen, diesem zu gefallen und infolgedessen auch eher geneigt ist, sich mit spektakulären Aussagen dessen Aufmerksamkeit zu sichern.

Das betroffene Kind

Im unverfänglichen Gespräch mit dem Kind wird geprüft, inwieweit sein geistiger Zustand, seine Sprachentwicklung und seine Gedächtnisleistung ihm erlauben, sich an eine zurückliegende Erfahrung zu erinnern und diese hinreichend verständlich in Worte zu fassen, ohne dass nachgefragt werden muss.

Dabei gilt zu beachten, dass Kinder bis zum 19. Lebensmonat sich nicht explizit an ein Ereignis erinnern können. Danach ist dies zwar möglich, aber das noch nicht dreijährige Kind hat noch große Schwierigkeiten mit dem selbständigen Abruf von Informationen. Daher ist es in erheblichem Maß auf spezifische Hinweisreize und gezielte Fragen angewiesen, um das relevante Ereignis erinnern und reproduzieren zu können. Der Informationsgehalt im freien Bericht des noch nicht dreijährigen Kindes ist sehr dünn und fragmentarisch. Zu Ereignissen, über die keine zusätzlichen Informationen vorliegen, sind deswegen häufig noch keine Angaben zu erhalten, die auch ohne Kenntnis des Ereignisses nachvollziehbar wären. Im Alter zwischen vier und fünf Jahren entwickelt das Kind die Fähigkeit, eigene Erfahrungen ohne Hilfestellung in kurzen Narrationen wiederzugeben und Auskunft über zurückliegende Erlebnisse zu geben (vgl. Volbert & Steller, 2014), aber bis zum Alter von neun Jahren haben Kinder Probleme, Personen, Orte und Ereignisse so einzuführen und beizubehalten, dass der Hörer ohne Verständnisprobleme folgen kann, weil ihnen beispielsweise die Verwendung des bestimmten und unbestimmten Artikels noch nicht in allen Nuancen vertraut ist (vgl. Hickmann, Liang & Hendriks, 1989).

Schließlich ist die ausgeprägte Empfänglichkeit für Suggestionen bei jüngeren Kindern zu berücksichtigen:

Suggestibilität von Kindern und Pseudoerinnerungen

Es ist sowohl empirisch wie auch wissenschaftstheoretisch hinreichend belegt, dass insbesondere bei jungen Kindern Suggestionen zu der subjektiv gegebenen Überzeugung führen, etwas erlebt zu haben, was in Wirklichkeit nicht der Fall war (z. B. Niehaus, Volbert & Fegert, 2017; Hänert, 2007). Aufgrund der mangelhaften Sprachkompetenz, der fehlender Reflexionsfähigkeit und bestehender Ja-Sage-Tendenz weisen besonders Kinder im Vorschulalter eine stark erhöhte Suggestibilität auf. Sie hinterfragen keine Vorgaben und übernehmen zumeist ungefiltert die Angaben der Bezugsperson. Für kleine Kinder sind die Eltern unbegrenzt glaubwürdig. Sie stellen die gute Absicht des befragenden Elternteils nicht in Frage und sind im Gegensatz zu Jugendlichen noch hochmotiviert, den Eltern zu gefallen und deren Erwartungen zu erfüllen. Bei Geschwisterkindern kann auch der Konformitätsdruck die Suggestibilität erhöhen (vgl. Volbert, 1996).

In empfindlichen Bereichen ist jede Frage, welche das Kind mit Ja oder Nein beantworten kann, eine Suggestivfrage. Suggestionen werden jedoch nicht nur durch geschlossene Fragen, sondern auch im Rahmen einer offenen Erzählaufforderung oder von offenen Fragen produziert, wenn mit wiederholter suggestiver Beeinflussung operiert wird. Weitere suggestive Strategien sind: Ignorieren von Verneinungen, wiederholte Fragen zum verneinten Sachverhalt, offensichtliche Suggestivfragen, Verwendung spielerischer und fiktiver Kommunikationsformen, wie „die Geschichte von Max, der auch missbraucht worden ist", oder insbesondere Hinweisreize und Verbalisierungshilfen bei Kindern, welche sich sprachlich noch nicht hinreichend mitteilen können. Eltern bedienen sich dieser Techniken in der Annahme, dass es dem Kind leichter falle, über die als sicher erachteten Missbrauchsereignisse zu berichten oder sich daran zu erinnern. Widersprechende oder inkonsistente Informationen werden ignoriert oder im Sinne der Ausgangsannahme interpretiert. Aussagen des Kindes werden eher durch Suggestionseffekte beeinträchtigt, je mehr die Bezugsperson mit Hinweisreizen operiert. Die Quellenverwechslungsfehler[17] treten besonders dann auf, wenn zwischen tatsächlichem oder vermeintlichem Ursprungsereignis und der Befragung ein langer Zeitraum liegt (Volbert, 2005).

17 Beim Attributionsfehler der Quellenverwechslung handelt es sich um eine Erinnerung an eine Information, jedoch um eine fehlerhafte Zuordnung der Informationsquelle.

Mit der Zeit geben Kinder dem suggestiven Druck nach und übernehmen die falschen Informationen. Das Ergebnis dieses Prozesses sind nicht erlebensbasierte Pseudoerinnerungen. Das suggerierte Ereignis stellt für das betroffene Kind eine subjektive Wahrheit dar, welche ähnliche Qualitäten aufweist wie eine objektive Wahrheit (Ludewig, Tavor & Baumer, 2011), d. h., Suggestion führt im Gedächtnis zur Integration der suggerierten Information, die später nicht mehr von der ursprünglichen Information zu unterscheiden ist. Suggestion führt auch zur Überschreibung der ursprünglichen Situation und erschwert die Erinnerung an das tatsächliche Ereignis. Das Phänomen selbst ist seit über zwanzig Jahren als „False Memory Syndrome" bekannt und Gegenstand weitreichender Forschungen.

Nebst der Identifikation von suggestiven Wirkfaktoren und der Beurteilung von Gedächtnisspuren auf der Grundlage der gegebenen Suggestibilität des Kleinkindes müssen dessen Aussagen vor dem Hintergrund seiner Sexualentwicklung eingeordnet werden:

Psychosexuelle Entwicklung des Kindes

Aussagen wie: „Das kann das Kind doch nicht erfunden haben!", werden von Eltern nicht selten ins Feld geführt, wenn Kinder sexuelle Phantasien ausdrücken. Insbesondere bei Eltern, aber auch bei Fachpersonen herrscht mitunter ein erhebliches Unwissen über die psychosexuelle Entwicklung von Kindern und über die Ausdrucksformen kindlicher Sexualität. Aus diesem Unwissen resultieren insbesondere in Trennungsfamilien Fehldeutungen bezüglich kindlicher Sexualitätsäußerungen, die zwar verständlich, aber nicht minder schädlich für die Kinder sind und den Eltern-Kind-Kontakt erheblich belasten. Insbesondere muss berücksichtigt werden, dass nicht jede sexualisierte Ausdrucksform oder jedes sexualisierte Verhalten des Kindes auf einen sexuellen Missbrauch hinweist (vgl. Volbert, 1998).

Wie alle anderen sensomotorischen Erfahrungen wurzelt auch die Psychosexualität in sensomotorischen Wahrnehmungen. Entwicklungspsychologisch ist unbestritten, dass Kinder von Anfang an sexuelle Wesen sind und die sexuelle Erregung vom ersten Lebenstag des Kindes schon da ist (Philipps, 2000). Kinder sind von Geburt sinnlich ansprechbar und genussfähig. Dabei spielen auch die Genitalien als sensorisch besonders empfindliche Bereiche eine Rolle. Obwohl das Genitalspiel des Säuglings und des Kleinkindes mit den Gefühlen von Erwachsenen im Zusammenhang mit Sexualität nichts zu tun hat, ist es offensichtlich, dass Kinder dieses Spiel genießen bzw. dabei Lust empfinden.

Im weiteren Entwicklungsalter drängt die natürliche Neugierde das Kind zur Exploration seines Körpers. Das Kind „begreift" diesen im wahrsten Sinne des Wortes und sucht nach Begriffen für das Angefasste. Gegenstand des sexuellen Explorationsverhaltens ist auch die Untersuchung der entdeckten Körperteile und Körperöffnungen. Wenn Mädchen versuchen, Gegenstände in die Vagina hineinzustecken, ist dieses Verhalten keineswegs ein zwingender Hinweis auf eine sexuelle Missbrauchserfahrung. Gerade bei Kindern im Alter zwischen zwei und sechs Jahren sind selbststimulierende Aktivitäten sowie das Zeigen der eigenen Genitalien und das Anschauen und Anfassen der Genitalien anderer Kinder und insbesondere vertrauter Bezugspersonen häufig zu beobachten und Ausdruck einer ganz normalen Entwicklung.

Auf der ödipalen Stufe der psychosexuellen Entwicklung zwischen dem vierten und dem sechsten Lebensjahr bringt das Kind sein Interesse an den Geschlechtsmerkmalen und dem Unterschied zwischen den Geschlechtern besonders deutlich zum Ausdruck. Mädchen wollen später den Vater heiraten, und bei Doktorspielen mit Gleichaltrigen untersuchen Kinder die Geschlechtsteile des Spielkameraden. Für die Kinder haben diese Spiele keine andere Bedeutung, wie wenn sie „Verkaufen" oder „Zahnarzt" spielen. Wenn nun aber ängstliche, misstrauische oder vorbelastete Erwachsene in der Verleugnung kindlicher Sexualphantasien eine Bedeutungsaufladung vornehmen und dem Kind signalisieren, dass diese Informationen von größtem Interesse sind und mit größter Aufmerksamkeit „belohnt" werden, entsteht sehr leicht eine Eigendynamik: Das Kind reichert seine Angaben an, weil es das Informationsbedürfnis des Erwachsenen befriedigen will.

In der Interaktionsdiagnostik und im Rahmen von Einholung von Fremdangaben soll geprüft werden, ob sich in der Beziehung des Kindes mit dem Vater mögliche Belastungsanzeichen zeigen. Zur Absicherung dieser Befunde empfiehlt sich auch der Einsatz von projektivem Material, wo dem Kind mehrdeutige Abbildungen von Kindern in der körperlichen Interaktion mit einem Elternteil vorgelegt werden, welche das Kind sowohl als Übergriff als auch als normale elterliche Zärtlichkeit beschreiben kann (z.B. der Geschichtenerzähltest projektiv GETp von Preuss & Landsberg, 1996, in Wienand, 2018).

Im Rahmen der Untersuchung des Kindes gilt es schließlich, alternative Erklärungen für dessen belastende Aussagen zu finden. Beispielsweise hat sich im oben dargestellten Fallbeispiel herausgestellt, dass die beiden Geschwister den Vater wiederholt beim Pinkeln beobachtet haben und sich im altersgemäßen Interesse für die männlichen Genitalien gegenseitig aufgeschaukelt und Phantasien entwickelt haben. Die Aussage, dass der Vater anlässlich einer Wundbehandlung des Intimbereichs der Tochter den Finger reingesteckt hat, konnte als Ja-Antwort auf die gezielte Frage der Mutter identifiziert werden.

Ergeben die Untersuchungen, dass die Restwahrscheinlichkeit für einen sexuellen Übergriff verschwindend klein ist, muss versucht werden, den anschuldigenden Elternteil in respektvoller und psychoedukativer Absicht mit den Abklärungsbefunden und den fachlichen Überlegungen vertraut zu machen und im günstigsten Fall von seiner Überzeugung abzubringen. Der Elternteil muss damit konfrontiert werden, dass die nicht aus der Welt zu schaffende Restwahrscheinlichkeit eines vollzogenen Übergriffs in keinem Verhältnis zum Kontaktabbruch des Kindes mit dem Vater steht. Darüber hinaus muss deutlich gemacht werden, dass diese Restwahrscheinlichkeit sich nicht nur darauf bezieht, dass der beschuldigte Elternteil das Kind missbraucht haben könnte, sondern dass auch nicht mit Sicherheit ausgeschlossen werden kann, dass der anschuldigende Elternteil das Kind missbraucht haben könnte. Die Überzeugungsarbeit gelingt umso besser, je weniger der beschuldigende Elternteil sein Gesicht verlieren muss. Hält der Elternteil seine Überzeugung aufrecht, kann aber verstehen, dass der Beziehungsverlust zu einem Elternteil das Kind unter Umständen in einem größeren Ausmaß belastet als ein vermuteter Übergriff in der Vergangenheit, kann der Schaden begrenzt werden. Läuft die Überzeugungsarbeit ins Leere, muss die Herausnahme des Kindes mit anschließender Obhutsumteilung insbesondere dann in Betracht gezogen werden, wenn das junge Kinder an den beschuldigten Elternteil gebunden ist und seine Beziehung zu diesem noch nicht irreparabel beschädigt ist (vgl. Kap. 15.5.3).

5 Individuelle Entwicklungsfaktoren auf Seiten des Kindes

Im Zusammenspiel zwischen Anlage und Umwelt entwickelt das Kind seine Individualität nicht auf einem unbeschriebenen Blatt, einer Tabula rasa. Da aber das Kind seine Persönlichkeit erst im Laufe seiner Entwicklung herausbildet, spricht man bei der Charakterisierung von Kindern nicht von „Persönlichkeit", sondern von „Konstitution". Damit ist die Gesamtheit der überdauernden, genetisch vermittelten physischen und psychischen Eigenschaften des Kindes gemeint, welche maßgeblich dafür verantwortlich sind, wie insbesondere das noch junge Kind auf schädliche Einflüsse wie etwa Krankheitserreger oder Vernachlässigung reagiert. Die Widerstandsfähigkeit des Kindes gegenüber der Trennung seiner Eltern und den damit einhergehenden Belastungen wie zum Beispiel dem Loyalitätskonflikt wird nicht zuletzt von seiner Konstitution bestimmt. Die unterschiedliche Reaktion von Kindern im Loyalitätskonflikt hängt ab von der alters- und belastungsbedingten Ambivalenzfähigkeit, aber auch vom Geschlecht, von der Position in der Geschwisterreihenfolge und insbesondere von der persönlichen Resilienz.

5.1 Altersabhängige Ambivalenzfähigkeit

Der Begriff „Ambivalenz" setzt sich zusammen aus den Wortteilen *ambo* (lat. „beide") und *valere* (lat. „gelten") und bezeichnet die Koexistenz von gegensätzlichen Gefühlen, Gedanken oder Wertigkeiten. Ein typisches Beispiel für eine solche „Sowohl-als-auch-Wertigkeit" ist der Begriff „Hassliebe". Die rein deskriptive Verwendung des Ambivalenzbegriffs bezieht sich auf ein wertungsfreies Nebeneinander von Gegensätzen im Denken, Fühlen oder Handeln. Entsprechend meint der Begriff „Ambivalenzfähigkeit" die Fähigkeit des reifen Menschen, Spannungen von gegensätzlichen Gefühlszuständen wie beispielsweise Liebe und Hass oder Angst und Mut auszuhalten und zu integrieren.

5.1.1 Zur Entwicklung der Ambivalenzfähigkeit

Die Grundlage für die Ambivalenzentwicklung erwirbt das Kind in der Wiederannäherungsphase (nach Mahler, Pine & Bergman, 1994) oder umgangssprachlich der Trotzphase. Damit bezeichnet man eine Entwicklungsphase im 2. Lebensjahr des Kindes, in der sich das Kind innerpsychisch aus der Symbiose mit der Mutter als primärer Bezugsperson zu lösen beginnt. Es ist die Phase, in der das nun mobile Kind seine Umgebung erkundet. In ständigem Wechsel sucht es die Nähe der Mutter und wendet sich wieder dem eigenen Spiel oder der Erkundung zu. Idealerweise dient der Vater dem Kind als zweite Möglichkeit, sich in der Phantasie mit der Omnipotenz der Eltern zu identifizieren. Gleichzeitig bewahrt er das Kleinkind vor dem Zurücksinken in die unstrukturierte Einheit mit der Mutter.[18]

Die Wiederannäherungsphase – oder eben im Volksmund Trotzphase – gilt als Höhepunkt des Abhängigkeits-Autonomie-Konflikts. In dieser Phase entwickelt das Kind die Fähigkeit, seine Eltern fortwährend zu lieben, obwohl es zeitweise wütend auf diese ist. Es beginnt seine Eltern als ganzheitliche und konstante Objekte wahrzunehmen und lernt die Ambivalenzspannung aushalten, die daraus resultiert, dass die liebenden, beschützenden und versorgenden Bezugspersonen zeitweise nicht verfügbar sind und Wünsche nicht erfüllen.

Trennen sich nun die Eltern zum Zeitpunkt dieser Entdeckung, ist dies für das Kind besonders irritierend und verwirrend: Eben hat es die enge Verbindung mit der Mutter überwunden und in der Triangulation mit dem Vater das Potential und die Möglichkeiten der Dreierbeziehung mit seinen Eltern entdeckt. Und schon muss es die größte Herausforderung für das Trennungskind bewältigen, nämlich den Übergang von einer Dreierbeziehung zu zwei Zweierbeziehungen.

Zwar ist das 3- bis 4-jährige Kind grundsätzlich dafür ausgerüstet, Objekten oder Personen gegenüber qualitativ gemischte Gefühle auszudrücken. Häufig lässt sich dies in Interaktionen von Geschwistern beobachten, etwa wenn ältere Kinder ihren jüngeren Geschwistern gegenüber zwischen liebevollen und zärtlichen Gefühlen und ablehnenden bis zuweilen hasserfüllten Gefühlen hin und her pendeln. Kindern im Vorschulalter ist es aber kognitiv noch nicht möglich, zwei unterschiedliche Gefühlsqualitäten *gleichzeitig* zu erfassen (vgl. Zitelmann, 2001). Zwar können sie Situationen beschreiben, in denen bestimmte einfache Gefühle hervorgerufen werden. Sie streiten aber ab, dass es möglich ist,

---

18 Obwohl das Kind den Vater zunehmend als nicht ambivalent besetzten Zufluchtsort und Repräsentanten der Außenwelt wahrnimmt und in ihm ein Loslösungsvorbild sieht, ist es in dieser „Wiederannäherungskrise" noch einmal intensiv auf die Mutter bezogen und besonders schutzbedürftig. Das Erleben der Grenzen von Autonomie und Omnipotenz geht nämlich mit der Angst vor dem Verlust der Bezugsperson einher, aber auch mit der Angst, die eben erreichte Autonomie wieder zu verlieren. Das Aushalten dieser Ambivalenz geht bei Kindern in der Trotzphase um das 2. Lebensjahr herum mit erhöhter Vulnerabilität, Aggressivität und Verweigerungshaltung einher, aber auch mit einem verstärkten Anlehnungsbedürfnis.

zwei Gefühle gleichzeitig zu empfinden. Das bedeutet, dass Vorschulkinder die Trennung der Eltern psychisch eigentlich nicht erfassen können und nicht fähig sind, ambivalente Gefühle bei sich wahrzunehmen, geschweige denn auszuhalten. Entsprechend können sie nur schwer verstehen, dass sie sowohl die Mutter als auch den Vater gleichzeitig lieben dürfen, obwohl diese miteinander zerstritten und nicht mehr in einer Dreierbeziehung mit ihm verbunden sind. Sie haben Angst, den einen Elternteil zu verlieren, wenn sie den andern Elternteil mögen.

Im Alter zwischen 6 und 8 Jahren beginnen Kinder Situationen zu beschreiben, die zwei verschiedene Gefühle hervorrufen können, wobei es sich immer noch um ein Nacheinander von unterschiedlichen Gefühlen handelt. Kinder in diesem Alter zweifeln noch daran, dass man gleichzeitig unterschiedliche Gefühle haben kann. Beispielsweise sagt das Kind: „Eigentlich habe ich mich auf Papa sehr gefreut. Dann war ich aber wütend auf ihn, weil er Mama und mich verlassen hat.“ Im Rahmen der wachsenden Differenzierung von Gefühlswahrnehmungen und der Möglichkeit, Gefühle zu benennen, sind 7-jährige Kinder in der Lage, Situationen zu beschreiben, in denen sie zwei unterschiedliche, aber immer noch gleichgefärbte Gefühle bei sich wahrnehmen. Beispielsweise sagt das Kind: „Wenn ich abends nicht mehr mit meiner Freundin spielen darf, bin ich traurig und wütend auf meine Mutter.“

Die Integration von zwei Gefühlen unterschiedlicher Qualität ist erst dem circa 10-jährigen Kind möglich, und mit der endgültigen Ausbildung des Frontalhirns im Alter von circa 11 Jahren ist es dem voradoleszenten Jugendlichen möglich, sowohl kognitiv als auch emotional zu erfassen, dass eine Situation auch gegensätzliche Gefühle hervorrufen kann, was das Kind beispielsweise so ausdrückt: „Ich liebe meinen Vater über alles, aber ich bin immer noch wütend auf ihn, dass er uns verlassen hat.“

5.1.2 Missglückte Ambivalenzentwicklung

Der Text des bekannten Kinderliedes „Hänschen klein“[19] beschreibt den Ablösungsprozess des Kindes von der Mutter als einen Teil des Selbständigwerdens. Die letzten beiden Sätze des Liedtextes weisen auf eine Problematik hin, die entsteht, wenn das Kind sich nicht schuldfrei von der Mutter wegbegeben kann. Am wichtigsten in Bezug auf die Entwicklung einer gesunden Ambivalenzfähigkeit ist die wiederholte Erfahrung des Kindes, dass es von den Eltern auch dann geliebt wird, wenn es diese zuweilen hasst, wenn es ungehorsam ist oder den Eltern Schwierigkeiten macht. Wie oben beschrieben, ist das Kind vor dem 3. Lebensjahr noch nicht fähig, diese Erfahrung zu verinnerlichen. Die Unterstützung der Eltern besteht darin, entsprechende Rahmenbedingungen zu schaffen, die es

---

19 „Hänschen klein ging allein in die weite Welt hinein. Stock und Hut steh'n ihm gut, ist auch wohlgemut. Doch die Mutter weinet sehr, hat ja nun kein Hänschen mehr. Da besinnt sich das Kind, läuft nach Haus geschwind.“

dem Kind ermöglichen zu erfahren, dass dies normal ist und ausgehalten werden kann. Insbesondere müssen die Eltern dem Kind vermitteln, dass es geliebt wird, auch wenn es auf die Eltern böse ist. Das Kind lernt zu akzeptieren, dass beides wahr ist: seine überwiegende Liebe ebenso wie sein zeitweiliger Hass auf die Eltern.

Fehlt dem Kleinkind die Erfahrung, dass es sich von seiner primären Bezugsperson wegbewegen kann und trotzdem geliebt und gehalten bleibt, missglückt die Ambivalenzentwicklung. Das Kind bleibt in einem Entweder-oder-Muster des Gefühlserlebens fixiert. Die kindliche spaltungsstiftende Ambivalenz ist dann die Antwort auf ambivalente Reaktionen der Eltern, zum Beispiel auf kindliche Autonomiebestrebungen. Eine nach Dornes (1996) übermäßig ambivalente Mutter, die ihr Kind einerseits mit „Stock und Hut" ausrüstet, es also in die Welt schicken will, andererseits aber die Rückenansicht des sich immer weiter entfernenden Kindes nicht erträgt und darüber „weinet", behindert die Ambivalenzentwicklung ihres Kindes. Wenn Hänschen schuldbewusst zurückkehrt und sich der Mutter wieder annähert, ist diese Annäherung außengeleitet, von außen motiviert, bedingt durch mütterliche Ambivalenz. Hänschen lernt, dass es nur zwei Möglichkeiten hat: entweder zu gehen oder zu bleiben.

Ambivalenzentwicklung scheitert auch, wenn emotional instabile und nicht zu Feinfühligkeit fähige Bezugspersonen nicht oder unzureichend in der Lage sind, die aversiven Regungen des Kindes zu tolerieren und zu respektieren, die Autonomieentwicklung oder Wut des Kindes nicht aushalten und darauf mit Liebesentzug reagieren oder – wie Hänschens Mutter – psychisch dekompensieren. Das Kind verinnerlicht die Erfahrung, dass es nur geliebt wird, wenn es sich der Bezugsperson zuwendet. Dem Kind gelingt es in der Folge nicht, intrapsychische Konflikte auszuhalten und trotz gegensätzlicher Gefühle vertrauensvolle Beziehungen aufrechtzuerhalten. Weil es diese Spannung nicht aushalten kann, werden Inhalte gespalten: Personen sind entweder gut oder böse; die Welt ist schwarz oder weiß. Gefühle der dinglichen und personalen Welt gegenüber werden nicht gleichwertig nebeneinander oder miteinander erlebt, sondern nacheinander. Entsprechend hält das Kind Menschen, die es heute als gut erkennt, morgen für böse Menschen. Die Unfähigkeit zur Ambivalenz ist in der Regel mit einer Spaltungsabwehr verbunden, welche ein Merkmal für eine frühe strukturelle Störung ist, wie sie bei Persönlichkeitsstörungen, insbesondere der Borderline-Störung (vgl. Kap. 3.2), vorliegt.

In der klinisch-diagnostischen Arbeit ist man nicht selten auch mit Eltern konfrontiert, welche mit ihrer Ambivalenz in den Beziehungen zum Kind nicht umgehen können, weil sie selber die Wiederannäherungsphase bzw. den Angelpunkt in der Autonomie-Entwicklung nicht hinreichend bewältigt haben. Es versteht sich von selbst, dass sich eine solche Fehlentwicklung in der Beziehung zum Kind niederschlägt. Nicht zuletzt deshalb ist die Einschätzung der Ambivalenzfähigkeit nicht nur des Kindes, sondern auch der Eltern im psychodiagnostischen Prozess von größter Bedeutung.

5.2 Geschlecht des Kindes

Infolge der bio-psycho-sozialen Prozesse der Geschlechterdifferenzierung bildet sich eine Geschlechtstypisierung aus, nach welcher sich Mädchen eher „kommunikal" und Jungen „agentisch" entwickeln. Mädchen bilden ein größeres Einfühlungsvermögen und eine größere Gemeinschaftsorientierung aus und sind daher primär um gute Beziehungen zu anderen bemüht, während Knaben Selbstbehauptung anstreben, ihre Interessen durchsetzen und sich über das Kräftemessen mit anderen identifizieren (vgl. Steffens & Mehl, 2003). Dabei bilden die persönliche Entwicklung und der soziale Einfluss eine untrennbare Einheit, die bei kaum einer anderen Kategorie so deutlich ist wie beim Geschlecht.

Erste kategoriale Unterscheidungen in der Wahrnehmung von geschlechtstypischen Merkmalen finden sich schon im 6. Lebensmonat. Bis zum Schuleintritt haben sich bereits rigide Formen der Geschlechtsstereotypisierung ausgebildet. Geschlechtsstereotype beeinflussen nun aber nicht nur die Wahrnehmung, sondern auch das Verhalten in zwischenmenschlichen Interaktionen (vgl. Greenglass, 1986; Bischof-Köhler, 2002; Böhnisch, 2004).

Vor dem Hintergrund der unterschiedlichen Geschlechtsrollenentwicklung versteht sich von selbst, dass Mädchen häufig unter größeren Druck geraten und mehr darunter leiden als Knaben, wenn es den hochkonflikthaften Eltern nicht gut geht. Identifizieren und solidarisieren sich 8- bis 11-jährige Mädchen im elterlichen Streit mit der offensichtlich leidenden Mutter und verweigern den Kontakt mit dem Vater, laufen sie häufig Gefahr, von diesem entfremdet zu werden. Anders als männliche Kinder drängt es Mädchen im Grundschulalter bis zur Pubertät nicht zur Identifikation mit dem Vater. Da sich Mädchen auf der Suche nach Geschlechtsidentität nicht von der Mutter lösen müssen, nehmen sie in der Ausbildung ihrer Geschlechtsrollenidentität keinen Schaden, wenn sie mit der Mutter identifiziert bleiben. Erst mit Beginn der Adoleszenz nimmt der Geschlechtskonflikt in der Dramatik der Ablösung von der Mutter Gestalt an. Der Vater fungiert als erster Mann im Leben der Tochter und gewinnt nun an Bedeutung. Um dem Mädchen zu ermöglichen, dass ihm der Vater auch noch in der Adoleszenz erhalten bleibt, gilt die Devise, dass bei Kontaktverweigerungen von Mädchen nicht zugewartet werden sollte.

5.3 Resilienz

Mit „Resilienz" ist die psychische Widerstandsfähigkeit gegenüber biologischen, psychologischen und psychosozialen Entwicklungsrisiken gemeint. Resilienz ist keine spezifische Persönlichkeitseigenschaft, sondern zeigt sich stets im Zusammenhang mit folgendem Umstand: (a) Es liegt eine deutlich erkennbare Gefährdung für die Entwicklung des Kindes vor, und (b) das Kind bewältigt die belastende Lebenssituation erfolgreich bzw. scheinbar schadlos. Entsprechend steht die Bezeichnung „resilientes Kind" für ein Kind, das sich trotz widriger Lebensumstände positiv entwickelt und im Vergleich zu anderen Kindern, die unter den gleichen Umständen aufwachsen, keine psychischen Auffälligkeiten zeigt. Zum größten Teil wird die psychische Widerstandsfähigkeit in einem Interaktionsprozess zwischen Kind und Umwelt erworben. Die Fähigkeit, mit schwierigen Lebensbedingungen umgehen zu können, kann sich im Laufe der kindlichen Entwicklung stark verändern; Resilienz ist also nur sehr beschränkt stabil. Zum Beispiel kann sich ein jüngeres Kind mit anhaltend hochstrittigen Trennungseltern lange Zeit unauffällig entwickeln und nach einem vergleichsweise alltäglichen Stress (z. B. Streit mit der Freundin, schlechte Note in der Schule) plötzlich schwerwiegend psychisch einbrechen.

Handelt es sich bei den objektiven Belastungen von resilienten Kindern um trennungs- und loyalitätsbedingte Belastungen, sind bei diesen Kindern häufig soziale Schutzfaktoren identifizierbar, zum Beispiel familiale Unterstützungssysteme wie Großeltern, neue Partner oder Geschwister, aber auch externe Hilfen wie Nachbarn, Sportvereine oder Freunde. Abgesehen davon sind individuelle Faktoren der Kinder von entscheidender Bedeutung, namentlich Persönlichkeitsmerkmale, die am meisten genetisch determiniert sind und sich bereits in frühem Lebensalter zeigen: Intelligenz und Temperament.

5.3.1 Temperament

Das Temperament beschreibt die Art und Weise, wie ein Lebewesen agiert und reagiert, also seinen Verhaltensstil. Dieser ist tief verankert und setzt sich aus emotionalen, motorischen, aufmerksamkeitsbezogenen Reaktionen und der Selbstregulierung zusammen. Temperament wird auf vier Dimensionen beurteilt (Cloninger, 1994):

- Suche nach Neuem
  - Freude am Entdecken vs. Rigidität
  - Impulsivität vs. Reflexion
  - Extravaganz vs. Reserviertheit
  - Unordentlichkeit vs. Reglementierung
- Schadenvermeidung
  - Vorauseilende Sorge vs. Optimismus
  - Angst vor Unsicherheit vs. Vertrauen
  - Schüchternheit vs. Geselligkeit
  - Ermüdbarkeit und Asthenie vs. Lebenskraft bzw. Vitalität
- Abhängigkeit von Belohnung
  - Gefühlsbetontheit vs. Unsensibilität
  - Anhänglichkeit vs. Distanziertheit
  - Abhängigkeit vs. Unabhängigkeit
- Ausdauer
  - Beharrlichkeit vs. Unentschlossenheit

Kinder mit positiven Ausprägungen auf den vier Temperaments-Dimensionen sind eher in der Lage, den konflikthaften Trennungsverlauf, die Rolle der Eltern und die eigene Position adäquat zu reflektieren und den Loyalitätskonflikt auszuhalten. In Zeiten hoher Belastung stehen ihnen Stressbewältigungsstrategien zur Verfügung, die mit oder ohne soziale Unterstützung auf die aktive Lösung des Problems abzielen. So gelingt es ihnen, sich vom Konflikt der Eltern zu distanzieren und gleichzeitig eigene Stärken und Selbstwirksamkeit zu entwickeln.

Der protektive Einfluss eines günstigen Temperaments und guter Intelligenz zeigt sich auch bei Kindern psychisch kranker Eltern: Etwa ein Drittel aller Kinder, die mit einem psychisch kranken Elternteil aufwachsen, entwickeln sich unauffällig. Im Vergleich handelt es sich bei diesen Kindern um relativ intelligente, zugewandte und sozial kompetente Kinder mit günstigen Temperamentseigenschaften (Lenz, 2005).

5.3.2 Intelligenz

Die hohe Vererbbarkeit von Intelligenz ist anhand von Zwillingsstudien eindeutig erwiesen. Die Intelligenz ist zwar nicht vollständig genetisch determiniert, aber die Gene haben einen erheblichen Einfluss. Über das ganze Leben betrachtet sind etwa 50 Prozent der IQ-Unterschiede auf die Vererbung zurückzuführen. Über die anderen 50 Prozent weiß die Wissenschaft noch viel zu wenig. Der Einfluss geminderter Intelligenz auf die Bewältigung von Stressfaktoren zeigt sich insbesondere bei kognitiv beeinträchtigten oder geistig behinderten Kindern. Zum einen verläuft die Entwicklung bei geistig beeinträchtigten Kindern meist sowohl körperlich als auch intellektuell langsamer, als dies von einem gleichaltrigen Kind in der Regel zu erwarten wäre. Zum anderen ist die Entwicklung oft unregelmäßiger, und zwischen den einzelnen Entwicklungsbereichen bestehen oft nur schlechte Verbindungen. Die kognitive Beeinträchtigung hat großen Einfluss auf das emotionale Erleben und die Wahrnehmungsverarbeitung.

Kognitiv beeinträchtigte Kinder tragen ein erhöhtes Risiko, psychisch zu erkranken oder Verhaltensauffälligkeiten zu entwickeln. Die Vulnerabilität ergibt sich vor allem aus der begrenzten Verfügbarkeit von Bewältigungsstrategien. Zusätzlichen Stress bildet für diese Kinder die Auseinandersetzung mit der Gesellschaft. Daher ist die Erziehung von geistig beeinträchtigten Kindern eine große Herausforderung. Besonders problematisch sind ein instabiles und nicht konsistentes Betreuungsverhalten, viele Betreuungswechsel und Veränderungen des Tagesablaufes. Daher gelten kognitiv beeinträchtigte Kinder als Kinder mit besonderen Bedürfnissen und stellen im Fall einer elterlichen Trennung besonders hohe Ansprüche an obhutbeantragende Elternteile.

6 Kindeswille

Ein Elternpaar berichtet von der unsicheren Überlebenschance ihres viel zu früh geborenen Kindes. Dass es schließlich überlebt hat, begründen sie mit dem starken Lebenswillen des Kindes. Eine andere Mutter berichtet vom starken Willen ihres 2-jährigen Kindes in der Trotzphase und klagt, dass es für sie oft schwierig ist, diesen ausgeprägten Willensbekundungen zu begegnen.

Obwohl alltagssprachlich in beiden Fällen der Begriff „Wille" verwendet wird, handelt es sich aus entwicklungspsychologischer Sicht weder beim Überlebenskampf des Frühchens noch bei der Trotzreaktion des 2-Jährigen um einen Willensausdruck. Die renitenten Forderungen eines Kindes in der Trotzphase drücken vielmehr aus, dass es sich der eigenen Identität bewusst wird. Das Kind nimmt sich zunehmend als eigenständige, von seinen Bezugspersonen unabhängige Persönlichkeit wahr und zeigt seine Willensstärke, indem es sich individuelle, häufig von den Vorstellungen seiner Eltern abweichende Ziele setzt. Aber auch hier handelt es sich noch nicht um einen Kindeswillen, der im familienrechtspsychologischen Kontext als Zielvorgabe berücksichtigt werden kann. Es stellt sich die Frage, ab welchem Alter von einem Kindeswillen gesprochen werden kann und unter welchen Umständen dieser Wille ernst genommen werden muss.

6.1 Geschichtlicher Überblick

Das Kind als ein Geschöpf mit schützenswerten Bedürfnissen und eigenen Rechten anzuerkennen, ist Resultat eines tiefgreifenden Wandels im Verhältnis der Erwachsenen zu den Kindern (vgl. Ariès, 1975; DeMause, 1977). In der vorchristlichen Zeit galten Kinder nicht als vollwertige Menschen. So hatte der römische Vater das Recht, sein neugeborenes Kind anzunehmen oder auszusetzen. Erst mit der Ausbreitung des Christentums und der damit einhergehenden Durchsetzung der christlichen Fürsorgepflicht wurden die Kindesaussetzungen verboten und erste Einrichtungen zum Schutz von Kindern gegründet. Aber bis spät ins Mittelalter gab es das Konzept der Kindheit noch nicht. Kinder fanden vornehmlich im religiösen Kontext Beachtung. Sie wurden als kleine, noch unvollkommene Erwachsene wahrgenommen und auch entsprechend behandelt: Kinder verrichteten die gleichen Arbeiten wie die Erwachsenen, spielten die gleichen Spiele, sangen die gleichen Lieder und trugen die gleichen Kleider. Maler des Mittelalters porträtierten Jungen und Mädchen als kleine Erwachsene mit kräftigen Körpern und ernsten Gesichtern. Mittelalterliche Poeten und Dichter schenkten den Kindern keine besondere Aufmerksamkeit oder erwähnten sie allenfalls in Verbindung mit Erfahrungen und Problemen Erwachsener.

Die Aufklärung war es, welche die Kindheit als besondere Entwicklungsphase des Menschen konzeptionierte. Kinder wurden nun als Geschöpfe mit schützenswerten Bedürfnissen und einem Lebensrecht betrachtet. Aufgrund der Erkenntnis, dass Kinder einer speziellen Förderung bedürfen, wurden die ersten Schulen gegründet. Ab Mitte des 20. Jahrhunderts wurde der Ruf nach Kinderschutz und entsprechender Fürsorge laut und im Vertrag des Völkerbundes 1924 festgehalten. Verabschiedet hat man die Anerkennung des Kindes als Individuum mit eigenen Rechten jedoch erst im Jahre 1989 anlässlich der 44. UNO-Vollversammlung in der Kinderrechtskonvention, welche mittlerweile von mindestens 191 Staaten ratifiziert ist. Für den familienrechtspsychologischen Kontext sind insbesondere folgende Artikel von Bedeutung:

- **Artikel 12 Absatz 1 UNO-Konvention.** Die Vertragsstaaten sichern dem dazu fähigen Kind das Recht zu, sich eine eigene Meinung zu bilden, und das Recht, diese Meinung in allen das Kind berührenden Angelegenheiten frei zu äußern. Die Meinung des Kindes soll angemessen und entsprechend seinem Alter und seiner Reife berücksichtigt werden.
- Die Schweiz hat diese Bestimmung in Bezug auf eherechtliche Verfahren in der Zivilprozessordnung (ZPO) konkretisiert. Gemäß **Artikel 298 ZPO** wird das Kind vom Gericht oder von einer beauftragte Drittperson in geeigneter Weise persönlich angehört, sofern sein Alter oder andere wichtige Gründe nicht dagegen sprechen. Im Protokoll der Anhörung werden nur die für den Entscheid wesentlichen Ergebnisse festgehalten. Die Beiständin oder der Beistand informieren die Eltern über diese Ergebnisse. Das urteilsfähige Kind kann mit Beschwerde anfechten, wenn ihm die Anhörung verweigert wird.
- In Deutschland regeln **§ 159 des Gesetzes über das Verfahren in Familiensachen und in den Angelegenheiten der freiwilligen Gerichtsbarkeit (FamFG)** und **Artikel 103 Grundgesetz** die Kindesanhörung im Familienrecht. Hervorzuheben ist, dass das Kind stets anzuhören ist, wenn es das 14. Lebensjahr vollendet hat und das gerichtliche Verfahren die elterliche Sorge insgesamt oder (teilweise) die Personensorge betrifft.
- In Österreich soll gemäß § 182b **Außerstreitgesetz (Auß StrG)** im Verfahren über Pflege und Erziehung oder Kontaktregelung die Anhörung eines Minderjährigen, der das 10. Lebensjahr bereits vollendet hat, die Anhörung tunlichst vorgenommen werden.

6.2 Beurteilung des Kindeswillens

Der Wille des Kindes lässt sich mit Dettenborn (2007) als die altersgemäße Ausrichtung des Kindes auf erstrebte und persönlich bedeutsame Zielzustände verstehen. Insofern handelt es sich bei der kindlichen Willensbildung um einen meist langanhaltenden, oft sogar dauerhaften Prozess, der vielfältigen Änderungen unterworfen sein kann. Zur Identifikation und Bewertung eines Kindeswillens gehört die diagnostische Prüfung der Mindestanforderungen: Qualitative Kriterien beziehen sich auf die Zielorientierung, die Intensität, die Stabilität und die Autonomie.

6.2.1 Zielorientierung

Die Willensäußerung des Kindes ist nicht mehr nur Ausdruck eines situativen oder stimmungsabhängigen Leidensdrucks. Nicht mehr eine ungerichtete Lust- oder Unlustäußerung steht im Vordergrund, sondern eine handlungsleitende Ausrichtung auf einen erstrebten Zustand. Das Kind hat eine Vorstellung davon, was sein soll und wie etwas erreicht werden kann, und ist auch bereit, sich entsprechend zu verhalten. Zum Beispiel: „Ich will Papa nie mehr sehen, solange ich lebe. Wenn Papa mich sehen will, laufe ich weg oder sperre mich im Keller ein."

Das Hauptkriterium des Aspekts „Zielorientiertheit" im geäußerten Kindeswillen ist das erkennbare Ziel. Äußert sich das Kind zum Beispiel über den Kontakt und die Ausgestaltung des Kontakts mit dem getrennt lebenden Elternteil? Werden unter verschiedenen Möglichkeiten einzelne favorisiert? Bringt es Argumente vor, um ein bestimmtes Ziel zu erreichen?

6.2.2 Intensität

Mit dem Kriterium „Intensität" wird zum einen nach der Beharrlichkeit der Zielorientierung gefragt. Die Intensität ist erkennbar am Beharrungsvermögen bei Hindernissen und Widerständen und hängt von der Gefühlsgrundlage und der subjektiven Bedeutung ab. Die Intensität ist größer, wenn die gefühlsmäßige Grundlage der Willensbekundung spürbar und der Zielzustand attraktiv und subjektiv bedeutsam ist.

6.2.3 Stabilität

Das Kriterium „Stabilität" fragt danach, ob die Willensbekundung über einen längeren Zeitraum, gegenüber unterschiedlichen Personen und in unterschiedlichen Situationen eindeutig vorgetragen wird oder ob die geäußerten Willensinhalte des Kindes wechselhaft sind und sich je nach Adressat und Situation unterscheiden. Die Wahrscheinlichkeit, dass die Prüfung der Stabilität zu einem positiven Ergebnis führt, steigt mit der Intensität.

6.2.4 Autonomie

Der geäußerte Kindeswille sollte Ausdruck der eigenen Bestrebungen und der Selbstwirksamkeitsüberzeugungen des Kindes sein. Ein Kindeswille ist autonom, wenn er hinreichend erlebnisgestützt ist und nicht das Resultat einer eigennützig manipulativen Beeinflussung. Dies schließt jedoch nicht aus, dass am Kindeswillen auch Fremdeinflüsse beteiligt sind, zumal Erziehung ohne Beeinflussung gar nicht möglich ist. Abgesehen davon sind an Selbstwirksamkeitsüberzeugungen immer auch Kontrollillusionen beteiligt.

Diese vier qualitativen Merkmale werden als Kontinuum verstanden. Welcher Ausprägungsgrad ausreicht, um einer Mindestanforderung zu genügen, lässt sich nicht absolut definieren. Die Quantität bzw. das Gewicht des Willensausdrucks steigt jedoch mit zunehmender Ausprägung der vier Merkmale.

6.3 Entwicklung des Kindeswillens

Der Ausdruck eines bedeutsamen Kindeswillens setzt die Entwicklung von bestimmten kognitiven Fähigkeiten voraus, zum Beispiel den Spracherwerb, die Fähigkeit zur Täuschung und die Fähigkeit zum Bedürfnisaufschub. Entwicklungspsychologisch gesehen besitzt ein altersgerecht entwickeltes Kind im Alter von 3 bis 4 Jahren die notwendigen psychischen Kompetenzen, um einen psychologisch und rechtlich beachtenswerten Willen haben und äußern zu können. Nicht gerechtfertigt ist es allerdings, die Willensäußerung eines noch jüngeren Kindes als generell defizitär, sozusagen als Minus-Variante des Erwachsenenwillens anzusehen. Bei angemessener Diagnostik ist jede altersspezifische Ausdrucksform aussagekräftig. Die Willensbekundung von jüngeren Kindern ist nicht etwa weniger differenziert als die von älteren Kindern; analog zur Interpretation von Nachtträumen muss der latente Inhalt oft aus den manifesten Aussagen erschlossen werden. Damit diese Willensinterpretation nicht zum Kaffeesatzlesen wird, muss man zur Identifikation des latenten Willensinhalts andere diagnostische Aspekte einbeziehen (z. B. Anamnese, Verhaltensbeobachtung, Angaben von Bezugspersonen).

Die wahren Altersgrenzen in Bezug auf die Willensfähigkeit müssen letztlich im Kontext des Entwicklungsstands eines Kindes, der Art der rechtlichen Fragestellung und der psychosozialen Rahmenbedingungen beurteilt werden. Voraussetzung für eine aussagekräftige Willensäußerung sind Erziehungsbedingungen, welche dem sich entwickelnden Kind erlauben, seine Bedürfnisse, Wünsche und Gefühlswahrnehmungen gefahrlos auszudrücken. Misshandelte oder vernachlässigte Kinder sind oft nicht in der Lage, ein funktionales und altersgerechtes Selbst zu entwickeln und inhärente Bedürfnisse anzumelden. Viele dieser Kinder sind ängstlich bemüht, sich anzupassen und zu gefallen. Möglicherweise zielt der Willensausdruck eines vernachlässigten Kindes darauf ab, von den Eltern geliebt oder gesehen zu werden. Vernachlässigten Kindern fehlt die Erfahrung, dass ihre eigenen Gefühle und Bedürfnisse einen Wert haben. Entsprechend sind sie auch nicht in der Lage, solche Gefühle bei sich zu erkennen – geschweige denn zu verbalisieren –, welche in der Vergangenheit immer nur abgetan oder abgewertet worden sind, im Sinne von: Das tut doch nicht weh! Das macht doch keine Angst! Das ist doch nicht eklig! Deshalb weint man doch nicht!

6.4 Der beeinflusste Kindeswille

Nach mehrmaliger Anleitung, Hilfestellung und Zurechtweisung räumt das 4-jährige Kind seine Klötzchen nach Gebrauch schließlich selber in den dafür vorgesehenen Behälter. Die Frage ist: Will es das wirklich, und warum? Entspricht dieser Wille einem Bedürfnis nach Ordnung? Will das Kind den Ärger der Mutter vermeiden? Will es gelobt werden?

Dieses Beispiel macht deutlich, dass ein willensgesteuertes Verhalten des Kindes zunächst häufig im Dienste der Eltern-Bindung steht. Entsprechend versteht man unter dem Begriff „bedingte Bindungsstrategie“ den Versuch von Kindern, unter ungünstigen Bedingungen noch möglichst viel emotionale Sicherheit zu bewahren oder zu erreichen. Auf Scheidungskinder bezogen beschreibt der deutsche Entwicklungspsychologe Heinz Kindler (2013a) ein Verhalten, bei dem der Wille eines Kindes, den Kontakt zu einer Bindungsperson abzubrechen, nicht das Resultat einer zielgerichteten Einflussnahme eines Elternteils ist, sondern eine Strategie im Versuch, das Wohlwollen des hauptsächlich betreuenden Elternteils nicht zu verlieren und sich dadurch möglichst viel emotionale Stabilität zu erhalten. Diese Strategie ist umso wahrscheinlicher, wenn die primäre Bezugsperson bzw. der hauptsächlich betreuende Elternteil eine Borderline-Persönlichkeit ist, deren Verhalten für das Kind nicht vorhersehbar ist. Dabei handelt es sich weniger um einen Willensausdruck des Kindes als vielmehr um einen Könnensausdruck: Es ist nicht so, dass das Kind nicht will, sondern es kann nicht. In diesem Fall stellt sich natürlich auch die Frage, warum das Kind in seinem Unvermögen eine solche Strategie wählen muss (Seiffert, 2015).

Eine andere Schwierigkeit liegt darin, nicht kindgerechte Aussagen oder Klagen zu beurteilen, die darauf hindeuten, dass sich das Kind der Äußerungen von Erwachsenen bedient. Beispielweise sagt ein 9-jähriger Junge, dass er deshalb nicht mehr zur Mutter auf Besuch gehen will, weil diese nicht gut koche, oder ein 11-jähriges Mädchen begründet den Kontaktwiderstand damit, dass es neulich vom Vater eine Karte erhalten hat – eine Kunstkarte mit einem Frauenakt von Modigliani –, welche nicht seinem Alter entspreche. Ein kontaktrenitentes 11-jähriges Mädchen findet es total daneben, dass der Vater zwar beteuert, ihre Lieblingsband auch gerne zu hören, jedoch keinen einzigen Titel dieser Band nennen kann.

Obwohl diese Erklärungen, die eine Kontaktsistierung begründen sollen, kaum glaubhaft sind, kann dem Kontaktwiderstand eines Kindes trotzdem eine beschädigte Beziehung zugrunde liegen. Eltern sind nicht perfekt. Insbesondere belastete Eltern im Trennungsprozess verhalten sich auch den Kindern gegenüber nicht immer optimal, zum Beispiel wenn ein Vater die Kontaktwünsche des Kindes kurz nach der Trennung nicht erfüllt, weil er andere Verpflichtungen vorzieht oder mit der Situation überfordert ist, was das Kind nicht verstehen kann.

Kinder sind naturgemäß verzeihend, wenn sie hinreichend Gelegenheit haben, mit ihren Bezugspersonen neue, gefühlsreparierende Erfahrungen zu machen. Diese Voraussetzungen sind nun aber in der vollständigen Familie eher gegeben als in der Trennungsfamilie. Ein Trennungskind mit einer vormals vertrauten und tragfähigen Beziehung zu beiden Eltern und ausgeprägter Belastung infolge Loyalitätskonflikt braucht oft wenig Negativerfahrungen mit dem Elternteil, von dem es weniger abhängig ist, um sich von diesem abzuwenden. Negativerfahrungen mit diesem Elternteil kommen ihm im Loyalitätskonflikt sogar entgegen, weil es nun endlich einen Grund hat, sich vom „Schuldigen" abzuwenden. Da es sich um ein unbewusstes Geschehen handelt, kann das Kind dies jedoch nicht benennen, wenn man es danach fragt, warum es diesen Elternteil nicht mehr sehen will.

Kinder sind darauf angewiesen, dass die Erwachsenen mit ihnen eine Sprache sprechen, die sie verstehen und auf die sie verständlich reagieren können. Ist das nicht der Fall, sind sie irritiert und massiv überfordert. Dies ist insbesondere dann der Fall, wenn Kinder wiederholt aufgefordert werden, gefühlmäßige und für sie schwer verbalisierbare Inhalte verständlich zu machen. Kinder können ihre emotional gefärbten Wahrnehmungen nicht wie Erwachsene in Worte fassen. Sie verfügen nicht über eine Symbolsprache, die ihnen erlaubt, Irritationen anhand von Metaphern auszudrücken. Ihre Metaphern sind die konkreten Alltagserfahrungen: eine Karte, die ihnen nicht gefällt und welche die Mutter zudem als nicht altersgerecht beurteilt hat, oder ein Essen, das sie nicht mögen. Dass der Vater die Songtitel ihrer Lieblingsband gar nicht kennt, ist für die Tochter der Inbegriff dafür, dass der Vater sie nicht wahrnimmt und nicht versteht.

Selbstverständlich kommt es vor, dass eine unverrückbare verinnerlichte Willensbekundung eines Kindes unzweifelhaft den induzierten Willen eines Erwachsenen widerspiegelt. Sobald aber das Kind die Bewertungen, Abwertungen, Ängste oder Absichten eines manipulierenden Elternteils in die eigene Gefühls- und Erlebenswelt integriert hat, fühlt es diese verinnerlichten Ablehnungen und Ängste selber. Nun vertritt das Kind die induzierten Ziele wie eigene Intentionen und strebt sie an. Die induzierte Einstellung ist zu einem Teil des individuellen Selbstkonzepts und damit Teil der Identität geworden (vgl. Dettenborn & Walter, 2002; Staub, 2012).

Angesichts der Tatsache, dass Lehren, Vermitteln und Erziehen ohne Beeinflussung gar nicht möglich ist, ist die Grenze zwischen einem beeinflussten und einem eigenständigen Kindeswillen fließend oder abhängig vom verwendeten Maßstab. Es wäre unethisch, die Eigenständigkeit der Meinungsäußerung eines Kindes nach einem strengeren Maßstab zu beurteilen als die Eigenständigkeit der Meinungsäußerung eines Erwachsenen. Welcher Erwachsene kann schon von sich sagen, dass seine politische oder religiöse Überzeugung ohne jegliche Beeinflussung zustande gekommen wäre.

6.5 Subjektiver versus objektiver Kindeswille

Ergibt die Prüfung der relevanten Willenskriterien, dass ein qualitativ und quantitativ hinreichender Kindeswille vorliegt, dieser Kindeswille sich jedoch nicht mit den Interessen der Erwachsenen deckt, stellt sich die Frage, wie die konkurrierenden Interessen zu gewichten sind. Dabei ist es hilfreich zu unterscheiden, ob der Kindeswille subjektiv oder objektiv gefasst wird (vgl. Oelkers & Schrödter, 2010).

Der Unterschied zwischen subjektivem und objektivem Willensbegriff hat bereits Aristoteles beschäftigt:

> *Die einen meinen, er (der Wille) gehe auf das Gute, die anderen, er gehe auf das gut Scheinende zurück. Für die, welche das Gute als Gegenstand des Wollens bezeichnen, folgt aber dann, dass das, was jemand will, der nicht richtig wählt, nicht als gewollt gelten kann, denn wäre es gewollt, so wäre es auch gut, und doch wäre es unter Umständen schlecht. Dagegen für die, denen das gut Scheinende Gegenstand des Wollens ist, folgt, dass der Gegenstand des Wollens nicht von Natur ein solcher ist, sondern dass es für jeden dasjenige ist, was ihm so scheint. Das ist aber bei dem einen dies, bei dem anderen ist es das und unter Umständen das Gegenteil vom ersten. (Aristoteles, 1921, 1133b)*

Von einem subjektiven Kindeswohlbegriff wird ausgegangen, wenn sich das Kindeswohl lediglich aufgrund einer Vereinbarung bestimmen lässt, wenn also kein Irrtum in Bezug darauf besteht, was als Kindeswohl gelten soll. Ein subjektiver Kindeswille liegt daher dann vor, wenn der Kindeswille mit den real vorfindbaren inneren Zuständen des Kindes gleichgesetzt wird.

Einem objektiven Kindeswohlbegriff liegt gemäß Oelkers und Schrödter (2010) die Annahme zugrunde, dass universelle Kriterien bestimmbar sind. Der objektive Kindeswohlbegriff gilt als irrtumsfähig, weil jede konkrete Bestimmung des Kindeswohls an einen objektiven Idealzustand gebunden ist. Beim objektiven Begriff des Kindeswillens geht man davon aus, dass sich das Kind täuschen oder im Unklaren darüber sein kann, was es will. Entscheidend ist aber, dass hier der Kindeswille an das Gute oder Vernünftige gekoppelt wird. Daher kann der objektive Kindeswille nichts Schädliches wollen. Enthalten die Willensäußerungen des Kindes nun aber trotzdem schädigende Aspekte, so ist dies nicht der eigentliche, das heißt zugrundeliegende Wille, den es hier zum Ausdruck bringt.

Setzt man nun den objektiven und subjektiven Kindeswillen mit dem Kindeswohl in Beziehung, ergeben sich nach Oelkers und Schrödter (2010) drei sinnvolle Verhältnisbestimmungen: (a) das Aushandlungsmodell, (b) das Prioritätenmodell und (c) das Kongruenzmodell (Tab. 1).

Tabelle 1: Verhältnisbestimmungen *Kindeswohl und Kindeswille* (modifiziert nach Oelkers & Schröder, 2010, S. 151)

		KINDESWOHL	
		Subjektiv Was „gut“ für das Kind ist, wird vereinbart.	**Objektiv** Was „gut“ ist, entspricht dem Common Sense.
KINDESWILLE	**Subjektiv** Kindeswille ist das, was das Kind sich wünscht.	Aushandlungsmodell (a)	Prioritätenmodell (b)
	Objektiv Kindeswille ist das, was das Kind sich unbewusst und vernünftigerweise wünscht.	(nicht sinnvoll) (d)	Kongruenzmodell (c)

(a) Aushandlungsmodell: Bei diesem Modell werden der subjektive und der objektive Kindeswille zusammengeführt. Da weder für den Kindeswillen noch für das Kindeswohl objektive Maßstäbe zur Verfügung stehen, treffen bei diesem Modell zwei unterschiedliche, aber gleichwertige und ebenbürtige Perspektiven aufeinander. Die beiden Perspektiven unterscheiden sich nur darin, dass man entweder „kindzentrierte“ oder „erwachsenenzentrierte“ Maßstäbe anwendet. Anhänger dieses Modells sehen in dieser Relation die Subjektperspektive des Kindes am besten aufgehoben. Der Kindeswille wird hier nicht bewertet, sondern als eine eigenständige Informationseinheit betrachtet, die es nicht durch eine „Erwachsenensicht“ zu korrigieren gilt. Stehen die beiden Perspektiven im Konflikt zueinander, gilt es, zwischen den Perspektiven zu vermitteln. Diese Vermittlung wird als ein Aushandeln begriffen, an dessen Ende ein pragmatischer Kompromiss stehen soll, der alle Parteien zufriedenstellt.

(b) Prioritätenmodell: Bei diesem Modell wird ein subjektiver Kindeswille zwar angenommen, aber entscheidungsrelevant und handlungsleitend ist der objektive Kindeswille. Anhänger des Prioritätenmodells versuchen das Kindeswohl mit universeller Geltung zu bestimmen. Dabei wird das objektive Kindeswohl an Annahmen von allgemeingültigen Grundbedürfnissen und Entwicklungsbedingungen oder an Grundrechte des Kindes geknüpft. Das bekannteste Beispiel dafür ist die Liste der Grundbedürfnisse von Kindern (Brazelton & Greenspan, 2002). Da sich in diesem Modell der subjektive Kindeswille darauf bezieht, was sich das Kind aktuell gerade wünscht, wird hier der Kindeswille stets vor dem Hintergrund des wohlverstandenen Kindeswohls beurteilt. Schadet der subjektive Kindeswille dem objektivierten Kindeswohl, so geht das Kindeswohl vor. Priorität kann der Kindeswille in diesem Modell nicht haben, weil er nicht an das objektiv Vernünftige oder Gute gebunden ist. Folglich muss der Kindeswille immer dann als irrelevant betrachtet werden, wenn er dem Kindeswohl zuwiderläuft.

(c) Kongruenzmodell: Diesem Modell liegt die Annahme zugrunde, dass sowohl das Kindeswohl als auch der Kindeswille gleichermaßen an die Vernunft bzw. an das Gute gebunden sind. Einen Konflikt zwischen Kindeswille und Kindeswohl kann es deshalb nicht geben, weil die Zielrichtung deckungsgleich ist. In diesem Modell können sich Kinder und Erwachsene gleichermaßen irren. Spezialisierten Kindesvertretern obliegt die Aufgabe, in der Willensäußerung des Kindes das vernünftige Potential zu erkennen, ohne die Äußerungen lediglich als subjektiven, unreifen Wunschausdruck zu disqualifizieren und damit dem Kind voreilig einen autonomen Willen abzusprechen. Handelt es sich jedoch tatsächlich um eine unreife oder verzerrte Willensbekundung, wie zum Beispiel bei dem Wunsch, zum schädigenden Elternteil zurückzukehren, oder beim Wunsch des Kindes nach Kontaktabbruch zu seinem getrennt lebenden Elternteil, so muss aus der Perspektive dieses Modells die Aufklärung des Kindes angestrebt werden. Diese Aufklärung hat das Ziel, das Kind zur Autonomie zu befähigen. In der Perspektive des Kongruenzmodells rechtfertigt man die Notwendigkeit der Aufklärung des Kindes damit, dass der Kindeswille nicht nur Ausdruck der Selbstbestimmung des Kindes ist, sondern immer auch Ausdruck seiner Bindung an die Bezugspersonen. Deshalb kann der Kindeswille durch gefährdende Beziehungen zu diesen Bezugspersonen verzerrt sein. Ob nun tatsächlich mit zunehmender Reife die Fähigkeit des Kindes wächst, zu seinen Bindungen in reflexive Distanz zu treten und damit zu einer autonomen Willensbildung zu gelangen, oder inwieweit und unter welchen Bedingungen auch Erwachsene dazu nicht fähig sind, ist eine empirische Frage. Im Rahmen des Kongruenzmodells braucht diese Frage jedoch gar nicht beantwortet zu werden. Entscheidend ist nämlich weniger die Annahme, dass Kinder *noch nicht* zur autonomen Willensbildung fähig sind, sondern vielmehr der Anspruch, Kinder grundsätzlich davor zu bewahren, dass sie ernsthafte und weitreichende Entscheidungen treffen und die Konsequenzen tragen.

Rein formal wäre im Sinn der Systematisierung auch ein viertes Modell (d) möglich: die Kombination des objektiven und des subjektiven Kindeswohlbegriffs. Es wäre jedoch absurd, wollte man den Kindeswillen als an das Gute und Vernünftige gebunden betrachten, es aber gleichzeitig für unmöglich halten, objektiv vernünftige Maßstäbe für das Kindeswohl anzugeben.

Welches der drei dargestellten Modelle in der Praxis zu bevorzugen ist, lässt sich nicht ohne weiteres beurteilen. Oelkers und Schrödter (2010) kritisieren am Aushandlungsmodell, dass man das hedonistische Wesen von Kindern überbetont. Deren Wille erscheine hier vor allem auf Lustgewinn und subjektives Wohlbefinden ausgerichtet. Darüber hinaus würden Kinder, Eltern und Fachkräfte in diesem Modell wie gegnerische Parteien behandelt. Das Kind werde dabei in eine Verhandlungssituation geführt, in der es allein schon rhetorisch unterlegen sei.

Wenn auch insbesondere Vertreter des Aushandlungsmodells die Bindung des Urteils an das Gute und Vernünftige im Kongruenzmodell als metaphysischen Anachronismus und daher nicht mehr zeitgemäß beurteilen, ist es in der familienrechtspsychologischen Arbeit dennoch nach wie vor hilfreich und sinnvoll, sich am Kongruenzmodell zu orientieren.

7 Urteilsfähigkeit

Urteilsfähigkeit ist ein komplexes Konstrukt an der Schnittstelle zwischen Biologie, Psychologie, Ethik und Recht. In der Rechtsprechung dient dieses abstrakte Konstrukt dazu, zwischen Schutz und Selbstbestimmung des Individuums zu navigieren. Urteilsfähigkeit ist weder messbar noch beobachtbar. Allenfalls wird damit ein beobachtetes Verhalten erklärt. Als urteilsfähig gilt eine Person, die in einer konkreten Lebenssituation vernunftgemäß handelt, die Tragweite ihres eigenen Handelns begreift und fähig ist, sich entsprechend dieser Einsicht zu verhalten.

Für die Beantwortung der Frage nach der familienrechtlichen Relevanz des Kindeswillens ist weder diese ethisch-moralische Definition noch die entsprechende Adaption in den Gesetzestexten hilfreich. Die Verwirrung wird noch größer, wenn man berücksichtigt, dass im Englischen im Zusammenhang mit „Urteilsfähigkeit" die Begriffe *decisionmaking capacity* und *competence* unterschieden werden. Beide Begriffe werden auf Deutsch mit „Urteilsfähigkeit" übersetzt, wodurch ein essentieller Unterschied verloren geht: Während sich *decisionmaking capacity* auf konkrete psychische Fähigkeiten bezieht, welche für autonomes Entscheiden als notwendig erachtet werden, beschreibt *competence* ein ärztliches oder richterliches Urteil darüber, ob die vorliegenden psychischen Fähigkeiten eines Individuums ausreichen, um dieses als urteilsfähig anzuerkennen (Trachsel, Hermann & Biller-Andorno, 2014).

Konkrete Schwierigkeiten stellen sich insbesondere bei der Frage, ab welchem Lebensalter oder unter welchen Umständen ein Kindeswille rechtlich relevant ist, weil er Ausdruck von Urteilsfähigkeit ist. Beurteilt man die Urteilsfähigkeit vor der Volljährigkeit, so sind die Voraussetzungen zu prüfen, die sich aus der biologischen Entwicklung, den Lebenserfahrungen und der Sozialisation eines Menschen ergeben. Wichtige Leitlinien zur Beantwortung der Frage nach den Voraussetzungen für urteilsfähiges Entscheiden und Handeln liefern Erkenntnisse der Entwicklungspsychologie und der Neurowissenschaften.

7.1 Entwicklung der Urteilsfähigkeit

Die im Familienrecht allgemein gültige Annahme, nach dem 12. Lebensjahr sei Urteilsfähigkeit gegeben, ist stark geprägt von der Theorie der kognitiven Entwicklung nach Jean Piaget (1896–1980) und der Theorie der moralischen Entwicklung von Lawrence Kohlberg (1927–1987).

Nach Piaget (1978) vollzieht sich die kognitive Entwicklung in Stufen, welche nicht übersprungen werden können. Nach der sensumotorischen Stufe bis zum 2. Lebensjahr, der präoperatorischen Stufe bis zum 7. Lebensjahr und der konkret-operationalen Stufe bis zum 11. Lebensjahr tritt mit der Fähigkeit zum formal-operatorischen Denken ab dem 12. Lebensjahr eine Sinnesumkehrung zwischen dem Wirklichen und dem Möglichen ein. Das formale Denken ist grundsätzlich hypothetisch-deduktiv. Denkoperationen sind auf dieser Stufe mit abstrakten, konkret nicht mehr vorstellbaren Inhalten ausführbar. Dies entspricht der höchsten Form des logischen Denkens, welches sich jetzt vorwiegend auf verbale bzw. symbolische Elemente und nicht mehr auf Gegenstände bezieht. Das Individuum ist nun in der Lage, über sein eigenes Denken und die Form seiner Argumentation nachzudenken. Nicht nur die inhaltliche Richtigkeit von Aussagen wird überprüft, sondern auch deren logische Form bzw. Wahrheitsgehalt (vgl. Inhelder & Piaget, 1980).

In seiner Theorie der moralischen Entwicklung bezieht sich Kohlberg auf Piagets Erkenntnistheorie. Ausgehend von der Annahme, dass sich das Niveau der Moral in drei Hauptstufen unterteilen und beschreiben lässt, führte Kohlberg Experimente durch und entwickelte ein Modell mit sechs Unterstufen. Er definierte die dritte und vierte Stufe seines Modells als konventionelles Stadium oder regelkonformes Niveau, auf welchem sich ab dem Jugendalter die meisten Menschen befänden (vgl. z. B. Kohlberg, 1995). Auf diesem Niveau identifiziert sich das Individuum als einer Gemeinschaft zugehörig. Entsprechend stehen der Wunsch nach Wertschätzung und sozialer Anerkennung sowie die Zugehörigkeit zu einer Gruppe im Mittelpunkt. Auf dieser Ebene nimmt der Mensch Interessen und Erwartungen anderer wahr und kann sich in andere hineinversetzen. Die gesellschaftliche Orientierung bezieht sich auf die Motivation zur Pflichterfüllung und Vermeidung von Schuldgefühlen. In moralischer Hinsicht orientiert sich das Individuum am kategorischen Imperativ von Kant.[20]

Der soziokulturelle Ansatz des russischen Entwicklungspsychologen Lev Wygotski (1971), die Informationsverarbeitungstheorien von Robert Siegler und Robbie Case (Siegler & Jenkins, 1989; Case, 1992), insbesondere aber die Erkenntnisse über die Entwicklung der *Theory of Mind*[21] stellen das rigide Stufenmodell der kognitiven und moralischen Entwicklung in Frage. Die Hauptkritikpunkte an Piagets Theorie beziehen sich darauf,

---

20 Der kategorische Imperativ lautet in seiner Grundform: „Handle nur nach derjenigen Maxime, durch die du zugleich wollen kannst, dass sie ein allgemeines Gesetz werde."

21 Vgl. Fußnote 43.

dass sie die Kompetenz von Kleinkindern unterschätzt, die soziale Umwelt vernachlässigt, die Selbststeuerung des Kindes überbetont und bereichsspezifische Wissensinhalte nicht ausreichend berücksichtigt.

Aus biologischer Sicht ist die Entwicklung der Urteilsfähigkeit eng verbunden mit der Gehirnreifung in der Adoleszenz, insbesondere mit der Ausbildung des Frontalhirns (vgl. Fuster, 2002) Dieses oberste Kontrollzentrum des Gehirns ist verantwortlich für die Exekutivfunktionen, die unsere Persönlichkeit ausmachen: abstraktes, logisches und kreatives Denken, Zielstrebigkeit, Disziplin, Konzentration, Bedürfnisaufschub, Impulskontrolle und Funktionen, welche mit sozialer Intelligenz assoziiert sind. Entsprechend verändert sich das Wesen von Menschen mit einer Beeinträchtigung des Frontalhirns aufgrund eines Unfalls oder einer degenerativen Erkrankung. Diese Menschen sind häufig nicht mehr fähig, komplexe Zusammenhänge zu verstehen, sie verlieren ihre Hemmungen und die Impulskontrolle und verhalten sich kindlich. Die Reifung des Frontalhirns dauert länger als die anderer Hirnstrukturen und ist erst im frühen Erwachsenenalter zwischen 18 und 22 Jahren abgeschlossen (vgl. Uhlhaas & Konrad, 2011).

Für die Umstrukturierung und Ausreifung des Frontalhirns sind mehrere Prozesse verantwortlich: Zusätzlich zum Einfluss der Sexualhormone und dem allgemeinen Zuwachs an neuronalen Verbindungen steigert sich infolge der Myelinisierung der Axone und Neurone die Verarbeitungsgeschwindigkeit. Die Geschwindigkeit der Rechenleistung des Gehirns wächst dadurch um ein Vielfaches. Dies gilt jedoch zu Beginn der Pubertät zunächst für Hirnteile, die für die Kontrolle der Bewegungen, für die Wahrnehmung, die Orientierung und die Sprache gebraucht werden, während das Verhalten der Jugendlichen zunächst noch besonders stark unter dem Einfluss des limbischen Systems steht, welches für die Verarbeitung von Emotionen und die Entstehung von Triebverhalten zuständig ist. Bei Jugendlichen führt dieses Ungleichgewicht in der Entwicklung der Hirnregionen dazu, dass Gefühle schneller und stärker auf Entscheidungen und Verhalten – auch riskantes Verhalten – wirken als Vernunft und abgewogene Argumente.

Vor diesem Hintergrund erscheint es kühn, die Urteilsfähigkeit mit dem frühen Jugendalter in Verbindung zu bringen. Entsprechende Skepsis fördern auch empirische Befunde zutage. So haben Weithorn und Campbell (1982) die Entscheidungsfindung von 9-, 14-, 18- und 21-jährigen Adoleszenten hinsichtlich vier zentraler Aspekte der Urteilsfähigkeit untersucht: der Fähigkeiten, (a) eine Auswahl aus mehreren Optionen zu treffen, (b) sinnvoll zu entscheiden, (c) die Entscheidung rational zu begründen und (d) die Konsequenzen der Entscheidung vorauszusehen und zu begreifen. Dabei zeigte sich, dass 9-Jährige nicht hinreichend fähig waren, die Entscheidung rational zu begründen, während 14-Jährige sich darin nicht von den 21-Jährigen unterschieden.

Unter Berücksichtigung der natur- und geisteswissenschaftlichen Erkenntnisse sind Jugendliche ab 14 Jahren als urteilsfähig zu betrachten, während Kinder unter 10 Jahren in der Regel noch nicht über die notwendigen kognitiven Voraussetzungen verfügen, um als urteilfähig zu gelten. Die Zeit zwischen dem 10. und 14. Lebensjahr gilt als Grauzone der jugendlichen Autonomie.

7.2 Rechtliche Bestimmungen

In Deutschland besagt § 8 Absatz 1 Sozialgesetzbuch, dass Kinder und Jugendliche entsprechend ihrem Entwicklungsstand an allen sie betreffenden Entscheidungen der öffentlichen Jugendhilfe zu beteiligen sind. Abgesehen davon ist die Einwilligungsfähigkeit und Urteilsfähigkeit nicht geregelt und vor allem in Bezug auf medizinische Maßnahmen im § 1091a Absatz 1 des Bürgerlichen Gesetzbuches (BGB) an die Handlungsfähigkeit und Volljährigkeit geknüpft.

In der Schweiz ist die Urteilsfähigkeit im Zivilgesetzbuch Artikel 16 des Personenrechts zwar geregelt, aber das Gesetz ist stark auslegungsbedürftig. Im nach wie vor gültigen Kommentar zu diesem Gesetz schreibt August Egger im Jahr 1930 im Zürcher Kommentar zum Schweizerischen Zivilgesetzbuch:

> *Es müssen alle seelischen Kräfte spielen, welche richtiges Denken und Handeln erst ermöglichen, es müssen jene geistigen Vermögen funktionieren, welche notwendig sind zur Bildung und Ausführung eines Entschlusses. Das Handeln muss das Ergebnis eines (physiologisch) ungestörten, von pathologischen Einwirkungen freien Zusammenwirkens der erforderlichen Kräfte sein. Das Wahrnehmen, die Bildung von Vorstellungen, von Erinnerungsbildern (Gedächtnis), das Denken (die Assoziationsbildung), das Urteilen und Bewerten, die zeitliche und örtliche Orientierung, die Aufmerksamkeit und Konzentration, die Affektivität, die Entschlussfähigkeit, das Wollen und die Auslösung desselben im Handeln – alle diese Kräfte wirken mit […], sie dürfen nicht fehlen, wenn Urteilsfähigkeit vorhanden sein soll.*

Die Problematik dieser Definition liegt in dem stark vernunftbezogenen Aspekt der Urteilsfähigkeit, sind doch im Jugendalter gerade die emotionalen Motive bei Entscheidungen handlungsbestimmend. Hausheer und Perrig-Chiello (2012, S. 782) erwägen, beim Einschätzen der Urteilsfähigkeit das Gewicht auf die Einsichtsfähigkeit zu legen. Damit rücke die Möglichkeit zur rationalen Kontrolle gegenüber einer kontrollbeeinträchtigenden Emotionalität in den Vordergrund. Selbstbestimmung führe zu mehr Eigenverantwortung. Die Autoren warnen aber davor, Fremdbestimmung in jedem Fall als Einschränkung der individuellen Selbstbestimmung zu betrachten. Fremdbestimmung könne auch eine Entlastung von der Bürde, wenn nicht gar vom Zwang zur Selbstbestimmung bedeuten und möglicherweise vor selbstgefährdender Überforderung schützen.

7.2.1 Relativität der Urteilsfähigkeit

Anders als die Meinungs- und Willensfähigkeit bezieht sich die Urteilsfähigkeit immer auf eine spezifische Fragestellung. Weil die Annahme oder Negierung der Urteilsfähigkeit immer nur für einen bestimmten Kompetenzbereich, eine bestimmte Situation oder eine spezifische Entscheidung gilt, ist sie relativ. Beispielsweise kann man einem 10-jährigen Kind zutrauen, bei alltäglichen Entscheidungen hinsichtlich Kleidungswahl oder Ernährung hinreichend kompetent zu urteilen. Hingegen ist das gleiche Kind nicht urteilsfähig in der Frage, ob der Obhutswechsel zu seinem Elternteil in einem anderssprachigen Land in seinem Interesse ist. Die Relativität der Urteilsfähigkeit hängt nicht nur von qualitativen Faktoren ab (z. B. Obhut, Einnahme von Ovulationshemmern, Schwangerschaftsabbruch oder Heirat), sondern auch von quantitativen. Damit ist das subjektive Ausmaß bzw. die Tragweite der Handlung bzw. Entscheidung gemeint. Dieses Ausmaß kann von Fall zu Fall unterschiedlich groß sein. Nicht zuletzt muss man das individuelle Entwicklungsalter des Kindes berücksichtigen. In der Regel werden an die Urteilsfähigkeit umso höhere Anforderungen gestellt, je komplexer die Angelegenheit und je bedeutsamer ihre Tragweite ist (vgl. Herzig, 2012).

Die besondere Herausforderung im medizinischen, psychologischen und auch rechtlichen Bereich besteht darin, den Entwicklungsstand individuell zu beurteilen, abhängig von den individuellen Lebenserfahrungen, der familiären Sozialisation und der affektiven Beteiligung.

Da in familienrechtspsychologischem Kontext die Auswirkungen einer zu früh oder zu spät angenommenen Urteilsfähigkeit oft ähnlich gravierende Auswirkungen haben wie in der Medizin, sollten relativ in Bezug auf den Zeitpunkt und Bezugsinhalt des geäußerten Kindeswillens annähernd die gleichen Kriterien angewendet werden. Für medizinische Eingriffe und Behandlungen geht man beispielsweise in der Schweiz davon aus, dass bei unter 12-Jährigen in der Regel keine Urteilsfähigkeit gegeben ist, dass sie bei 12- bis 16-Jährigen individuell bestimmt werden muss, während man bei über 16-Jährigen für nicht schwerwiegende Entscheide in der Regel Urteilsfähigkeit annehmen darf (Rutishauser, 2006).

8 Erziehungsfähigkeit

Unter „Erziehungsfähigkeit" versteht man die grundlegende Fähigkeit eines Elternteils, die emotionalen und körperlichen Bedürfnisse des Kindes zu erkennen, das Kind angemessen zu versorgen, zu betreuen und auf die vom Kind signalisierten oder altersentsprechend anstehenden Bedürfnisse einzugehen (Salzgeber, 2001). Dettenborn und Walter (2002) präzisieren „Erziehungsfähigkeit" dahingehend, dass erziehungsfähige Eltern auf der Grundlage angemessener Erziehungskenntnisse Erziehungsziele und Erziehungseinstellungen ausbilden, die sich an den Bedürfnissen und Fähigkeiten ihres Kindes orientieren, und sie in der Interaktion mit dem Kind mittels ausreichender persönlicher Kompetenzen in kindeswohldienliches Erziehungsverhalten umsetzen.

Während sich die Erziehungswissenschaften und die Sozialpädagogik kaum mit der Erziehungsfähigkeit befassen, nimmt dieses Beurteilungskriterium im familienrechtspsychologischen Kontext eine wichtige Rolle ein. Zum einen stellt sich die Frage nach der Erziehungsfähigkeit bei der Obhutszuteilung und Kontaktregelung nach der elterlichen Trennung, zum anderen bei eventuellem Obhutsentzug, wenn das Kind in der Obhut seiner Eltern gefährdet ist.

Die im Rahmen einer Obhutszuteilung und Kontaktregelung definierte Erziehungsfähigkeit wird umfassend als eine relationale Fähigkeit verstanden. Das heißt, dass im Einzelfall Aspekte beachtet werden müssen, die sich auf die Bedürfnisse und Entwicklungsaufgaben eines konkreten Kindes beziehen. Mangels anerkannter wissenschaftlicher Methoden, Erziehungsfähigkeit zu messen und nachzuweisen, muss man das Konstrukt aus dem Elternverhalten und der entsprechenden Wirkung auf das Kind erschließen.

8.1 Beurteilung der Erziehungsfähigkeit

Zwar kann das Erziehungsverhalten von sich trennenden Eltern durchaus in Mitleidenschaft gezogen sein, doch ist es eher unwahrscheinlich, dass grundsätzlich erziehungsfähige Personen allein durch den Umstand, dass sie nun nicht mehr in einer Partnerschaft leben, nicht mehr erziehungsfähig sind, es sei denn, deren Erziehungsfähigkeit ist nur im

Team gegeben. In diesem Fall würde man aber nicht von „Erziehungsfähigkeit“ sprechen, sondern eher von „Betreuungsfähigkeit“ (s. Kap. 8). Salzgeber löst das Problem akademisch, indem er den Begriff „Erziehungsfähigkeit“ vom Begriff „Erziehungskompetenz“ unterscheidet. Letztere definiert er als „die im Rahmen des Normalpsychischen liegende Spannbreite von Persönlichkeitsstrukturen und deren Varianten sowie die Einflüsse der vorliegenden Persönlichkeitsstruktur auf die Interaktion mit dem Kind“ (Salzgeber, 2001, S. 282).

Bei der Beurteilung der Erziehungsfähigkeit als Bestandteil jedes Sorge-, Obhuts- und Betreuungsaufteilungsgutachtens hat man es mit Eltern zu tun, deren Erziehungsfähigkeit vor der Trennung nicht in Frage gestellt war. Daher wäre die Realität besser abgebildet, würde man den Ausdruck „Erziehungsfähigkeit“ durch „Erziehungseignung“ ersetzen. Damit würde sich die Frage nach der Erziehungseignung legitimieren, wobei diese Eignung nur bei *den* Eltern abzuklären ist, welche auch tatsächlich Erziehungsfunktionen übernehmen wollen.

Das Konstrukt „Erziehungsfähigkeit“ oder eben „Erziehungseignung“ ist graduell ausgeprägt und bewegt sich in einem Kontinuum zwischen optimaler Erziehungsfähigkeit und gänzlicher Erziehungsunfähigkeit. Familienrechtspsychologisch relevante Fragen beziehen sich auf folgende Teilaspekte:

- **Empathiefähigkeit:** Wie gut gelingt es dem Elternteil, sich in das Kind einzufühlen bzw. seine Perspektive zu übernehmen? Erkennt er die entwicklungsstandbezogenen Bedürfnisse des Kindes und kann darauf eingehen?
- **Disziplinierungsfähigkeit:** Wie reagiert der Elternteil auf Frustrationen des Kindes? Ist er in der Lage, dem Kind funktionale Grenzen zu setzen und konsequent zu bleiben?
- **Förderkompetenz:** Ist der Elternteil in der Lage, das Kind entsprechend seinen Begabungen und Möglichkeiten zu fördern und es in seinen Selbstwertfunktionen zu stützen?
- **Rollenverteilung und Modellbewusstsein:** Ist sich der Elternteil seiner Rolle als erwachsener und dem Kind überlegener Beziehungspartner bewusst? Kann der Elternteil sich gemäß seiner Rolle verhalten und dem Kind in den entscheidenden Lebensbereichen ein adäquates und funktionales Vorbild sein?
- **Beziehungs- und Bindungsaspekt:** Liegt dem Erziehungsverhalten des Elternteils eine tragfähige, vertraute Eltern-Kind-Beziehung zugrunde? Wie sicher ist das Kind an den Elternteil gebunden?
- **Bindungstoleranz:** Ist der Elternteil fähig und bereit, dem Kind als eigenständiger Persönlichkeit Beziehungen und Bindungen auch zu anderen Bezugspersonen, insbesondere zum anderen Elternteil zu ermöglichen und es darin zu unterstützen?

Das systematische Modell von Sandra Azar et al. (Azar, Lauretti & Loding, 1998; Azar, Makin-Byrd & Nix, 2005), das auf kognitive und biologische Merkmale eines Elternteils abhebt, beschreibt vier elterliche Kompetenz-Bereiche, die beim Prüfen der Erziehungsfähigkeit untersucht werden sollten:

- **Grundlegende Selbstkontrollfähigkeiten:** Ist der Elternteil emotional hinreichend stabil, und verfügt er über eine funktionale Impulskontrolle? Ist seine Selbstwahrnehmung realistisch?
- **Grundlegende Fähigkeiten zur Stressbewältigung:** Ist die Selbstversorgung gewährleistet? Kann der Elternteil mit finanziellen Ressourcen umgehen? Ist er in der Lage, soziale Unterstützung zu mobilisieren?
- **Grundlegende soziale und sozial-kognitive Fähigkeiten:** Kann sich der Elternteil in das Kind einfühlen und dessen Perspektive übernehmen? Sind seine Erwartungen an das Kind realistisch? Kann er sein Verhalten in Bezug auf das Kind reflektieren?
- **Grundlegende Fürsorgefähigkeit:** Verfügt der Elternteil über die Fähigkeit, das Kind körperlich und emotional zu pflegen und zu versorgen? Verfügt der Elternteil über ein Repertoire von Erziehungsstrategien?

8.2 Diagnostik der Erziehungsfähigkeit

Beim Abklären der Erziehungsfähigkeit eines Elternteils ist die mit der Entscheidung oder Abklärung beauftragte Fachperson gehalten, die Persönlichkeit der Eltern in Hinblick auf deren Erziehungseinfluss auf das Kind zu beurteilen. Dabei verlässt sich die sachverständige Person auf die Arbeitshypothese, dass sich die Persönlichkeitsstruktur der Eltern, vermittelt durch deren Erziehungsverhalten, auf das Kindeswohl auswirkt. Bei der Einschätzung der Erziehungsfähigkeit ist zwischen überdauernden und situationsspezifischen Persönlichkeitsfaktoren zu unterscheiden (vgl. Kap. 3).

Informationen über die Erziehungsfähigkeit eines Elternteils ergeben sich im Aktenstudium, im klinischen Gespräch, mittels Interaktionsdiagnostik und Testdiagnostik und im persönlichen Gespräch mit beteiligten Fachpersonen.

8.2.1 Klinisches Gespräch mit den Eltern

Die wichtigsten Erkenntnisse über die Erziehungsfähigkeit der Eltern gewinnt die sachverständige Person in der Abklärungssituation selber, insbesondere im Rahmen einer interventionsorientierten Begutachtung bzw. Abklärung. Wertvolle Hinweise auf erzieherische Kompetenzen ergeben sich aus der direkten Zusammenarbeit mit den Eltern. Nach den Angaben der Eltern und der Beantwortung von spezifischen Fragen der abklärenden Person lassen sich folgende Fragen beantworten:

- Wie differenziert erkennen die Eltern die Bedürfnisse und Entwicklungsaufgaben ihrer Kinder?
- Wie reflektieren die Eltern ihr Erziehungsverhalten?
- Wie empfänglich sind die Eltern für psychoedukative Informationen?

- Wie gut gelingt es den Eltern, Ratschläge für kindeswohlrelevante Verhaltensveränderungen umzusetzen?
- Wie gut erkennen die Eltern ihre Möglichkeiten und Grenzen, und wie offen sind sie für externe Unterstützung?

8.2.2 Interaktionsdiagnostik in der Laborsituation

Um Fehlinterpretationen zu vermeiden, sollte das Zusammenführen von Elternteilen und ihren Kindern in der Laborsituation nur psychologisch ausgebildeten Gutachtern übertragen werden. Die psychologische Methode, die hierbei angewendet wird, ist die Beobachtung. Der Gutachter lässt das Kind und den Elternteil in seiner Abwesenheit circa eine Stunde lang interagieren und zeichnet die Sequenz auf Video auf, oder er bleibt im Raum und nimmt als „teilnehmender Beobachter“[22] an der Interaktion teil. Anlässlich der laborartigen Interaktionsdiagnostik lässt man den Elternteil und das Kind vorzugsweise zusammen spielen und überlässt die Auswahl des Spielmaterials dem Elternteil und dem Kind.

8.2.3 Interaktionsdiagnostik anlässlich von Hausbesuchen

Eine unauffälligere Beobachtung der Eltern-Kind-Interaktion stellt der Hausbesuch dar. Da bei Fragen der Betreuungsaufteilung auch die räumlichen und geographischen Lebensbedingungen des Kindes von Bedeutung sind, lässt sich die Beurteilung dieser Kriterien mit der Interaktionsdiagnostik verbinden. Je nach Spontaneität, Kreativität und Aktivität des Elternteils und des Kindes anlässlich des Hausbesuchs erübrigt es sich, das Interaktionspaar zusätzlich zu einem gemeinsamen Spiel anzuhalten. Aus der Gesamtheit der beobachteten unterschiedlichen Eltern-Kind-Interaktionen gewinnt die abklärende Fachperson einen Eindruck sowohl vom Erziehungsstil des Elternteils als auch von der Eltern-Kind-Passung. Insbesondere bei Kleinkindern und scheuen, introvertierten Kindern stellt die Eltern-Kind-Interaktion die wichtigste Informationsquelle über die Entwicklung des Kindes dar. Beispielsweise ist fast ausschließlich im Interaktionsverhalten erkennbar, ob ein Kind Sprachverständnisstörungen hat oder auf welchem Sprachent-

22 Das Kennzeichnende dieser Methode ist die persönliche Teilnahme des Untersuchers an den Interaktionen der Personen, die das Untersuchungsobjekt sind. Dabei ist die Annahme leitend, dass durch die Teilnahme bzw. die unmittelbare Erfahrung der Situation Aspekte des Handelns und Ausdrucksweisen des Denkens beobachtbar werden, die in Gesprächen und Dokumenten über diese Interaktionen bzw. Situationen nicht zugänglich wären. Die Teilnahme kann von bloßer physischer Präsenz bis zur vollständigen Interaktion mit eigener Rolle in der Gruppe reichen.

wicklungsstand ein selektiv mutistisches Kind tatsächlich ist, wenn es zumindest mit den Eltern spricht (vgl. Kap. 1.5).

8.2.4 Testdiagnostik

Will man in Erfahrung bringen, wie jüngere Kinder von 8 bis 11 Jahren das Erziehungs- und Beziehungsverhalten ihrer Eltern wahrnehmen, empfiehlt es sich, Bildmaterial zu Hilfe zu nehmen: Abbildungen von erziehungsrelevanten Situationen oder ausgewählte Bildkarten aus dem Familien-Beziehungs-Test (FBT) von Howells und Lickorisch (1975). Im FBT sind auf 24 Bildern Situationen aus dem Familienalltag dargestellt. Das Kind wird aufgefordert zu beschreiben, was die Personen auf den Bildern tun und was sie sagen könnten. Danach wird es gefragt, ob es ähnliche Situationen kennt und was es darüber denkt. Die Angaben des Kindes geben Aufschluss über seine Gefühle und Einstellungen gegenüber den Eltern und umgekehrt. Eine andere Möglichkeit, repräsentiertes Elternverhalten sichtbar zu machen, ist Spielmaterial mit Aufforderungscharakter, zum Beispiel ein Puppenhaus mit biegbaren Puppen. Man kann das Kind auffordern, eine Szene aus dem Alltag zu spielen, zum Beispiel das Zubettgehen der Kinder-Puppe oder eine Situation am Mittagstisch. Bei wenig engagierten und zurückhaltenden Kindern wird empfohlen, dass der Gutachter mitspielt bzw. sich im Rollenspiel vom Kind leiten lässt, im Sinne von: Was würde ich als Vater jetzt machen oder sagen?

Da mittels projektiver Verfahren gewonnene Informationen stark interpretationsbedürftig sind, ist das Anwenden dieser Methoden ebenfalls dem psychologischen Sachverständigen vorbehalten.

Bei 8- bis 16-jährigen Kindern lässt sich das elterliche Beziehungs- und Erziehungsverhalten sowohl klinisch als auch mit standardisierten Tests erfragen. Ein bewährter Test stellt das Erziehungsstil-Inventar (ESI) von Krohne und Pulsack (1995) dar, mit dem sich Hinweise auf problematisches Erziehungsverhalten der Mutter, des Vaters oder beider Eltern gewinnen lassen. Das ESI besteht aus einer Mutter- und einer Vaterversion. Der erste Teil des Inventars umfasst 60 Items, die sich zu je 12 Items auf die Erziehungsstil-Skalen Unterstützung, Einschränkung, Lob, Tadel und Inkonsistenz verteilen. Der zweite Teil erfasst die elterliche Strafintensität.

8.3 Relativität von Erziehungsfähigkeit

An getrennte oder alleinerziehende Eltern dürfen keine höheren Anforderungen an die Erziehungsfähigkeit gestellt werden als an Eltern in Kernfamilien. Der Sachverständige verlangt von den Eltern nicht besonders förderliche Erziehungsbedingungen, sondern strebt eine Orientierung an Mindeststandards an. Grundsätzlich wird angenommen, dass auch getrennte Eltern erziehungsfähig bleiben. Wenn ein Elternteil dafür sorgen kann, dass einem Kind in seiner Obhut kein Schaden entsteht, ist er erziehungsfähig. Dabei ist mit „Schaden" eine erhebliche Beeinträchtigung gemeint wie etwa Entwicklungshindernisse oder eine körperliche oder psychische Gefährdung. Eine eingeschränkte Erziehungseignung kann durchaus den Ausschlag dafür geben, dass einem Elternteil die Obhut nicht zugeteilt wird. Hingegen handelt es sich bei der Erziehungsunfähigkeit um ein Extrem, das fast ausschließlich dann zum Tragen kommt, wenn Elternteile durch schwere psychiatrische Erkrankungen, Misshandlung, Missbrauch oder andere das Kind akut und erheblich gefährdende Defizite nicht oder nicht mehr in der Lage sind, ihr Kind selber zu betreuen und zu erziehen.

Werden die erzieherischen Kompetenzen eines obhutfordernden oder obhutinnehabenden Elternteils als defizitär beurteilt, muss aus der Abklärung hervorgehen,

- worin die konkrete Gefährdung des Kindes liegt,
- worin die gegenwärtige konkrete Einschränkung der Erziehungsfähigkeit besteht,
- ob es sich bei der besagten Einschränkung um eine zeitstabile oder um eine vorübergehende Beeinträchtigung handelt,
- ob Ressourcen erkennbar sind,
- ob die eingetretene oder mit hoher Wahrscheinlichkeit zu erwartende Kindeswohlschädigung auf die Beeinträchtigung des Elternteils zurückzuführen ist und
- ob die eingetretene oder mit hoher Wahrscheinlichkeit zu erwartende Kindeswohlschädigung den weiteren Entwicklungsverlauf des Kindes höchstwahrscheinlich beeinträchtigen oder gefährden wird.

8.4 Erziehungsfähigkeit und psychische Beeinträchtigungen

Es gilt als gesichert, dass Kinder psychisch kranker Eltern ein deutlich erhöhtes Risiko aufweisen, selbst eine psychische Störung zu entwickeln (vgl. Lenz, 2005). Ein besonders hohes Risiko tragen Kinder von Eltern mit schweren Persönlichkeitsstörungen (Mattejat & Remschmidt, 2008). Wie sich die psychische Erkrankung eines Elternteils auswirkt, hängt ab vom Krankheitsbeginn, vom Verlauf und von den Ressourcen dieses Elternteils. Eine Kindeswohlgefährdung besteht vor allem bei Säuglingen und frühem Erkrankungsbeginn der Mutter, bei psychotischen Störungen, bei Isolierung der Bezugsperson oder der ganzen Familie, bei fehlender Krankheitseinsicht und bei Doppeldiagnosen (psychiatrische Störung und Persönlichkeitsstörung), bei feindseliger Einstellung der Eltern dem Kind gegenüber und bei schwierigem kindlichem Temperament. Bei chronischem Verlauf droht die Gefahr eingeschränkter emotionaler Verfügbarkeit und einer Parentifizierung des Kindes.

Eine psychische Störung oder psychiatrische Erkrankung eines Elternteils sagt noch nichts über dessen Erziehungsfähigkeit aus. Daher ist es unzulässig, aus einer psychiatrischen Diagnose Erziehungsunfähigkeit abzuleiten. Beispielsweise wäre eine an einer Zwangsstörung erkrankte Mutter emotional und kognitiv hinreichend dafür ausgerüstet, mit Unterstützung ein psychisch und physisch gesundes Kind zu erziehen; zur Erziehung eines behinderten Kindes mit speziellen Entwicklungsanforderungen hingegen verfügt die gleiche Mutter nicht über die nötigen Ressourcen. In einem anderen Fall ist eine krankheitsuneinsichtige und infolge Malcompliance unbehandelte psychotische Mutter nicht erziehungsfähig, während sie mit einem Helfernetz im Hintergrund möglicherweise fähig wäre, ihr Kind zu erziehen, wenn sie sich denn medikamentös behandeln ließe.

Die Beurteilung der Erziehungsfähigkeit von psychisch kranken Eltern erfolgt zunächst in gleicher Weise wie bei Eltern ohne psychiatrische Diagnose (vgl. Ludewig, Baumer, Salzgeber, Häfeli & Albermann, 2015). Beruht eine noch nicht dokumentierte, aber ernst zu nehmende psychische Störung beim Elternteil auf einer fundierten Vermutung, sollte der Elternteil zunächst in Bezug auf die Schwere, Prognose und Therapierbarkeit psychologisch-psychiatrisch abgeklärt bzw. begutachtet werden, bevor die mit der kindbezogenen Fragestellung beauftragte sachverständige Person auf dieser Grundlage konkrete und potentielle Auswirkungen der psychischen Erkrankung auf die Erziehungsfähigkeit beurteilt. Bei der Obhutszuteilung stellt sich die Frage, ob der andere Elternteil gesund ist und mit Unterstützung von Drittpersonen die Obhut über die Kinder übernehmen könnte. Fehlt die Ressource eines gesunden Elternteils, stellt sich bei einem kranken alleinerziehenden Elternteil die Frage, inwieweit dieser in der Lage ist, die altersbezogenen Bedürfnisse des Kindes zu erkennen und feinfühlig darauf zu reagieren, inwieweit er auf soziale Unterstützung zurückgreifen kann und sich vor dem Hintergrund einer hinreichenden Krankheits- und Störungseinsicht behandeln lässt.

8.4.1 Erziehungsfähigkeit bei Eltern mit einem Borderline-Syndrom

Eine besondere Herausforderung im familienrechtspsychologischen Kontext stellen persönlichkeitsauffällige Eltern dar (vgl. Kap. 3.2 und 3.3). Mit dieser Gruppe sind Gerichte und Behörden nicht zuletzt deshalb häufig konfrontiert, weil die Störungseinsicht bei Persönlichkeitsstörungen häufig nicht gegeben ist, drei Viertel aller Boderline-Patienten weiblich sind und die Kinderrate bei Müttern mit einer Borderline-Störung überdurchschnittlich hoch ist (Hipp & Kleinz, 2014). Die Zeitspanne der häufigsten Erkrankungsphase (zwischen dem 14. und 40. Lebensjahr) deckt sich zudem mit der fruchtbaren Altersspanne der Frauen. Man erklärt diese Befunde damit, dass Borderline-Mütter mit einem starken Kinderwunsch ihre eigenen frühkindlichen Geborgenheitsdefizite auszugleichen versuchen. Wegen der starken Verlassenheitsängste und dem Wunsch nach Regulation ihrer Affekte suchen diese Frauen ideale Partner und Väter für ihre Kinder, von denen sie schnell enttäuscht sind, und so kommt es zur Trennung.

Obwohl bei einer voll ausgeprägten Borderline-Störung die Kriterien für eine psychiatrische Erkrankung erfüllt sind, finden sich unter den 5 bis 6 Prozent Borderline-Persönlichkeiten in der Bevölkerung Personen und Eltern, welche trotz ihrer Verhaltensauffälligkeiten als hinreichend erziehungsfähig imponieren. Zwar werden unverhältnismäßige

Impulsdurchbrüche gegenüber dem Kind allein aufgrund der persönlichen Erfahrung im Kontakt mit dem Elternteil vermutet und auch von Dritten berichtet. Aber bei den Kindern von Borderline-Müttern handelt es sich in der Regel um Kinder, welche im verzweifelten Versuch, den Erwartungen ihrer Mütter gerecht zu werden, außerordentliche Anpassungsleistungen vollbringen oder sogar mit einer Traumabindung imponieren (vgl. Kap. 10.7.2). Typischerweise gelten diese Kinder – insbesondere Mädchen – während der Schulzeit häufig als freundlich, unauffällig und angepasst und fallen den Lehrpersonen in keiner Weise auf. Entsprechend lassen sich bei diesen Kindern auch in der Abklärungssituation keine objektivierbaren Beeinträchtigungen und kein Leidensdruck erkennen.

Wird einem Elternteil die Erziehungsfähigkeit aufgrund seiner Borderline-assoziierten Verhaltensweisen abgesprochen, stellt sich einem Obhutswechsel auch das Hindernis in den Weg, dass diese Kinder oft den starken Wunsch ausdrücken, bei diesem Elternteil zu bleiben. In einer Art Überidentifikation mit dem auffälligen Elternteil stellen sich diese Kinder oft deutlich auf dessen Seite und verteidigen sein Verhalten. Seine Beeinträchtigung wird negiert, zum einen aus Angst vor Stigmatisierung, zum anderen aus Angst, diesen Elternteil verlassen zu müssen. Stattdessen übernehmen die Kinder Verantwortung und stellen sich schützend vor diesen Elternteil.

Insbesondere jüngere Kinder glauben, dass sie am unberechenbaren Verhalten ihres Elternteils schuld sind: Mama ist böse, krank, traurig, weil ich unartig war. Weil ein Kind seine emotional instabile Borderline-Mutter immer wieder auch liebevoll, fürsorglich und aufmerksam erlebt, wird es alles dafür tun, um die Mutter wieder zu diesem Verhalten zu veranlassen. Ob das heranwachsende Kind erkennt, dass es seiner emotional instabilen Mutter nichts recht machen kann, hängt davon ab, inwieweit dem Kind ein stabiler und emotional verfügbarer anderer Elternteil als korrektives Modell zur Verfügung steht.

8.4.2 Erziehungsfähigkeit bei kognitiver Beeinträchtigung

Da insbesondere Interessenvertreter von Behinderten zunehmend darauf hinweisen, dass auch kognitiv beeinträchtigte Menschen ein Recht auf Elternschaft haben, werden Gutachter immer wieder mit der Abklärung der Erziehungsfähigkeit von geistig beeinträchtigten Eltern beauftragt. Die Frage nach der Erziehungsfähigkeit einer kognitiv beeinträchtigten Mutter kann sich auch stellen, wenn nach einer Trennung die Unterstützung eines erziehungskompetenten und verfügbaren Vaters wegfällt und die behinderte Mutter nun das Kind allein erziehen möchte.

Bei der Einschätzung der elterlichen Kompetenzen von kognitiv beeinträchtigten Eltern erweist sich das *Parent Skills Model* von McGaw und Sturmey (1994) als hilfreich. Dieses Modell fokussiert drei Bereiche, welche die Erziehungs- und Betreuungskompetenz kognitiv beeinträchtigter Eltern beeinflussen:

- **Parent's Life Skills** bezieht sich auf allgemeine Lebensfertigkeiten der Eltern, die nicht unmittelbar mit der Versorgung des Kindes zusammenhängen, zum Beispiel wie es um die Haushaltsführung oder die Mobilität bestellt ist, welche sprachlichen und sozialen Fähigkeiten die Eltern haben, ob die Eltern lesen, schreiben und rechnen können, ob sie eine Tagesstruktur einhalten können. McGaw erweiterte diesen Bereich um den Aspekt der kognitiven Funktionen, welche unter dem Begriff *Functioning* diagnostiziert werden.

- **Family History** meint den familiären Hintergrund und die Kindheit der beeinträchtigten Eltern. Hieraus erschließt sich zum Beispiel, inwiefern die Eltern, als sie selbst Kinder waren, angemessenes Elternverhalten erfahren haben und gegebenenfalls auf diese Erfahrungen zurückgreifen können.
- **Support and Ressources** beschreibt, zu welchen Unterstützungsangeboten die Eltern Zugang haben, wie ihr soziales Netzwerk beschaffen ist, ob sie zum Beispiel Familienangehörige oder Freunde haben, die ihnen helfen, ob sie sonstige Quellen haben, aus denen sie schöpfen können, oder ob ihnen professionelle Unterstützung zugänglich ist.

Die Schnittmenge dieser drei Bereiche bestimmt das Ausmaß der Fähigkeit zur Versorgung des Kindes und dessen Entwicklungsmöglichkeiten. Ob man nun einer kognitiv beeinträchtigten Mutter die Obhut über ihr Kind belassen oder zuteilen kann, hängt auch von den individuellen Voraussetzungen auf Seiten des Kindes ab, zum Beispiel vom Alter und vom Kindeswillen. Da sich Kinder von kognitiv beeinträchtigten Eltern häufig nicht altersgemäß entwickeln und aufgrund von Entwicklungsstörungen spezielle Bedürfnisse haben, stellt sich zusätzlich die Frage, ob und inwieweit der beeinträchtigte Elternteil diesen Bedürfnissen gerecht werden kann.

8.5 Erziehungsfähigkeit in Bezug auf Rückplatzierung

Die Frage nach der Erziehungsfähigkeit stellt sich nicht nur, wenn getrennte Eltern die Obhut über ihre Kinder beantragen, sondern auch, wenn Eltern ihre fremdplatzierten Kinder wieder selber betreuen und erziehen wollen. Bei Fragen der Rückführung von Kindern aus Pflegefamilien zurück zu den Eltern muss ein psychologisches Gutachten zwei Ausgangshypothesen prüfen: (a) Die Rückführung des Kindes stellt, verglichen mit dem Verbleib in der Pflegefamilie, das geringere Risiko für das Kind dar. (b) Das Verbleiben des Kindes in der Pflegefamilie stellt das geringere Risiko dar.

Bei der Entscheidungsfindung in strittigen Rückführungsfällen muss zunächst beurteilt werden, welche eigenständige Wissensbasis sich als Grundlage für die Bewertung der einzelfallbezogenen Befunde und zur Formulierung einer Empfehlung an Gerichte und Kindesschutzbehörden heranziehen lässt. Wenn es auch an eindeutigen Vorhersagefaktoren erfolgreicher und misslingender Rückführungen mangelt, kann man mittlerweile doch auf verlässliche Forschungsbefunde zurückgreifen, die zu einer Orientierung der Fachkräfte beitragen können. Diese Forschungsergebnisse behandeln drei prinzipiell mögliche, sozialwissenschaftlich erfassbare Gründe, die Rückführungen im Einzelfall entgegenstehen können:

- die Gefahr einer erneuten Vernachlässigung bzw. Misshandlung rückgeführter Kinder im Verantwortungsbereich der Eltern,
- die Möglichkeit einer aus der Trennung von den Pflegeeltern erwachsenden Kindeswohlgefährdung und
- die Möglichkeit eines innerpsychischen Fortwirkens früherer Gefährdungserfahrungen eines Kindes in der Herkunftsfamilie, die ein gedeihliches Aufwachsen mit den für die frühere Gefährdung verantwortlichen Eltern unmöglich machen könnte.

Die mit dem Thema beschäftigten Wissenschaftler und Kliniker sind sich einig, dass in strittigen Fällen betreffs Rückführung immer die Situation des Kindes im Vordergrund stehen muss (vgl. Wiemann, 2008b; Salgo, 2001). Kriterien sind hier Alter und Entwicklungsstand des Kindes zum Zeitpunkt der Unterbringung und die Dauer der Unterbringung. Ausschlaggebend sind das zeitliche Erleben des Kindes sowie Bindung und Integration in der Pflegefamilie. Nachrangig ist, wie sich die Lebenssituation der Herkunftsfamilie weiterentwickelt hat. Der Anspruch des Kindes auf langjährige Bindungen sollte im Mittelpunkt der Entscheidungen stehen, abhängig davon, wo das Kind diese Bindungen entwickelt hat, sei dies bei den Eltern, sei es bei den Pflegeeltern.

Empirisch gut belegte Kriterien für Rückführungsentscheidungen, deren Bedeutung in jeweils mehreren Längsschnittstudien bestätigt wurde, werden in den psychologischen Kriterienkatalogen nahezu durchgängig berücksichtigt (Kindler & Lillig, 2004). Salzgeber (2001) nennt als wesentliche Kriterien die Vorbelastung des Kindes, die Häufigkeit eines Wechsels von Bezugspersonen, die Ressourcen des Kindes, das Vorhandensein stabiler Beziehungsstrukturen und die Erziehungskompetenz der leiblichen Eltern.

Dettenborn und Walter (2002) führen sieben Beurteilungskriterien an. Bei den ersten beiden Kriterien handelt es sich um Merkmale der Beziehungen des Kindes und seiner Bindungen. Gegen eine Rückführung sprechen eine vorrangige Stellung der Pflegeltern als Bindungspersonen, eine Angst-Bindung bzw. desorganisierte Bindung gegenüber den leiblichen Eltern, eine ausgeprägte Trennungsangst des Kindes in Reaktion auf das Herausgabeverlangen der leiblichen Eltern und eine deutliche Verankerung des Kindes im sozialen Umfeld bei der Pflegefamilie. Weitere Kriterien beziehen sich auf den Willen des Kindes, seine personale Disposition (altersbezogene Trennungsempfindlichkeit, generelle Stressresistenz, Wahrnehmung der Herausgabesituation), personale Dispositionen der leiblichen Eltern (Erziehungsfähigkeit), personale Dispositionen der Pflegeeltern (Fähigkeit zur positiven Fürsorge trotz Herausgabekonflikt) und das Verhältnis zwischen leiblichen und faktischen Eltern.

Peschel-Gutzeit (2004) führt als Kriterien an: die Dauer und den Anlass der Inpflegenahme, die Güte und Tragfähigkeit der Beziehung des Kindes zu den leiblichen Eltern, die persönliche Situation der leiblichen Eltern und die bei ihnen vorhandenen Betreuungsmöglichkeiten sowie die Persönlichkeit und den Willen des betroffenen Kindes.

Als Entscheidungshilfe bei Rückführungsbegehren bewährt sich die Zusammenführung und Konkretisierung der genannten Kriterien. Eine Rückführung ist zu erwägen, wenn folgende Voraussetzungen erfüllt sind (vgl. auch Wiemann, 2008a):

- Die Eltern verfügen über ein selbstkritisches Eingeständnis der eigenen Anteile. Der antragstellende Elternteil muss seine eigene Verantwortlichkeit und Beteiligung an den Vorkommnissen anerkennen, welche zur Herausnahme des Kindes geführt haben. Er muss auch in der Lage sein, sich darüber dem Kind gegenüber zu erklären.
- Das Kind war nur für einen überschaubaren Zeitraum fremduntergebracht. Während dieser Zeit war es auf seine Rückkehr hin orientiert.
- Nebst den Pflegeeltern ist der rückführungsbegehrende Elternteil dem Kind als eine zumindest gleichrangige Bindungsperson erhalten geblieben.
- Das Kind hat einige Jahre seines Lebens mit seinen Eltern oder einem Elternteil gelebt, und die Bindung zu den Elternpersonen blieb durch Kontakte aufrechterhalten. Im rückführungsbegehrenden System hat das Kind seinen Platz, den es nach der Rückführung einnehmen kann.
- Die Eltern sind zu einer realistischen Auseinandersetzung mit der Erziehungsaufgabe fähig, die auf sie zukommt.
- Die Lebensbedingungen der Eltern oder des Elternteils haben sich real verbessert, und das soziale Konfliktpotential hat sich deutlich reduziert.
- Die Eltern können sich in die schwierige Situation des Kindes einfühlen und sind willig und fähig, ein Mehrfaches zu leisten, um das Vertrauen ihres Kindes zurückzugewinnen und eventuellen rückführungsbedingten Verhaltensschwierigkeiten des Kindes einfühlsam und erzieherisch kompetent zu begegnen.

Eine Rückführung widerspricht den Interessen des Kindes in folgenden Fällen:

- Das Kind wurde in den ersten Lebensmonaten in eine Pflegefamilie integriert und hat primäre Bindungen zu seinen Pflegeeltern entwickelt und diese Pflegefamilie als seine eigene Familie definiert.
- Dem Kind fehlte die Möglichkeit, seine Mutter oder seinen Vater als gleichrangige Bindungsperson im Leben zu bewahren, zum Beispiel weil der Beziehungsabbruch vor langer Zeit stattfand.
- Die Konflikt- und Krisensituation der Eltern hat sich nicht nachhaltig verändert.
- Die rückführungsbegehrenden Eltern haben das Kind schwer misshandelt, vernachlässigt und dadurch anhaltend traumatisiert.

Häufig sind wir mit der Situation konfrontiert, dass Kinder bereits in den ersten 24 Lebensmonaten fremdplatziert werden. Mangels Angebot an Pflegefamilien bieten sich für langfristige Platzierungen immer häufiger sogenannte heilpädagogische Großfamilien oder Kleinheime an. Diese Institutionen werden zwar von einer Art Elternfiguren geleitet, aber das sozialpädagogisch ausgebildete Personal wechselt häufig und ist mit der Betreuung von circa zehn Kindern beschäftigt. Beurteilt man die eventuelle Rückplatzierung eines Kindes, welches die ersten 6 Lebensjahre bis zum Schuleintritt in einer solchen Einrichtung verbracht hat, regelmäßigen Umgang mit seiner Mutter hatte und nun in die Obhut seiner von der Drogensucht geheilten Mutter überführt werden soll, so muss man das Kriterium der schützenswerten Bindung zu den „Pflegeeltern" unter Umständen anders bewerten als bei einem Kind in einer Pflegefamilie, welches unter den gleichen Umständen zu seinen konstanten Pflegeeltern eine ausschließliche Bindung entwickelt hat.

8.6 Erziehungsfähigkeit versus Betreuungsfähigkeit

Der Begriff „betreuen" findet sich selten im pädagogischen Wörterbuch oder in wissenschaftlichen Publikationen. Dies mag damit zusammenhängen, dass in anderen Sprachen kaum zwischen den Bezeichnungen „erziehen", „bilden" und „betreuen" unterschieden wird. Im umfassenden Sinn bezeichnet der Begriff „Betreuung" versorgende und beaufsichtigende Tätigkeiten, nicht zuletzt auch die rechtliche Vertretung von unmündigen Personen. Im engeren Sinn versteht man unter „Betreuung" die Erziehung, Bildung und Aufsicht über Kinder in Einrichtungen und in der Kindertagespflege. Im familienrechtspsychologischen Kontext wird „Betreuungsfähigkeit" häufig im Zusammenhang – oder sogar synonym – mit „Erziehungsfähigkeit" verwendet, ohne auf den Unterschied zu verweisen. Entsprechend missverständlich gestalten die Behörden den Fragenkatalog für den Gutachter, wenn sie die Erziehungsfähigkeit eines Elternteils erfragen, welcher nur einen marginalen Kontakt zu seinem Kind hat. Um einem Elternteil ein minimales Kontaktrecht von zwei Wochenenden im Monat zuzuteilen, reicht es aus, dessen Betreuungsfähigkeit zu ermitteln. Die Unterscheidung zwischen Erziehungsfähigkeit und Betreuungsfähigkeit ist daher bei Fragen der Betreuungsregelung von Bedeutung.

Im engeren Sinne bedeutet „Betreuung", dass sich eine Person während einer umrissenen Zeitspanne um eine ihr anvertraute Person kümmert. Im Unterschied zur konzeptionellen und auf längerfristige Ziele gerichteten Erziehung bezieht sich „Betreuung" auf die Pflege, den unmittelbaren Schutz und die Fürsorge für diese Person (Textor, 1999).

Pflege: „Pflegekompetenz" meint die Fähigkeit, Kinder sorgsam und schonend zu behandeln und deren körperliches Wohlbefinden sicherzustellen. Die Betreuungsperson sorgt für die Hygiene, die Körperpflege und eine saubere und angemessene Bekleidung des Kindes und stellt ausreichende und gesunde Ernährung sicher. Beim ausgewogenen Angebot von Aktivierung und Entspannung beachtet sie die entwicklungsabhängige Ruhephase.

Schutz: Den Schutz von Kindern gewährleistet die Betreuungsperson mit der Aufsicht. Sie stellt die körperliche Unversehrtheit des Kindes sicher, indem sie es von Gefahrenquellen und schädlichen Einflüssen körperlicher oder seelischer Art fernhält. Der Schutzanspruch eines Kindes hängt von seinen persönlichen Bedürfnissen ab, namentlich vom

Alter: Während man ein Kleinkind vor Gefahrenquellen im Haushalt oder im Straßenverkehr schützen muss, zeigt sich der Schutz in Bezug auf Jugendliche eher in deren Überwachung. So gilt es sicherzustellen, dass betreute Jugendliche keine Drogen konsumieren, einen gesunden Schlafrhythmus einhalten oder sich im Internet gefahrlos bewegen.

Fürsorge: Indem sie die Fürsorge übernimmt, verpflichtet sich die Betreuungsperson, dafür zu sorgen, dass sich das Kind wohlfühlt. Bei der Betreuung stellt sie sicher, dass die Bedürfnisse des Kindes wahrgenommen werden. Sie wendet sich dem Kind zu und vermittelt ihm Nestwärme und Geborgenheit. Zur Fürsorge gehört während der Zeit der Betreuung auch ein sinnvolles Beschäftigungsangebot.

Während man von einer Tagesmutter oder Kindertagesbetreuung in einer entsprechenden Einrichtung erwarten darf, dass ein Kind nicht nur betreut, sondern auch erzogen und gefördert wird, kann es also völlig ausreichen, wenn das Kind in einem eng begrenzten Kontakt mit einem Elternteil ausschließlich betreut wird. Betreuungsfähig kann auch ein Elternteil sein, der nicht erziehungsfähig ist, ein psychisch kranker oder ein kognitiv beeinträchtigter Elternteil. Ein jugendliches Kinderhütemädchen ist betreuungsfähig, aber vermutlich noch nicht erziehungsfähig. Großeltern sind betreuungsfähig, aber unter Umständen nicht mehr erziehungswillig. Eine Nachbarin kann das Kind vorübergehend betreuen, muss dieses aber nicht erziehen.

Die häufige Befürchtung von obhutinnehabenden Elternteilen, dass ihre Kinder beim Betreutwerden vom anderen Elternteil an zwei bis vier Tagen pro Monat Schaden nehmen, wenn sich dieser Elternteil erzieherisch ungeschickt verhält, ist in der Regel unbegründet. Klagen über falsches Essen, ein Zuviel an TV-Konsum oder späte Zubettgehzeiten fallen nicht ins Gewicht, wenn der Nutzen der emotional tragfähigen Elternteil-Kind-Beziehung den relativen Schaden übersteigt. Auch Befürchtungen, dass die Kinder Schaden nehmen, weil der betreuende Elternteil mit den Kindern häufig zu den Großeltern fährt und die Kinder zeitweise auch mit ihnen alleine lässt, sind oft unbegründet, wenn diese Großeltern betreuungsfähig und den Kindern vertraut sind. Lebt der kontaktberechtigte Elternteil in einer neuen Partnerschaft, ist es auch vertretbar, dass die Erwachsenen die Kinder anlässlich von Besuchen gemeinsam betreuen. Abgesehen davon, dass dem Kind zugemutet werden kann, sich mit den realen Lebensumständen des Elternteils auseinanderzusetzen, liegt es in der Verantwortung des betreuungsfähigen Elternteils, die Fürsorge des Kindes zu gewährleisten und dieses vor einer eventuellen Gefährdung durch den Partner oder die Partnerin zu schützen.

9 Eltern-Kind-Beziehung nach der Trennung

Die Beziehung eines Kindes zu seinen beiden Eltern nach deren Trennung lässt sich durch die Beziehungsgeschichte des Kindes zu seinem Vater und seiner Mutter vor der Trennung oft nicht vollständig erklären. Unter dem Einfluss von Loyalitätskonflikt, altersbedingter Ambivalenzfähigkeit, Elternkonflikt, psychischer Situation der Eltern und Resilienz des Kindes werden mit der elterlichen Trennung die Karten für die Eltern-Kind-Beziehung häufig neu gemischt. Eine der Schwierigkeiten, welche mit der Umwandlung von einer Dreierbeziehung in zwei Zweierbeziehungen einhergeht, erwächst daraus, dass das Ganze mehr ist als die Summe seiner Teile. Auch Erwachsene machen mitunter die Erfahrung, dass das Zusammensein mit zwei Freunden in einer Dreierbeziehung oft lustvoller und spannender ist als das Zusammensein mit den beiden Freunden getrennt.

Aus entwicklungspsychologischer Sicht ist es nach der elterlichen Trennung grundsätzlich im Interesse des Kindeswohls, die Beziehung des Kindes zu beiden Eltern aufrechtzuerhalten. Beziehungsabbrüche zu Bindungs- und Bezugspersonen sind der Entwicklung der Identität und der emotionalen Stabilität des Kindes nicht zuträglich. Dabei stellt sich die Frage, wie viel Kontakt zu beiden Elternteilen notwendig ist, um eine Fehlentwicklung zu verhindern, und wie sich ein fehlender Kontakt auf die Verhaltensanpassung und Persönlichkeitsentwicklung auswirkt. Ob ein anhaltender Kontakt zum getrennt lebenden Elternteil dem Kindeswohl zuträglich ist oder eventuell sogar schadet, hängt von verschiedenen Faktoren ab, insbesondere vom Konfliktniveau, von der emotionalen Nähe zwischen Kind und Elternteil, vom Verhalten des getrennt lebenden Elternteils und von der Unterstützung des Kontakts durch den hauptbetreuenden Elternteil (vgl. Staub, 1997; Staub & Felder, 2004).

Obwohl die Entwicklungspsychologie der Bedeutung der Eltern-Kind-Beziehung einen hohen Stellenwert beimisst, ist der Nutzen von Kontakten zum getrennt lebenden Elternteil kaum quantifizierbar und daher empirisch auch nur sehr beschränkt messbar. Tatsächlich lassen sich empirisch weder mittel- noch langfristige Beeinträchtigungen der kindlichen Entwicklung nach Kontaktabbruch beobachten. Sowohl ältere als auch jüngere Meta-Analysen[23] (Amato & Keith, 1991a; Amato & Keith, 1991b; Amato & Gilbreth, 1999; Amato, Meyers & Emery, 2009; Hawkins, Amato & King, 2007; Adamsons & Johnson, 2013) identifizieren kleine bis sehr kleine Effektstärken[24] in Bezug auf den Zusammenhang zwischen Kontakthäufigkeit und kindlichem Wohlbefinden und Entwicklungsverlauf.

Während sich empirisch also kaum ein Zusammenhang zwischen Kontakthäufigkeit und allgemeiner Verhaltensanpassung bzw. Kindeswohl ausmachen lässt, liefern die Meta-Analysen Hinweise darauf, dass es die Beziehungsqualität zwischen dem getrennt lebenden Elternteil und dem Kind ist, welche einen Unterschied macht: Sowohl bei Amato und Gilbreth (1999) als auch bei Adamsons und Johnson (2013) waren positive Formen väterlichen Engagements assoziiert mit einem messbaren Nutzen für die Kinder. Eine gute Beziehungsqualität bedingt nun aber ein gewisses Maß an regelmäßig gemeinsam verbrachter Zeit. Wie sich zeigt, begünstigen regelmäßige Kontakte die Anpassung und weitere Entwicklung des Kindes stärker als unregelmäßige. Offenbar kommen regelmäßige Kontakte dem Kontrollbedürfnis des Kindes eher entgegen (Amato, Meyers & Emery, 2009).

9.1 Kontinuum der Eltern-Kind-Beziehung

Die Eltern-Kind-Beziehung nach der Trennung lässt sich als Punkt auf einem Kontinuum von „positiv“ bis „negativ“ darstellen und auf 6 Stufen beschreiben (vgl. Johnston, 2001):

9.1.1 Beziehungsstufe 1: No Preference

Am gutartigen Ende dieses Kontinuums ist die überwiegende Mehrheit der Kinder anzusiedeln, welche vor der Trennung zu beiden Eltern emotional tragfähige Beziehungen erfahren haben. Die trennungsbedingte Belastung für diese Kinder resultiert vor allem aus dem Verlustschmerz in Bezug auf die gemeinsamen Erfahrungen als Familie. Sie vermissen den Elternteil, der ausgezogen ist, und äußern den klaren Wunsch nach genügend Zeit mit beiden Elternteilen. Kinder mit einem ausgeprägten Beziehungswunsch zu beiden Eltern werden in der Literatur als „No-Preference-Kinder“ bezeichnet.

---

23 Meta-Analysen ermöglichen den Überblick über mehrere Untersuchungen zu einem wissenschaftlichen Forschungsgebiet. Dabei werden die empirischen Einzelergebnisse inhaltlich homogener Primärstudien zusammengefasst. Ziel ist eine Effektgrößeneinschätzung. Es soll untersucht werden, ob ein Effekt vorliegt und wie groß dieser ist. Meta-Analysen werden angesichts der zunehmend unübersichtlicher werdenden Publikationsflut und widersprüchlicher Forschungsergebnisse immer wichtiger.

24 Effektstärke (auch Effektgröße) bezeichnet das mit Hilfe statistischer Kenngrößen quantifizierbare Ausmaß eines empirischen Effekts und wird zur Verdeutlichung der Bedeutung der Ergebnisse statistischer Tests herangezogen.

9.1.2 Beziehungsstufe 2: Affinität zu einem Elternteil

Auch innerhalb der Gruppe von Kindern mit einem klaren Beziehungswunsch nach beiden Eltern gibt es Kinder, welche mit einer größeren Affinität zu einem Elternteil imponieren. Aufgrund von Alter und Geschlecht, charakterlicher Ähnlichkeit mit einem Elternteil oder als Folge eines elterlichen Erziehungsstils ziehen diese Kinder einen Elternteil vor, wobei sich diese größere Affinität über die Zeit hinweg verändern kann, etwa durch entwicklungsbedingte Bedürfnisse und neue Situationen. Im Allgemeinen sind diese Kinder gegenüber beiden Eltern loyal und drücken ihre Vorliebe nicht offen aus. Auch diese Kinder wünschen substantiellen Kontakt zu beiden Elternteilen.

9.1.3 Beziehungsstufe 3: Bevorzugung eines Elternteils

Auf dieser Stufe sind Kinder identifizierbar, welche im Verlauf des Trennungsprozesses eine enge Verbindung zu einem Elternteil entwickeln. Nach der Auflösung der Familie demonstrieren diese Kinder, dass sie einen Elternteil deutlich bevorzugen, und wünschen sich mit dem anderen Elternteil einen limitierten Kontakt. Häufig handelt es sich um Kinder, welche bereits während des Zusammenlebens einem Elternteil näher waren, meistens allein aufgrund der außerhäuslichen Erwerbstätigkeit des anderen Elternteils. Bei jüngeren Kindern kommt es aber auch vor, dass sich die Bevorzugung ausschließlich als Reaktion auf die trennungsbedingten Belastungsfaktoren einstellt. Anders als vollständig entfremdete Kinder stoßen diese Kinder den getrennt lebenden Elternteil aber nicht gänzlich zurück und verweigern den Kontakt nicht generell. Meistens drücken sie eine gewisse Ambivalenz gegenüber diesem Elternteil aus, unter Umständen auch Ärger, Traurigkeit, aber auch Liebe.

Auf dieser Stufe ist auch die *wechselseitige Bevorzugung eines Elternteils* zu verorten. Dieses Phänomen ist vor allem bei Übergangs- und Kontaktschwierigkeiten von jüngeren Kindern zu beobachten und wurde in früheren Arbeiten als „Besuchsrechtssyndrom“ beschrieben (Staub & Felder, 2004).

Fallbeispiel

Die Eltern der 5-jährigen Sonja haben sich vor 18 Monaten getrennt und sind stark zerstritten. Das Mädchen unterhielt bis zur Trennung der Eltern vertrauensvolle und tragfähige Beziehungen zu beiden Eltern. Nun lebt Sonja bei der Mutter und wird jedes zweite Wochenende vom Vater abgeholt. Einige Tage vor der anstehenden Zeit mit dem Vater drückt Sonja wiederholt den Wunsch aus, nicht zum Vater gehen zu müssen. Sie ist weinerlich, gereizt, schläft schlecht und klagt über Bauchschmerzen, welche anhalten, bis der Vater sie abholt. Das Verweigerungsverhalten des Kindes führt zu gehässigen Auseinandersetzungen zwischen den Eltern anlässlich der Übergabe. Aber schon während der kurzen Autofahrt zum

Haus des Vaters lebt Sonja auf. Sie wird zunehmend fröhlich und gesprächig. Die Widerstände scheinen verflogen, und das Kind genießt die gemeinsame Zeit mit dem Vater offensicht lich. Bereits Stunden vor der Rückkehr zur Mutter wird Sonja aber wieder still und wirkt bedrückt. Sie klagt erneut über Bauchschmerzen, wird weinerlich und bittet den Vater, bei ihm bleiben zu dürfen.

Merkmal dieses Phänomens ist, dass sich Kinder vor den anstehenden Kontakten mit dem anderen Elternteil oft fahrig, gereizt und unwillig zeigen und über körperliche Symptome klagen. Kommen die Kontakte zustande, verläuft die Zeit mit diesem Elternteil nach einer kurzen Eingewöhnungszeit problemlos und in guter Atmosphäre. Das Kind will jedoch von zuhause nichts erzählen und auch nicht zuhause anrufen. Es kehrt weinerlich und widerstrebend zum hauptbetreuenden Elternteil zurück und will auch diesem nichts von dem Kontakt berichten. Nach den Kontakten verhält es sich einige Tage lang überdreht, verschlossen oder missmutig bis es schließlich wieder „normal" wird. Die Eltern ziehen aus diesem Muster entgegengesetzte Schlüsse: Die Mutter sieht das Kind in der Betreuung des Vaters als gefährdet, während dieser sich fragt, ob das Kind in der Obhut der Mutter gut aufgehoben ist.

Die Beschreibung des Phänomens macht deutlich, dass an diesem Punkt das Verhalten der Eltern entscheidet, wie sich die Beziehung des Kindes zu dem getrennt lebenden Elternteil gestaltet. Entwickeln die Eltern – unter Umständen mit Unterstützung – ein Bewusstsein, dass die Kontaktschwierigkeiten des Kindes nicht Ausdruck der Beziehung zum getrennt lebenden Elternteil sind, sondern Ausdruck seiner noch nicht entwickelten Ambivalenzfähigkeit und der damit einhergehenden Schwierigkeit, von einer Dreierbeziehung zu zwei Zweierbeziehungen überzugehen, sind sie dafür gerüstet, das Kind in dieser Entwicklung zu unterstützen und eine Entfremdung abzuwenden.

9.1.4 Beziehungsstufe 4: Allianz mit einem Elternteil

Die enge, allianzartige Elternbindung eines Kindes kann die Folge von schweren elterlichen Konflikten sein, in welchen das Kind ermutigt wurde, Stellung zu beziehen oder als Überbringer von feindlichen Nachrichten zu amten. Oft entstehen Eltern-Allianzen bei Schulkindern als Reaktion auf eine Trennungsdynamik, in welche die Kinder involviert werden, in der aber auch moralische Urteile darüber kursieren, wer die Trennung verursacht hat, wer am meisten leidet und verletzlicher ist oder wer die Unterstützung des Kindes benötigt oder verdient. Diese mitunter dezidierten Allianzen sind meistens zeitgebunden und korrigierbar: Wenn Eltern keine Entfremdungsabsichten verfolgen und beide Eltern befürworten, dass ein systemisch versierter Therapeut das Kind begleitet, oder wenn andere unterstützende Erwachsene das Vertrauen des Kindes gewinnen, lässt sich diese Einstellung abschwächen oder gar verhindern.

9.1.5 Beziehungsstufe 5: Ambivalenzfähige Entfremdung

Wenn sich die Allianzbildung im Kontext einer erbitterten Kampfscheidung mit langwierigen Verhandlungen konsolidiert, kann dies eine hartnäckige Kontaktverweigerung des Kindes zur Folge haben und in eine Eltern-Kind-Entfremdung münden. Im Unterschied zu vollständig entfremdeten Kindern gelingt es alliierten Kindern, sich an vergangene positive Erfahrungen mit dem abgelehnten Elternteil zu erinnern. Sie sind sogar in der Lage – wenn auch nur widerwillig – einzugestehen, dass sie den anderen Elternteil irgendwie schon auch lieb haben, aber halt einfach nicht mit diesem zusammen sein oder im Moment keinen Kontakt zu diesem haben wollen. Sie verhalten sich beschützend gegenüber dem bevorzugten Elternteil, welchen sie als verwundbar betrachten. Sie sind davon überzeugt, dass dieser ihre Aufmerksamkeit oder gar Unterstützung benötigt und mehr verdient als der getrennt lebende Elternteil.

9.1.6 Beziehungsstufe 6: Internalisierte Entfremdung

Am negativen Ende dieses Kontinuums befinden sich Kinder, welche nach der elterlichen Trennung von einem Elternteil gänzlich entfremdet sind. Sie drücken ihre Zurückweisung gegenüber diesem Elternteil sehr scharf und schrill aus, scheinbar ohne Ambivalenz oder Schuldgefühle. Den Kontakt mit diesem Elternteil verweigern sie heftig oder sperren sich gänzlich dagegen. Die Überzeugung, dass es sich beim abgelehnten Elternteil um eine *Persona non grata* handelt, welche unbedingt gemieden werden muss, ist zu einer verinnerlichten Realität geworden. Die Korrelation zwischen dem Grad der Ablehnung und der Qualität der vorangegangenen Eltern-Beziehung bestimmt weitestgehend den reaktiven oder Induktionsanteil an der Entfremdung: Eine negative Korrelation bzw. eine gute Beziehungsqualität vor der Trennung und ausgeprägte Ablehnung nach der Trennung weist eher auf einen Induktionsanteil hin als eine positive Korrelation, also schlechte Beziehung vor und heftige Ablehnung nach der Trennung.

9.2 Induzierte Entfremdung

An der schrillen Ablehnung eines hinreichend guten Elternteils, mit dem das Kind vor der elterlichen Trennung in emotional tragfähiger Beziehung stand, sind in der Regel zwei Prozesse beteiligt: Zum einen ist die Ablehnung Ausdruck eines Bewältigungsversuchs im schweren Loyalitätskonflikt, zum anderen ist diese Ablehnung ohne die Manipulation bzw. Induktion einer Bezugsperson nicht denkbar (vgl. Kap. 4.1). Unter einem induziert entfremdeten Kind versteht man ein Kind, das unabhängig und konsistent starke Negativgefühle wie Wut, Hass, Ekel und Angst und internalisierte negative Überzeugungen gegenüber einem Elternteil ausdrückt. Diese Gefühle sind unverhältnismäßig in Bezug auf die realen Erfahrungen mit diesem Elternteil. Die Begründungen des Kindes für die Ablehnung sind oft absurd, irrational, entlehnt oder falsch (für eine Übersicht s. Staub & Felder, 2004). Die häufig mit der Ablehnung einhergehende Angst ist Ausdruck einer unbewussten Schuld- und Schamabwehr. Das Kind hat Angst vor Rache und Bestrafung durch diesen Elternteil, was diesem gegenüber zuweilen phobische Reaktionen hervorrufen kann.

In seinem Buch *Charakteranalyse* beschrieb der Psychoanalytiker Wilhelm Reich bereits im Jahr 1949 das Nachscheidungs-Phänomen der Diffamierung und Allianzbildung mit dem Kind als Abwehrmechanismus von narzisstisch gekränkten Eltern. Dreißig Jahre später haben die großen Scheidungsforscherinnen Wallerstein und Kelly in ihren bahnbrechenden Untersuchungen erstmals die Beobachtung festgehalten, dass ein Kind nach der elterlichen Scheidung einen Elternteil hartnäckig und demonstrativ zurückstößt und Widerstände oder Verweigerung gegenüber Besuchen oder Kontakten zu diesem Elternteil zeigt. Sie beschrieben dieses Phänomen als „unheilige Allianz" zwischen einem wütenden Elternteil und dessen Kind. 1985 führte der Psychiater Gardner die Bezeichnung *Parental Alienation Syndrome – PAS* – ein, um eine diagnostizierbare Störung bei einem Scheidungskind im Zusammenhang mit Besuchsrechtstreitigkeiten zu konzeptualisieren. Gemäß Gardner besteht ein PAS aus drei Komponenten: (1) Ein solches Kind drückt besessenen Hass gegenüber einem Elternteil aus und oft auch gegenüber dessen erweiterter Familie. Es macht unhaltbare, leichtfertige und absurde Vorwürfe und rechtfertigt diesen Hass, indem es geborgte Szenarien anführt. Es zeigt keinerlei Ambivalenz oder Schuldgefühle gegenüber dem gehassten Elternteil. (2) Das zweite Merkmal ist ein rachebesessener Elternteil, welcher das Kind durch Gehirnwäsche bewusst oder unbewusst in diese Richtung indoktriniert. (3) Falsche Anschuldigungen des sexuellen Missbrauchs, welche vom entfremdenden Elternteil und vom Kind generiert und in Umlauf gesetzt werden, gehören als drittes Merkmal dazu (für eine Übersicht zum Thema PAS s. Fidler & Bala, 2010).

In der Vergangenheit führten verschiedenste Interessengruppen das Reizwort „PAS" zur Begründung von Kontaktverweigerungen des Kindes sowohl rechtlich als auch polemisch ins Feld. Gleichzeitig häuften sich die Kontroversen in Bezug auf PAS: Kritiker stellen die häufige Konnotation von PAS und Anschuldigungen von sexuellem Missbrauch in Frage und kritisieren zu Recht, dass der Fokus beim PAS fast ausschließlich auf die Beteiligung der manipulierenden Bezugsperson gelegt wird, während die psychologischen Wirkmechanismen beim Kinde vernachlässigt werden (vgl. Staub, 2010b). Außerdem wird beanstandet, dass PAS die Bezeichnung „Syndrom" nicht verdiene: Die Diagnose sei nicht hinreichend empirisch abgesichert, und die Ursache der Symptome werde oft vereinfacht dargestellt.

Außer Frage steht jedoch, dass es Kinder gibt, welche unter dem Einfluss einer Bezugsperson von einem Elternteil entfremdet werden, ohne dass diese Entfremdung durch die Geschichte der Elternteil-Kind-Beziehung vor der elterlichen Trennung erklärlich wäre. In jüngster Zeit hat sich die Einstellung durchgesetzt, dass das Phänomen PAS sowohl von entwicklungsbedingten normativen Reaktionen als auch von realistischen Reaktionen auf missbrauchendes und vernachlässigendes Elternverhalten zu unterscheiden ist. Die neue Konzeptualisierung fokussiert viel mehr das entfremdete Kind als die elterliche Entfremdung (z. B. Kelly & Johnston, 2001). Von diesem Standpunkt aus betrachtet steht weniger das schädigende Verhalten des programmierenden Elternteils im Fokus als vielmehr das beobachtbare Verhalten des entfremdeten Kindes und die Beziehung zu seinen Eltern. Diese Sichtweise ist hilfreich, wenn es darum geht, induziert entfremdete Kinder von reaktiv entfremdeten Kindern zu unterscheiden.

Will man die Wiederaufnahme von Eltern-Kontakten bei induzierter Entfremdung beurteilen, gilt es, den Internalisierungsgrad der Entfremdung zu diagnostizieren. Bei einer beginnenden Entfremdung zeigt das Kind noch Ambivalenzen in Bezug auf den Elternteil: Es führt einen innerlichen Kampf um die Aufrechterhaltung der Ablehnung. Einesteils ist es in der Lage, sich an positive Erfahrungen mit dem Elternteil zu erinnern und den Wunsch nach Kontakt zu diesem Elternteil auszudrücken, anderenteils klammert es sich verzweifelt an die negativen Eigenschaften des Elternteils, um sich selber und der Umwelt zu erklären, warum es keinen Kontakt mehr zu diesem Elternteil haben will.

Fallbeispiel für eine noch nicht internalisierte induzierte Entfremdung

Die Eltern des 10-jährigen Stefan sind geschieden. Aufgrund einer eingeschränkten Erziehungsfähigkeit der Mutter wurde Stefan fremdplatziert und nach zwei Jahren zum wiederverheirateten Vater rückplatziert, unter Aufrechterhaltung der Kontakte zur Mutter. Nach kurzer Zeit meldete der Vater der Behörde, dass Stefan nicht mehr zur Mutter gehen wolle. Die Befragung von Stefan ergab Folgendes:

Stefan berichtet, dass er sich nach dem Heimaufenthalt gefreut habe, zu Papa und dessen neuer Frau Marlis gehen zu können, obwohl er sich auch hätte vorstellen können, zu Mama zu gehen. Aber jetzt sei er froh, dass er nicht bei der Mama ist. Diese habe nämlich nicht gut für ihn gesorgt, als er noch klein war. Er könne sich eigentlich nicht so gut daran erinnern, aber Papa und Marlis hätten ihm erklärt, dass er sich nicht erinnern wolle. Papa habe ihm auch gesagt, dass es viel brauche, bis man einer Mutter die Obhut entziehe.

Nach dem Heimaufenthalt sei er noch alle zwei Wochenenden zu seiner Mama auf Besuch gegangen. Aber nach den Besuchen sei es mit ihm immer ganz schlecht gegangen. Marlis und Papa hätten mit ihm eine Art Haus aufgebaut, und wenn er von der Mama zurückkam, sei es gewesen, wie wenn ein Tornado über das Haus hinweggefegt wäre und das Haus zerstört hätte. Er selber habe das eigentlich nicht so gemerkt, höchstens dass Papa und Marlis danach „hässig" auf ihn gewesen seien, weil es mit ihm nicht gut gegangen sei. Er wisse nicht, warum es mit ihm nicht gut gegangen sei. Marlis habe gesagt, es wäre deshalb, weil seine Mutter ihm gesagt habe, dass er nur so richtig blöd tun soll, damit er dann zur Familie der Mutter gehen könne. Er aber könne sich nicht erinnern, dass die Mama das gesagt habe.

Weil er sich immer so sehr auf den Besuch bei der Mama gefreut habe, habe er sich in der Schule nicht mehr konzentrieren können. Deshalb hätten sein Vater und Marlis beschlossen, dass er nicht mehr zu Mama gehen dürfe. Zuerst sei das schon hart gewesen. Er habe oft Sehnsucht gehabt nach der Mama, nach seiner Halbschwester und seinen Haustieren. Aber

Papa habe ihm erklärt, dass die Mama ihn nicht auf die richtige Art lieben würde, sondern ihn nur kaufen wolle, mit Spielsachen und Geschenken. Er habe das jetzt selber auch gemerkt. Die Mama habe ihm nämlich schon früher immer so viele Geschenke gemacht und auch Geld gegeben. Er habe das zwar schon genossen, aber es sei nicht gut für seine Erziehung. Er würde so nicht lernen, was das richtige Leben sei. Die Mama sei eben von der eigenen Mutter – also von seiner Oma – auch nicht richtig erzogen worden, und Papa habe gesagt, dass er – Stefan – auch nicht richtig lernen würde, wie es im Leben ist, wenn er Kontakt zur Mama habe. Aber er – Stefan – wolle ein gutes Leben führen, keine Schulden machen wie seine Mama und gute Leistungen bringen, damit er einen guten Beruf lernen könne. Als er sich daran gewöhnt habe, die Mama nicht mehr zu sehen, sei es mit ihm gut gegangen. Marlis und Papa hätten große Freude gehabt und seien zufrieden gewesen mit ihm. Manchmal könne er nicht so richtig glauben, dass seine Mama ihn nicht lieb habe.

Gelingt es den Behörden, die Anfangsphase eines Entfremdungsprozesses beim Kind zu erkennen, ist eine rasche und unbürokratische Intervention von größter Bedeutung. Der entfremdende Elternteil muss umgehend angehalten werden, dem Kind die Kontakte emotional wieder zu erlauben und das Kind dem abgelehnten Elternteil wieder zuzuführen. Nötigenfalls muss das Kind von einer den Eltern übergeordneten Autorität zum Umgang mit diesem Elternteil veranlasst werden. Diese direktive Maßnahme verhindert einen Gesichtsverlust des Kindes und eine Verletzung seiner Loyalität dem betreuenden Elternteil gegenüber.

Das folgende Fallbeispiel macht deutlich, dass die Wiederaufnahme von Elternkontakten problematischer ist, wenn das Kind das negative Bild des Elternteils und seine feindselige Haltung diesem gegenüber bereits verinnerlicht hat. Bei dieser Verinnerlichung kann es sich um einen schleichenden Prozess von mehreren Monaten handeln oder auch um einen mehr oder weniger jähen Gesinnungswechsel. Letzterer kann eintreten, wenn das Kind den Loyalitätskonflikt nicht mehr aushält und sich von einem jähen Kontaktabbruch Entlastung verspricht. Von einer verinnerlichten bzw. internalisierten Ablehnung wird gesprochen, wenn das Kind in Bezug auf den abgelehnten Elternteil nicht mehr ambivalent ist und das dämonisierte Bild von diesem Elternteil für das Kind zu einer neuen Realität geworden ist. Diese Realität ist wie ein verinnerlichtes Programm, welches die Wahrnehmung und das Erleben des Kindes bestimmt. Das Kind ist in seiner Überzeugung nicht mehr erschütterbar. Umstimmungsversuche und Zwangsmaßnahmen wird das Kind als Übergriff und Verletzung seiner Integrität wahrnehmen.

Fallbeispiel einer vollzogenen induzierten Entfremdung

Die Kontaktschwierigkeiten zwischen der 9-jährigen Lea und ihrem Vater bestehen seit sechs Jahren. Die Entfremdungsabsichten der Mutter sind aktenkundig. Anlässlich von Behördenentscheiden kam es zwischen dem 3. und 6. Lebensjahr des Kindes zu sporadischen Kontakten mit dem Vater. Der letzte Kontakt zum Vater liegt zum Zeitpunkt dieses Gesprächs im Rahmen eines Gutachtens anderthalb Jahre zurück.

Im Gespräch wirkt Lea aufgekratzt und erwartungsvoll und bestätigt, dass sie weiß, warum sie hier ist. „Wegen meinem Vater – dass ich sagen kann, was er mit mir gemacht hat, und dass ich endlich einmal sagen darf, warum ich nie mehr zu ihm gehen will." Das Kind lässt sich zunächst darauf ein, unbeschwert von seinem Lebensalltag zu berichten. Lea schildert eine idealisierte Beziehung zu ihrem Stiefvater, den sie „Papa" nennt. Sie meint, dass „wir bald heiraten". Trotz der Berichtigung, dass wohl Mama und der Stiefvater heiraten, bleibt Lea dabei und meint: „Nein, wir heiraten."

Von sich aus kommt Lea im Verlauf ihres Redeschwalls auf das Thema „Vater" zu sprechen und macht deutlich, dass dieser ihr unheimlich ist, wörtlich: „... auch wenn es mein Vater ist, eigentlich komisch." Sie habe nie gerne zum Vater gehen wollen, weil der Vater sie und Mama einmal habe überfahren wollen, als sie 10 Monate alt war. Und dann sei eben noch das Schlimme passiert. Lea schaut die Gutachterin ganz geheimnisvoll an und fragt, ob diese denn das schon wisse. Die Gutachterin verneint, und Lea fragt: „Wie lange haben Sie denn Zeit?" Es folgt die detaillierte Schilderung einer Erfahrung, die Lea im Alter von 2 Jahren gemacht haben will – wie der Vater ihr beim Wickeln den Finger ins „Löchli" gestoßen habe. Dabei beobachtet das Mädchen gespannt, wie die Gutachterin reagiert, und meint dann: „Das ist jetzt das sechste Mal, dass ich das erzähle." Sie zählt die Personen auf, die davon bereits wissen. Auf die Frage, wie denn das für sie sei, wenn sie das jetzt wieder erzähle, meint Lea: „Es kribbelt etwas, aber es ist nicht mehr so schlimm. Je mehr ich darüber spreche, umso weniger schlimm ist es." Schließlich macht Lea unmissverständlich klar, dass sie den Vater nicht mehr sehen will, solange sie lebe. Sie begründet diese Haltung fast stereotyp mit der Aussage: „Wegen dem, was er mit mir gemacht hat. Das habe ich Ihnen doch schon erzählt." Lea will sich an keine positive Begegnung mit dem Vater erinnern. Es sei immer langweilig gewesen.

Zu der im Rahmen der Interaktionsdiagnostik veranlassten Begegnung mit dem Vater wird Lea vom Stiefvater gebracht. Sie wirkt steif und zurückhaltend, lässt sich aber problemlos in den Untersuchungsraum führen. Während des Wartens auf den Vater klagt Lea, es gehe ihr nicht gut. Nein, sie habe keine Angst, aber sie wolle den Vater einfach nicht sehen. Sie lässt sich zunächst ablenken und erzählt von der bevorstehenden Schulreise. Der Vater tritt in den Raum, setzt sich auf einen Stuhl und begrüßt Lea. In diesem Moment steht Lea unvermittelt auf und sagt mit lauter und abgehackter Stimme, den Blick auf die Wand gerichtet: „Ich will dich nicht mehr sehen, solange ich lebe", und verlässt fluchtartig den Raum. Als sie aufgehalten werden kann, bricht sie zusammen und wiederholt schluchzend und stereotyp: „Ich will ihn nicht mehr sehen, nie mehr. Ich will weg von hier." Nachdem sich Lea etwas beruhigt hat, wird sie gefragt, was sie so traurig und wütend gemacht hat. Immer noch unter Tränen antwortet Lea: „Eben das, was er mir angetan hat, als er den Finger in mein Löchli gesteckt hat. Ich kann ihm das nie verzeihen." Auf die Frage, was denn seit dem letzten Kontakt mit dem Vater vor anderthalb Jahren (als Lea noch keine derart heftige Reaktion gezeigt hat) passiert ist, meint das Mädchen: „Ich weiß es nicht. – Vielleicht ist das mit dem Finger später passiert – ich weiß es nicht. – Es wird einfach immer schlimmer – jedes Mal, wenn ich daran denke."

Die unverrückbare Überzeugung, dass das Kind im Umgang mit dem anderen Elternteil lebensbedrohlichen Schaden erleidet und daher vor diesem geschützt werden muss, kann in ausgeprägten Fällen von induzierter Entfremdung deutlich paranoide Züge annehmen. Stellt sich bei diesem Verdacht in der zwingenden erwachsenenpsychiatrischen Abklärung des entfremdenden Elternteils heraus, dass die pathologische Wahnvorstellung die Qualität einer Folie-à deux[25] hat, ist die Herausnahme des Kindes zwingend. Beim seltenen Phänomen der Reinform einer Folie-à-deux ist die strikte Trennung des „gesunden" Partners vom wahnkranken Partner die einzig wirkungsvolle, wenn auch nicht erfolgversprechende Maßnahme im Hinblick auf eine Remission der Symptomatik beim vormals gesunden Beziehungspartner (vgl. Bäuml, Brönner & Leucht, 2018).

9.3 Reaktive Entfremdung

Positiv korrelieren niedrige Beziehungsqualität vor der Trennung und hohe Ablehnung nach der Trennung. Als Konsequenz einer Geschichte von häuslicher Gewalt, Missbrauch, Vernachlässigung oder erzieherischem Fehlverhalten kann sich ein Kind in Reaktion auf dieses Verhalten von einem Elternteil entfremden. Dieses Phänomen muss klar vom oben genannten Phänomen der induzierten Entfremdung unterschieden werden.[26] Das Ablehnungsverhalten von reaktiv entfremdeten Kindern gleicht dem Verhalten von induziert entfremdeten Kindern. Auch diese Kinder bringen intensive Negativgefühle wie Wut, Hass und Angst gegenüber dem abgelehnten Elternteil zum Ausdruck. Die Angst hat aber einen wahrhaftigen Boden und lässt sich durch das Verhalten des Elternteils erklären. Diese Kinder wirken traumatisiert und fühlen sich nur dann sicher, wenn sie nach der Trennung den gewalttätigen oder misshandelnden Elternteil zurückstoßen oder sich von diesem fernhalten. Reaktiv entfremdete Kinder können sowohl selber misshandelt worden sein als auch indirekt als Zeugen einer Misshandlung beigewohnt haben. Die reaktive Entfremdung kann das kumulative Resultat von wiederholt beobachteten Gewalttaten oder explosiven Ausbrüchen des abgelehnten Elternteils vor, während oder nach der elterlichen Trennung sein und bestätigt Befunde, dass es für das Kind sogar traumatischer

---

25 Eine Folie-à-deux oder induzierter Wahn bezeichnet die gänzliche oder teilweise Übernahme einer pathologischen Wahnsymptomatik durch einen nahestehenden, primär nicht wahnkranken Angehörigen. Unter der Beeinflussung der erkrankten Person übernimmt der vormals gesunde Partner das Wahnsystem kritiklos. Die Betroffenen bauen die Wahninhalte oft noch aus und bestärken sich wechselseitig darin. Die seltene Störung trifft am häufigsten unter Geschwistern, Eheleuten und bei Müttern mit Kindern auf. Sowohl bei den Induzierenden als auch bei den Induzierten sind Frauen überrepräsentiert.

26 Im Englischen wird für die reaktive Entfremdung, („reaktiv" im Sinne einer nachvollziehbaren Reaktion auf ein elterliches Verhalten) der Ausdruck *estrangement* verwendet. Für die elterninduzierte Entfremdung („induziert" im Sinne von beeinflusst, manipuliert) ist im Englischen der Ausdruck *alienation* gebräuchlich.

sein kann mitzuerleben, wie seine Bezugsperson misshandelt wird, als wenn es selbst misshandelt wird (Lehmann, 1997; Osofsky, 2003).

Bei einer weiteren Gruppe von Kindern ist die realistische bzw. reaktive Entfremdung eine Antwort auf schwere elterliche Unzulänglichkeiten. Zu diesen Mängeln gehören zum Beispiel unvorhersehbares, impulsives und egozentrisches Verhalten, chronischer emotionaler Missbrauch des Kindes oder seiner Bezugsperson, tabuisierte körperliche Gewalt, persönlichkeitsbedingte Frustrationsintoleranz, rigide und restriktive Erziehungsstile, aber auch dysfunktionales Verhalten infolge einer psychischen Störungen oder einer Suchterkrankung, welche sich auf die elterlichen Fähigkeiten und familiären Funktionen ausgewirkt haben.

9.4 Mischform von induzierter und reaktiver Entfremdung

In ihrer Reinform sind sowohl die induzierte als auch die reaktive Entfremdung eher selten. Viel häufiger ist in der Praxis die Mischform anzutreffen. Insbesondere in Fällen, in denen die heftigen Streitigkeiten der Eltern andauern, wird die Unterscheidung von induzierter und reaktiver Entfremdung zunehmend müßig, da reale Negativerfahrungen mit dem abgelehnten Elternteil allein schon aus dem anhaltenden Elternkonflikt resultieren. Ebenfalls nicht selten ist der Fall, dass ein Kind in der noch vollständigen Familie mit dem eindrücklich negativen Verhalten eines Elternteils konfrontiert war, wie zum Beispiel erzieherischem Fehlverhalten, Zurückweisung, unverhältnismäßiger Bestrafung. Diese scheinbar überwundene Erfahrung bildet eine realistische Basis für die reaktive Entfremdung gegenüber dem „Täter“, wenn dieses Ereignis nach der elterlichen Trennung „reaktiviert“ und für taktische Vorteile in Scheidungsstreitigkeiten von einem Elternteil in manipulativer Absicht immer wieder aufgekocht und dem Kind serviert wird.

Eine Mischform von reaktiver und induzierter Entfremdung kann sich auch einstellen, wenn behütete und umsichtig erzogene Kinder im Trennungsprozess ihrer Eltern zum ersten Mal einen heftigen Streit – mit oder ohne einhergehender körperlicher Gewalt – erleben und diesem Streit der Auszug eines Elternteils folgt. Die traumatische Komponente dieser ersten Streiterfahrung kann im Zusammenhang mit der Enttäuschung und der Wut auf diesen verlassenden Elternteil in eine reaktive Entfremdung münden, wenn der als Opfer wahrgenommene Elternteil dem Kind nicht über diese Enttäuschung hinweghilft, sondern das Kind in seiner Wahrnehmung bestätigt.

Fallbeispiel

Anlässlich einer Begutachtung stellt sich heraus, dass ein Vater von drei Mädchen im Alter von 6 bis 10 Jahren bis zur Trennung von der Kindesmutter vor drei Jahren seine Rolle als Vater unbestritten verantwortungsbewusst und zuverlässig wahrgenommen hat und für die drei Mädchen emotional verfügbar war. Nachdem die Kindesmutter eine bereits über ein

Jahr lang andauernde Außenbeziehung des Vaters aufgedeckt hatte, erfolgte die elterliche Trennung, welche die ganze Familie in eine tiefe Krise stürzte. Die Kinder verblieben bei der massiv verletzten und gekränkten Mutter, während der Vater aufgrund einer depressiven Sinnkrise die von den Kindern gewünschten Kontakte nicht zuverlässig wahrnehmen konnte bzw. wollte und von den Kindern bei den wenigen Kontakten verändert wahrgenommen wurde. Tief verletzt und gekränkt zog sich die älteste Tochter vom Vater zurück. Mit ihren beiden jüngeren Geschwistern im Schlepptau verweigerte sie nun die später vom Vater gewünschten Kontakte.

Vor dem Hintergrund eines selbst herbeigeführten Kontaktabbruchs zum eigenen Vater in ihrer Kindheit war die anhaltend gekränkte und verletzte Kindesmutter nicht motiviert, die Kinder zu den Kontakten mit ihrem Vater anzuhalten und beim Reparieren ihrer Vater-Beziehung zu unterstützen. Nicht nur gegenüber den Behörden, sondern auch gegenüber den Kindern vertrat sie die Überzeugung, dass die Kinder selber entscheiden sollen, ob sie dem Vater verzeihen wollen.

Dieses Beispiel macht deutlich, dass eine Eltern-Kind-Entfremdung häufig das Zusammenspiel von ungünstigen Faktoren ist, wie zum Beispiel fehlendem Konzept einer Vaterschaft aufgrund der eigenen Lebensgeschichte eines Elternteils, entfremdungsförderndem Verhalten einer Bezugsperson, unüberwindbarer Kränkung einer Bezugsperson, Geschlecht und Geschwisterdynamik der Kinder[27] und ungeschicktem Verhalten des abgelehnten Elternteils anlässlich der Trennung.

9.5 Entfremdung im Rahmen einer Scheinbindung

Im Gegensatz zur induzierten oder reaktiven Entfremdung imponieren insbesondere Kinder ab der Voradoleszenz nicht selten mit einer Kontaktverweigerung, welche weniger in einem Fehlverhalten der Eltern, sondern vielmehr in einer einseitigen Bindungsentwicklung verortet ist und sich vorwiegend als Beziehungsstörung vor fehlender Bindungsgrundlage präsentiert.

Entsprechend wird mit der Bezeichnung „Scheinbindung“ das Phänomen einer einseitigen bzw. pseudomäßigen Bindungsentwicklung zwischen einem Vater und seinem Kind beschrieben:

27 Im zitierten Fall handelt es sich um Mädchen in der gleichgeschlechtlichen Identifikation mit der Mutter und der entsprechenden Neigung, eine loyalitätsbedingte Allianz mit ihr einzugehen. Die subjektive Wahrnehmung in der alterstypischen Gerechtigkeitsphase, dass der Vater der Täter ist und die Kindesmutter das Opfer, tendiert ebenfalls zur Loyalität mit ihr.

Fallbeispiel

Die Eltern der mittlerweile elfjährigen Angela hatten sich getrennt, als die Mutter mit dem Kind schwanger war. Nach der Geburt einigten sich die Eltern auf ein minimales Umgangsrecht des Vaters bezüglich seiner Tochter, welches trotz Unterbrüchen hat aufrechterhalten werden können. Der Fall kam zur Begutachtung, nachdem die Tochter nach dem neunten Geburtstag die Kontakte zum Vater zunehmend verweigerte und kurz nach dem zehnten Geburtstag nicht mehr dazu angehalten werden konnte.

Die Mutter berichtet, dass sie selber mit dem Vater nichts zu tun haben wolle, die Vater-Kind-Kontakte jedoch immer unterstützt habe, um keine Probleme mit den Behörden zu bekommen. Diese Kontakte seien aber immer nur dank ihrer Motivationsarbeit, guten Zusprüchen und Versprechungen zustande gekommen. Nun sei sie aber mit dem Latein am Ende und habe weder die Kraft noch eine reelle Chance, ihre Tochter zu weiteren Kontakten anzuhalten. Außerdem verstehe sie nur zu gut, dass Angela keinen Kontakt mehr mit diesem Menschen haben wolle.

Angela meint, dass sie nie gerne zum Vater gegangen sei und bei ihm immer schreckliches Heimweh nach der Mutter gehabt habe. Sie habe sich aber nie etwas anmerken lassen, da sie der Mutter keine Probleme haben machen wollen und sich vor den Reaktionen des Vaters gefürchtet habe. Der Vater habe schon auch coole Sachen mit ihr gemacht, als sie noch klein gewesen sei. Aber zunehmend sei es ihr mit dem Vater langweilig geworden. Der Vater habe sie ständig kritisiert und wie ein kleines Kind behandelt. Er habe gar nicht gemerkt, dass sie seine Interessen längst nicht mehr teile, weil sie einen ganz anderen Charakter habe als er. Der Vater tue so, als ob er ihre Interessen teilen würde, aber das stimme nicht. Einmal habe er gesagt, dass er dieselbe Popgruppe gut finde wie sie. Aber er habe kein einziges Stück dieser Popgruppe nennen können. Während sie sich mit dem Partner der Mutter total gut verstehe und diesem alles anvertraue, habe sie gar keine Lust, sich ihrem Vater gegenüber zu öffnen. Dafür fehle ihr das Vertrauen. Während des letzten Besuchs bei ihm habe sie sich in ihr Zimmer verkrochen und nur gelesen. Das habe dem Vater nicht gepasst, weil er eine Velotour mit ihr vorgesehen habe. Er sei wütend geworden und habe ihr vorgeworfen, dass sie ein egoistisches Stück Mensch sei und nur an sich selbst denke. Mit der Aussage, dass ihrer Figur etwas sportliche Betätigung nicht schaden würde, habe er das Fass zum Überlaufen gebracht. Jetzt sei endgültig Schluss mit diesen Besuchen. Sie lasse sich nichts mehr sagen, auch von ihrer Mutter nicht. Sie könne nun auch damit leben, dass der Vater wütend auf sie sei.

Unter Berücksichtigung der Glaubhaftigkeit und Nachvollziehbarkeit der Angaben aller drei Beteiligten handelt es sich bei dieser Art des Kontaktwiderstandes um einen psychodynamischen Prozess unter Beteiligung evolutionsbiologischer, bindungstheoretischer, entwicklungspsychologischer, sozialpsychologischer und persönlichkeitspsychologischer Kräfte:

Der evolutionsbiologische Aspekt bezieht sich darauf, dass sich der wiederauflebende primäre Narzissmus des Vaters in Liebe zum Kind verwandelt (vgl. Kap. 1.1). Der Vater identifiziert sich über die Rolle des Erzeugers eines Nachkommens, fühlt ich mit diesem verbunden und stellt die Vater-Kind-Bindung nicht in Frage.

Die Bindungstheorie liefert die Erklärung, warum die Entwicklung eines entsprechenden Prozesses beim Kind offenbar ausgeblieben ist: Mangels eingeschränkter Verfügbarkeit des Vaters und entsprechend unzureichender Alltags- und Bindungserfahrung im Zeitraum der sensiblen Phase der Bindungsentwicklung (vgl. Kap. 10) hatte das Kind nicht die Möglichkeit, eine einzigartige Bindung an den Vater zu entwickeln und zu verinnerlichen. Der Vater ist im Leben dieses Kindes nicht als unersetzbare Bindungsfigur repräsentiert.

Aus entwicklungspsychologischer Hinsicht ist darauf hinzuweisen, dass Angela in der uneingeschränkten Zweisamkeit mit der Mutter keine Erfahrung in der Triade Mutter-Vater-Kind verinnerlicht. Es fehlt ihr die Triangulierungserfahrung, wo nach der Phase der Mutter-Kind-Symbiose der Vater als trennender Dritter dafür sorgt, dass das Kind den Weg nach draußen findet und im Rahmen der Entwicklung der Vater-Kind-Bindung lernt, dass es sich ruhig von der Mutter trennen kann und dabei von einem Dritten, dem Vater, aufgefangen wird. Bei Kindern wie Angela, welche nur mit einem Elternteil aufwachsen, schlägt sich dieser Umstand häufig in einer grundsätzlichen Trennungsunlust oder gar Trennungsangst nieder.

Der sozialpsychologische Aspekt bezieht sich darauf, dass das Kind im Rahmen der Vater-Kontakte zwar keine Bindung, aber sehr wohl eine Beziehung zum Vater entwickelt hat. Im Gegensatz zu einer echten Eltern-Kind-Bindung ist Beziehung als Herzensangelegenheit ein fragiles Gebilde, welches auf der Gegenseitigkeit von Nehmen und Geben beruht und sich vor dem Hintergrund gemeinsamer positiver Erfahrungen entwickelt (vgl. Kapitel 9.1).

Die persönlichkeitspsychologische Ausstattung der Mutter bezieht sich darauf, dass diese den Vater-Kind-Kontakt nur vordergründig unterstützt hat, was dem Kind nicht entgangen ist, seinen Loyalitätskonflikt stets befeuert und die Entfremdung begünstigt hat. Nicht zuletzt ist aber auch das Verhalten des Vaters vor dem Hintergrund seiner Persönlichkeit am Beziehungsabbruch beteiligt.

Das Phänomen der Scheinbindung verdeutlicht die Tatsache, dass hier die Eltern-Kind-Entfremdung auf einer defizitären Beziehungsentwicklung beruht. Die Beziehung, welche Angela in einem frühen Bindungsalter mit dem Vater aufgenommen und über die Zeit der frühkindlichen Amnesie hinweg hat aufrechterhalten können, gleicht einer Beziehung eines Kindes zu vertrauten Personen, welche nicht im gleichen Haushalt leben (z. B.

Patenonkel, Großvater, Kita-Betreuer). Diese Personen werden vom Kind geliebt, aber bei einer Trennung nicht in dem Maße vermisst wie eine Bindungsfigur.

Typischerweise wird die in einem frühen Lebensalter installierte Fremdbetreuung durch die Großeltern, Paten, KITA oder eben Väter von den Kleinkindern toleriert, sofern die Übergänge spannungsfrei sind, die Bezugspersonen die Trennung emotional erlauben und sich die mit der Betreuung beauftragten Personen dem Kind fürsorglich und feinfühlig zuwenden. Während das Wohlbefindens des Kleinkindes in der Fremdbetreuung ausschließlich von den Betreuungspersonen sichergestellt werden muss, kann das Kind mit zunehmendem Alter selber dazu beitragen, was die Betreuungspersonen zu einer Anpassung ihres Betreuungsverhaltens zwingt. Geben nun im Zuge dieser Entwicklung die Betreuungspersonen die Verantwortung dem Kind ab, werden sie in der Bereitstellung von Wohlbefindensfaktoren passiver oder halten mit Kritik am Kind oder dessen Hauptbezugsperson nicht mehr zurück, wird die Beziehungstoleranz des nicht an die Person gebundenen Kindes strapaziert. Das spätestens im Kindergartenalter entwickelte Schamgefühl bewirkt beim Kind nämlich, dass es gewissen Inhalten gegenüber nicht mehr so unbedarft ist. Entsprechend nimmt die Kritikempfindlichkeit gegenüber Nicht-Bindungspersonen mit zunehmendem Alter zu, was zu Beziehungskonflikten führen kann. Ermahnungen oder Kritik des Patentonkels, des Großvaters, der Kita-Betreuer oder eben des Kontakt-Vaters wie: „Schmatz nicht so laut beim Essen“, „Hör auf, in der Nase zu puhlen! “ oder „Das Kleid, das du trägst, wirkt billig“, wirken von Nicht-Bindungspersonen nach der Entwicklung des Schamgefühls beschämend und kränkend, unabhängig davon, ob die Aussagen berechtigt oder unberechtigt sind. Fordert der Kontakt-Vater das Kind auf, sich während des Besuchs bei ihm für zwei Stunden alleine zu beschäftigen oder Aufgaben zu übernehmen, die dem Kind zuwiderlaufen, toleriert das Kind dies nicht im gleichen Maße, wie wenn die Mutter Erwartungen einfordert. Mangelt es an Gelegenheiten und an der nötigen Feinfühligkeit des Kontakt-Vaters, diese Beziehungsstörungen zu reparieren, fühlt sich das Kind zunehmend unverstanden und allein gelassen und wird sich von dieser Beziehung verabschieden.

Darüber hinaus fällt auch die Tatsache ins Gewicht, dass sich die Eltern nicht hinreichend respektieren und das Kind sich in zwei unterschiedlichen Welten bewegen muss, die in keiner Weise miteinander verbunden sind. In diesen Fällen resultiert die Belastung des Kindes weniger aus dem Loyalitätskonflikt, sondern aus der Tatsache, dass es Zeit mit einem Menschen verbringen muss, mit welchem es sich nicht verbunden fühlt, aber letztlich auch keine stimmige Erklärung dafür hat, warum es diesen ihm wohlwollend gesinnten Elternteil so rigoros ablehnen muss.

Es sind aber nicht nur die kritischen Aussagen oder die abnehmende Verantwortung der Nicht-Bindungs-Personen, welche zum Unwohlsein des Kindes beitragen. Es ist oft auch das Gegenteil, nämlich eine Überaktivität im Bereitstellen und Organisieren von Aktivitäten oder ein übersteigertes emotionales Beziehungsbedürfnis. Der Kontakt-Vater fühlt sich vielleicht einsam und möchte die Beziehung zum älter gewordenen Kind nun eher intensivieren. Da er an der rasanten Entwicklung seines Kindes aber wenig teilnehmen kann und dieses kaum kennt, zielen seine Erwartungen an der Realität vorbei, überfordern das Kind oder lassen dessen entwicklungsabhängige Autonomieinteressen außer Acht. Sowohl ein Zuviel als auch ein Zuwenig tragen dazu bei, dass sich das Kind in der Gegenwart des Kontakt-Vaters nicht mehr wohlfühlt.

Häufig imponieren diese scheingebundenen Kinder mit einem „Point of no return“, ab welchem Kontakte nicht mehr toleriert werden, während bis zu diesem Zeitpunkt kein vollständiger Kontaktabbruch gedroht hat. Im Gegensatz zu einem induziert entfremdeten Kind war Angela aufgrund von Schuldgefühlen typischerweise lange Zeit nicht in der Lage, die unangenehmen Gefühle ihrer Eltern auszuhalten, wenn sie sich deren Erwartungen widersetzt hätte. Erst im Zuge der Entwicklung von Autonomie und Ich-Stärke wuchs bei Angela die Bereitschaft, diese Gefühle auszuhalten oder allenfalls abzuwehren – oder um es mit den Worten einer scheingebundenen Jugendlichen zu sagen, welche mit der Wahrnehmung des Vaters konfrontiert wurde, dass sie sich nie beklagt und viel gelacht habe: „Ja, das stimmt. Ich habe so getan, als ob ich mich wohlfühle. Denn wenn ich ihm gesagt hätte, dass ich nach Hause gehen möchte, wäre er traurig oder sauer geworden, und dann wäre alles noch schlimmer geworden. Aber nun ist es mir egal, wenn er traurig ist.“

Im Vergleich zu Eltern-Kind-Entfremdungen im Rahmen von Manipulation oder Misshandlung ist die Prognose bezüglich Kontaktaufrechterhaltung bei einer Entfremdung auf dem Hintergrund einer Scheinbindung besser. Die Abwendung eines gänzlichen Kontaktabbruchs hängt im Wesentlichen davon ab, ob es mit fachlicher Unterstützung und pädagogischem Geschick gelingt, sowohl dem Elternteil als auch dem Kind zu einem Verständnis für die Psychodynamik dieser Beziehungsentwicklung zu verhelfen. Dabei ist zu berücksichtigen, dass das noch nicht urteilsfähige Kind kein Bewusstsein und daher auch keine hinreichende Erklärung dafür hat, warum sich die Beziehung zum Vater verändert hat. Seine fadenscheinigen Gründe, welche es gegen die Kontakte zum Vater ins Feld führt, sind Ausdruck eines hilflosen Versuchs, Scham- und Schuldgefühle abzuwehren und seine Not den Erwachsenen verständlich zu machen. Wenn dies dazu führt, dass die Erwachsenen ihm die Begründungen nicht abnehmen oder die Mutter beschuldigen, wird das Kind die Kontakte beim Vater noch vehementer und hartnäckiger ablehnen.

9.6 Auswirkungen der Entfremdung auf die psychische Gesundheit

Unabhängig von den unterschiedlichen Ursachen für Kontaktschwierigkeiten und -widerstände des Kindes nach der elterlichen Trennung scheint es äußerlich betrachtet dem Kind besser zu gehen, wenn es sich nicht mehr mit dem anderen Elternteil auseinandersetzen bzw. diesen nicht mehr sehen muss oder, wie es viele Eltern verlangen, „zur Ruhe kommen kann“. Die scheinbare Beruhigung des psychischen Systems beim Kind, wenn die Zweierbeziehung zum abgelehnten Elternteil unterbleibt, imponiert vordergründig als das kleinere Übel, wenn man die psychische Energie bedenkt, welche das Kind mobilisieren muss, um die Ablehnung eines Elternteils aufrechtzuerhalten. Die psychische Entsorgung eines Elternteils kann tatsächlich Ausdruck einer Bewältigungsstrategie sein. Aber nicht jede Bewältigungsstrategie ist funktional. Bei der Beeinträchtigung der weiteren Entwicklung des Kindes infolge Entsorgung eines Elternteils sind zwei Prozesse wirksam: ein Konditionierungsprozess und ein psychodynamischer Prozess.

9.6.1 Konditionierungsprozesse

Führen dysfunktionale Problemlösungsstrategien zum erhofften Ziel, haben diese das Potential, sich als Verhaltensmuster zu etablieren und die Entwicklung der Persönlichkeit zu bestimmen. Wenn ein Kind nach einer Mobbing-Erfahrung erklärt, dass es nicht mehr in die Schule gehen will, ist dieser Widerstand eine Reaktion auf eine reale Erfahrung und Ausdruck der antizipierten Annahme, dass es erneut zu einer Mobbing-Situation kommen wird, wenn es weiterhin zur Schule geht. Würde der Bewältigungsstrategie des Kindes stattgegeben, könnte das Kind die Überzeugung verinnerlichen, dass der Schulabbruch die einzige Möglichkeit darstellt, eine weitere Mobbing-Erfahrung abzuwenden. Obwohl es dem Kind vorübergehend Erleichterung verschaffen würde, ihm die Schulverweigerung zu gewähren, käme es keinem vernünftigen Elternteil in den Sinn, das Kind von der Schule fernzuhalten. Vielmehr gilt es, den Grund für die Verweigerung zu identifizieren und zu neutralisieren oder das Kind in der Entwicklung von funktionalen Bewältigungsstrategien zu unterstützen. Das gleiche Vorgehen ist angezeigt, wenn Kinder den Kontakt zum anderen Elternteil ablehnen oder verweigern. Unangenehme Situationen und entsprechende psychische Störungen haben das Potential, sich zu verändern, wenn die zugrundeliegenden Belastungen eliminiert werden. Hingegen lassen sich Beziehungserfahrungen zu wichtigen Bezugspersonen in der Kindheit nicht nachholen.

9.6.2 Psychodynamische Prozesse

Vorausgesetzt, das Kind war im Kontakt mit dem abgelehnten Elternteil *keinen* groben Integritätsverletzungen oder Missbrauchserfahrungen ausgesetzt, stellt die Allianzbildung des Kindes mit einem Elternteil und die unbegründete, rigorose, zuweilen feindselige Abwertung des anderen Elternteils aus der Sicht des Kindes eine pseudofunktionale Strategie der Stressbewältigung dar, selbst wenn dafür im Verrat einer Bindungsperson ein großes Opfer gebracht wird. Um diesen Verrat aufrechtzuerhalten, wird ein hoher Preis bezahlt, indem die unbewusste Abwehrstrategie „Spaltung“ eingesetzt wird. Der Verrat am abgelehnten Elternteil und damit an einem Teil von sich selbst wird sowohl emotional als auch kognitiv abgewehrt, um daraus hervorgehende Schuld- und Schamgefühle von sich fernzuhalten. Auf diese Weise reduziert das Kind unbewusst die Komplexität der Situation und gewinnt wieder Kontrolle zurück. Diese Spaltung ist umso wirkungsvoller, je mehr der andere Elternteil diesen Prozess unterstützt und forciert.

Abgesehen davon, dass eine Kontrolle, die nur mittels Spaltung herstellt werden kann, eine hochpathologische Konfliktlösung ist, bedeutet die emotionale Kündigung der Beziehung zu einem Elternteil, sich um einen Teil seiner Identität zu bringen. Das Kind muss fortan einen Teil von sich selbst verleugnen, weil dieser Teil als „schlecht" oder „böse" wahrgenommen wird. Dieser unbewusste Spaltungsvorgang braucht nicht nur viel psychische Energie, sondern wirkt wie jeder Verdrängungsmechanismus nur unvollständig: Die subjektive Wahrnehmung, das Kind eines „schlechten" Menschen oder gar eines „Monsters" zu sein, bleibt bewusst. Dadurch wird sie erlebens- und verhaltenswirksam und stellt ein hohes Entwicklungsrisiko in der Adoleszenz dar: Eine systematische Verwirrung in der Selbst- und Fremdwahrnehmung führt dazu, dass das Kind verlernt, den eigenen Wahrnehmungen und Gefühlen zu trauen. In der Folge müssen Schuld- und Verlustgefühle abgespalten werden, was zu einer Selbstentfremdung führt. Identität, Individualität und Autonomie als wichtige Entwicklungsziele in der Adoleszenz können sich nicht ungestört entwickeln. Es resultiert eine negative Selbsteinschätzung, ein Selbstwertmangel, eine tiefe Unsicherheit und im schlimmsten Fall eine Persönlichkeitsstörung mit den lebenslang quälenden Fragen: „Wer bin ich?" „Was denke ich?" „Was fühle ich wirklich?"

Der Verlust eines Kindes infolge Entfremdung trifft auch den abgelehnten Elternteil schwer. Nicht selten befindet sich dieser in einer Double-Bind-Situation: Kämpft er auf behördlicher Ebene hartnäckig um eine Aufrechterhaltung des Kontakts, ist dies Wasser auf die Mühle des beeinflussenden Elternteils. Mit dem Kind im Tandem instrumentalisiert dieser die Bemühungen des abgelehnten Elternteils und wirft diesem vor, dass er es nicht bei der vorangegangenen Schädigung des Kindes bewenden lässt, sondern mit dem Kampf auf behördlicher Ebene nur seine Rechte einfordere und damit das Kind nachhaltig schikaniere und traumatisiere. Dass das Kind in der Folge den Elternteil noch mehr ablehnen muss, versteht sich von selbst. Stellt aber der abgelehnte Elternteil den Kampf ein und übt sich im Loslassen, wird auch dieses Verhalten instrumentalisiert, indem dem Kind aufgezeigt wird, dass der Elternteil sich ja gar nicht interessiere. Tragischerweise wird es dem Elternteil auch bei der Beurteilung der Zumutbarkeit des Mündigenunterhalts zum Verhängnis, wenn er im Dienst der Schadensbegrenzung das Kampffeld verlässt und sich später den Vorwurf gefallen lassen muss, dass er sich nicht hinreichend um Kontakt bemüht habe.[28]

---

28 Vgl. BGE BGer 5A_503/2012 vom 04.12.2012 Abs 3.4.1

9.7 Beziehungsentwicklung nach der Entfremdung

Wenn im Verlauf der induzierten Entfremdung die Erwartungen an den „guten“ Elternteil, dessentwegen man viel geopfert hat, ins Unermessliche steigen, kann es aufgrund von zwangsläufigen Enttäuschungen im besten Fall zu Konflikten in der Beziehung zu diesem Elternteil kommen. Im schlechtesten Fall bleibt das Kind mit dem „guten“ Elternteil symbiotisch verstrickt und wird sich nicht von diesem lösen können, um sich auch anderen Menschen zuzuwenden. Offenbar stehen die Chancen für eine realitätsfördernde Auseinandersetzung mit dem vormals idealisierten Elternteil besser, wenn die vorwiegend negativen Gefühle für einen Elternteil erst in der Adoleszenz bzw. zwischen 12 und 15 Jahren entstanden sind (Johnston & Godman, 2010).

Die Vorstellung, dass es zumindest im ersteren und günstigeren Fall früher oder später zu einer Wiederannäherung zwischen dem abgelehnten Elternteil und dem Jugendlichen oder Erwachsenen kommt, ist aber eher Wunschdenken als Realität. Empirische Befunde zeigen, dass der akute Entfremdungsprozess circa 6 Jahre dauert und die Beziehungslosigkeit zum abgelehnten Elternteil danach in mehr als 50 Prozent aller Fälle mehr als 22 Jahre (Baker, 2005). Auch die klinische Erfahrung weist darauf hin, dass sich diese heranwachsenden Kinder sehr wohl daran erinnern, wie sie sich damals den Wünschen des abgelehnten Elternteils nach Kontakt sowohl mündlich als auch schriftlich widersetzt oder diesen Elternteil sogar zur Unperson erklärt haben.

Fallbeispiel

Im Rahmen einer Krise mit ihrer Mutter zog eine von ihrem Vater induziert entfremdete 22-jährige Studentin in Erwägung, dass der Vater vielleicht doch nicht nur schlecht gewesen ist. Den Vorschlag der Therapeutin, den Kontakt zum Vater wieder zu suchen, schlug sie mit folgenden Worten in den Wind: „Niemals, das ist unmöglich! Sie können sich nicht vorstellen, wie gemein ich zu meinem Vater war. Ich kann da nicht einfach hingehen und sagen: Hallo Papa, da bin ich wieder. Der bringt mich um!“

Schuldgefühle sind häufig dafür verantwortlich, dass der Kontakt zum abgelehnten Elternteil später nicht wieder aufgenommen wird. Schließlich muss der heranwachsende Jugendliche oder junge Erwachsene damit rechnen, dass auch der abgelehnte Elternteil seine Gründe hat, warum er keinen Wunsch mehr nach Kontakt zu seinem inzwischen erwachsenen Kind verspürt bzw. einen solchen ablehnt: Sein Kind ist ihm fremd geworden, oder er hat zu viele Verletzungen ertragen müssen.

Quantitative Untersuchungen mit Erwachsenen, welche im Kindesalter von einem Elternteil entfremdet wurden, liegen kaum vor. Die qualitativen Untersuchungen von Baker (2005, 2006, 2007) jedoch lassen aufhorchen: Gemäß der Autorin leiden viele der Erwachsenen, die als Kinder von einem Elternteil entfremdet wurden und die negativpolarisierende Charakterisierung des entfremdeten Elternteils verinnerlicht hatten, unter den Folgen. Sie klagten über ein geringes Selbstvertrauen mit Anteilen von Selbsthass und Selbstbeschuldigung. Siebzig Prozent berichteten von ernstlichen depressiven Episoden, und rund ein Drittel der Untersuchten teilte mit, dass sie in ihrer Jugend die schmerzlichen Erfahrungen im Zusammenhang mit Verlust und Elternkonflikt mittels Drogen und Alkohol zu tilgen versucht haben. Die Untersuchten berichteten, dass ihre eigenen Erfahrungen und Erinnerungen nicht mit den induzierten Inhalten des manipulativen Elternteils übereinstimmten, was zu Selbstzweifeln in Bezug auf die eigene Wahrnehmung führte. Sie haben nach eigenen Worten Mühe, anderen zu vertrauen. Von allen Befragten waren 66 Prozent einmal geschieden, 25 Prozent bereits zweimal geschieden, und rund 50 Prozent der Befragten berichteten, dass sie von ihren eigenen Kindern entfremdet worden sind. Der wichtigste Befund der Studie von Baker in Bezug auf die Frage, wie induzierten Entfremdungsprozessen begegnet werden soll, ist die Beobachtung, dass die meisten Erwachsenen sich an ihren Hass und die Verachtung des anderen Elternteils erinnerten, dass sie sich aber insgeheim erhofft haben, jemand würde begreifen, dass sie nicht meinten, was sie sagten.

Diese Befunde decken sich mit den klinischen Erfahrungen der Autorin mit erwachsenen Therapiepatienten, welche in der Kindheit infolge induzierter Entfremdung einen Elternteil verloren haben: Vaterentfremdete Männer, die unter mangelhaft ausgeprägter Männlichkeit leiden, sind in der therapeutischen Arbeit überrepräsentiert, und häufig begegnet man entfremdenden Müttern, welche in der Kindheit ebenfalls dem Vater entfremdet wurden. Das wirft Fragen auf. So erschütternd diese Erfahrungsberichte auch sind, man wird akzeptieren müssen, dass die internalisierte Ablehnung eines Beziehungspartners oder Elternteils nur beschränkt justiziabel ist, weil Beziehung nicht verordnet werden kann (vgl. Kap. 24).

10
Bindung und Bindungsentwicklung

Weil sich das menschliche Gehirn noch lange nach der Geburt weiterentwickelt, ist das Menschenkind noch viele Monate nach der Geburt nicht fähig, sich selber zu ernähren, bei Gefahr zu flüchten oder sich selber zu schützen. Als Kompensation für diesen Mangel entwickelt das Kind im Alter von 6 bis 8 Lebensmonaten Bindungen an seine feinfühligen Bezugspersonen in dem Maße, wie diese für das Kind verlässlich, vertraut und verfügbar sind.

Gerade wenn es um die Zuteilung von Sorge und Obhut bzw. Aufteilung von Betreuungszeiten bei Kleinkindern geht, ist das Bindungskonzept bzw. die Frage, wie Kinder Bindungen entwickeln, ein unverzichtbares Kriterium beim Beurteilen des Kindeswohls. Trotz seiner zentralen Bedeutung in der Entwicklungspsychologie hat man das Konzept der Bindung erst seit kurzer Zeit für familienrechtspsychologische Fragestellungen adaptiert. Inwieweit sich die im Forschungsfeld entstandene Bindungstheorie auch auf praktische Fragen des scheidungsspezifischen Kindeswohls anwenden lässt, ist noch unklar. Am ehesten gelangt man mit der Bindungstheorie zu Aussagen über die Obhutsverteilung und Betreuungspläne bei Kleinkindern nach der elterlichen Trennung.

10.1 Bindung in Abgrenzung von Beziehung

Missverständnisse treten auf, wenn in der interdisziplinären Auseinandersetzung „Bindung“ und „Beziehung“ unzureichend unterschieden werden. Angesichts der Tatsache, dass im Familienrecht eine enge Interdisziplinarität von Recht und Psychologie besteht, ist es dringend notwendig, dass die Rechtswissenschaft den psychologischen Bindungsbegriff kennt und richtig anwendet. Voraussetzung dafür ist, dass nichtpsychologisch sozialisierte Fachpersonen in den Entscheidungsbehörden um die grundlegenden Erkenntnisse der Bindungstheorie wissen und die von dieser postulierten Gesetzmäßigkeiten kennen, so dass sie diese in ihren Empfehlungen berücksichtigen können (vgl. Staub, 2013).

Im juristischen Verständnis gebraucht man den Begriff der Bindung in einem umfassenden Sinn, der das Beziehungsgeflecht zwischen Familienangehörigen im Allgemeinen und alle Beziehungs-Ebenen des Kindes zu einer Bezugsperson enthält. Aus entwicklungspsychologischer Sicht ist aber der Bindungsbegriff durch den unspezifischen und eher quantitativ verstandenen Beziehungsbegriff nicht ersetzbar. Der psychologische Bindungsbegriff bezieht sich auf die affektive Komponente, die Dauer, Stabilität und Konstanz einer Beziehung, also auf die qualitativen Sicherheits und Vertrauensaspekte einer Beziehung zu einer nicht auswechselbaren Bezugsperson. Unter „Beziehungen" versteht man Interaktionen auf der Verhaltens- und Mental-Ebene. Im Unterschied zu einer Beziehung bildet eine Bindung ein emotionales Fundament für das ganze Leben (**Tab. 2**).

Tabelle 2: Zusammenfassende Gegenüberstellung von Bindung und Beziehung

Bindung	Beziehung
• ist ein biologisch angelegtes System zum Überleben der Art bei Säugern • eine Wechselwirkung von Feinfühligkeit beim Elternteil und Bindungsverhalten beim Kind (anklammern, schreien, Nähe suchen) • entwickelt sich zwischen 8 und 24 Monaten, in der Regel hierarchisch zu wenigen Bezugspersonen	• ist eine nicht justiziable Herzensangelegenheit • beruht auf gegenseitigem Interesse und gegenseitigem Bedürfnis nach Nähe und Zuwendung • entwickelt sich auf dem Hintergrund von positiven Erfahrungen miteinander • wird durch gegenseitiges Geben und Nehmen aufrechterhalten

10.2 Zur Bindungstheorie

Eine der zentralen Aussagen der Bindungstheorie ist, dass der Säugling die angeborene Neigung hat, bei Gefahr oder Verunsicherung Bindungsverhalten zu aktivieren, indem er zum Beispiel schreit, zur Mutter krabbelt, sich an die Mutter anklammert. Diese unspezifischen Verhaltensweisen zielen in dieser Situation darauf ab, die Nähe zur vertrauten Person wiederherzustellen. Bindung ist ein Konstrukt und daher nur mittelbar zu beobachten. Beim Kinde zeigt sie sich als Bindungsverhalten und beim Erwachsenen komplementär dazu als Fürsorgeverhalten. Das Bindungsverhaltenssystem ist darauf ausgerichtet, die sofortige Verfügbarkeit der Bezugsperson sicherzustellen, damit diese dem noch unreifen und hilflosen Kind jederzeit Schutz bieten kann. Insoweit ist Bindungsverhalten sowohl ethologisch als auch funktional zweckgerichtet.

Das Bindungssystem ist ein eigenständiges Motivationssystem und Teil des evolutionären Erbes. Es besteht von Geburt an und wird im Verlauf der ersten 6 Lebensmonate immer spezifischer; je nach Verfügbarkeit dehnt es sich auf weitere Bezugspersonen aus. Das Bindungsverhaltenssystem entwickelt sich je nach den Erfahrungen des Kindes mit seinen Bezugspersonen zu unterschiedlichen Bindungsqualitäten bzw. Bindungsmustern.

10.3 Zur Bindungsentwicklung

Jedes Kind verfügt über die angeborene Eigenschaft, Bindungsbeziehungen zu wenigen Bezugspersonen aufzubauen. Das bedeutet, dass sich das Kind zur Sicherung seines Überlebens an mindestens eine Person binden muss und sich im schlimmsten Fall auch an eine „Rabenmutter“ binden wird, wenn keine feinfühlige Bindungsperson zur Verfügung steht. In der Vorbindungsphase, den ersten 3 Lebensmonaten, kann das Neugeborene zwar bereits Personen von Gegenständen unterscheiden und durch Schreien und Lächeln Kontakt zu anderen Menschen herstellen. Es ist jedoch noch nicht in der Lage, Personen eindeutig voneinander zu unterscheiden. Ab dem 3. bis etwa zum 6. Lebensmonat entstehen erste Bindungen: Der Säugling kann Personen voneinander unterscheiden und sendet Signale an die Menschen, die ihn regelmäßig und verlässlich versorgen, ihm Nähe, Liebe und Schutz bieten. Er richtet sein Bindungsverhalten bevorzugt auf seine Hauptbezugsperson. In der Phase der eindeutigen Bindung, etwa ab dem 6. Lebensmonat, gewinnen die Hauptbindungspersonen stark an Bedeutung. Das Kind zeigt diesen gegenüber deutliches Bindungsverhalten und unterscheidet sie deutlicher von anderen Personen. Es akzeptiert Trost nur noch von seinen Bindungspersonen und reagiert auf andere mit „fremdeln“. Aus den Interaktionserfahrungen zwischen dem Kind und seinen Bindungspersonen entwickelt es im Verlauf des 1. Lebensjahres schließlich ein Gefühl der Bindung, das je nach Erfahrung verschiedene messbare Qualitäten annehmen kann. Mit 12 bis 18 Monaten hat das Kind eine ausschließliche Bindung an eine Hauptbindungsperson und ein bis zwei „Nebenbindungspersonen“ aufgebaut. Bis zum Alter von 3 Jahren differenziert sich das Bindungsverhalten zunehmend weiter aus. Das Kind lernt immer besser, Nähe und Distanz zu regulieren und auch die Bedürfnisse der Bindungsperson zu erkennen und zu respektieren. Seine Bindungserfahrungen werden zu handlungsleitenden Erwartungsmustern, sogenannten inneren Arbeitsmodellen in Bezug auf eigenes und fremdes Verhalten.

10.4 Bindungshierarchie und Bindungskontinuität

Die ursprüngliche Annahme der Bindungstheorie, dass das Kind nur zu einer Person eine Bindung entwickelt, ist heute widerlegt. Die bisherige Bindungsforschung lässt aber den Schluss zu, dass das Kind zunächst zu einer Bindungsperson eine Bindung entwickelt haben muss, bevor es in einer Rangfolge auch zu zwei bis drei weiteren Bezugspersonen eine Bindung entwickeln kann (Brisch, 2001). Faktoren, welche darüber entscheiden, welche Bindungsfigur ganz oben auf der Liste steht, beziehen sich auf (a) Ausmaß und Regelmäßigkeit der Verfügbarkeit und (b) Feinfühligkeit und Ausprägung des emotionalen Engagements der Bezugsperson. Dabei können je nach Verhalten der Bezugspersonen unterschiedliche Bindungsmuster entstehen. Nimmt man aber eine Bindungshierarchie an, so vermitteln die Eltern dem Kleinkind zumindest in den ersten 3 Lebensjahren unterschiedliche Grade von Sicherheit. Das Ausmaß der vermittelten Sicherheit zeigt sich vor allem dann, wenn das Kind in eine Stresssituation kommt und Bindungsverhalten aktiviert wird. In diesem Zusammenhang ist es wichtig, darauf hinzuweisen, dass die Verunsicherung im Rahmen der elterlichen Trennung das bereits an beide Eltern gebundene Kind häufig auf die Entwicklungsstufe der Primärbindung regredieren lässt, was insbesondere in Kontaktwiderständen zum Ausdruck kommt (vgl. Fußnote 4).

Die psychoanalytische Väterforschung nimmt an, dass die Dyade, die Zweierbeziehung, die Basis der menschlichen Beziehungsentwicklungen ist und dass die Gestaltung einer flexiblen Triade ohne eine solide und aufeinander bezogene Dyade nicht denkbar ist (vgl. Dammasch et al., 2009). Eine sichere Erfahrung in der primären Zweierbeziehung ist dieser Forschungsrichtung zufolge die Grundlage für die Erfahrung des Kindes mit dem Dritten. Dabei bilde die Verinnerlichung der elterlichen Paarbeziehung die Grundlage für die intrapsychische Triangulierung und die Etablierung der triadischen Struktur im Innern des Kindes. Wenn ausschließlich die Mutter die triadische Struktur internalisiert habe, wirke sich dies stellvertretend auf das Kind aus und ermögliche diesem die Triangulierung, auch wenn der reale Vater abwesend und die Mutter alleinerziehend ist. Aus Sicht der Bindungsforschung heißt das erstens: Eine gelungene Loslösung von der primären Bezugsperson und eine progressive Entwicklung samt Explorationsverhalten ist nur dann problemlos möglich, wenn das Kind sichere Bindungsrepräsentanzen entwickelt hat. Und zweitens: Die in der frühen Kindheit erworbenen und lebenslang wirkenden Bindungsmuster beeinflussen die Gestaltung von Beziehungen und das Mobilisieren von Unterstützung. Dies setzt jedoch voraus, dass die primäre Bindungsfigur psychisch kompensiert und vor dem Hintergrund ihrer eigenen Bindungssicherheit in der Lage ist, das Kind sicher an sich zu binden. Ist dies nicht der Fall, ist als protektiver Kindeswohlfaktor der Aufbau einer sicheren Sekundärbeziehung von großer Bedeutung.

Elternverhalten, aber auch Umweltveränderungen, die das Gefühlsleben eines Kindes direkt betreffen, können zu einer Störung der Bindungsqualität führen. Als besonders risikoreich gelten der Verlust oder eine für das Kind nicht akzeptierbare Trennung von der Bindungsperson.

10.5 Bindungsmuster

Die von den Bindungstheoretikern über Jahrzehnte hinweg durchgeführten empirischen Untersuchungen zur sozialen Bindung von Kleinkindern haben im Wesentlichen vier Bindungsmuster zutage gefördert, die sich im Laufe der individuellen Entwicklung des Kindes beobachten lassen und denen sich nahezu alle Menschen zuordnen lassen:

10.5.1 B-Typ: sichere Bindung

Das sicher gebundene Kind ist zuversichtlich in Bezug auf die Verfügbarkeit seiner primären Bindungsperson, in der Regel der Mutter. Es verhält sich auch bei vorübergehender Abwesenheit der Mutter ruhig und entspannt, weil es aus Erfahrung weiß, dass die Mutter es im Bedarfsfall nicht im Stich lassen und auf seine Bedürfnisse richtig reagieren wird. Die Mutter erfüllt in einer derartigen Bindung die Rolle eines sicheren Hafens, der immer Schutz bieten wird, wenn das Kind dessen bedarf. Als entscheidender Faktor für die Entwicklung eines sicheren Bindungsverhaltens hat sich sensibles und feinfühliges Verhalten der Bindungsperson gegenüber dem Kind nachweisen lassen: Kinder, deren Mütter sich dauerhaft aufmerksam und differenziert auf die Bedürfnisse des Kindes einstellen, werden mit hoher Wahrscheinlichkeit sicher gebunden. Personen mit sicherem Bindungsstil betrachten auch als Erwachsene andere Menschen grundsätzlich als vertrauenswürdig und sehen Zuverlässigkeit und Hilfsbereitschaft ihrer Mitmenschen als gegeben an. In Untersuchungen zeigen circa 60 Prozent aller Kleinkinder eine sichere Bindung.

10.5.2 A-Typ: unsicher-vermeidende Bindung

Unsicher-vermeidend gebundene Kinder neigen dazu, ihre Bedürfnisse nach Nähe und Abhängigkeit zu unterdrücken, um Abweisung zu vermeiden. Diesen Kindern fehlt die Zuversicht, was die Verfügbarkeit ihrer Bindungsperson anbetrifft. Sie entwickeln die Erwartungshaltung, dass ihre Wünsche grundsätzlich auf Ablehnung stoßen und ihnen kein Anspruch auf Liebe und Unterstützung zusteht. Dieses Bindungsmuster ist bei Kindern zu beobachten, die ihre Eltern als überfordert erlebten, die in ihren Gefühlsäußerungen und Bedürfnissen nach Zärtlichkeit häufig Zurückweisung erfuhren, oder bei Kindern, die durch äußere Umstände daran gehindert wurden, eine echte Bindungsbeziehung aufzubauen. Unsicher-vermeidend gebundene Kinder imponieren durch eine Pseudounabhängigkeit von der Bindungsperson. Entsprechend sind äußerlich kaum Reaktionen beobachtbar, wenn sie von der Bindungsperson getrennt werden. Messungen von hohen Cortisolspiegeln in bindungsaktivierenden Situationen (wie z.B. Trennung) weisen aber darauf hin, dass diese Kinder gestresst sind und viel psychische Energie aufwenden müssen, um sich den Bindungspersonen gegenüber als frustrationstolerant und unabhängig zu präsentieren. Ein unsicher-vermeidendes Bindungsmuster ist bei circa 20 Prozent der Kinder zu beobachten.

10.5.3 C-Typ: unsicher-ambivalente Bindung

Beim unsicher-ambivalenten oder unsicher-ängstlichen Bindungsmuster verspürt das Kind Unsicherheit, ob die primäre Bindungsperson bei Bedarf verfügbar sein wird. Kinder mit diesem Bindungsmuster zeigen wenig Frustrationstoleranz und sind leicht irritierbar. Ihr Erkundungsverhalten ist reduziert. Im Kontakt zur Bezugsperson pendeln sie häufig zwischen Anhänglichkeit und Kontaktwiderstand und neigen dazu, die Bindungsperson über permanentes Abfordern von Aufmerksamkeit zu kontrollieren. Unsicher-ambivalent gebundene Kinder neigen zur Trennungsangst und zum Anklammern an die Bindungsperson. Dieser Neigung liegt die Erfahrung zugrunde, dass die Bindungsperson sich häufig widersprüchlich verhält, so dass das Kind nicht abschätzen kann, wie diese in einer bestimmten Situation handeln oder reagieren wird. Kinder mit diesem Bindungsstil verhalten sich als Erwachsene selbst widersprüchlich: Sie sind oft hin und hergerissen zwischen dem Bedürfnis nach Nähe zu anderen Personen und der gleichzeitigen Furcht, dass dieses Bedürfnis nicht befriedigt wird. Circa 10 Prozent aller Kinder weisen dieses Bindungsmuster auf.

10.5.4 D-Typ: unsicher-desorganisierte bzw. hochunsichere Bindung

In repräsentativen Stichproben findet sich bei rund 10 Prozent aller Kinder ein extrem widersprüchliches, stereotypes oder manchmal von akuter Angst vor der Bezugsperson geprägtes Bindungsverhalten, das sich den oben beschriebenen drei Bindungsmustern nicht bruchlos zuordnen lässt. Diese Kinder zeigen keine klare Bindungsstrategie. Gegenüber der Bindungsperson wechseln sie zwischen Protest, Bestrafung, Anklammerung und Fürsorgeverhalten. Gegenüber Fremden imponiert ein Wechsel zwischen Gehemmtheit und Distanzlosigkeit. Es sind in der Regel misshandelte oder vernachlässigte Kinder, aber auch Kinder von depressiven Müttern oder von Müttern, die selbst unter einem unverarbeiteten Bindungstrauma leiden. Beobachtungsstudien weisen darauf hin, dass spezifisch ängstigendes Elternverhalten ein zentraler Ursachenfaktor hierfür ist. Das Kind geht in jedem Fall eine Bindung ein, auch mit höchst pathologischen Bezugspersonen. Wenn sein Bindungssystem aktiviert wird, muss es sich auf jeden Fall an die Bindungsperson wenden, um Schutz und Hilfe zu suchen. Wenn die Bindungsperson aber selbst Furcht empfindet oder für das Kind furchterregend ist, gerät das Kind in eine paradoxe Lage, aus welcher es keinen Ausweg findet. Dies führt zum Zusammenbruch seiner Verhaltensorganisation, und es scheint, dass widersprüchliche Handlungspläne aktiviert werden. Der unsicherdesorganisierte Bindungstyp ist aus entwicklungspsychopathologischer Sicht von besonderem Interesse, besteht inzwischen doch breite Übereinstimmung darüber, dass es sich bei diesem Bindungsstil um einen bedeutsamen psychosozialen Risikofaktor handelt.

10.6 Biologischer Aspekt der Bindung

Die Zeitspanne der Bindungsentwicklung deckt sich weitgehend mit dem Prozess der frühen Gehirnentwicklung; sie zieht sich postnatal bis weit in das 3. Lebensjahr hinein.

Die fundamentale Bedeutung der ersten 3 Lebensjahre für die psychosoziale Entwicklung des Kindes, von der die Psychoanalyse seit ihren Anfängen überzeugt war, wurde inzwischen durch die Befunde der Neurowissenschaften bestätigt (z.B. Perry et al., 1998; Roth & Strüber, 2014; Shore & McIntosh, 2011). Neben genetischen Dispositionen werden wichtige Entwicklungsvoraussetzungen wie sichere Bindung, erfolgreiche Selbst-, Aufmerksamkeits- und Affektregulation sowie Mentalisierungsfähigkeit zentral von der emotionalen Qualität der frühen Mutter-Kind-Beziehung bestimmt.

Nach der Geburt verknüpfen sich die Nervenzellen des Gehirns rasant. In den ersten 3 Lebensjahren werden, abhängig von den frühen Bindungserfahrungen, unnötige Verknüpfungen wieder abgebaut. Ist diese vulnerable Lebensphase von Angst und Stress erfüllt, wirkt sich dies auf die Hirnentwicklung aus. Untersuchungen ergaben, dass bei Kindern von psychisch kranken und daher kaum verfügbaren Müttern der Mandelkern, die Amygdala, im Vergleich zu Kindern von gesunden Müttern signifikant vergrößert war (Lupien et al., 2016). Die Amygdala hat die Funktion, Sinneseindrücke und Emotionen zu verknüpfen, und ist besonders an Angstreaktionen beteiligt. Andere Studien zeigen, dass bei Kindern mit desorganisierten Bindungen der an der Gedächtnisbildung und Regulierung von Stressreaktionen beteiligte Hippocampus kleiner war als bei sicher gebundenen Kindern (z.B. Luby et al., 2012).

Die Erhaltung des Bindungssystems hängt mit dem Bindungshormon Oxytocin zusammen. Dieses Hormon sorgt dafür, dass das Kind die Nähe der Bezugsperson sucht und aufrechterhält. Oxytocin reguliert die Menge an Stresshormonen, indem es die Cortisol-Ausschüttung drosselt, wenn das Kind sich die Nähe der Bezugsperson wieder gesichert hat. Gleichzeitig wird das beruhigend wirkende Serotonin gebildet, ferner hirneigene Belohnungsstoffe wie die endogenen Opioide. Problematisch wird es dann, wenn das Bindungssystem chronisch aktiviert ist und somit das Stresshormon Cortisol nie vollständig zurückgefahren wird. Wirkt Cortisol chronisch auf den Organismus ein, so kommt es zur Schädigung von Nervenzellen und Gefäßen und zur Störung des gesamten Stoffwechsels. Aufgrund genetischer Veränderungen entwickeln sich zudem in wichtigen Hirnzentren zu wenig Cortisol-Rezeptoren. So kann das zirkulierende Stresshormon weder beim Kind noch später beim Erwachsenen adäquat aufgefangen werden. Der Organismus steht psychisch und physisch lebenslang „unter Strom". Daraus entwickeln sich ernste Erkrankungen wie Süchte, Depressionen und Persönlichkeitsstörungen. Dies ist vor allem bei fortgesetzter Misshandlung oder Vernachlässigung des Kleinkindes der Fall oder dann, wenn das Kind umfassend von wenig geeigneten und ständig wechselnden Personen betreut wird, bei einer stabilen und qualitativ guten Fremdbetreuung hingegen kaum. Stresshormone wirken sich also auf die sich entwickelnden Hirnstrukturen des Kleinkindes aus.

Dass das Fürsorgeverhalten der Bezugsperson in den ersten 3 Lebensjahren sich auch auf die Regulation der Gen-Aktivität auswirken kann, zeigen neuere Forschungen (Wettig, 2010): Unter massiv ungünstigen Bedingungen können auf der epigenetischen Ebene Veränderungen entstehen, die weitervererbt werden. An die nächste Generation weitergegeben werden dabei nicht die Gene selbst, sondern die regulatorischen Mechanismen.[29] Das bindungs- und emotionsassoziierte Hirnareal ist im orbifrontalen Cortex der rechten Hirnhälfte lokalisiert. Die rechte Hirnhemisphäre ist eng verbunden mit dem limbischen und dem autonomen System und entwickelt sich prä und postnatal vor der linken Hemisphäre. Bindungen formieren sich durch nonverbale, sozioemotionale und körperliche Kommunikation zwischen der rechten Hirnhälfte des Kindes und der rechten Hirnhälfte der Mutter. Daher postulieren Shore und McIntosh (2011) nicht eine primäre Bindung des Kindes an die Mutter, sondern eine primäre Bindung des Kindes an die rechte Hirnhälfte eines gut funktionierenden Erwachsenen. In den bildgebenden Verfahren zeigt sich bei Frauen im Unterschied zu Männern ein größeres Volumen des orbitofrontalen Cortex, des Kontrollzentrums für Bindung. Entsprechend seien Frauen in der effektiven Entschlüsselung nonverbaler Kommunikation dem männlichen Geschlecht überlegen und zeigten eine bessere Fähigkeit, empathische Resonanz zu geben. Andererseits sei aber der energetischere Interaktionsstil des Vaters ein wichtiger Motor für die Ausdifferenzierung der linken Hirnhemisphäre im 2. Lebensjahr. Vermutlich sind die geschlechtsspezifischen Merkmale der Hirnareale nicht genetisch angelegt, sondern bilden sich entlang der kulturspezifischen Sozialisation und Erziehung aus. Es versteht sich von selbst, dass im Einzelfall Männer gleichermaßen dafür ausgerüstet sind, bei entsprechendem Setting und in Absprache mit der Kindesmutter zur primären Bindungsperson ihres Kindes zu werden.

10.6.1 Stressforschung

Unterstützung erhielt die Bindungstheorie von der Stressforschung: Angekurbelt wurde dieser Forschungszweig von der Beobachtung, dass Kleinkinder sich sehr rasch an die stressvollen Umstände gewöhnen, dass diese äußerliche Anpassung aber oft mit einem apathischen Verhalten dieser Kinder einhergeht. So vehement und lautstark Kleinkinder ihr Unwohlsein anfänglich zum Ausdruck bringen, so schnell kapitulieren sie, wenn sie die Erfahrung machen, dass ihre Reaktion nicht auf Resonanz stößt und keine Veränderung bewirkt. Die Kapitulation zeigt sich in einer „bedingten Bindungsstrategie", mit der das Kind in scheinbarer Anpassung an die unangenehme Situation bemüht ist, das Wohlwollen der primären Bindungsperson nicht auch noch zu verlieren und sich dadurch möglichst viel emotionale Stabilität zu erhalten. Die scheinbare Anpassung stellt sich noch schneller ein, wenn das Kind die Erfahrung macht, dass sein Ausdruck von Unwohlsein von der Bezugsperson nicht geduldet oder sogar sanktioniert wird. Dass dieser äußerlichen Anpassung von Kleinkindern auch ein innerer Prozess zugrunde liegt, weiß

29 Es kommt zu einer Abwandlung des Methyl-Profils im Gehirn und in den Spermien. Methyl hängt sich bei bestimmten Genen an einen der vier Erbsubstanzbausteine, das Cytosin. Dies verändert ursächlich die Steuerung der betreffenden Gene.

man spätestens seit der Entdeckung des Hospitalismus.[30] Die berichteten Beeinträchtigungen von hospitalisierten Kindern wurden lange Zeit vor dem Hintergrund einer beschädigten oder fehlenden Bindung an eine Bezugspersonen erklärt, ohne den zugrundeliegenden Mechanismus zu kennen. Erst mit den Fortschritten der frühkindlichen Stressforschung in den 1990er Jahren wurde es möglich, die Konzentration des Stresshormons Cortisol im Speichel zu messen und auf diese Weise Aussagen über den körperlichen und psychischen Stress der von ihren Bezugspersonen getrennten Kleinkinder zu machen.

Die bislang umfangreichste US-Langzeitstudie „NICHD[31] - Early Child Care Research Network“ (Child Care Research Network, 2017; Vandell, Belsky, Burchinal, Vandergrift & Steinberg, 2010), die seit den 1990er Jahren rund 1300 Kinder von der Geburt bis zum 6. Schuljahr begleitete, konnte belegen, dass die Belastungen und der Stress infolge einer täglich mehrstündigen nicht verwandtschaftlichen Betreuung in der frühesten Kindheit (0 bis 4,5 Jahre) sich noch bis in die Pubertät negativ auswirken. Im Langzeitvergleich zeigte sich, dass Kinder später vermehrt sozial verhaltensauffällig waren, wenn sie in den ersten Lebensjahren in einer Krippe betreut worden waren. Zu ähnlichen Ergebnissen kommen andere Studien, unter anderem eine Schweizer Studie (Averdijk et al., 2011). Eine mögliche Erklärung könnte der chronisch erhöhte Cortisol-Spiegel dieser Kinder liefern. Die Erkenntnisse der NICHD-Langzeitstudie hat eine Reihe von Forschungsarbeiten ausgelöst, in denen man die Cortisolproben von Kleinkindern während der institutionellen Gruppenbetreuung und zu Hause untersuchte. Übereinstimmend ergaben neun Studien, dass der Cortisol-Spiegel bei 2- bis 3-jährigen Kindern, betreut von ihren Bindungspersonen, gegen Abend sinkt, während er bei 70 bis 90 Prozent der ganztägig in Kinderkrippen betreuten Kindern steigt und konstant hoch bleibt. Bei 5- bis 6-jährigen Kindern zeigten sich kaum noch Unterschiede (Vermeer & Ijzendoorn, 2006).

Mittlerweile ist hinreichend gesichert, dass interpersonaler Stress in der vulnerablen Phase der ersten 3 Lebensjahre durch Änderung der HPA-Achsenfunktion[32] zur Herabsetzung der basalen Cortisol-Werte im späteren Leben führt. Die Folgen sind noch ungenügend erforscht. Jedoch zeigen Erwachsene mit dissozialem Verhalten ebenfalls ungewöhnliche Cortisol-Werte. In den westlichen Ländern führte diese Erkenntnis nicht nur

30 Unter „Hospitalismus“ versteht man alle negativen körperlichen und psychischen Begleitfolgen eines Krankenhaus- oder Heimaufenthalts oder einer Inhaftierung. Bei Säuglingen und Kindern, die von ihren Bezugspersonen getrennt werden, gehören mangelnde Sorge und emotionale Vernachlässigung zu den Ursachen.

31 NICHD – National Institute of Child Health and Human Development.

32 Die HPA-Achse oder Stressachse bildet eine komplexe Abfolge von direkten Einflüssen und Feedback-Schleifen zwischen drei Hormondrüsen: dem Hypothalamus, der Hypophyse und der Nebennierenrinde.

zu einem veränderten Denken in Bezug auf die frühe Fremdbetreuung,[33] sondern beeinflusste auch die Haltung der sozialempirischen Väterforscher in Bezug auf die Frage der Betreuungsaufteilung nach der elterlichen Trennung.

10.6.2 Einfluss von Trennung auf Kleinkinder

Eine der größten Kontroversen stellt die Frage dar, ob und wie oft Scheidungskinder unter 3 Jahren in den Haushalten beider Eltern übernachten sollten. Ausgerüstet mit Forschungsbefunden dafür oder dagegen äußerten sich bis in die 1990er Jahre zu dieser Frage ebenso viele Befürworter wie Gegner. Über lange Zeit standen keine verlässlichen Erkenntnisse zur Verfügung, und die Frage ließ sich einzig vor dem Hintergrund der Bindungstheorie beantworten.

Wenn es darum geht, das Bindungsbedürfnis des Kleinkindes zu erfüllen, ist aus bindungstheoretischer Sicht auf den Zusammenhang mit der Schwere des Elternkonfliktes hinzuweisen. Im deutschsprachigen Raum weist insbesondere der Experte Heinz Kindler vom Deutschen Jugendinstitut in München darauf hin, dass die Konfliktausprägung zwischen den Eltern ein entscheidenderes Maß für den Aufbau einer sicheren Bindung des Kindes an den anderen Elternteil ist als der Anteil der gemeinsam verbrachten Zeit. Kindler (2013a) nennt fünf grundlegende Erkenntnisse der Bindungspsychologie, die eine Rolle spielen und berücksichtigt werden müssen, wenn Kleinkinder von ihren Bindungspersonen getrennt werden:

1) Etwa ab dem 6. Lebensmonat zeigen Kinder Belastungsreaktionen, wenn sie, und sei es nur für kurze Zeit, von ihren Bezugspersonen getrennt werden.
2) Tatsächliche Belastungen sind nicht immer identisch mit beobachtbaren Belastungsreaktionen. Aufgrund einer evolutionär vorgebahnten Verhaltensmöglichkeit können Kinder je nach Beziehung und Lerngeschichte den offenen Ausdruck von Belastung vermeiden, um nicht Ärger und Ablehnung auf sich zu ziehen.
3) Jegliche Belastungswirkung infolge einer kurz- oder langfristigen Trennung von der Bindungsfigur ist hauptsächlich als Folge einer Beeinträchtigung der emotionalen Sicherheit des Kindes zu verstehen.
4) Auf Bedrohung der emotionalen Sicherheit reagieren Kinder mit den ihnen zur Verfügung stehenden Bewältigungsstrategien mit dem Ziel, die emotionale Sicherheit wiederherzustellen.
5) Bei längeren Trennungen kommt es zu Ablösungsprozessen.

---

33 In Deutschland haben sich die Forschungserkenntnisse in den „Bielefelder Empfehlungen“ niedergeschlagen. Darin spricht sich Böhm (2011) bei unter 2jährigen Kindern gegen eine Gruppenbetreuung aus. Zwischen dem 2. und dem 3. Geburtstag sollte man dem Kind maximal eine halbtägige Gruppenbetreuung bis zu 20 Stunden wöchentlich zumuten. Ab 3 Jahren sei, je nach individueller Disposition, eine ganztägige Gruppenbetreuung möglich.

Betrachtet man die Situation des Kleinkindes in der Wechselbetreuung seiner getrennten Eltern durch die Brille der bindungstheoretischen Grundsätze, lässt sich nicht bestreiten, dass jeglicher Betreuungswechsel mit Trennungen einhergeht, welche das Kind, abhängig von seiner Bindung an beide Elternteile und abhängig von den elterlichen Spannungen, in seiner emotionalen Sicherheit verunsichern.

Bei einem Kampf um die Betreuungsaufteilung vor den Behörden kann ein Konfliktniveau angenommen werden, das die emotionale Sicherheit des Kleinkindes mit Sicherheit tangiert. In erster Linie nimmt das Kind vor, während und nach den Kontakten eine Anspannung bei seinen Bezugspersonen wahr. Die Spannung zwischen den Eltern registriert das Kind in erster Linie als Störung des gewohnten Rhythmus: Die Eltern sind anders als sonst, nämlich ungeduldiger, vielleicht lauter, in ihren Bewegungen hastiger, eventuell riechen sie anders, und in ihrem Gesicht fehlt der vertraute Ausdruck. Das Kleinkind ist irritiert und sieht die Kontinuität seiner Versorgung gefährdet. Es reagiert zunächst körperlich, indem seine physiologischen Stressreaktionen hochgefahren werden. Da der Stress in diesem Alter nur von der primären Bindungsperson aufgelöst werden kann, bleibt der Säugling oder das Kleinkind nach der Übergabe an die sekundäre Bindungsperson für längere Zeit in diesem Zustand. Seine Angstreaktion kann nicht hinuntergefahren werden, und es kommt zu chronischem Stress.

Die Erfahrung hat gezeigt, dass Kinder auf elterlichen Konflikt spätestens ab dem Alter von 6 Monaten mit Belastungssymptomen reagieren. Dabei spielt es in diesem jungen Alter für das Kind keine Rolle, ob sich die Eltern um Geld, über die Obhut oder über unterschiedliche Erziehungsvorstellungen streiten oder ob es womöglich nur die Mutter ist, die den Konflikt aufrechterhält, während der Vater sich um kindeswohlverträgliche Kooperation bemüht.

10.7 Zur Bindungsdiagnostik

Bindungsmuster sind das Ergebnis des Zusammenspiels von Fürsorgeverhalten der Bezugsperson und entsprechendem Bindungsverhalten des Kindes. Zur Einschätzung sowohl der Feinfühligkeit auf Elternseite als auch der Bindungen des Kindes müssen mehrere Indikatoren herangezogen werden. Bindung ist grundsätzlich nur als Bindungsverhalten beobachtbar, und zwar in gestalteten oder spontanen Situationen, die sich am ehesten anlässlich von Hausbesuchen ergeben. Beobachtungen und Erfahrungen in bindungsspezifischen Situationen lassen sich dem Diagnostiker auch von signifikanten Personen (Lehrpersonen, Betreuern) oder den Kindern und Jugendlichen selbst berichten. Im Hinblick auf die Beurteilung der Bindung als Teilaspekt der Erziehungsfähigkeit werden in der Literatur sieben Indikatoren genannt (Kindler & Lillig, 2004):

1) **Die Beziehungsgeschichte des Kindes mit der Bindungsperson.** Einschränkungen in Bezug auf den erzieherisch relevanten Bindungsaspekt lassen sich aus der Vorge-

schichte erkennen. Relevant sind längere Trennungen, häufige Fremdbetreuungen des Kindes, objektive Verminderung des feinfühlenden Verhaltens der Eltern infolge Krankheit und emotionale Ablehnung des Kindes.

2) **Verhalten des Kindes in bindungsaktiven Situationen.** Das Kind aktiviert Bindungsmuster in belastenden, bedrohlichen Situationen, wie zum Beispiel bei kurzfristiger Trennung von der elterlichen Bezugsperson, Müdigkeit und Hunger. Es stellt sich die Frage, wie stark das Kind in solchen Situationen auf den Elternteil bezogen ist und wie das Kind reagiert, wenn eine ihm fremde Person Schutz und Hilfe anbietet.
3) **Das beobachtbare Fürsorgeverhalten der Bindungsperson gegenüber dem Kind.** Anhaltspunkte für eine eingeschränkte Feinfühligkeit der Bindungsperson ergeben sich aus fehlenden oder missinterpretierten Wahrnehmungen der kindlichen Signale oder aus verzögerten und inadäquaten Reaktionen auf diese Signale.
4) **Geäußerte Haltung der Bindungsperson.** Aussagen der Bindungsperson, die das Bindungsbedürfnis des Kindes auf eine andere Bezugsperson hin abwerten oder ausblenden.
5) **Lebensgeschichte und Lebenssituation der Bindungsperson.** Die Bindungsgeschichte der Bezugsperson ergibt Hinweise auf deren Bindungsstil und auf das entsprechende Bindungsmuster des Kindes.
6) **Das Bild des Kindes von der Beziehung zur Bindungsperson.** Bei Kindern ab circa 4 Jahren kann man das innere Bild ihrer Bindungsbeziehungen im diagnostischen Spiel ermitteln oder auch erfragen.
7) **Reaktionen der Bindungsperson auf geeignete Hilfen zur Erziehung.** Geeignete Interventionen vermögen die Feinfühligkeit einer Bindungsperson zu fördern. Mit entsprechender Unterstützung kann die Bindungsperson stabilisiert werden. Werden geeignete Angebote aber ausgeschlagen oder bleiben diese erfolglos, ist dies ein Hinweis darauf, dass die Bindungsperson die Bedeutung des Bindungsaspekts verkennt oder dass ihre Fähigkeit, dem Kind als verlässliche Bindungsperson zur Verfügung zu stehen, eingeschränkt ist.

10.7.1 Testpsychologische Untersuchungen

Um die spezifische Bindungsqualität zu bestimmen, wurden wissenschaftlich abgesicherte diagnostische Verfahren entwickelt, die je nach Altersgruppe auf unterschiedlichen Ebenen ansetzen. Diese Instrumente wurden aber für die Forschung entwickelt und sind zur Diagnostik in familienrechtspsychologischen Fragen nur sehr begrenzt anwendbar. Standardisierte Methoden, die sich zur Einzelfalldiagnostik eignen, sind die Ausnahme. Dem bindungstheoretisch erfahrenen Gutachter dienen die vorhandenen Instrumente als Grundlage für die Einzelfalldiagnostik, welche die Verhaltensbeobachtung sinnvoll ergänzen.

- **Testverfahren Fremde Situation nach Ainsworth** (Grossmann & Grossmann, 2003): Bei 1 bis 3-jährigen Kindern lässt sich die Bindungsqualität mit einem standardisierten Untersuchungsverfahrens relativ zuverlässig erfassen. Das Feinfühligkeitsverhalten der Bezugspersonen ist aus dem Bindungsverhalten des Kindes ableitbar. Der Test ist einer WartezimmerSituation beim Arzt nachempfunden. In vier bis acht Episoden von je drei Minuten wird das Bindungsverhalten durch eine zweimalige kurze Trennung von der primären Bezugsperson in fremder Umgebung aktiviert und nach der Wiedervereinigung mit der Bezugsperson untersucht. In diesen Episoden erfährt das Kind in zunehmendem Maß Unvertrautheit und Fremdheit, so dass das Bindungssystem aktiviert wird.

Verinnerlichte Erwartungsmuster sind ab circa 3 Jahren handlungswirksam und können über das Spiel, über Zeichnungen und zunehmend auch über die Sprache vermittelt werden. Je nach Alter und Vorlieben des Kindes wendet man entsprechende Methoden an:

- **Familienbezeichnungen:** Sicher gebundene 6-jährige Kinder malen in Familienzeichnungen die Familienmitglieder individueller und weniger stereotyp als unsicher gebundene Kinder. Die Zeichnungen enthalten in der Regel auch mehr Details aus dem häuslichen Umfeld.
- **Geschichten-Ergänzungs-Verfahren GEV-B** (nach König, Gloger-Tippelt & Zweyer, 2007): Mit Spielmaterial und Puppenfiguren spielt man dem Kind den Anfang von fünf Geschichten szenisch vor. Anschließend wird das Kind aufgefordert, die Geschichte zu Ende zu erzählen. Es handelt sich um bindungsaktivierende Geschichten mit ungelöstem Konflikt oder kleineren Schadenshandlungen des Kindes (z.B. Verschütten von Saft, Abschied von den Eltern, Schmerz durch Sturz, Furcht vor Monstern im Kinderzimmer). Die von den Kindern inszenierten Reaktionen der Puppen-Eltern und die entsprechenden Gefühle des Puppen-Kindes lassen Rückschlüsse auf die Feinfühligkeit der realen Eltern und auf das Bindungsmuster der Kinder zu.

10.7.2 Fehlerquellen bei der Bindungsdiagnostik

Auch aus den Angaben der Bezugspersonen erhält die diagnostisch tätige Fachperson Hinweise auf die Bindungen des Kindes. Dabei ist es wichtig, scheinbar enges Bindungsverhalten kontextuell richtig zu deuten. Folgende Phänomene verleiten zu Fehlinterpretationen:

Trennungsangst: Wenn ein Kind permanenten Konflikten zwischen den Eltern ausgesetzt ist, stellen sich Trennungsängste ein, weil dem Kind immer bewusster wird, dass sich die Eltern wahrscheinlich bald trennen werden. Damit verbunden ist auch die Angst, dass sich die Eltern auch von ihm trennen könnten. Diese Angst resultiert nicht zuletzt aus der Erfahrung des Kindes, dass die Eltern ihm, weil sie emotional mit ihren

Konflikten beschäftigt sind, weniger Aufmerksamkeit zuwenden. Wenn nun das Kind daraufhin sein Bindungsverhalten verstärkt – bis hin zu Klammerverhalten bei jüngeren Kindern -, so hat dies zunächst nichts mit sicherer Bindung zu tun, sondern weist lediglich auf die Tatsache hin, dass Ängstlichkeit, Trennungsangst und Trennungserfahrungen das Explorationsverhalten des Kindes einschränken und das Kind stattdessen das Bindungsverhalten intensiviert. Mit anderen Worten, die Ausgewogenheit zwischen den zwei Polen ist gestört.

Enge-Falle: Eine Enge-Falle nach Dettenborn und Walter (2002) liegt dann vor, wenn die Beziehung zu einer Bezugsperson als besonders eng imponiert und sich erst bei näherer Betrachtung zeigt, dass diese Beziehung vom Elternteil und nicht vom Kind ausgeht. Ein Beispiel dafür dürften die sogenannten Helikopter-Eltern[34] darstellen. Eine besonders sichere Bindung des Kindes an diese Bezugsperson kann daraus nicht abgeleitet werden. Die Enge der Bindung sagt lediglich etwas über den quantitativen Aspekt aus, das heißt über die Bindungsstärke.

Defizit-Falle: Bindungen können sich situationsabhängig auch kurzfristig ändern. Dies ist der Fall, wenn durch die familiäre Trennungssituation die sichere Basis generell brüchig wird, weil Bindungspersonen wegbleiben oder sich plötzlich anders verhalten, wenn sie zum Beispiel nicht mehr fürsorglich sind, sondern distanziert. Eine solche Situation aktiviert beim Kind zwar Bindungsverhalten, doch läuft dieses ins Leere, wenn die Eltern mit sich selber beschäftigt sind oder das Kind instrumentalisieren. In der Reaktion des Kindes auf das Verhalten der Eltern vermischen sich ursprünglich erworbene Bindungspräferenzen mit aktuell notwendigen Bewältigungsstrategien und Irritationen des Kindes. Wenn sich das Kind von der Bindungsperson zurückzieht, ist dies eher Ausdruck einer Selbstschutzstrategie als Ausdruck einer unsicheren Bindung.

Angst-Bindung: Bei einer Angst-Bindung oder auch Traumabindung handelt es sich um eine pathologische und daher nicht mehr schützenswerte Bindung. Das Kind ist in Angst an seine Bezugsperson gebunden. Im Verhalten zeigt es häufig eine angstmotivierte Überanpassung an die Bedürfnisse seiner Bezugspersonen. Bei Trennung von diesen Bezugspersonen, z. B. im Rahmen einer Fremdunterbringung, imponiert das Kind oft mit dem starken Wunsch nach Wiedervereinigung, was für Laien unverständlich ist. Aber weil das Kind mangels anderer Bindungsperson von seiner Bezugsperson immer noch den Schutz und die Versorgung erwartet, bleibt es auf diese Person fixiert. In der Beziehung zur Bezugsperson zeigt sich eine Rollenumkehr, während das Kind gleichzeitig sei-

34 Unter „Helikopter-Eltern“, auch „Hubschrauber-Eltern“ genannt (engl. *helicopter parents*), versteht man populärsprachlich überfürsorgliche Eltern, die sich ständig in der Nähe ihrer Kinder aufhalten, diese in ihren Aktivitäten und bei ihrer Freundeswahl überwachen und versuchen, jeden Schaden von ihnen fernzuhalten.

ne eigenen kindlichen Bedürfnisse verleugnet oder abwehrt. Kinder entwickeln eine Angst-Bindung, wenn sie sich in ihrer existentiellen Bedürfnisbefriedigung von einer Bezugsperson abhängig fühlen und diese Bezugsperson gleichzeitig als Quelle von Misshandlungen und Missbrauch erleben. Eine weitere Fehlannahme ist, dass unsicher oder desorganisiert gebundene Kinder sich leichter und bereitwilliger von ihren Bezugspersonen trennen. Das Gegenteil ist der Fall: Gerade desorganisiert gebundene Kinder beeindrucken häufig mit ausgeprägten Angstbindungen. Da deren Motivationssystem permanent und hochtourig darauf ausgerichtet ist, Bestrafung der unberechenbaren Bindungsperson abzuwenden und deren Erwartungen zu erfüllen, muss das Kind seine Bindungsperson ständig im Auge behalten. Daher imponieren pathologisch gebundene Kinder mit einem besonders starken Bindungsverhalten und entsprechenden Trennungsängsten. Die Intensität bzw. Stärke ist kein Indiz für eine gute Qualität der Bindung (vgl. Cappenberg, 2004).

11 Bedeutung der Geschwisterbeziehung

Die in der Laienpsychologie verbreitete Annahme, dass die Reihenfolge der Geburten den Charakter der Geschwister formt, ist empirisch nicht gestützt. Grundsätzlich gilt, dass die Haltung der Eltern die zentrale Einflussgröße ist und bestimmt, ob zwischen Geschwistern eher eine kooperative, eine konkurrierende oder gar eine ablehnende Tendenz überwiegt (Ahrons, 2007).

Wissenschaftlich gut belegt ist jedoch die Tatsache, dass im Beziehungsgeflecht von Menschen Geschwisterbeziehungen eine wichtige Rolle spielen. Neben den Eltern sind Geschwister die nächsten Angehörigen und Bezugspersonen, mit denen die ganze Bandbreite von Gefühlen, Reaktionen und Verhaltensmustern ausprobiert und modifiziert werden kann.

Die empirische Forschung bestätigt den Einfluss des ältesten weiblichen Geschwisters auf die jüngeren Geschwister und spiegelt die klinische Erfahrung wider, dass sich Geschwister in Belastungssituationen unterstützen (vgl. Frick, 2009). Insbesondere bei zwischenmenschlichen Belastungen dienen ältere weibliche Geschwister den jüngeren häufig als Modell, wie sich damit umgehen ließe. Ältere Schwestern scheinen wirkungsvolle Tutorinnen für jüngere Geschwister zu sein, wogegen ältere Brüder offenbar allein durch ihr kompetitives Verhalten stimulierend auf die kognitive Entwicklung der jüngeren Geschwister wirken. In einschlägigen Studien zeigte sich, dass ältere Schwestern in der Kooperationssituation den jüngeren Geschwistern häufiger Erklärungen und Rückmeldungen gaben als ältere Brüder, und die jüngeren Geschwister akzeptierten die Hilfe der älteren Schwestern eher als die der älteren Brüder. Diese Befunde wurden dahingehend interpretiert, dass Mütter einer älteren Tochter einen Teil ihrer betreuenden und helfenden Rolle übertragen und die Tochter dadurch lernt, diese Funktion kompetent zu erfüllen. Diese Befunde erklären auch, warum im familienrechtspsychologischen Kontext Familien mit Töchter-Kindern im Alter von 8 bis 11 Jahren die größte Herausforderung darstellen, insbesondere in Konstellationen, in denen die Kinder den Kontakt zum anderen Elternteil ablehnen.

11.1 Trennung von Geschwistern

Die verbreitete Auffassung, dass Geschwister bei elterlicher Trennung möglichst nicht getrennt werden sollen, geht von der Annahme aus, dass Geschwister füreinander eine Ressource darstellen. Das ist jedoch nicht uneingeschränkt der Fall.

Die Forschung über Geschwisterbeziehungen nach der Trennung der Eltern weist darauf hin, dass Geschwister zwar füreinander eine Ressource darstellen können, wenn die Eltern emotional nicht erreichbar sind, aber sie können auch zu Rivalen im Kampf um die beschränkten Ressourcen werden. Bei der Frage, ob im Zuge der elterlichen Trennung Geschwister getrennt werden dürfen, gilt es vier Hypothesen zu berücksichtigen und im Einzelfall zu prüfen (vgl. Walper, Thönnissen, Wendt & Bergau, 2009):

1) **Die Kompensationshypothese** stützt die Annahme, dass Geschwister in zerrütteten Familien eine engere Beziehung entwickeln, wodurch sie die Belastungen kompensieren. Diese Hypothese bezieht sich vor allem auf Geschwister mit großem Altersabstand oder auf Geschwisterkonstellationen mit einer älteren Schwester.
2) **Die Pufferhypothese** besagt, dass Geschwister in stressbelasteten Familien als Ressource wirken und negative Auswirkungen abdämpfen, jedoch häufig zu Lasten eines Kindes, meist der ältesten Schwester. Nicht selten geht nämlich mit den chronifizierten Konflikten auf der Eltern-Ebene eine Parentifizierung der ältesten Kinder einher, die sich um ihre jüngeren Geschwister sorgen und ihre eigenen Bedürfnisse vernachlässigen.
3) **Die Kongruenzhypothese** hat vor allem Gültigkeit bei einer positiven Korrelation der Eltern-Kind-Beziehung und der Geschwisterbeziehung. Entsprechend haben Scheidungskinder bei einer qualitativ guten Beziehung zum hauptbetreuenden Elternteil tendenziell auch untereinander ein gutes Verhältnis, während belastete Eltern-Kind-Beziehungen auch die Geschwisterbeziehungen in Mitleidenschaft ziehen. Da Eltern in einer konflikthaften Trennungssituation stark mit sich selber beschäftigt sind, führt dies zu einer Rivalität unter den Geschwistern um die beschränkten Ressourcen auf der Eltern-Ebene. Diese Dynamik ist besonders unter Brüdern zu beobachten. Der elterliche Trennungskonflikt schwappt häufig auch in Form von Aggression auf die Geschwister-Ebene über. Geschwister können negative Gefühle eher untereinander ausdrücken, weil Loyalität, Respekt und Verlustangst weniger stark ausgeprägt sind als in der Beziehung zu den Eltern. Dadurch besteht die Gefahr, dass man die Konflikte auf der Geschwister-Ebene überbewertet und daher falsch interpretiert (Dettenborn & Walter, 2002).
4) **Die Bevorzugungshypothese** bezieht sich auf eine Ungleichbehandlung von Geschwistern durch die Eltern. Daraus resultieren negative Geschwisterbeziehungen.

Insgesamt lässt sich sagen, dass Schwestern untereinander eine Ressource darstellen und in der Regel nicht getrennt werden möchten, während rivalisierende Brüder oder Brüder mit unterschiedlich engen Beziehungen zu den Eltern eher getrennt werden können.

12
Bedeutung des Kontinuitätsprinzips

Fallbeispiel A

Zwei Kinder von 4 und 5 Jahren sind bis zur Trennung der Eltern in einem Einfamilienhaus aufgewachsen, das die Eltern vor deren Geburt haben bauen lassen. Während die hauptsächlich betreuende Mutter mit den Kindern in eine Wohnung ziehen möchte, will der Vater mit den Kindern im Haus bleiben und begründet dies damit, dass die Kinder hier verwurzelt seien.

Fallbeispiel B

Zwei Kinder von 10 und 11 Jahren sind bis zur Trennung der Eltern ebenfalls in einem Eigenheim aufgewachsen, betreut hauptsächlich von der Mutter. Diese will nach der Trennung mit den Kindern in die Stadt ziehen und die Kinder weiterhin überwiegend allein betreuen. Der Vater ist dagegen, und auch die Kinder weigern sich, das Haus und das Dorf zu verlassen, wo sie in Vereinen aktiv sind und in der Schule Freundschaften pflegen.

Bei der Kindeswohlprüfung im familienrechtlichen Verfahren stellt das Kontinuitätsprinzip ein wichtiges Entscheidungskriterium dar. Hierbei stellt sich die Frage, welche Aspekte über die Betreuungsaufteilung hinaus die psychische und physische Situation des Kindes potentiell stabilisieren oder die bestehende Stabilität aufrechterhalten. Das Kind ist kein Trabant oder Anhängsel seiner Eltern. Bereits unmittelbar nach seiner Geburt bewegt es sich in einem sozial und örtlich bestimmten Raum, den es sich im Wechselspiel von Adaptions- und Assimilationsprozessen zu eigen macht. Dabei entwickelt sich eine nicht beliebig austauschbare Vertrautheit oder Heimat. Berücksichtigt man, dass die Vertrautheit ontogenetisch oft schwerer wiegt als das Bedürfnis nach Aufbruch zu neuen Ufern, kann man davon ausgehen, dass eine Kontinuität des psychosozialen Umfeldes für das Kind vorteilhafter ist als eine Veränderung.

Da nun aber fast jede elterliche Trennung dem Kind eine Anpassungsleistung abverlangt, stellt sich die Frage, wie sich der Schaden eingrenzen lässt, indem man die kontrollierbaren bzw. nicht abwendbaren Veränderungen möglichst gering hält. Beispielsweise können einschneidende Veränderungen in der bisher praktizierten Betreuung zusätzliche Verlusterfahrungen zur Folge haben und dem Kind emotionale und soziale Ressourcen nehmen, die es zum Bewältigen der familiären Trennung benötigt.

Bei der Beurteilung, wie bedeutsam das Kontinuitätsprinzip im jeweiligen Falle ist, muss zwischen einer Kontinuität in Bezug auf die Betreuung und einer Kontinuität in Bezug auf das örtliche und soziale Umfeld unterschieden werden. Grundsätzlich gilt, dass bei jüngeren Kindern die Betreuungskontinuität wichtiger ist als bei älteren Kindern (Fallbeispiel A), während die Verwurzelung eines älteren Kindes an seinem Wohnort oft mit sozialen Beziehungen einhergeht, deren Verlust für das Kind eine substantielle Belastung darstellen würde (Fallbeispiel B).

12.1 Soziale und örtliche Kontinuität

In diesem Zusammenhang gilt es einzuschätzen, wie stark das Kind örtlich-geographisch verwurzelt ist und wie dem Kind die sozialen Beziehungen und die wichtigsten Bezugspersonen am ehesten erhalten bleiben.

Das Leben eines Kindes ist bereits vor der eigentlichen Adoleszenz von zahlreichen, teilweise gravierenden Veränderungen geprägt. Allein schon das Zurechtkommen mit den oft abrupten körperlichen Wandlungen fällt schwer und verlangt dem Kind eine hohe Anpassungsleistung ab. Aufgrund der kognitiven Veränderungen (vgl. Kap. 7.1) ergeben sich eine Vielzahl von Fragen, bei denen sich die Jugendlichen im Gespräch mit gleichermaßen betroffenen Gleichaltrigen besser verstanden fühlen als von ihren Eltern. Im Zuge dessen gestalten sich die sozialen Beziehungen um, die Peers nehmen eine immer wichtigere Rolle ein, und der Einfluss der Eltern lässt nach (vgl. Mietzel, 2002, S. 351 ff.). Bei einer Obhutsbestimmung müssen auch die Erprobung der Selbstwirksamkeit und Selbstgestaltung von Jugendlichen in ortsansässigen Vereinen oder anderweitige ortsbezogene Freizeitbeschäftigungen in die Waagschale geworfen werden.

12.2 Betreuungs- und Beziehungskontinuität

Hier stellt sich die Frage, von welchem Elternteil das Kind bis zum Zeitpunkt der Obhutsbestimmung überwiegend versorgt und betreut wurde und welchem Elternteil es sich qualitativ näher fühlt. Haben die Eltern vor der Trennung ein klassisches Rollenmodell gelebt, wird sich im Leben des Kindes zwar tatsächlich am wenigsten verändern, wenn es nach der Trennung weiterhin hauptsächlich von seiner nicht berufstätigen Mutter betreut wird. Aber ob dies für das Kind das Beste ist, lässt sich aus psychologischer Sicht ohne Berücksichtigung zusätzlicher Kriterien nicht ohne weiteres beurteilen. Dass die Mutter das Kind bis zur Trennung hauptsächlich allein betreut hat, ist kein Garant für eine kindeswohlförderliche Bindungs- und Beziehungsqualität zwischen der Mutter und dem Kind. Beispielsweise sind Konfliktfähigkeit und Frustrationstoleranz in diesem Zusammenhang wichtige Aspekte bei der Beurteilung der Erziehungskompetenz des Elternteils. Beispielsweise kann eine nicht außerhäuslich arbeitstätige Kindesmutter für ihr Kinder zeitlich immer verfügbar gewesen sein und es dennoch nicht geschafft haben, eine tragfähige und vertrauensvolle Mutter-Kind-Beziehung zu entwickeln. Die für das Kind belastenden Veränderungen beziehen sich nicht nur auf den zeitlichen Umfang der Betreuung. Auch qualitative Aspekte spielen eine Rolle. Wurde das Kind beispielsweise regelmäßig von der Mutter zu Bett gebracht, während der Vater für andere Betreuungsaufgaben zuständig war, so kann eine abrupte Änderung gerade kleine Kinder tief verunsichern.

13 Zusammenfassung Teil I

Die Ausführungen in den vorangegangenen Kapiteln bilden die theoretische Grundlage der Bühne, auf welcher die Betreuungsanteile der sorge- und obhutsberechtigten Eltern für das Kind oder der persönliche Verkehr des Kindes mit dem Elternteil ohne Obhut bestimmt und geregelt werden. Schematisch lassen sich die zu berücksichtigenden Faktoren geordnet nach Gewichtung in einem Kreismodell darstellen (**Abb. 3**).

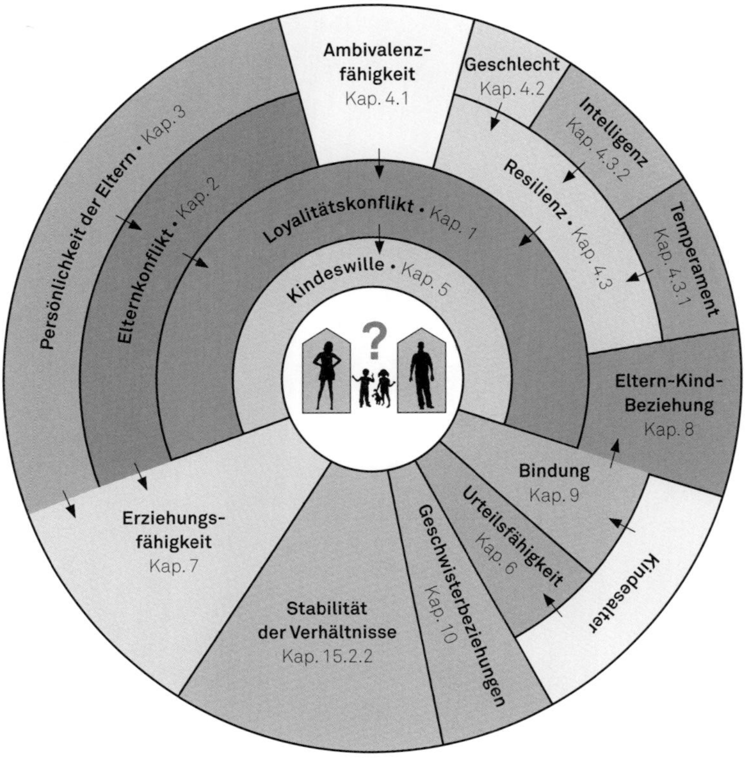

Abbildung 3: Kompass für ein kindeswohlverträgliches Betreuungsmodell.

Teil II:
Sorgerecht, Festlegung von Betreuungsanteilen und Kontaktregelung

14 Elterliche Sorge bzw. Sorgerecht

Nach den Gesetzesänderungen im Rahmen der Familienrechtsreformen in der Schweiz und in Deutschland wird die gemeinsame elterliche Sorge regelhaft verfügt, wenn nicht zur Wahrung der Interessen des Kindes ausnahmsweise an der alleinigen elterlichen Sorge der Mutter festzuhalten oder die alleinige elterliche Sorge dem Vater zu übertragen ist.

Trotz gemeinsamer elterlicher Sorge werden dem Elternteil, welcher das Kind aktuell gerade betreut, substantielle Entscheidungsbefugnisse zugestanden. Im Grundsatz gilt, dass jener Elternteil, der das Kind gerade betreut, in alltäglichen oder dringlichen Angelegenheiten allein entscheiden darf. In dringlichen Fällen ist eine Alleinentscheidung ebenfalls zulässig, zum Beispiel wenn der andere Elternteil nicht mit vernünftigem Aufwand zu erreichen ist, Gefahr in Verzug ist und ein Zuwarten dem Kindeswohl widerspräche (Art. 301 Abs. 1 ZGB). Handelt es sich also um Bereiche der Alltagssorge, ist analog zur Elternschaft in der Kernfamilie keine Zustimmung des anderen Elternteils erforderlich. In Deutschland sind in § 1687 BGB Kategorien von Entscheidungen definiert, welche neben den alltäglichen Angelegenheiten auch enger gefasste „Angelegenheiten der täglichen Betreuung“ umfassen. Im Gesetzestext des Schweizerischen Zivilgesetzbuches hingegen wird nicht explizit gesagt, welche Gebiete diese alltäglichen Angelegenheiten umfassen, was zahlreiche Auslegungsfragen aufwirft (vgl. Aebi-Müller, 2017). Während einige Autoren Entscheidungen in Bezug auf Ernährung, Bekleidung, Pflege, Freizeitgestaltung, Körperpflege inklusive Frisur als Bestandteil der Alltagssorge betrachten, wenden andere Autoren ein, dass Piercing und Tätowierung nicht alltäglich sind und dass auch das Ernährungskonzept und der Bekleidungsstil Fundamentales berühren können. Die meisten Autoren sind sich jedoch einig, dass die nicht alltägliche Wahl der Fremdbetreuung des Kindes nicht Bestandteil der Alltagssorge ist, auch dann nicht, wenn dies die Betreuungszeit des anderen Elternteils nicht tangiert. Weitere Entscheidungen, die gemeinsam getroffen werden müssen, sind

- Änderung des Vor- oder Familiennamens des Kindes,
- Eintritt in eine Kirche oder Religionsgemeinschaft oder Austritt daraus,
- Aufenthaltsbestimmung für das Kind,
- Erwerb oder Verzicht auf eine Staatsangehörigkeit,

- vorzeitige Auflösung eines Lehrverhältnisses,
- Schullaufbahnentscheidungen,
- evidenzbasierte ärztliche und therapeutische Behandlungen des Kindes.

Diese Auflistung macht deutlich, dass es sich bei der nach neuem Recht ausgestalteten gemeinsamen elterlichen Sorge bei geschiedenen Eltern primär um einen rechtlichen Sachverhalt handelt. Die Psychologie als Disziplin soll nur in Ausnahmefällen beigezogen werden und zur Klärung beitragen, nämlich wenn als Folge dieser Regelung eine direkte Gefährdung des Kindes nicht ausgeschlossen werden kann. Das heißt, die Gerichte und Entscheidungsbehörden sind grundsätzlich verpflichtet, eine gemeinsame Sorge anzuordnen, es sei denn, die Kinder würden dadurch Schaden nehmen. Die Verfügung einer Alleinsorge rechtfertigt sich in diesen Fällen allerdings nur dann, wenn dadurch der Kindeswohlgefährdung im Sinne der Kausalität tatsächlich und überhaupt begegnet werden kann. Einem Elternteil die elterliche Sorge zu „entziehen", muss sich somit positiv auf das Kindeswohl auswirken. Vorstellbar sind Fälle, in welchen zwingend gemeinsam zu entscheidende Belange anstehen und eine Einigung der Eltern nicht zu erwarten ist. Beispielsweise möchte ein Elternteil die Kinder impfen lassen, während der andere Elternteil sich vehement dagegen wehrt. Selbst dieser Fall rechtfertigt die Zuteilung der Alleinsorge nicht: Bevor einem Elternteil die Sorge vollständig entzogen wird, ist zu prüfen, ob mildere Mittel zur Sicherstellung des Kindeswohls in Frage kommen, wie zum Beispiel die Übertragung des Rechts, über diese spezielle Frage oder über den ganzen Bereich der medizinischen Versorgung allein zu entscheiden.

14.1 Umgang mit Unsicherheiten in Bezug auf Bereiche der Alltagssorge

Aus psychologischer Sicht gibt es keinen Grund, warum sich die Alltagssorge um Kinder von getrennten Eltern von der Alltagssorge um Kinder in vollständigen Familien unterscheiden soll. Auch in vollständigen Familien werden Kinder unter der Woche selten von beiden Eltern gleichzeitig betreut. Entsprechend hat der jeweilig betreuende Elternteil im Alltag eine Reihe von Entscheidungen zu treffen: Im Rahmen seines ihm zustehenden Haushaltsgelds bestimmt er selber, was am Mittag auf den Tisch kommt oder welche Kleider die Kinder tragen, und hütet über die spontane Freizeitgestaltung der Kinder. Auch in vollständigen Familien vertreten Eltern unterschiedliche Meinungen, was die Wünsche und Interessen der Kinder betrifft: Soll das Kind Klavier oder Geige spielen oder eher in den Fussballclub gehen? Soll der 12-jährigen Tochter erlaubt werden, sich die Haare zu färben oder den Bauchnabel piercen zu lassen? Darf dem 10-jährigen Sohn erlaubt werden, mit der Familie seines Freundes ins Ausland zu verreisen?

Tatsächlich geraten auch Kinder aus vollständigen Familien vorübergehend in Loyalitätskonflikte, wenn Erziehungsfragen zu konflikthaften Auseinandersetzungen zwischen den Eltern führen. Finden zusammenlebende Eltern keine einvernehmliche Lösung, setzt sich nicht immer der Elternteil mit den kindeswohlverträglicheren oder überzeugenderen Argumenten durch: Oft bestimmt der Elternteil, welcher mehr Einfluss auf das Kind hat, oder der Elternteil, der die Macht über die finanzielle Situation der Familie hat. Ungünstige Entscheidungen des durchsetzungsfähigeren Elternteils sind für das Kind zwar frustrierend, aber in der Regel aushaltbar. Bei zu eng verstandener Alltagssorge in der vergleichbaren Trennungsfamilie können die elterliche Konfliktverwaltung einer übergeordneten Instanz und die damit einhergehenden fürsorglichen Belagerungen (Anhörung des Kindes, Mediation der Eltern) das Kind weit mehr belasten.

Darüber hinaus bleibt die elterliche Fähigkeit zur Übernahme von Erziehungsverantwortung auch nach der Trennung erhalten. Wenn in einer vollständigen Familie das Bauchnabel-Piercing der Tochter oder die Camping-Ferien des jugendlichen Sohnes nur mit der Einwilligung eines Elternteils zustande kommt, kann angenommen werden, dass der befürwortende Elternteil die fürsorgerische Verantwortung darüber tragen kann und in der Lage ist, diese Befürwortung auch finanziell zu ermöglichen. Dies verhält sich nicht anders, wenn die vormals erziehungsfähigen Eltern getrennt sind. Hingegen gibt es durchaus Fragen, welche auch in vollständigen Familien ausgehandelt werden müssen, wie beispielsweise die außerfamiliäre Betreuung des Kindes. Bei Uneinigkeit besteht die Lösung darin, dass der Elternteil, welcher sich gegen eine außerfamiliäre Betreuung ausspricht, die Verantwortung über die Betreuung des Kindes selber übernimmt.

Grundsätzlich kann davon ausgegangen werden, dass die Alltagssorge Entscheidungen betrifft, welche auch in vollständigen Familien von einem Elternteil gegen den Willen des anderen Elternteils getroffen werden können. Weigert sich der getrennt lebende Elternteil, die Klavierstunden zu berappen, weil er seinen Sohn lieber im Fussballclub gesehen hätte, ist es dem anderen Elternteil freigestellt, dem Sohn den Unterricht im Rahmen seines ihm zustehenden Unterhaltsbeitrags zu ermöglichen. Grenzen bestehen da, wo die Entscheidung den persönlichen Kontakt zum getrennt lebenden Elternteil berührt, etwa wenn dieser mit dem Kind Klavier üben soll.

Die Relativität in Bezug auf Entscheidungen, welche die Einigkeit beider Eltern voraussetzen, zeigt sich bei Fragen, welche erst anstehen, wenn die Kinder das Alter der Urteilsfähigkeit erreicht und somit ein Mitspracherecht haben, wie zum Beispiel bei der Frage der Religionszugehörigkeit.

Falls sich schon in der Trennungszeit oder spätestens bei der Scheidung abzeichnet, dass die Eltern trotz gerechtfertigter Belassung der gemeinsamen Sorge Differenzen bei der Ausgestaltung der Alleinsorge haben, kann der Umgang damit in der Trennungsvereinbarung oder im Scheidungsurteil wie folgt präzisiert werden:

Bei unterschiedlichen Haltungen in Bezug auf sorgerechtsrelevante Entscheidungen sollen die Eltern angehalten werden, sich auf eine Fachperson oder Instanz ihres Vertrauens zu einigen und sich zu verpflichten, deren „Schiedsgerichtentscheid“ zu akzeptieren.

In Fällen, in denen sich im Rahmen der Scheidung abzeichnet, dass die Eltern in einem bestimmten Bereich (z.B. Bildung, Religion, medizinische Versorgung) unüberwindbare

Differenzen haben, kann die Einschränkung der Befugnisse in diesem Bereich einem Elternteil allein auferlegt werden.

14.2 Gemeinsame Sorge und Elternkonflikt

Nach der bundesgerichtlichen Rechtsprechung in der Schweiz kann ein schwerwiegender, erheblicher und chronischer Dauerkonflikt der Eltern oder deren anhaltende Kommunikationsunfähigkeit gegen die gemeinsame Sorge sprechen, wenn sich dieser Umstand negativ auf das Kind auswirkt und die Alleinzuteilung des Sorgerechtes eine Verbesserung der Situation erwarten lässt. Auseinandersetzungen oder Meinungsverschiedenheiten sind jedoch trennungsinhärent und dürfen nicht Anlass für eine Alleinsorge sein.

Wenn Elternteile die Alleinsorge beanspruchen und sich dabei auf eine hohe elterliche Konfliktlage berufen, gilt es zunächst festzustellen, wie sich diese Konfliktlage im konkreten Fall auf das Kind auswirkt und in welcher Weise die Zuteilung der Alleinsorge den Konflikt positiv beeinflusst und somit die Interessen des Kindes besser garantiert. Es ist unbestritten, dass bei einer Trennung der Eltern der anhaltende Elternkonflikt die Kinder am meisten beeinträchtigt. Aber zum einen fehlen Hinweise, dass zwischen Streitverhalten und Sorgerechtsmodell ein Zusammenhang besteht (vgl. Kostka, 2004), zum anderen hängt die Belastung des Kindes mitunter auch vom Inhalt der Streitigkeiten der Eltern ab. So sind nicht kindbezogene Streitigkeiten wie zum Beispiel finanzielle Belange für Kinder in der Regel weniger belastend und können durch Zuteilung einer Alleinsorge auch kaum beeinflusst werden. Sind die Streitigkeitsthemen tatsächlich kindbezogen wie zum Beispiel die Freizeitgestaltung des Kindes, hängt die Belastung für das Kind in erster Linie davon ab, inwieweit die Eltern das Kind in den Streit einbeziehen. Gegebenenfalls ist dem Kind bereits sehr viel geholfen, wenn zunächst nur der Alleinsorge beanspruchende Elternteil sich kindeswohlverträglich verhält.

Sowohl kindbezogene als auch nicht kindbezogene Uneinigkeiten zwischen den Eltern kommen auch in vollständigen Familien vor und sind kein Grund für die Zuteilung einer Alleinsorge. Diese Differenzen können aber zur Handlungsunfähigkeit der Eltern führen, wenn diese sich in keiner Weise darüber einigen können, wie das Kind zum Beispiel beschult werden soll, ob und wogegen es sich impfen lassen, mit welchen Kindern es Umgang haben oder welches Musikinstrument es spielen soll. Wenn sich abzeichnet, dass sich die Eltern bei jeder alltäglichen Entscheidung in die Haare geraten, auf dem Schauplatz des Kampfes auf Kosten des Kindes Energie verbrauchen und andauernd die Behörde anrufen, kann die Zuteilung der Alleinsorge zur Sicherstellung der Handlungsfähigkeit eines Elternteils im Interesse des Kindes sein. Aber bei einer Zuteilung der Alleinsorge gilt es in jedem Fall, die Gefährdung oder Belastung des Kindes zu konkretisieren. Wird ein massiver Loyalitätskonflikt des Kindes als Begründung für eine Alleinsorge bemüht, muss das Kind Symptome oder Verhaltensweisen zeigen, die eindeutig und kausal als

Ausdruck der loyalitätsbedingten Belastung zu interpretieren sind. Zum Beispiel behauptet ein Elternteil, dass der Loyalitätskonflikt des Kindes schuld am rapiden Sinken seiner Schulleistungen in der 3. Klasse ist. Diese Zuschreibung ist nicht hinreichend kausal, zumal die leistungsbezogenen Anforderungen an das Kind mit Eintritt in die 3. Klasse ohnehin zunehmen. Hingegen kann eine massive Belastung angenommen werden, wenn ein 5-jähriges Kind wieder einkotet oder Zwänge entwickelt.

Stellt die Zuteilung der Sorge und Obhut den Hauptstreitpunkt dar, darf dieser Umstand nicht als Begründung für die Zuteilung der Alleinsorge missbraucht werden, zumal die gemeinsame Sorge in diesen Fällen ja gerade das Potential hat, diesen Streit beizulegen.

Die Entscheidung für die Alleinsorge darf sich auch nicht nur auf die aktuellen Umstände bzw. auf die aktuelle Konfliktlage beziehen. Die Alleinsorge wäre allenfalls zulässig, wenn man mit hoher Wahrscheinlichkeit davon ausgehen kann, dass sich die Konfliktlage und die elterlichen Streitereien über die ganze Entwicklungszeit des Kindes nicht verändern oder beeinflussen lassen.

Bei der Beurteilung des Elternkonflikts für die Sorgerechtsentscheidung gilt es vor dem Hintergrund des Entwicklungsalters des Kindes auch zu berücksichtigen, ob im Leben des Kindes wesentliche Entscheidungen anstehen (z. B. religiöse Erziehung, Wohnsitz, schulische Entwicklung, medizinische Eingriffe), welche im Rahmen der gemeinsamen Sorge zu treffen sind und zu unüberbrückbaren Differenzen der Eltern führen könnten.

14.3 Gemeinsame Sorge und Kommunikationsschwierigkeiten

Ein vollständiger Kontakt- und Kommunikationsabbruch zwischen getrennten Eltern mag zwar für das subjektive Erleben der Eltern wünschenswert sein. Damit ist jedoch die latente Konfliktenergie nicht aus der Welt geschafft, sondern wird auf den Rücken des Kindes geladen. Seine Anpassung an und die Übergänge zwischen zwei sich feindlich gesinnten Welten geht mit der Mobilisierung von psychischer Energie einher. Verfügt das Kind nicht über die notwendigen Ressourcen, drohen Kontaktwiderstand oder psychosomatische Störungen. Diesen Konsequenzen kann die gemeinsame Sorge insofern entgegenwirken, als die Eltern zu einem minimalen Informationsaustausch gezwungen werden, was in Deutschland in § 1627 Satz 2 BGB gefordert wird: „Bei Meinungsverschiedenheiten müssen sie [die Eltern] versuchen, sich zu einigen." In der Schweiz ist die gegenseitige Informationspflicht über wichtige Belange im Leben des Kindes unabhängig vom Sorgerechtsmodell in Artikel 275a Absatz 1 und 2 ZGB geregelt:

> *Eltern ohne elterliche Sorge sollen über besondere Ereignisse im Leben des Kindes benachrichtigt und vor Entscheidungen, die für die Entwicklung des Kindes wichtig sind, angehört werden. Sie können bei Drittpersonen, die an der Betreuung des Kindes beteiligt sind, wie*

namentlich bei Lehrkräften, Ärztinnen und Ärzten, in gleicher Weise wie der Inhaber der elterlichen Sorge Auskünfte über den Zustand und die Entwicklung des Kindes einholen.

Eltern argumentieren häufig, dass sie mit dem anderen Elternteil nicht zusammenarbeiten können und dass die Auseinandersetzungen mit dem benachteiligten Elternteil subjektiv sehr belastend sind. In diesem Fall gilt es zunächst sicherzustellen, dass die notwendige Zusammenarbeit nicht bewusst von *dem* Elternteil verhindert oder boykottiert wird, der das alleinige Sorgerecht beansprucht. Wenn sich ein Elternteil in dieser Absicht über die Bedürfnisse des Kindes hinwegsetzt, ist zumindest die Bindungstoleranz als Bestandteil der Erziehungseignung in Frage zu stellen. Gegebenenfalls wäre es möglich, dem bindungstoleranteren Elternteil die Befugnisse zu erteilen, über gewisse Belange des Kindes allein entscheiden zu können, zum Beispiel über die gesundheitliche Versorgung oder die Bildung.

Die Ausübung der gemeinsamen elterlichen Sorge setzt letztlich nicht zwingend voraus, dass sich die Eltern anlässlich von persönlichen Begegnungen austauschen. Entsprechend argumentiert das Schweizer Bundesgericht, dass die Kommunikation über schriftliche Kanäle oder über Dritte laufen könne.[35] Eine persönliche Begegnung der Eltern sei entbehrlich, auch wenn sie im Interesse des Kindes an sich wünschenswert wäre. Hinreichende Bedingung sei, dass sich die Eltern gegenseitig blockieren würden. Diese Entscheidung ist auch aus psychologischer Sicht zu begrüßen. Häufig können Eltern nicht miteinander reden, weil emotionale Inhalte sehr rasch überhandnehmen und im verbalen Schlagabtausch einen sachlichen Austausch unmöglich machen. Gerade in solchen Fällen ist die schriftliche Kommunikation nicht nur zielführender, sondern hat auch das Potential, dass die Eltern über die Selbstkontrolle lernen, welche dysfunktionalen Formulierungen das Gegenüber dazu bringen, sich auf Nebenschauplätze zu begeben, oder welche positive Wirkung zum Beispiel eine E-Mail auf das Gegenüber hat, welche eine Anrede und eine Verabschiedung enthält.

14.4 Gemeinsame Sorge und Aufenthaltsbestimmungsrecht

Nachdem sich die getrennten Eltern über den Aufenthalt des Kindes zunächst haben einigen können, kommt es häufig dann zu Konflikten, wenn der obhutinnehabende Elternteil mit dem Kind in eine andere Landesgegend oder gar ins Ausland ziehen möchte. Die Verbringung des Kindes ins Ausland ohne Vorankündigung oder Zustimmung des anderen Elternteils ist im Haager Kindesentführungsübereinkommen (HKÜ) geregelt, welches an andere Bestimmungen gebunden ist und anders gehandhabt wird als ein am Aufenthaltsort des Kindes geplanter und mit dem anderen Elternteil verhandelter Umzug.

35 BGE 5A_345/2016 E.5.

14.4.1 Rechtliche Grundlage

Sowohl in der Schweiz als auch in Deutschland ist das Aufenthaltsbestimmungsrecht ein Bestandteil des Sorgerechts. Teilen sich die getrennten Eltern die Sorge, bestimmen sie auch den räumlichen Aufenthaltsort ihres minderjährigen Kindes gemeinsam. Dazu gehören sowohl der dauerhafte Wohnort und die Wohnung des Kinders als auch dessen vorübergehende Aufenthalte an anderen Orten wie zum Beispiel Ferien im Ausland oder ein Schüleraustausch. Wenn der gewünschte Wechsel des Aufenthaltsortes des Kindes erhebliche Auswirkungen auf die Ausübung der elterlichen Sorge und den persönlichen Kontakt mit dem anderen Elternteil hat, müssen beide Eltern einem Umzug des Kindes zustimmen. Möchte ein Elternteil den Aufenthaltsort des Kindes innerhalb der Schweiz verändern, so setzt dies die Zustimmung des anderen Elternteils voraus, wenn sich der Umzug auf den Kontakt dieses Elternteils mit dem Kinde auswirkt (Art. 301a Abs. 2 ZGB). Können sich die Eltern über den Aufenthaltsort des Kindes nicht einigen, müssen sie die zuständige Entscheidungsbehörde anrufen. Diese bestimmt im Interesse des Kindeswohls die Obhut. Das gemeinsame Sorgerecht beider Elternteile wird davon in der Regel nicht berührt.

In Österreich hat nach § 162 Absatz 2 des Allgemeinen Bürgerlichen Gesetzbuches (ABGB) bei gemeinsamer Sorge der obhutberechtigte Domizilelternteil das alleinige Recht, den Wohnort des Kindes zu bestimmen. Vor dem Hintergrund des Einvernehmlichkeitsgebots nach § 137 Absatz 2 ABGB muss sich jedoch der Domizilelternteil um eine Zustimmung des anderen Elternteils bemühen und nach § 189 Absatz 1 und Absatz 5 ABGB bei Ablehnung dessen Meinung berücksichtigen, wenn diese dem Wohl des Kindes besser entspricht. Bei Uneinigkeit hat der kontaktberechtigte Elternteil die Möglichkeit, sich vor Gericht zu äußern bzw. durch ein Gericht prüfen zu lassen, ob der Umzug dem Kindeswohl entspricht. Wird jedoch nach der elterlichen Trennung nicht festgelegt, in wessen Haushalt das Kind hauptsächlich betreut werden soll, so darf nach § 162 Absatz 3 ABGB der Wohnort des Kindes nur mit Zustimmung beider Elternteile oder Genehmigung des Gerichts ins Ausland verlegt werden.

14.4.2 Psychologische Kriterien zur Bestimmung des Aufenthalts

Fallbeispiel A

Eine deutsche Mutter will mit ihrer 10-jährigen Tochter zu ihrem neuen Partner nach Lanzarote ziehen. Sie begründet dieses Vorhaben damit, dass sie im Restaurant ihres Partners arbeiten könnte und damit von der Sozialhilfe unabhängig würde. Die Tochter spricht kein Spanisch, ist aber mit dem Umzug einverstanden, während der Kindesvater diesem Vorhaben nicht zustimmt. Er macht hauptsächlich Schulschwierigkeiten und die soziale Verwurzelung des Kindes geltend.

Fallbeispiel B

Eine Italienerin hat nach der Geburt ihres Sohnes die Arbeit aufgegeben und war hauptsächlich mit der Betreuung des Kindes beschäftigt, während der Schweizer Vater zu 100 Prozent arbeitstätig war. Mit der Trennung vom Kindesvater hat sie sich sozial isoliert und will nun mit ihrem 2-jährigen Sohn zu ihren Angehörigen nach Italien ziehen, wo ihr eine Arbeitsanstellung sicher ist. Während ihrer Arbeitszeiten will sie das Kind von ihren Eltern und ihrer Schwester betreuen lassen. Der Vater hingegen ist bereit, seine Arbeit auf 50 Prozent zu reduzieren und das Kind während seiner beruflichen Abwesenheit in der Kita betreuen zu lassen.

Da jede Person das Recht hat, ihren Wohnsitz frei zu wählen, kann die Mutter nicht von ihrer Auswanderung nach Lanzarote bzw. Heimkehr nach Italien abgehalten werden. Die Frage ist lediglich, ob die Mutter allein wegzieht oder das Kind mitnimmt. Zieht die Mutter mit dem Kind weg, wird der Vater sein Kontaktrecht nicht mehr im gewohnten Maße ausüben können. Folglich wird das Kind um einen hinreichenden und regelmäßigen unmittelbaren Kontakt mit einem Elternteil gebracht. Zieht die Mutter allein weg, wird der Kontakt des Kindes zur Mutter in Mitleidenschaft gezogen. Bei der Abwägung von Nutzen und Schaden gilt es in erster Linie zu beurteilen, welchen relativen Elternverlust das Kind im konkreten Fall im Sinne einer Schadenbegrenzung besser bewältigen kann. Zur Beantwortung dieser Frage beurteilt man die zusätzlichen, vorhersehbaren Belastungen oder eventuellen Erleichterungen für das Kind im Fall eines gemeinsamen Wegzugs mit der Mutter. Insbesondere folgende Kriterien sind zu berücksichtigen und abzuwägen:

Bisheriges Betreuungsmodell. Dieses Kriterium spielt bei Kleinkindern bis zu 3 Jahren eine entscheidende Rolle. Stellt der umzugswillige Elternteil die primäre Bindungs- und Bezugsperson des Kleinkindes dar und ist dieser Elternteil psychisch gesund, ist eine Trennung des Kleinkindes von diesem Elternteil kaum im Interesse des Kindeswohls. Wenn sich nach Entwicklung von gleichgewichtigen Bindungen an beide Eltern durch Umzug eines Elternteils eine Fremdbetreuung ergibt, ist die Qualität dieser Fremdbetreuung zu beurteilen. Da der Wegzug eines Elternteils vom Kind in jedem Fall eine Anpassungsleistung erfordert, ist die Vertrautheit und prognostische Konstanz der Fremdbetreuung zu bewerten. In der Regel ist eine solche bei einer innerfamiliären Fremdbetreuung durch vertraute, betreuungswillige und -fähige Verwandte am ehesten gewährleistet.

Sprache und Beschulung. Wünscht das Kind selber, mit dem umzugswilligen Elternteil mitzugehen, sind die prognostischen Anpassungsleistungen vor dem Hintergrund der psychischen und intellektuellen Voraussetzungen des Kindes zu beurteilen. Ist ein schulisch schwaches und wenig anpassungsfähiges Kind der Sprache in einem kulturfremden Land nicht mächtig, so ist Vorsicht geboten. Auch urteilsfähige Kinder sind oft kaum in der Lage, die mit einer Emigration einhergehende Resozialisation und Anpassungsleistung abzuschätzen. Hat ein gemäß Gesetz urteilsfähiger Jugendlicher gerade eine Berufslehre aufgenommen und befürwortet den Umzug in ein Land, dessen Sprache er nicht beherrscht und dessen Gepflogenheiten er nicht kennt, droht die Gefahr, dass er infolge des Lehrabbruchs die Orientierung verliert und an der Entfaltung seines Potentials gehindert wird. Ab einem Alter von 14 Jahren wird sich das Gericht jedoch nur in begründeten Ausnahmefällen über den Wunsch des Kindes hinwegsetzen können.

Beweggrund für den Wegzug. Dies ist aus rechtlicher Sicht Entscheidungskriterium, kann aber bei Unentschiedenheit das Zünglein an der Waage darstellen. Ob beruflich-existentielle Gründe einen Elternteil zu einem Umzug in sein Heimatland bewegen oder ob ein Elternteil zu seiner neuen Bekanntschaft in ein ihm unbekanntes Land ziehen will, kann sich auf die Beständigkeit dieser Entscheidung und somit auf das Kindeswohl auswirken.

Möglichkeit der Kontaktaufrechterhaltung. Ob ein Elternteil mit dem Kind ins benachbarte Ausland ziehen oder sich auf einen anderen Kontinent begeben will, kann sich darauf auswirken, wie oft das Kind dem anderen Elternteil begegnet.

Weitere zu berücksichtigende Kriterien sind die sozialen Kontakte des Kindes und die daraus resultierende Belastung bei Wegfall oder die Gefährdung durch Abbruch von zwingenden medizinischen Behandlungen.

Bezogen auf den Fall A resultiert die Belastung für das Kind im Fall eines Umzugs mit der Mutter aus der Tatsache, dass das Kind die Sprache nicht spricht, mit der Kultur nicht vertraut ist und infolge der Arbeit der Mutter im Betrieb des Freundes oft auf sich allein gestellt wäre. Abgesehen davon ist zu berücksichtigen, dass ein Schulwechsel in der ersten Klasse sowohl sozial als auch kognitiv leichter zu bewerkstelligen ist als ein Schulwechsel in der vierten Klasse. Weil Mädchen im Alter von 10 Jahren ihre Rolle in der Gruppe der Gleichaltrigen in der Regel eben erst eingenommen haben und mit dieser Rollenidentität erste Erfahrungen machen, kann eine Trennung das Sicherheitsgefühl in Bezug auf die Zugehörigkeit empfindlich beeinträchtigen. Wenn zwischen dem Mädchen und dem Vater eine vertraute und tragfähige Beziehung besteht und der Verbleib beim Vater nicht mit einem Schulwechsel einherginge, stellt der Verbleib des Kindes in der Obhut des Vaters vermutlich den kleineren Schaden dar.

Im Fall B ist die Tatsache ausschlaggebend, dass das Kleinkind seit der Geburt hauptsächlich von der Mutter betreut worden ist und diese somit die primäre Bindungsperson des Kindes darstellt. Eine Trennung des Kleinkindes von der Mutter wäre nicht im Interesse des Kindeswohls. Die Betreuung des Kindes während der Arbeitszeit der Mutter durch Familienangehörige ist der vom Kindesvater vorgesehenen Fremdbetreuung vorzuziehen, vorausgesetzt diese Familienangehörige sind dazu geeignet.

14.5 Sorgerecht nach Unterbrechung des Eltern-Kind-Kontaktes

Ein nicht durchsetzbares Kontaktrecht zwischen dem Kind und dem sorgerechtsbeantragenden Elternteil ist in der Regel kein Grund für eine Alleinsorge des obhutinnehabenden Elternteils. Dem Kindeswillen stattzugeben, darf in dieser Angelegenheit nicht so weit gehen, dass das Kind dies mit der Entsorgung des Vaters aus allen seinen Bereichen gleichsetzen und entsprechend verinnerlichen kann. Vor allem dann, wenn sich induziert entfremdete Kinder auf die Bühne der Sorgerechtsverteilung begeben und sich dort vehement gegen die Zuteilung einer gemeinsamen Sorge einsetzen, ohne sich der Bedeutung bewusst zu sein, ist Vorsicht geboten. Kinder haben sich ihre Eltern nicht selber ausgewählt. Entsprechend ist auch die Zuteilung oder Belassung der gemeinsamen Sorge grundsätzlich keine Frage, über die das Kind mitentscheiden soll. Die gemeinsame Sorge ist keineswegs ein sinnentleertes Konstrukt, wenn man dem Kind allein dadurch zu dem Bewusstsein verhelfen kann, dass der andere Elternteil nach wie vor zu seinem Leben gehört und ein Recht auf Information hat. Führt ein Elternteil seine subjektive Belastung als Folge einer Mitsorge des anderen Elternteils ins Feld und befürchtet, dass sich diese Belastung auf die Kinder auswirken könnte, so muss man diesen Elternteil auf seine Erziehungsverantwortung verweisen, zumindest Erinnerungskontakte zwischen dem Elternteil und dem Kind zu unterstützen (vgl. Kap. 24). Von einem nicht schwer traumatisierten Elternteil darf erwartet werden, dass er seine Belastungsreaktionen insoweit unter Kontrolle hat, dass diese sich nicht negativ auf das Kind auswirken.

14.6 Gründe für Alleinsorge

Gründe gegen die Zuteilung der Alleinsorge sind in der Regel nicht primär im Elternkonflikt verortet, sondern in einem Missbrauch des Sorgerechts. Wird ein solcher angenommen, gilt es zu belegen, in welcher Weise und in welcher Stärke das zu erwartende Fehlverhalten eines mitsorgeberechtigen Elternteils das Kindeswohl beeinträchtigt. Dieser Fall kann eintreten, wenn ein nicht belehrbarer oder ein psychisch beeinträchtigter Elternteil den Inhalt des Sorgerechts missbraucht, um das Verhältnis zwischen dem hauptbetreuenden Elternteil und dem Kind anhaltend zu stören, zum Beispiel durch übermäßige Einmischung unter Einbezug Dritter. Ferner kann einem Elternteil die elterliche Sorge entzogen werden, wenn er sich zum Beispiel aufgrund der Ortsabwesenheit nicht ernstlich um das Kind gekümmert hat und daher das Kind kaum kennt. Die Entziehung der Sorge ist ebenfalls begründet bei schwerwiegenden Erziehungsfehlern, zum Beispiel wenn ein Elternteil das Kind zum Stehlen oder zum Konsum von Suchtmitteln anhält.

In der Praxis stellen psychische Gebrechen eines Elternteils die häufigsten Gründe für die Zuteilung der Alleinsorge dar:

Psychiatrische Erkrankungen. Die seltenen Fälle, in denen im Interesse des Kindeswohls einem Elternteil die Alleinsorge zugeteilt werden muss, können klar umrissen werden: Zu nennen sind psychische Krankheiten eines Elternteils, welche mit einer Realitätsverkennung einhergehen (sog. psychotische Erkrankungen), oder anderweitige schwere psychiatrisch-neurologische Erkrankungen wie zum Beispiel eine Demenz.

Fallbeispiel

Einem Vater, der an einem systematischen Wahn leidet,[36] wird die gemeinsame Sorge für seine 4-jährige Tochter nicht erteilt, obwohl er im begleiteten Kontakt liebevoll und einfühlsam mit seiner Tochter umgeht und in guten Phasen einen freundlichen Umgang mit der Kindesmutter pflegt. Begründet wird die Zuteilung der Alleinsorge mit der Unzuverlässigkeit und Unberechenbarkeit des Vaters aufgrund der Erkrankung. Anlässlich eines Krankenhausaufenthalts des Kleinkindes wollte der Vater das Kind mit allen Mitteln aus dem Krankenhaus befreien, um dieses vor schädlichen Strahlen zu schützen. Auf der Flucht vor Strahlen war der Vater zeitweise monatelang nicht erreichbar.

Es versteht sich von selbst, dass es unter solchen Umständen schwierig ist, sich auf termingerechte, vernünftige Entscheidungen im Interesse des Kindeswohls zu einigen.

Persönlichkeitsstörungen. Auch schwere Persönlichkeitsstörungen können gegen die Zuteilung des Sorgerechts sprechen. Persönlichkeitsstörungen gehen oft mit hochproblematischen Entwicklungs- und Sozialisationserfahrungen einher und wirken sich auf die zwischenmenschlichen Beziehungen aus. Abgesehen von den Problemen im zwischenmenschlichen Bereich können Persönlichkeitsstörungen die Realitäts- und Möglichkeitseinschätzung ebenfalls schwer beeinträchtigen, was vernünftige Entscheidungen im Interesse des Kindes unmöglich macht. Insbesondere bei Persönlichkeitsstörungen mit querulatorischer Komponente setzen sich die Betroffenen über verbindliche soziale Regeln und Gesetze hinweg. In Bezug auf die gemeinsame Sorge besteht die Gefahr, dass jegliche Absprachen und Entscheidungen boykottiert werden. Darüber hinaus leiden Menschen mit Persönlichkeitsstörungen häufig an einem Empathiedefekt. Entsprechend können sie sich nur sehr schwer in andere Menschen einfühlen. In Bezug auf Kinder werden eigene Bedürfnisse über die Bedürfnisse des Kindes gestellt.

---

36 Bei einem systematischen Wahn werden Wahnwahrnehmungen und -gedanken über ein komplexes Erklärungssystem in einem für den Patienten logischen Erklärungsgefüge miteinander verknüpft. Im oben genannten Fall ist der Vater davon überzeugt, dass der internationale Geheimdienst sein Gehirn über elektromagnetische Wellen manipuliert und dass er sich einzig mit Alufolie davor schützen kann.

Dissoziale Persönlichkeitsstörung oder Psychopathien. Einen weiteren Ausschlussgrund von der gemeinsamen Sorge stellen ausgeprägte dissoziale Persönlichkeitsstörungen dar. Diese Störungen gehen mit der Unfähigkeit zu authentischen Schuldgefühlen und zur Reue einher, was zu Unberechenbarkeit führt. Betroffene können sich bei anderen keine ethische Dimension vorstellen. Bei Ertappen oder Bestrafen befürchten sie Ärger oder Sanktionen, empfinden jedoch keine Schuld. Soziale oder gesetzliche Übertritte gibt der Betroffene nur zu, wenn er überführt wird. Weitere Merkmale sind permanentes Manipulieren, pathologisches Lügen, keinerlei Angsttoleranz und die Unfähigkeit, Depression oder Trauer zu erleben.

Häusliche Gewalt und Stalking. Obwohl „Gewalttätigkeit" seit der Reform des Sorgerechts in der Schweiz ein Grund für die Alleinsorge darstellt, werde in der Rechtspraxis der Entzug der elterlichen Sorge wegen häuslicher Gewalt nur ausnahmsweise angeordnet (Büchler, 2015). Aus psychologischer Sicht stellt sich dabei weniger die Frage nach der Erziehungs- oder Betreuungseignung des Elternteils über seine Gewaltbereitschaft hinaus, sondern nach der Auswirkung einer gemeinsamen Sorge auf die psychische Situation des obhutinnehabenden Elternteils. In Fällen, denen häusliche Gewalt oder Stalking dokumentiert ist und ein Elternteil vor dem Hintergrund einer schweren Traumatisierung nicht schadlos dazu zu bewegen ist, mit dem anderen Elternteil in Kontakt zu treten, geschweige denn gemeinsame Entscheidungen auszuhandeln, ist von einer gemeinsamen Sorge abzusehen.

Alter des Kindes. Stellt sich bei grundsätzlich schwierigen Ausgangsbedingungen die Frage nach der Sorgerechtsform, muss auch das Alter des Kindes berücksichtigt werden. Ist das Kind noch sehr jung, liegt es nahe, dass die Eltern im Laufe seiner Entwicklung noch viele Entscheidungen werden treffen müssen. Bei einem 12-jährigen urteilsfähigen Kind kann angenommen werden, dass es über einen großen Bereich seines Lebens bereits selber entscheidet. Beispielsweise wird es kaum mehr möglich sein, einen 12-Jährigen zu veranlassen, gegen seinen Willen bei den Pfadfindern mitzumachen. Selbst bei medizinischen Eingriffen wird man die Meinung eines 12-Jährigen als dritte Stimme neben den Stimmen seiner Eltern hören und respektieren müssen.

Zusammengefasst lässt sich festhalten, dass vom rechtlichen Regelfall der gemeinsamen elterlichen Sorge dann abgesehen werden kann, wenn dies zur Wahrung des Kindeswohls nötig ist. Im Sinne einer sogenannten negativen Kindeswohlprüfung geht es im Einzelfall nicht darum zu prüfen, ob die gemeinsame elterliche Sorge dem Kindeswohl entspricht, sondern es ist abzuklären, ob die gemeinsame Sorge dem Kindeswohl widerspricht, was nur dann der Fall ist, wenn mit der Alleinsorge einer Kindeswohlgefährdung überhaupt begegnet werden kann (vgl. Büchler & Maranta, 2014).

14.7 Sorgerecht und Obhut

Im Zusammenhang mit der Einführung der gemeinsamen elterlichen Sorge als Regelfall haben sich die Streitigkeiten der Eltern auf die Frage der Obhut und die Verteilung der Betreuungsanteile verlagert. Obwohl die getrennt lebenden Elternteile in vielen Fällen trotz der geteilten Sorge keinen Kontakt mehr zu den Kindern haben, stellt das wachsende Selbstverständnis in Bezug auf die gemeinsame Sorge dennoch einen Meilenstein in der gesellschaftlichen Entwicklung dar.

Während vor der Einführung der gemeinsamen Sorge bei gleicher Elterneignung oft arbiträr entschieden werden musste, welchem Elternteil das Kind zugeteilt wird und welcher Elternteil sich mit einem Kontaktrecht begnügen muss, lässt sich die Betreuung des Kindes nun flexibler und vor allem kindgerechter gestalten. Eine weitere Errungenschaft im Rahmen der Etablierung der gemeinsamen Sorge ist die Herstellung von Rechtsgleichheit und Rechtssicherheit. Die Zuteilung der Alleinsorge als Ausnahme von der Regel wird nun mit chronifizierten Störungen auf der Paar-Ebene der Eltern begründet und nicht mehr mit ungenügender elterlicher Befähigung des einen Elternteils. Ungenügende elterliche Erziehungsfähigkeiten als Grund für ein alleiniges Sorgerecht beziehen sich nur noch auf klar objektivierbare Kriterien wie psychische Störungen oder Gewaltanwendung eines Elternteils. Die mit der gemeinsamen elterlichen Sorge errungene Rechtsgleichheit zwischen den Eltern schlägt sich auch im Elternbild der Kinder nieder. Beide Eltern bleiben als gleichwertige Bezugs- und Autoritätspersonen präsent, was insbesondere die Identifikation mit dem Vater erleichtert.

15 Alleinige Obhut und Elternkontakt

Wird in der Schweiz die Obhut bei gemeinsamer elterlicher Sorge einem Elternteil zugewiesen, so spricht man bei der Kontaktregelung zum anderen Elternteil von „persönlichem Verkehr“. Wird die Obhut nicht explizit einem Elternteil zugeteilt, sind die Betreuungsanteile festzulegen. Aus soziologischer und psychologischer Sicht unterscheiden sich Betreuungsmodelle nach Trennung und Scheidung in ihrer Symmetrie.

15.1 Begrifflichkeiten

Bei der gemeinsamen elterlichen Sorge wird zwischen der Obhut mit der Regelung des persönlichen Verkehrs (Umgangsrecht, Kontaktrecht) zum anderen Elternteil und einer Betreuungsregelung unterschieden. Lebt das Kind bei einem Elternteil und hat dort seinen Lebensmittelpunkt, hat dieser Elternteil die Obhut inne. Der andere Elternteil sowie das Kind haben gegenseitig Anspruch auf einen geregelten Kontakt. Wird das Kind im Alltag von beiden Eltern betreut, haben diese sich in einer Betreuungsregelungs-Vereinbarung über ihre Betreuungsanteile zu einigen.

Eine geteilte bzw. alternierende Obhut/Obsorge mit symmetrischer Betreuung wird in Fällen gelebt, in denen das Kind möglichst 50 Prozent der Zeit bei einem Elternteil und 50 Prozent der Zeit beim anderen Elternteil verbringt. Im deutschsprachigen Raum wird diese Art von alternierender Obhut als „paritätisches Wechselmodell“ oder „Doppelresidenz“ bezeichnet. Eine besondere Form dieses Modells stellt das selten gelebte „Nestmodell“ dar, bei dem das Kind in der gemeinsamen Wohnung verbleibt und dort abwechselnd von den Eltern betreut wird, die in je einer eigenen Wohnung leben.

Von einer geteilten bzw. alternierenden Obhut/Obsorge mit asymmetrischer Betreuung wird in der Regel dann gesprochen, wenn das Kind hauptsächlich von einem Elternteil betreut wird, die Betreuungsanteile des anderen Elternteils jedoch mindestens 30 Prozent betragen. Liegt der Betreuungsanteil des nicht hauptsächlich betreuenden Elternteils unter 30 Prozent, wird nicht mehr von einer alternierenden Obhut bzw. einem

Wechselmodell gesprochen, sondern von einem Residenzmodell mit erweitertem Umgang bzw. Kontakt bzw. persönlichem Verkehr.

In der Schweiz hat weder der Gesetzgeber noch die Rechtspraxis die Grenzen zwischen alternierender Obhut und erweitertem Umgang klar definiert.

In Deutschland ist das Wechselmodell gesetzlich nicht geregelt. Eine Kinderbetreuung nach diesem Modell ist losgelöst vom gesetzlichen Sorgerecht. Zum Wohle des Kindes können sich Eltern anstelle des Residenzmodells auch auf die Ausübung des Wechselmodells einigen. Bei der Wahl dieses Modells kann das Kind aber dennoch nur an einem Wohnort mit Hauptwohnsitz gemeldet sein, und das Kindergeld wird nur an einen Elternteil gezahlt.

Ein asymmetrisches Betreuungsmodell im Rahmen einer alleinigen Obhut sieht meist einen 14-tägigen Aufenthalt des Kindes beim getrennt lebenden Elternteil, oftmals von Freitag bis Sonntagabend, und für die Hälfte der Ferien vor. Gelegentlich wird ein weiterer Nachmittag unter der Woche vereinbart. Eine Umgangsregelung alle zwei Wochen von Freitagabend bis Sonntagabend und hälftige Ferien und Feiertage entsprechen etwa 30 Prozent der Betreuungszeit.

Die nach wie vor geläufige und in der Schweizer Rechtsprechung noch übliche Bezeichnung „Besuchsrecht“ für den persönlichen Verkehr des Kindes mit dem getrennt lebenden Elternteil sollte ersetzt werden. Abgesehen davon, dass der getrennt lebende Elternteil auf eine „Besuchsfunktion“ reduziert wird, bezeichnet der Begriff „Besuch“ eine Situation, in der sich ein Gast freiwillig in das räumliche Umfeld eines Gastgebers begibt. Dieses Setting ist kaum vergleichbar mit einer Situation, in der sich Eltern und Kinder im Interesse der Aufrechterhaltung einer Beziehung begegnen. Entsprechend wurde in Österreich das „Besuchsrecht“ durch das „Kontaktrecht“ abgelöst, und in Deutschland wird vom „Umgangsrecht“ gesprochen.

15.2 Der persönliche Verkehr

Das Kontaktrecht, Umgangsrecht oder eben Besuchsrecht bezeichnet den Kontakt desjenigen Elternteils mit einem minderjährigen Kind, bei dem das Kind nicht lebt bzw. nicht seinen Lebensmittelpunkt hat. Nebst der persönlichen Anwesenheit umfasst es auch den telefonischen und schriftlichen Verkehr. Über den Umfang und die Ausgestaltung des Umgangsrechts finden sich keine gesetzlichen Vorgaben.

Solange das Kind den Wechsel zwischen seinen Eltern nicht selbständig bewältigen kann, wird es in der Regel vom kontaktausübenden Elternteil abgeholt und wieder zurückgebracht. Das am häufigsten praktizierte Kontaktmuster umfasst zwei Wochenenden im Monat von Freitagabend oder Freitag nach Schulschluss bis Sonntagabend. Grundsätzlich wird der Umgang mit dem Kind in den Räumen des umgangsberechtigten Elternteils stattfinden. Das Kind kann so das Lebensumfeld des Elternteils kennenlernen, bei dem es nicht lebt, und eine eigenständige und tragfähige Beziehung zu diesem Elternteil entwickeln und erhalten. Dies schließt aber nicht aus, dass der Elternteil mit dem Kind auch Zeit bei seiner Verwandtschaft oder seinen Freunden verbringen kann. Was der Elternteil in der gemeinsamen Zeit mit dem Kind unternimmt und wer sonst noch dabei ist, darf er selber bestimmen. Der häufig vorgebrachten Forderung von obhutinnehabenden Eltern, dass das Kind ein Recht darauf habe, Zeit mit seinem anderen Elternteil allein verbringen zu können, kann man entgegenhalten, dass das Kind primär ein Recht hat, in die Lebensrealität des Elternteils miteinbezogen zu werden. Dazu gehört mitunter auch, dass das Kind den neuen Partner seines Elternteils kennenlernen soll und zu diesem Zweck Zeit mit diesem verbringen muss.

Umgangswochenenden, welche aus Gründen ausfallen, die auf Seiten des Kindes oder des kontaktausübenden Elternteils liegen, werden in der Regel nicht nachgeholt. Vereitelt jedoch der obhutinnehabende Elternteil einen Kontakt, so sollte dieser nachgeholt werden.

Es empfiehlt sich, die Häufigkeit und den Zeitpunkt der Telefon- oder Skype-Kontakte zwischen den Umgangszeiten zu regeln. Der Vorteil, dass dadurch keine Erwartungen enttäuscht werden, übersteigt den Nachteil der fehlenden Spontaneität.

Dass der Wunsch nach Telefonkontakten häufiger von den getrennt lebenden Eltern als von den betroffenen Kindern geäußert wird, liegt daran, dass das Telefon nicht das Medium der Kinder ist. Die meisten Kinder telefonieren nicht gern. Sie fühlen sich von diesem ausschließlich sprachbezogenen und zeitgebundenen Medium überfordert. Sie wissen nicht, was sie sagen sollen, und spüren, dass sie ihren Elternteil enttäuschen, wenn sie nur mit ja oder nein antworten. Wenn die Kinder sich immer häufiger weigern, mit dem Elternteil zu telefonieren, und dieser diese Weigerung auf der Beziehungs-Ebene interpretiert und gekränkt darauf reagiert, droht die Gefahr, dass sich das Kind infolgedessen noch mehr zurückzieht und das Telefonieren tatsächlich zur Beziehungsprobe wird.

Bei Vorschulkindern, welche während der kurzen Zeit des Zusammenlebens mit beiden Eltern noch keinen großen Schatz an Beziehungserfahrungen mit ihrem nun getrennt lebenden Elternteil allein haben verinnerlichen können, droht die Gefahr, dass auch unangenehm erlebte Begleiterscheinungen im Rahmen der Eltern-Kontakte Konditionierungsprozesse auslösen und sich in einem Besuchsrechtssyndrom ausdrücken (vgl. Kap. 9.1.3). Beispielsweise sträubt sich ein 4-jähriges Kind, mit dem Vater mitzugehen, weil es nicht gern Auto fährt oder weil der Elternteil nicht erlaubt, dass es alle seine Plüschtiere mitnimmt. Grundsätzlich tut der getrennt lebende Elternteil gut daran, die Beziehungserfahrung des Kindes mit ihm höher zu bewerten als seine erzieherischen Prinzipien.

Abgesehen von den Wochenenden und den Telefonkontakten müssen die Eltern auch die Kontakte an den Feiertagen regeln. Abwechselnd verbringen die Kinder die Feiertage in den geraden Jahren bei dem einen Elternteil und in den ungeraden Jahren beim anderen. Die Ferien stimmen die Eltern untereinander und mit den Arbeitgebern ab. Im Minimum steht es dem kontaktausübenden Elternteil zu, drei Wochen Ferien mit seinem Kind zu verbringen, wobei die Ferien drei Monate vorher angemeldet werden sollten.

Grundsätzlich muss sich jegliche Regelung des persönlichen und medialen Kontakts zwischen dem Kind und seinem getrennt lebenden Elternteil an den aktuellen Bedingungen orientieren und dem Kindeswohl zuträglich sein.

15.3 Kontaktregelung bei Kleinkindern

Der ausgedrückte Wille von meinungsfähigen Kindern bildet bei der Beurteilung von Kontaktregelungen und Obhutsverteilung ein wichtiges Indiz. Bei Kleinkindern fehlt diese Information weitgehend. Sind sich die Eltern nicht einig und streiten um die Betreuungszeit des Nachwuchses, werden häufig Fachpersonen und Fachbehörden damit beauftragt, zusammen mit den Eltern eine kindeswohlverträgliche und entwicklungsgünstige Lösung zu erarbeiten.

Es ist unbestritten, dass eine Vaterschaft unabhängig vom Zusammenleben mit dem Kind und der Kindesmutter mit starken Vatergefühlen und einem großen Bedürfnis nach möglichst viel Nähe mit dem eigenen Kind einhergehen kann. Anders als die Mutter, welche das Kind bereits neun Monate in ihrem Körper getragen hat und die biologische Mutterschaft nicht leugnen kann, kann der Vater erst nach der Geburt zu seinem Kind in Beziehung treten. Wenn der Vater dem neugeborenen Kind in den ersten 6 Monaten neben der Mutter als verlässliche und verfügbare Bezugsperson zur Verfügung steht, ist er dem Kind vertraut. Es wird auf dieser Grundlage eine schützenswerte Beziehung zum Vater entwickeln, vorausgesetzt die Eltern bleiben zusammen. Trennen sich die Eltern jedoch räumlich vor dem 6. Lebensmonat des Kindes, wird das Kind zum Vater nur eine Bindung entwickeln, wenn ihm der bis dahin vertraute Vater weiterhin als verlässliche Bezugsperson im ähnlichen Umfang wie die Mutter zur Verfügung steht (vgl. Kap. 10). Es versteht sich von selbst, dass solche Familien bei den Behörden selten vorstellig werden. Wir sind vielmehr mit stark zerstrittenen Eltern konfrontiert, die das Vertrauen zueinander verloren haben. Es sind Elternpaare, bei denen die Mutter als primäre Bindungs- und Bezugsperson häufige und ausgedehnte Vater-Kind-Kontakte ablehnt. Die Ausgangslage ist noch akzentuierter, wenn die selber berufstätige Mutter dem Kind Kontakte zum Vater nicht zutraut, das Kind aber gleichzeitig in die Krippe bringt. Der verzweifelte Vater weist darauf hin, wie wichtig und unersetzlich die Vater-Kind-Beziehung ist, und erhofft sich Unterstützung von der Behörde, um die nötigen Kontakte durchzusetzen.

Die Adaption von bindungstheoretischen Erkenntnissen für die Frage nach Übernachtungen von Kleinkindern wurde von Väterorganisationen und väterorientierten Forschern lange angezweifelt. Erst die Erkenntnisse der Stressforschung vermochten diese Erkenntnisse zu unterstützen. Der Dissens unter den Bindungstheoretikern und Sozialempirikern ließ sich auflösen und ein gemeinsamer Konsens für die Betreuungsregelung von Kleinkindern erarbeiten (Kline Pruett, McIntosh & Kelly, 2014; McIntosh, Kline Pruett & Kelly, 2014). Der wichtigste Konsens bezieht sich darauf, dass die emotionale Sicherheit des Kindes an oberster Stelle steht und dass das Erleben von ausgeprägten und anhaltenden Elternkonflikten eine höhere psychische Belastung für das Kind darstellt als ein reduzierter Elternkontakt, sofern ihm wenigstens eine vertraute, verfügbare und verlässliche Bindungsperson erhalten bleibt. Ausgangslage für die integrative Arbeit der unterschiedlich sozialisierten Wissenschaftlerinnen waren folgende zentrale Fragen:

- Wie viel Zeit mit einem getrennt lebenden Elternteil ist für ein Kleinkind notwendig, um eine Bindung herzustellen oder aufrechtzuerhalten?
- Wie viel Zeit der Abwesenheit von der primären Bezugsperson ist für ein Kleinkind erträglich, um die Bindungssicherheit und die weitere gesunde Entwicklung nicht zu gefährden?
- Welches sind die entwicklungsbezogenen Ziele eines Elternteils, Zeit mit einem Säugling zu verbringen?

Ausgangslage A: Eltern mit einer klassischen Rollenteilung haben sich nach dem 18. Lebensmonat des Kindes relativ konfliktfrei getrennt, nachdem das Kind eine sekundäre Bindung auch zum anderen Elternteil entwickelt hatte. Die Eltern sind interessiert daran, dass das Kind die Bindung an beide Elternteile aufrechterhalten kann.

Trotz guter Ausgangslage erschüttert die elterliche Trennung das Bindungssystem des Kindes, was häufig in einem Klammerverhalten des Kindes an die verfügbarere Bezugsperson zum Ausdruck kommt. Der Bindungssicherheit und der Anpassungsleistung des Kindes an die neue Situation gilt es Rechnung zu tragen. Eine Kontaktregelung mit einer Übernachtung pro Woche lässt sich durchaus in Erwägung ziehen, sofern das Kind keine ausgeprägten Trennungsreaktionen zeigt. Dabei empfiehlt es sich, die Zeitspanne der Trennung von der primären Bezugsperson nicht überzustrapazieren, eventuell vom Nachmittag bis zum Vormittag des Folgetags. Von Vorteil ist, wenn derjenige Elternteil, bei dem sich das Kind hauptsächlich befindet, das Kind zum anderen Elternteil bringt und es von diesem Elternteil wieder zurückgebracht wird. Dieses Vorgehen signalisiert dem Kind, dass beide Eltern ihm die vorübergehenden Trennungen zutrauen (vgl. Oelkers, 2000; Büte, 2005). Ferienaufenthalte beim anderen Elternteil sollen erst nach dem 3. Geburtstag stattfinden.

Ausgangslage B: Eltern mit einer klassischen Rollenteilung haben sich nach dem 18. Lebensmonat des Kindes konflikthaft getrennt, nachdem das Kind eine sekundäre Bindung auch zum anderen Elternteil entwickelt hatte. Der feindselige Konflikt dauert an und äußert sich unter anderem in Streitigkeiten über die Betreuungsregelung.

Trotz guter Ausgangslage verändert der Konflikt die Situation für das Kind drastisch. Die Spannungen im Zusammenhang mit der strittigen Kontaktregelung werden das noch fragile Bindungssystem des Kindes destabilisieren. In solchen Fällen sollte man die Eltern dazu anhalten, in einer Mediation einen Konsens anzustreben.

Ausgangslage C: Die Eltern haben nie zusammengelebt, oder sie haben sich vor dem 6. Lebensmonat des Kindes getrennt.

Oder:

Ausgangslage D: Die Eltern mit einer klassischen Rollenteilung haben sich getrennt, als das Kind zwischen 6 und 12 Monate alt war. Aufgrund fehlender Verfügbarkeit der sekundären Bezugsperson, zum Beispiel infolge beruflicher Abwesenheit, hat das Kind zu diesem Elternteil noch keine ausschließliche Bindung entwickelt; es zeigt also Trennungsreaktionen, wenn es von der primären Bezugsperson getrennt und dem anderen Elternteil übergeben wird.

Vorrangiges Ziel in diesen beiden Fällen C und D ist es, die primäre Bindungsbeziehung zu konsolidieren. Dieser Prozess darf nicht gestört werden. Vermutlich wird das Kind in diesen Konstellationen keine ausschließliche Bindung an den anderen Elternteil entwickeln, im besten Fall jedoch zumindest eine vertraute Beziehung. Abhängig von der Bindungsreaktion des Kindes bei der Trennung sollten die Kontakte des anderen Elternteils zunächst in Gegenwart der primären Bezugsperson stattfinden und später in ausreichendem Kontakt tagsüber gefördert werden. Vorgeschlagen werden circa zwei Kontakte zu vier Stunden pro Woche. Bis zum 3. Geburtstag sollte das Kind beim anderen Elternteil nur ausnahmsweise übernachten, und auch dies nur dann, wenn die Eltern einander vertrauen und dieses gegenseitige Vertrauen dem Kind auch vermitteln können.

Während für den getrennt lebenden Elternteil das Ritual des Zubettbringens seines Kindes eine wichtige Erfahrung sein mag, erlebt das Kleinkind dies anders: Für dieses stellt die Einschlafenszeit eine bindungssensible Situation dar, weil Dunkelheit und Alleinsein das Bindungssystem aktivieren. Abgesehen davon entwickelt das Kind in der Nacht keine Bindung, im Gegenteil. Nicht von ungefähr leiden 30 Prozent aller Kleinkinder an Schlafstörungen (Shore & McIntosh, 2011). Die Erfahrung zeigt, dass oft ein beträchtliches Ausmaß an Trost und Sicherheitsvermittlung nötig ist, um ein Kind bei nächtlichem Stress zu beruhigen. Selbst in intakten Familien mit zwei hochengagierten Eltern kann in diesen Situationen oft nur die Mutter das Kleinkind beruhigen. Ferienaufenthalte beim getrennt lebenden Elternteil sollten grundsätzlich erst ab dem 3. Lebensjahr erwogen werden und bis zum 6. Lebensjahr die Dauer einer Woche nicht überschreiten (Fthenakis, 1995b).

Ausgangslage E: Die Eltern haben nie zusammengelebt oder sich vor dem 6. Lebensmonat des Kindes getrennt. Die Eltern stehen in einer konflikthaften Beziehung zueinander.

Das Kind wird mit hoher Wahrscheinlichkeit keine Bindung an den getrennt lebenden Elternteil entwickeln, weil unter diesen Umständen jegliches Bemühen in diese Richtung nicht im Interesse des Kindeswohls läge. Der Betreuungsumfang des Kleinkindes durch den getrennt lebenden Elternteil orientiert sich am Konfliktniveau der Eltern: Je ausgeprägter der Konflikt, desto weniger Betreuungswechsel und damit desto seltenere Kontakte. Trennungen von anfangs mehr als drei und später mehr als sechs Stunden von der primären Bezugsperson sind zu vermeiden. Übernachtungen vor dem 3. Geburtstag sind unter diesen Umständen kontraindiziert. Und auch Ferienaufenthalte (von höchstens einer Woche) sind aufbauend erst nach dem 3. Geburtstag in Betracht zu ziehen.

Die Aussage eines Vaters, der moniert, dass er sich bei einem ausschließlich tagsüber geschehenden Kontakt wie ein Kindermädchen fühle und befürchte, dass das Kind zwischen der gelegentlichen Babysitterin und ihm als Vater keinen Unterschied macht, ist verständlich. Aber der Schutz der primären Bindung des Kindes geht in jedem Fall vor und steht über den Bedürfnissen des Vaters.

Falls die Obhut bei einem Elternteil bleibt und die Eltern den persönlichen Verkehr des anderen Elternteils mit dem Kind mit einem Kontaktrecht gemäß Artikel 273 ZGB bzw. § 1684 BGB in Deutschland und § 148 ABGB in Österreich regeln, wird folgende Lösung vorgeschlagen:

Damit das Kleinkind zu seinem getrennt lebenden Elternteil eine Bindung entwickeln kann, werden häufigere, aber eher kürzere Kontakte von zwei bis drei Stunden pro Woche notwendig sein. Im 1. Lebensjahr des Kindes oder idealerweise so lange, bis das Kind selbständig laufen kann, sollten die Kontakte am vertrauten Lebensort des Kindes stattfinden. Das Kriterium der Mobilität ist hilfreich, weil diese Möglichkeit dem Kind erlaubt, sich selbständig aus Gefahrenzonen zu bewegen, oder es der Betreuungsperson mit einem entsprechenden Versuch seine Absicht zeigen kann.

Nach dem 3. bis zum 6. Geburtstag können die Besuche länger andauern und auch Übernachtungen enthalten, zum Beispiel jeden zweiten Samstag bis Sonntag. Zwar können sich die Besuchsintervalle vergrößern. Dennoch wird empfohlen, dass sich die Elternteile und Kinder jede Woche einmal sehen.

15.3.1 Widerstände gegenüber Vater-Kind-Kontakten

Die elterliche Trennung im Säuglingsalter des Kindes ist häufig Folge einer missglückten Transformation der Paarbeziehung in eine Dreierbeziehung und entsprechende Familienkonstellation. Häufig beklagen Mütter, dass sie sich schon in der Schwangerschaft und dann in ihrer Anpassung an die Mutterschaft von den Vätern nicht unterstützt fühlten, während die Väter klagen, dass sie sich von der symbioseähnlichen Mutter-Kind-Beziehung ausgeschlossen und überflüssig fühlten und in die Betreuung und Pflege des Kindes nicht einbezogen worden sind. Insbesondere in diesem Fall ist die Wahrscheinlichkeit hoch, dass die Mutter sich auch nach der elterlichen Trennung nicht vom Kind lösen und dieses dem Kindesvater vertrauensvoll übergeben kann. Allein die Kontaktstreitigkeiten verhindern, dass zwischen dem Kind und dem Vater eine schützenswerte Bindung entstehen kann.

Fallbeispiel

Ein verheirateter Mann schwängert in einer Außenbeziehung eine junge Frau. Diese Frau erhofft sich, dass der Mann sich von seiner Ehefrau trennt, was nicht der Fall ist. Tief gekränkt und enttäuscht beendet die junge Frau die Beziehung noch während der Schwangerschaft. Als das Kind auf der Welt ist, fordert der Kindesvater einen regelmäßigen Kontakt zu diesem Kind, während die Kindesmutter sich außerstande fühlt, dem Kindesvater gegenüberzutreten, und die Kontakte verweigert.

Auch diese Konstellation macht deutlich, dass sich zwischen dem Kind und dem Vater unter diesen Umständen keine Bindung entwickeln wird. Ein forcierter regelmäßiger Kontakt zwischen Vater und Kind dient in diesem Fall ganz klar nur dem Vater, der juristisch betrachtet ein Recht auf den Kontakt zu seinem Kind hat. Ein regelmäßiger Kontakt zum Kind in diesem Alter kann allenfalls bewirken, dass der Vater eine Beziehung zu seinem Kind entwickelt, das er noch gar nicht kennt. Aber das Kind wird den Vater nie als eine Bindungsperson betrachten, wenn die Kindesmutter die Kontaktverweigerung aufrechterhält und unter Druck der Behörde allenfalls einem wöchentlichen Kurzkontakt in ihrer Gegenwart zustimmen kann. Nach den vorangegangenen Ausführungen versteht es sich von selbst, dass es nicht im Interesse des Kindeswohls wäre, den Säugling für die Begegnungen mit dem Kindesvater von der Mutter zu trennen oder die Begegnungen von Drittpersonen begleiten zu lassen. Wenn nun diese Kurzkontakte für die Kindesmutter emotional eine zu große Belastung darstellen, wird sich diese Belastung auch auf das Kind auswirken, welches unter diesen Umständen mit Sicherheit nicht von den Vater-Kontakten profitieren kann.

Der Vater mag befürchten, dass er unter diesen Umständen keine Chance hat, jemals eine Beziehung zu seinem Kind aufzubauen. Diese Befürchtung ist gerechtfertigt, zumal keine Behörde das Wunder vollbringen kann, Eltern-Kind-Beziehungen herzustellen oder zu garantieren, welche aus dysfunktionalen Paarbeziehungen hervorgegangen sind. Aber auch Kinder, welche aus unglücklichen Verbindungen entstanden sind, haben das Recht, ihre Eltern zu kennen.

Erst einmal muss beachtet werden, dass das Erinnerungsvermögen eines Kleinkindes noch sehr begrenzt ist. Im Alter von 6 Monaten kann sich das Kind nur an Ereignisse zurückerinnern, welche gerade 24 Stunden zurückreichen. Mit 9 Monaten kann es sich immerhin schon an Ereignisse erinnern, die vor einem Monat geschehen sind. Erst gegen Ende des 1. Lebensjahres setzen im Gehirn entscheidende Veränderungen ein, in deren Verlauf sich auch die Speicherkapazität des Gehirns erhöht. Die Fähigkeit, ein Erlebnis mindestens vier Monate im Gedächtnis zu behalten, entwickelt sich demnach erst im 2. Lebensjahr. Aber erst die Fähigkeit, Erfahrungen mit Worten zu beschreiben, prägt sie uns dauerhaft ins Gedächtnis ein.[37]

---

37 Die Voraussetzungen für die Entwicklung eines autobiographischen Gedächtnisses sind der Spracherwerb, die Hirnentwicklung und die Ich-Entwicklung. Erst ab einem Alter von circa 3 Jahren ist das Gehirn so weit entwickelt, dass auch das autobiographische Gedächtnis, das persönliche Erlebnisse speichert, zu funktionieren beginnt. Dies ist auch das Alter, in dem das Kind die Muttersprache beherrscht, die Voraussetzung dafür, dass es Erlebnisse mit Worten beschreiben kann. Im gleichen Alter hat das Kind eine Vorstellung davon entwickelt, dass es eine eigenständige Person mit eigenen Bedürfnissen ist. In dieser Phase lernt das Kind, sich in die Welt einzuordnen. Es entwickelt ein Verständnis von Vergangenheit, Gegenwart und Zukunft, was ihm nun erlaubt, Erinnerungen abzuspeichern und wieder abzurufen. Aufgrund der frühkindlichen Amnesie ist der Mensch nicht in der Lage, sich bewusst an Ereignisse zu erinnern, welche sich vor seinem 3. Geburtstag ereignet haben.

Forcierte Kontakte zwischen dem Kind und dem Vater in den ersten Lebensjahren können also nicht zum Ziel haben, dass sich das Kind später an diese Kontakte erinnert. Wenn Kontakte zwischen dem Kind und dem Vater in den ersten 3 Lebensjahren unter großem Druck zustande kommen, diese Erfahrung für das Kind mit einer großen Belastung einhergeht und nicht zuletzt diese Belastungsreaktionen dazu führen, dass der Kontakt abgebrochen werden muss, wird sich das Kind im Schulalter nicht mehr an den Vater erinnern. Hingegen könnte die Bindungsverunsicherung, welche mit diesen forcierten Kontakten einhergegangen ist, das psychische System des Kindes nachhaltig beeinträchtigen. Daher muss man bei forcierten Vater-Kind-Kontakten im Alter von 0 bis 3 Jahren Nutzen und Schaden sorgfältig abwägen. Im Notfall muss der kontaktberechtigte Vater seine Bedürfnisse im Interesse der ungestörten Bindungsentwicklung des Kindes zu seiner primären Bezugsperson zurücknehmen und darauf vertrauen, dass vom 3. Geburtstag des Kindes an regelmäßige Kontakte möglich werden können.

Für den oben beschriebenen konkreten Fall wird empfohlen, eine Beistandschaft bzw. Umgangspflegschaft zu errichten und den persönlichen Verkehr zwischen Kind und Vater bis zum vollendeten 3. Lebensjahr aufzuheben. Die Sistierung hat das Potential, dass sich die Konfliktsituation der Eltern entspannt, und ist aus Sicht des Kindeswohls absolut vertretbar. Kommt es nämlich vorher unter Druck der Behörden tatsächlich zu wenigen Kontakten, welche für die Mutter und das Kind traumatisch und auch für den Vater sehr belastend sind, ist die Wahrscheinlichkeit hoch, dass es infolgedessen zu einem totalen und anhaltenden Kontaktabbruch kommt. Hinreichende Informationen über wichtige Ereignisse im Leben seines Kindes soll der Vater hingegen erhalten. Dazu gehört auch, dass er sich anhand von Fotos und Videoaufnahmen ein Bild vom jeweiligen Entwicklungsstand seines Kindes machen kann. Die Kindesmutter soll angewiesen werden, dem Beistand entsprechendes Material zur Verfügung zu stellen. Nach vollendetem 3. Lebensjahr des Kindes soll eine erste begleitete Begegnung zwischen dem Vater und dem Kind organisiert werden. Nach diesem Treffen soll mit den Eltern zusammen die weitere Ausgestaltung des persönlichen Verkehrs besprochen und geregelt werden. Im Interesse des Kindeswohls soll die Kindesmutter angehalten werden, das Kind altersentsprechend und kindverträglich vor der ersten Begegnung mit dem Vater über die leibliche Vaterschaft aufzuklären. Denn wenn auch das Kind keine ausschließliche Bindung an seinen Vater entwickeln wird, darf der Beziehungsaufbau ab dem 3. Lebensjahr nicht gleichgesetzt werden mit einem Beziehungsaufbau zu einer fremden Person. Die Ausschließlichkeit und Unersetzbarkeit von biologischen Eltern ist im kollektiven Unbewussten der Menschen tief verwurzelt. Nur damit ist das Phänomen zu erklären, dass Adoptivkinder ihren leiblichen, aber bisher unbekannten Eltern bei der ersten Zusammenführung um den Hals fallen und oft ein uneingeschränktes Beziehungsangebot machen. Wenn das Kind von einem biologischen Vater weiß und die Mutter diesen Vater nicht dämonisiert hat, wird es früher oder später ein Interesse an diesem Vater bekunden und ihn auch kennenlernen wollen, was für die Identitätsentwicklung des heranwachsenden Menschen wichtig ist.

15.3.2 Kontaktregelung bei Kleinkindern nach Kontaktunterbruch

Fallbeispiel

Die unverheirateten Eltern eines knapp vierjährigen Kindes trennten sich kurz nach dem zweiten Geburtstag des Kindes. Nachdem der Kontakt zwischen dem Kind und dem Vater kurz nach der Trennung zum Erliegen gekommen ist, fordert nun der Vater sein Kontaktrecht auf der zuständigen Behörde ein. Diese beauftragt einen Beistand mit dem Aufbau des Vater-Kind-Kontakts mittels begleiteten Umgangs.

Selbst wenn das Kind vor dem Kontaktstillstand eine sichere Bindung zum abwesenden Elternteil entwickelt hat, der betreuende Elternteil die Repräsentation des getrennten Elternteils jedoch beim Kind nicht durch Bilder und Erzählungen aufrechterhalten hat, ist aufgrund der frühkindlichen Amnesie die Wahrscheinlichkeit hoch, dass das nunmehr vierjährige Kind nach einem Kontaktunterbruch von einem Jahr von diesem Elternteil „entbunden" ist und diesen nicht mehr kennt.

Soll unter diesen Voraussetzungen die Eltern-Kind-Beziehung wieder aufgebaut werden, gelten die gleichen Gesetzmäßigkeiten wie bei einer Eingewöhnung eines Kindes in der Kita, wo das Kind gefordert ist, sich von seiner Bindungsperson zu trennen und sich einer ihm fremden Person anzuvertrauen. Ein hinreichend resilientes Kleinkind ist durchaus in der Lage, sich nach einer behutsamen Übergangsphase einer ihm fremden Person anzuvertrauen, wenn es spürt, dass seine Bindungsperson dieser Person wohlgesinnt ist, und wenn ihm die emotionale Erlaubnis und Unterstützung seiner Bindungsperson im Übergang sicher ist. Diese Voraussetzungen sind gegeben, wenn die Bindungsperson mit der Kita-Betreuerin freundlich interagiert und in der Eingewöhnungsphase noch präsent ist.

Analog zur fallbezogenen Eltern-Kind-Beziehung ist das Vorgehen beim (Wieder-) Aufbau abhängig von der Beziehung zwischen den Eltern. Kann die Bindungsperson mit dem getrennten Elternteil in der gleichen Weise wie mit einer Kita-Betreuerin interagieren, dem Kind den Verbleib beim Elternteil emotional erlauben und zumuten und den Kontaktaufbau in der Übergangsphase wohlwollend unterstützen, kann der Kontaktaufbau an einem institutionellen Treffpunkt für Kontaktbegleitungen gelingen.

Fehlt den feindselig zerstrittenen Eltern jegliches Vertrauen ineinander, sind diese Voraussetzungen kaum gegeben. In diesem Fall muss eine vermittelnde Vertrauensperson zwischengeschaltet werden, welche mit beiden Elternteilen freundlich und zugewandt interagieren kann und stellvertretend für den kontaktaufnehmenden Elternteil eine vertraute Beziehung zum Kind einnehmen kann.

In der Regel sprengt eine entsprechende Einzelbegleitung von Eltern im Kontaktaufbau mit ihrem Kind den Rahmen einer Umgangsbegleitungseinrichtung. Idealerweise wird diese Aufgabe dem zuständigen Beistand auferlegt, welcher ohnehin angehalten ist, das Kind persönlich kennenzulernen.

15.4 Obhut und Elternkontakt bei Kindern ab Schulalter

Häufigkeit, Regelmäßigkeit und Umfang des Umgangs sollen den Bedürfnissen und Interessen des Kindes angepasst und entsprechend ausgestaltet werden, unter Berücksichtigung der Rahmenbedingungen wie zum Beispiel Alter des Kindes, Arbeitszeiten der Eltern oder Entfernung der Wohnorte der Eltern. Seit der Einführung des gemeinsamen Sorgerechts als Regelfall zeichnet sich eine individuellere Gestaltung des ursprünglich starren Wochenend-Kontaktmusters ab, was zu begrüßen ist. Zum einen verhindert ein zusätzlicher Kontakt an einem Nachmittag unter der Woche zu große Abstände zwischen den Kontakten, was der Eltern-Kind-Beziehung entgegenkommt. Zum anderen erlaubt ein Kontakt unter der Woche dem getrennt lebenden Elternteil, das Kind auch in seinen Alltagsaufgaben zu begleiten, es zum Beispiel bei der Erledigung der Hausaufgaben zu unterstützen oder in den Musikunterricht zu begleiten. Dabei ist es nicht zwingend, dass diesem zusätzlichen Kontakt auch eine Übernachtung folgt. Angesichts der Tatsache, dass in der Nacht eine Bindung weder aufgebaut noch gelebt und auch keine Beziehung gepflegt wird, werden Übernachtungen tendenziell überbewertet. Es sei daran erinnert, dass es auch viele Erwachsene vorziehen, sich zum Schlafen nachhause zu begeben, nachdem sie bei Freunden oder Verwandten zu Besuch waren. Zusätzliche Übernachtungen unter der Woche im Rahmen einer Umgangsregelung sind dann sinnvoll, wenn das Kind dies wünscht oder wenn sich damit Synergien nutzen lassen, zum Beispiel wenn der obhutinnehabende Elternteil einen Abendkurs besucht. Sinnvoll sind zusätzliche Übernachtungen auch dann, wenn bei angespannter Elternsituation ein Übergang vermieden werden kann, zum Beispiel wenn das Kind am folgenden Tag direkt vom Elternteil in die Schule gebracht wird oder selbständig hingeht. Ein wichtiges Kriterium für einen zusätzlichen Kontakt unter der Woche ist die räumliche Entfernung der Wohnorte beider Eltern. Wenn der zusätzliche Kontakt dem Kind eine unverhältnismäßig lange Hin- und Rückreisezeit abverlangt, ist die Frage nach dem Nutzen dieses Kontakts aus der Sicht des Kindes und nicht des Elternteils zu beurteilen. Das Gleiche gilt, wenn der zusätzliche Kontakt den einzigen freien Nachmittag des Kindes betrifft und dieses daran hindert, Freizeit mit seinen Freunden zu verbringen.

Bei einem erweiterten Umgang im Rahmen der Möglichkeit, den persönlichen Verkehr von Schulkindern individueller zu gestalten, handelt es sich nicht um einen Interessensausgleich zwischen den Eltern. Mehr noch als ein Regelkontakt muss sich eine erweiterte Kontaktregelung an den Bedürfnissen des Kindes orientieren. Dabei gilt es zu berücksichtigen, dass häufige Kontakte zum getrennt lebenden Elternteil dem Kindeswohl nicht in jedem Fall zuträglich sind (s. Kap. 14.2).

15.4.1 Bumerang-Effekt im Kontakt mit Jugendlichen

Wenn Elternteile in ihren Bemühungen oder in ihrem Kampf um hinreichenden Kontakt zu ihren jugendlichen Kindern den Rubikon überschreiten, kann dieser Kampf zum Bumerang werden.

Fallbeispiel

Die Eltern eines 13-jährigen Mädchens haben sich bereits während der Schwangerschaft getrennt. Nach der Geburt übergab die Mutter dem Vater das Kind zunächst mindestens einmal in der Woche für ein bis zwei Stunden, später zweimal die Woche für kurze Zeit, und vom Kindergartenalter an verbrachte das Kind regelmäßig einen Nachmittag in der Woche beim Vater, jedoch nie über Nacht und erst recht keine Ferien. Mit der Einführung des gemeinsamen Sorgerechts versprach sich der Vater mehr Kontakt mit dem Mädchen und stellte den entsprechenden Antrag, was die Mutter als Einmischung empfand: Sie wehrte sich dagegen. Im Rahmen dieser rechtlichen Auseinandersetzungen erlebte das Mädchen zum ersten Mal einen deutlichen Elternkonflikt. Es konfrontierte den Vater mit seinem Wunsch, ihn nunmehr spontan zu besuchen. Der Vater akzeptierte dies nicht und stellte Antrag auf Regelung des persönlichen Verkehrs bei der zuständigen Behörde. Ab diesem Zeitpunkt verweigerte die Jugendliche die Kontakte vollständig.

Kämpfen Elternteile ohne Obhut um einen regelmäßigen Kontakt zu ihren nunmehr urteilsfähigen jugendlichen Kindern, haben sie von vornherein schlechte Karten. Zum einen ist es einigermaßen schwierig, wenn nicht unmöglich, ein Kontaktrecht gegen den Willen eines Jugendlichen durchzusetzen, zum anderen wird dabei übersehen, dass der Kampf um häufigere oder regelmäßigere Kontakte der Beziehung mehr schadet als nützt.

Es gibt verschiedene Gründe, warum Kinder mit Erreichen des Jugendalters weniger gemeinsame Zeit mit dem getrennt lebenden Elternteil wünschen. Zum einen wächst die Anzahl der Aktivitäten und außerfamiliären, außerschulischen Verpflichtungen mit dem Alter eines Kindes, so dass diese oft mit den Kontaktzeiten des getrennt lebenden Elternteils konfligieren. Der wichtigste Grund für den Wunsch nach weniger Kontakt mag jedoch darin liegen, dass im Jugendalter die Eltern in Notsituationen zwar immer noch die wichtigsten Bezugspersonen sind, dass aber im Alltag Freundschaften mit Gleichaltrigen und die Orientierung an den Peers einen höheren Stellenwert einnehmen.[38] Ob Eltern oder Peers – Jugendliche fühlen sich den Menschen zugehörig, von denen sie sich verstanden fühlen, und sie ziehen sich von den Menschen zurück, von denen sie sich nicht ver-

38 Peers unterstützen den Jugendlichen in der Ablösung von den Eltern, vermitteln ihm emotionale Geborgenheit, bestätigen ihn in seiner Selbstdarstellung und vermitteln ihm Orientierung. In der 16. Shell Jugendstudie (Jugend 2010. Fischer-Taschenbuch) haben 97 Prozent der befragten Jugendlichen Freundschaften als den wichtigsten Wert in ihrem Leben benannt.

standen fühlen. Die Schwierigkeit dabei ist, dass Jugendliche oft sehr schnell das Gefühl haben, nicht verstanden zu werden.

Interpretiert nun ein Elternteil den Wunsch seines jugendlichen Kindes nach weniger Kontakt auf der Beziehungs-Ebene, fühlt sich der Jugendliche missverstanden. Er glaubt, dass es dem Elternteil nicht um ihn, den Jugendlichen, geht, sondern um seine eigenen Bedürfnisse. Der Jugendliche traut der Beziehung nicht mehr und zieht sich zurück, im Sinn von „Wenn Vater nicht merkt, dass es nichts mit ihm zu tun hat, dann hat es gar keinen Sinn, sich noch zu bemühen". Für Jugendliche ist es noch kränkender, wenn der Elternteil den Wunsch nach weniger Kontakt als Resultat einer Beeinflussung des anderen Elternteils interpretiert. Der Jugendliche fühlt sich nicht ernst genommen im Sinne von: „Wenn Vater mir nicht zutraut, dass ich eine eigene Meinung habe, kennt er mich nicht. Dann hat es keinen Sinn, sich noch zu bemühen."

Für Eltern, die nicht mit ihren jugendlichen Kindern zusammenleben, ist es um ein Vielfaches schwieriger, die Eigenheiten der Beziehung von Adoleszenten und deren Eltern zu verstehen, geschweige denn, sich darauf einzustellen und zu lernen, wie sich funktional darauf reagieren lässt: Viele Jugendliche können sich ihren Eltern gegenüber tagelang wie Fremde verhalten und jegliches Beziehungsangebot derselben in den Wind schlagen, jedoch am Tag X eine Art „Beziehungs-Fenster" öffnen und ihnen ihr ganzes Innenleben anvertrauen. Ist der Elternteil zu diesem Zeitpunkt gerade nicht empfänglich oder nicht verfügbar, geht das Fenster wieder zu und öffnet sich – wenn überhaupt – erst wieder Tage oder Wochen später. Dies verlangt von Eltern heranwachsender Kinder eine enorme Flexibilität und Feinfühligkeit, aber auch die Fähigkeit, persönliche Kränkungen auszuhalten, ohne dem Jugendlichen dafür Schuld aufzuladen.

15.5 Kontaktrecht und Kindeswohl aus empirischer Sicht

Allein schon durch die räumliche Trennung zwischen einem Elternteil und dem Kind kann der getrennt lebende Elternteil, in der Regel der Vater, seine Rolle nicht mehr im gewohnten systemischen Kontext wahrnehmen. Diese Tatsache bestimmt neben einer Reihe von anderen Faktoren die Vater-Kind-Beziehung nach der elterlichen Trennung. Die gemeinsame Zeit von Vater und Kind im Rahmen eines regelhaften Umgangs wird unterbrochen von einer längeren Zeit der Trennung, in welcher der Vater nicht mehr im gewohnten Ausmaß am Alltagsleben seines Kindes teilnehmen und es bei wichtigen Entwicklungserfahrungen nicht mehr begleiten oder unterstützen kann. Insbesondere die Möglichkeit, das Kind zu disziplinieren und entsprechende Grenzen zu setzen, ist deutlich herabgesetzt, da gerade das elterliche Disziplinierungsverhalten Kontinuität, Konsequenz und eine sichere Beziehung verlangt. Ein zusätzliches Hindernis stellt die isolierte, vom Kind abgetrennte Umgebung dar.

Darüber, wie sich die Vaterentbehrung auf die Entwicklung von Kindern auswirkt, wurde in der Vergangenheit viel geforscht und geschrieben (für eine Übersicht s. Staub,

1997). So groß das gesellschaftliche und politische Interesse an den Folgen der trennungs- bzw. scheidungsbedingten Vaterentbehrung ist, so schwierig ist es, gerade diese Spezialform der Vaterabwesenheit empirisch zu untersuchen. Dies hat verschiedene Gründe: Zunächst einmal bedeutet das Aufbrechen der Dreierbeziehung „Kind – Vater – Mutter" oder der ganzen Familie als solcher, dass das Kind fortan nicht mehr mit beiden Elternteilen gleichzeitig aufwachsen wird, weil das Kind nicht „getrennt" werden kann. Die von nun an außerfamiliär gelebte Beziehung zu einem Elternteil ist nun aber nicht die einzige Veränderung, die das Kind im Falle der Trennung seiner Eltern ereilt, und nicht die einzige Anpassung, die es leisten muss. Hinzu kommt, dass einzelne Studienergebnisse, welche darauf hinweisen, dass sich Kinder mit häufigem Kontakt zum getrennt lebenden Elternteil besser entwickeln, mit Vorsicht zu genießen sind: Die Studien scheitern in der Regel bereits an der für empirische Untersuchungen zwingenden Einhaltung der Gütekriterien. Die Resultate sind zwar reliabel bzw. verlässlich, die Untersuchungen lassen sich also wiederholen und führen zu den gleichen Ergebnissen. Aber die Resultate sind kaum valide, weil in der Regel nicht *die* Population untersucht wird, welche die Entscheidungsbehörden interessiert, nämlich die Kinder aus Hochkonfliktfamilien. Abgesehen davon, dass Kinder generell ganz selten befragt oder untersucht werden, stammen Kinder mit ausgedehntem Kontakt zu beiden Eltern nach der Trennung in der Regel nicht aus konfliktbelasteten Familien. Denn: Kinder mit hochkonflikthaften oder psychisch auffälligen Eltern haben selten häufigen Kontakt zu beiden Eltern. Darüber hinaus lassen sich hochkonflikthafte oder belastete Familien kaum für die Teilnahme an einer Studie rekrutieren. Die finanzielle Belohnung für die Studienteilnahme von entsprechenden Eltern in den USA trägt kaum zu objektiveren Resultaten bei, zumal es vermutlich eher wirtschaftlich schwach gestellte Eltern sind, welche sich kaufen lassen, womit die Resultate von einer zusätzlichen systematischen Störvariable verzerrt werden.

15.5.1 Auswirkung von Elternkontakten auf das Kindeswohl

Aus entwicklungspsychologischer Sicht ist es in der Regel im Interesse des Kindeswohls, die bestehenden Bindungen und Beziehungen zwischen Eltern und Kindern nach der elterlichen Trennung aufrechtzuerhalten. Entsprechend begründen die Gesetzgeber die Gesetzesartikel, welche dem Elternteil ohne Obhut bzw. Obsorge ein Umgangs- bzw. Kontaktrecht einräumen. Da nun aber die elterliche Trennung mit einer Vielzahl von Faktoren einhergeht, welche diese Beziehungen in Mitleidenschaft ziehen können, kann dem Kind nicht uneingeschränkt versprochen werden, dass möglichst viel gemeinsame Zeit mit seinem getrennt lebenden Elternteil in jedem Fall in seinem Interesse ist. Gerade in Hochkonfliktfamilien mit nachweislich belasteten Kindern muss sorgfältig abgewogen werden, welcher Umgang dem Kindeswohl am besten entspricht.

Während die Qualität des väterlichen Erziehungsverhaltens – festgemacht am besonders entwicklungsförderlichen autoritativen Erziehungsstil – mit weniger Problemverhalten und besseren schulischen Leistungen der Kinder einhergeht, erwies sich der Zusammenhang zwischen Kontakthäufigkeit und Kindeswohl als kaum bedeutsam (Amato & Gilbreth, 1999; Amato et al., 2009; Adamsons & Johnson, 2013). Die sehr schwachen Effekte der Kontakthäufigkeit in der ersten grossen US-amerikanischen Meta-Analyse (Amato & Gilbreth, 1999) wurden anfänglich dem Umstand der eher seltenen Kontakten getrenntlebender Väter zu ihren Kindern in den Siebzigerjahren zugeschreiben. Allerdings finden sich auch in den jüngeren Meta-Analysen (Amato, Meyers & Emery, 2009; Adamsons & Johnson, 2013) keine Hinweise für die Bedeutung der Kontakthäufigkeit, obwohl inzwischen in den USA Kontaktabbrüche zwischen getrennt lebenden Vätern und ihren Kindern seltener geworden sind und der Umfang der Vater-Kontakte zugenommen hat. Eine mögliche Erklärung bezieht sich darauf, dass in den meisten Familien die Kinder im Rahmen der Bindungshierarchie nach wie vor zunächst eine Bindung zur Mutter und erst danach eine Bindung zum Vater entwickeln und das Kind die zweite Bindungsfigur schadloser entbehren kann, als die primäre Bindungsfigur.

Eine andere Erklärung für diese ernüchternden Befunde könnte sich darauf beziehen, dass im Kontext häufiger Kontakte nicht nur positive Erfahrungen vermittelt werden, sondern Kinder auch vermehrt den Streitigkeiten ihrer Eltern ausgesetzt sind. Tatsächlich haben bereits frühere Studien aufgezeigt, dass häufige Kontakte bei ausgeprägtem Elternkonflikt dem Kind mehr schaden als nützen (für eine Übersicht s. Staub, 2001), und auch jüngere Forschungsresultate weisen in diese Richtung (vgl. Walper, 2006; Gödde & Fthenakis, 2008): Die Erwartung eines regelhaft positiven Effektes von Umgangskontakten auf das Kindeswohl hat sich nach gegenwärtigem Wissensstand als unterspezifiziert erwiesen, da positive Auswirkungen nur dann beobachtet werden, wenn sich der Kontakt positiv gestaltet und die betroffenen Eltern ihre Konflikte begrenzen können (Amato & Sobolewski, 2004). Zudem existieren einige Fallgruppen – und dazu gehören eben unter anderem auch Kinder von Hochkonflikteltern -, bei denen Umgangskontakte insgesamt eher belastend denn förderlich wirken (Friedrich, Reinhold & Kindler, 2004).

15.5.2 Verhältnis zwischen Empirie und gesetzlichen Forderungen

Zwanzig Jahre nach der Übersichtsarbeit von Staub (1997) und zehn Jahre nach der Kindschaftsreform in Deutschland ergibt also die nüchterne Betrachtung der Forschungsarbeiten, welche die Auswirkungen des Umgangs auf das Kindeswohl untersuchen, einen dürftigen Zusammenhang zwischen der empirischen Evidenz und der juristischen Begründung der Gesetzestexte. Insbesondere in Deutschland relativieren die renommiertesten Familienrechtspsychologen und Scheidungsforscher zehn Jahre nach Einführung der Kindschaftsreform den Nutzen von zwingenden Elternkontakten (vgl. Walper, 2006; Kindler, 2009; Fichtner, 2012). So stellte der renommierte Scheidungsforscher Jörg Fichtner 2010 fest:

> *Langdauernde Elternstreitigkeiten und dadurch bei den Kindern entstehende Loyalitätskonflikte sind so belastend, dass eine der grundlegenden Überzeugungen des deutschen Kindschaftsrechts in diesen Fällen fraglich zu sein scheint: dass der Umgang mit beiden Elternteilen dem kindlichen Wohl nach der Elterntrennung dienlich ist. Nicht zuletzt der Streit um den Umgang wird eine so starke Belastung, dass eine kindeswohldienliche Regelung fast unmöglich scheint. Die zweite schreckliche Nachricht ist, dass die Arbeit mit solchen Eltern nicht nur die Fachkräfte stark in Anspruch nimmt, sie scheint mangels passgenauer Interventionsstrategien auch wenig erfolgreich zu sein. Zumindest wiesen darauf die Ergebnisse des Verbundforschungsprojekts hin, das unter der Federführung des Deutschen Jugendinstituts (DJI) im Auftrag des Bundesfamilienministeriums durchgeführt wurde. Der abwesende Elternteil verschwindet förmlich aus der Welt des Kindes. Nicht nur ist er physisch nicht mehr anwesend, es ist für das Kind auch oft so, als sei er plötzlich gar nicht mehr existent, womöglich als wäre er nie dagewesen. Alle Bilder werden abgehängt, auf denen der abwesende Elternteil zu sehen ist. Seine/ihre Sachen sind fort. Man spricht plötzlich auch nicht mehr über den abwesenden Elternteil und malt keine Bilder mehr für ihn zusammen. Das Kind begreift die Situation „Trennung" noch nicht und kann das alles nicht einordnen. (Fichtner, 2010, S. 15)*

Diese Tatsache divergiert mit der anwachsenden gesellschaftlichen Forderung nach Durchsetzung von Eltern-Kind-Kontakten, und zwar unabhängig davon, ob diese Kontakte dem Kindeswohl schaden oder nicht.

Wenn auf der einen Seite die Umgangskontakte betont werden und zunehmend auch gegen den Willen von Elternteilen alternierende Obhut gefordert wird, auf der anderen Seite die Subjektposition des Kindes für die Entscheidungsbehörden zunehmend wichtiger wird, führt dies zum Dilemma.

15.5.3 Kriterien für eine Umteilung der Obhut als Alternative

Wird im Rahmen von Kontaktschwierigkeiten insbesondere bei jüngeren Kindern eine ausgesprochene Bindungsintoleranz eines psychisch beeinträchtigten hauptbetreuenden Elternteils identifiziert, steht nicht selten die Umteilung der Obhut zur Diskussion. Anlass zu entsprechenden Überlegungen geben die Erfahrungen, dass a) Kontaktschwierigkeiten bei Kleinkindern von hochzerstrittenen Eltern die Tendenz haben, über die Zeit hinweg zu bestehen oder trotz ressourcenverschlingenden Bemühungen, Weisungen und Maßnahmen früher oder später zu einen Kontaktabbruch führen und b) in Hochkonfliktfamilien der Nutzen von hart erkämpften Eltern-Kind-Kontakten nicht ausgewiesen ist.

Mit der Umteilung der Obhut wird der Kriegsschauplatz „Eltern-Kind-Kontakt" verlassen. Abgesehen von der erhofften Entlastung und den prognostisch besseren Entwicklungsvoraussetzungen für das Kind liegt der Vorteil der Obhutsumteilung auch darin, dass der nachfolgend zu regelnde Kontakt zum getrennt lebenden Elternteil idealerweise nicht mehr auf Widerstand stößt.

Eine Umteilung der Obhut vom hauptbetreuenden Elternteil zum kontaktberechtigten Elternteil ist abhängig von Kriterien, welche in der Folge in drei Checklisten zusammengefasst sind. Je höher die Anzahl von Ja-Antworten im Vergleich zu Nein-Antworten ausfällt, desto eher muss eine Obhutsumteilung in Betracht gezogen werden.

a) Kriterien für eine Umteilung der Obhut auf der Seite des entfremdenden Elternteils

Der Elternteil hat keine Bindungstoleranz	○ Ja	○ Nein
Der Elternteil vernachlässigt Aufsichts- und Versorgungspflichten dem Kind gegenüber	○ Ja	○ Nein
Der Elternteil bietet keine Unterstützung im Bildungs- und Förderungsbereich	○ Ja	○ Nein
Der Elternteil vermittelt dem Kind sozial nicht verträgliche Werte	○ Ja	○ Nein
Der Elternteil missbraucht das Kind als Partnerersatz oder narzisstische Verlängerung	○ Ja	○ Nein
Der Elternteil missbraucht das Kind zur Stabilisation der eigenen psychischen Situation	○ Ja	○ Nein
Der Elternteil überstülpt dem Kind seine wahnhaft anmutenden Überzeugungen	○ Ja	○ Nein
Der Elternteil pathologisiert das Kind	○ Ja	○ Nein
Der Elternteil verweigert die Zusammenarbeit mit Fachpersonen	○ Ja	○ Nein
Der Elternteil hat eine diagnostizierte psychische Störung	○ Ja	○ Nein

b) Kriterien für eine Umteilung der Obhut auf der Seite des Kindes

Das Kind ist im Vorschulalter oder frühen Schulalter	○ Ja	○ Nein
Der kontaktberechtigte Elternteil stellt für das Kind eine Bindungsperson dar	○ Ja	○ Nein
In Bezug auf den kontaktberechtigten Elternteil befindet sich das Kind auf einer Beziehungsstufe zwischen 1 und 4 (s. Kapitel 8.1)	○ Ja	○ Nein
Das Kind zeigt psychische Auffälligkeiten	○ Ja	○ Nein
Das Kind hat das gleiche Geschlecht wie der andere Elternteil	○ Ja	○ Nein
Das Kind fühlt sich für den entfremdenden Elternteil verantwortlich.	○ Ja	○ Nein

c) Kriterien für eine Umteilung der Obhut auf der Seite des kontaktberechtigten Elternteils

Der Elternteil verfügt über die nötige Feinfühligkeit dem Kind gegenüber	◯ Ja	◯ Nein
Der Elternteil ist bindungstolerant	◯ Ja	◯ Nein
Der Elternteil ist psychisch hinreichend stabil	◯ Ja	◯ Nein
Der Elternteil stellt für das Kind eine Ressource dar	◯ Ja	◯ Nein
Der Elternteil kann die Betreuung und Erziehung des Kindes gewährleisten	◯ Ja	◯ Nein

Im Rahmen einer Entscheidungsfindung sind die Abklärenden angehalten, die oben genannten Voraussetzungen für eine Umteilung der Obhut an konkreten Beispielen festzumachen. Kommt die Entscheidungsbehörde zur Überzeugung, dass eine Umteilung der Obhut im besten Interesse des Kindes ist, gilt es diese Umteilung kindesgerecht zu orchestrieren. In der Regel wird eine vorübergehende bzw. transitorische Fremdunterbringung notwendig sein. Zum einen muss der obhutübernehmende Elternteil sich einrichten und auf die neue Rolle vorbereiten können. Anderseits muss verhindert werden, dass allfällige heftige Reaktionen des entfremdenden Elternteils den anderen Elternteil überfordern. Abgesehen davon muss nach der Herausnahme des Kindes sichergestellt werden, dass das Kind anlässlich der Kontaktaufnahme zum entfremdenden Elternteil nicht mehr beeinflusst wird.

In Bezug auf die Gewichtung der aufgeführten Kriterien kann festgestellt werden, dass bei jüngeren Kindern die Erziehungsdefizite des entfremdenden Elternteils schwerer wiegen, während bei einer Obhutumteilung bei älteren Kindern das Hauptgewicht auf einer tragfähigen Beziehung zum anderen Elternteil liegt, was bei einer fortgeschrittenen Entfremdungsentwicklung leider selten mehr der Fall ist. Dieser Umstand verdeutlicht die Wichtigkeit der Früherkennung von dysfunktionalem Elternverhalten und entsprechendem Handlungsbedarf.

16
Alternierende Obhut/Wechselmodell

In Deutschland trat die Einführung der gemeinsamen elterlichen Sorge als Regelfall mit der Reform des Kindschaftsrechts am 1. Juli 1998 in Kraft. In Österreich kommt bei ehelichen Kindern die Obsorge grundsätzlich beiden Eltern zu (§ 177 Abs 1 ABGB); seit dem 1. Februar 2013 gibt es für den unehelichen Vater die Möglichkeit, die gemeinsame Obsorge zu beantragen. Die im Juli 2014 in der Schweiz in Kraft getretenen Bestimmungen zur gemeinsamen elterlichen Sorge als Regelfall zielen darauf ab, die Rechtssicherheit unter den kooperationswilligen Ehegatten zu verbessern und dem getrennt lebenden Elternteil zusätzliche Möglichkeiten zu eröffnen, seine Chance als verantwortlicher Miterzieher tatsächlich wahrzunehmen.

Aus der gemeinsamen elterlichen Sorge kann der umgangsberechtigte Elternteil jedoch nicht das Recht ableiten, das Kind auch wirklich zur Hälfte betreuen zu können. Nach wie vor wird bei einer Trennungsvereinbarung oder einer Scheidung einem Elternteil die Obhut zugeteilt, und der Umfang des persönlichen Verkehrs des anderen Elternteils mit dem Kind wird geregelt. Anlässlich der März-Session 2015 hat das Schweizer Parlament jedoch entschieden, dass künftig das Gericht oder die Kindes- und Erwachsenenschutzbehörde im Sinne des Kindeswohls die Möglichkeit einer alternierenden Obhut prüfen muss, wenn ein Elternteil oder das Kind dies verlangt. In Deutschland hat am 1. Februar 2017 der Bundesgerichtshof entschieden, dass entgegen der bisherigen Rechtslage nunmehr auch das Familiengericht auf Antrag eines Elternteils gegen den Willen des anderen Elternteils das Wechselmodell anordnen kann. Sowohl hüben als auch drüben sind die Gerichte also aufgerufen zu prüfen, ob ein Modell, bei dem die Eltern ihre Kinder nach der Trennung zu ähnlich großen Anteilen betreuen, im Interesse des Kindeswohls ist.

Abgesehen davon, dass gegebenenfalls die Unterhaltsregelung angepasst werden muss, handelt es sich bei dieser kindbezogenen Forderung um eine kinderpsychologische Fragestellung. Darüber hinaus hat die Rechtsprechung bisher noch kaum Gelegenheit gehabt, relevante Entscheidungskriterien zu erarbeiten und zu prüfen. Den Entscheidungsbehörden werden mit diesem politischen Dekret somit schwierige Aufgaben übertragen. Die Problematik zeigt sich insbesondere in den Fällen, in denen sich die Eltern nicht einig werden und das Gericht prüfen muss, ob die alternierende Obhut auch gegen den Willen eines Elternteils angeordnet werden soll. Die Diskussion von Kriterien, welche für oder gegen die Anordnung einer alternierenden Obhut sprechen, dient vor allem der Befähigung der damit befassten Juristen bei der Entscheidungsfindung und dem Vermeiden von teuren und zeitaufwändigen Gutachten.

16.1 Empirische Befunde zur alternierenden Obhut

Allein die Internet-Recherche zum Thema „alternierende Obhut" bzw. „Wechselmodell", englisch *joint residential custody,* fördert eine große Anzahl von Artikeln zutage, welche davon zu überzeugen versuchen, dass die alternierende Obhut nach aktuellem Forschungsstand unter normalen Rahmenbedingungen die beste Betreuungslösung für Kinder getrennt lebender Eltern ist. Spätestens mit Erscheinen des umfangreichen Buches über das Wechselmodell von Hildegund Sünderhauf (2013) wird der Eindruck generiert, dass man von diesem Modell nur in Ausnahmefällen Abstand nehmen sollte. Auf 900 Seiten betont die Juristin und Rechtsanwältin die Vorteile des Wechselmodells und kommt zu dem Schluss, dass sich die Folgen der Trennung und Scheidung für das betroffene Kind durch einen möglichst umfangreichen Kontakt zu beiden Eltern minimieren lassen. Eine intensive Einbeziehung des getrennt lebenden Elternteils fördere das Kindeswohl, weil das Kind durch die unterschiedlichen Lebenswelten der Eltern Anregungen erfahre.

Abgesehen davon, dass in der tendenziösen Abhandlung von Sünderhauf das Kindeswohl ganz stark vor dem Hintergrund der Erwartungshaltung von Erwachsenen verstanden wird und somit eine Erwachsenensicht widerspiegelt, wird die Auswirkung der trennungsbedingten Dynamik auf das Kind bagatellisiert, wenn behauptet wird, dass bei geteilter Obhut die Beziehungen und Bindungen umfänglich, also nahezu vergleichbar zur intakten Familie, aufrechterhalten bleiben. Nicht zuletzt argumentiert Sünderhauf in einem Interview in der Zeitschrift „Wir Eltern"[39] an den gesicherten wissenschaftlichen Erkenntnissen der Scheidungsforschung vorbei, wenn sie entgegen diesen Erkenntnissen behauptet, dass der Verlust des Kontakts des Kindes zum anderen Elternteil das Kind nach der elterlichen Trennung am meisten beeinträchtige.

Die Arbeit von Sünderhauf ist nicht objektiv und für die mit der Entscheidungsfindung beauftragten Professionen nicht hilfreich. Der unkritischen Auflistung von Studien mit positiven Resultaten mangelt es an der Prüfung folgender Kriterien:

---

39 „Die Scheidungsfolgenforschung hat seit Jahrzehnten nachgewiesen, dass es nicht die Trennung an sich ist, die Kinder belastet, sondern erstens der Verlust des Kontakts zu einem Elternteil, zweitens der häufige ökonomische Abstieg der Alleinerziehenden und drittens Konflikte zwischen den Eltern. Das sogenannte Wechselmodell setzt hier an." (Sünderhauf-Kravets in der Zeitschrift *Wir Eltern,* http://www.wireltern.ch/artikel/das-sorgerecht-ist-mutterzentriert-716 [Zugriff am 24. Februar 2018].)

- Methode,
- Autorenschaft,
- kulturelle Unterschiede,
- Repräsentativität der untersuchten Population,
- Untersuchungsinstrumente und Gütekriterien,
- Interpretation der Befunde und
- Publikationskriterien.

16.1.1 Methode

Die Übersicht von Sünderhauf kommt daher wie eine Meta-Analyse, obwohl sie die Merkmale dieses methodischen Vorgehens nicht erfüllt. Kerima Kostka (2014) rezensierte die Übersichtsarbeit von Sünderhauf und konfrontiert die Autorin nicht nur mit zahlreichen widersprüchlichen Argumentationslinien, sondern auch damit, dass die Beschreibung des methodischen Vorgehens in den zitierten Arbeiten fehlt. Kostka legt die Gründe dar, warum die unterschiedlichsten Arbeiten kaum miteinander vergleichbar sind:

- Kontrollgruppen fehlen;
- häufig zu kleine Stichproben von Eltern, die sich freiwillig für das Modell entschieden;
- Datenquellen sind die Eltern, nicht die Kinder selber;
- keine Differenzierung zwischen einvernehmlichem Wechselmodell und Rechtsstreit;
- keine Differenzierung zwischen 50:50-Modellen und Modellen mit ungleicher Zeitverteilung.

Abgesehen davon ist bei den Studien aus den USA, welche den größten Teil der in der Übersicht zitierten Forschungsarbeiten ausmachen, häufig nicht klar, ob es sich um gemeinsame Sorge *(joint legal custody)* oder um geteilte Obhut *(joint physical custody)* handelt.

Einen beispielhaften Gegenpol zur Übersicht von Sünderhauf bildet die qualitativ hochstehende Arbeit eines australischen Forscherteams um die Kinderpsychologin McIntosh. Diese Studie ist schon allein deshalb von Bedeutung, weil die untersuchten zerstrittenen Eltern im Mediationsprozess und deren Kinder die Klientel im familienrechtspsychologischen Umfeld abbilden. McIntosh, Wells, Smyth und Long (2008) haben festgestellt, dass die alternierende Obhut wenig stabil ist, wenn sie auf Mediationsdruck hin zustande gekommen ist, und dass das Gelingen dieses Modells von zahlreichen Voraussetzungen abhängt. Berücksichtigt wurde zunächst das Ausgangsniveau der elterlichen Konflikte. Kinder in alternierender Obhut waren mit dem Wohnarrangement am wenigsten zufrieden und wollten dies nach vier Jahren am häufigsten ändern. Sie berichteten über mehr Elternkonflikte als die Kinder aus anderen Gruppen und fühlten sich häufiger in Loyalitätskonflikten gefangen.

16.1.2 Autorenschaft

Vielleicht nicht zuletzt aufgrund der fehlenden Verwurzelung in der Sozialwissenschaft und der fehlenden Erfahrung mit den entsprechenden Methoden hat die Juristin Sünderhauf in ihrer Zusammenfassung und Interpretation der gesammelten Befunde die Arbeiten nicht nach deren Qualität beurteilt, sondern nach dem Grad der Befürwortung einer geteilten Obhut. Als Erstes fällt auf, dass die Autorin fast ausschließlich soziologische oder sozialpsychologische Arbeiten zitiert und kaum Bezüge zu scheidungsrelevanten Erkenntnissen der entwicklungspsychologischen Grundlagenforschung herstellt. Einschätzungen von entsprechenden Experten im deutschsprachigen Raum (z.B. Helmuth Figdor, Jörg Fegert oder Heinz Kindler) fehlen gänzlich. Es fällt auch auf, dass Sünderhauf die Professionalität, das Arbeitsumfeld und die Forschungsmethoden der einzelnen Studienautoren kaum kennt und daher nicht in der Lage ist, Tendenzen und selektive Fehler zu erkennen oder zu gewichten. Beispielsweise sei darauf hingewiesen, dass es sich bei den renommiertesten und viel zitierten Verfechtern einer egalitären Kinderbetreuung nach der Scheidung um selbstbetroffene Scheidungsväter handelt. Die einschlägige Erfahrung dieser Autoren mit dem Kampf um Kontakt zu den eigenen Kindern steuert nicht nur deren Interesse an der Thematik, sondern auch die Erwartung an Forschungsresultate.

16.1.3 Kulturelle Unterschiede

Verschiedene Überzeugungen in Bezug auf die Kinderbetreuung finden sich mitunter sogar innerhalb eines Landes und dürfen auch dann nicht vernachlässigt werden, wenn man internationale Studien zu alternierender Obhut miteinander vergleicht. Wenn ein Großteil der US-amerikanischen Autoren zu dem Schluss kommt, dass nach der elterlichen Trennung das Modell der geteilten Obhut dem Kindeswohl am besten entspricht, mag dies für deren Kultur zutreffen, zumal in den USA und anderen Ländern die geteilte Obhut auch der Lebenserfahrung der meisten Kinder in vollständigen Familien entspricht. Anders als in der Schweiz gehen in den USA in der Regel beide Eltern einer außerhäuslichen Arbeit nach, und die sogenannte Stay-at-Home-Mother ist die Ausnahme. Man darf also annehmen, dass in diesen Familien die Kinder von beiden Eltern in die Tageseinrichtungen gebracht und wieder abgeholt werden. Die US-amerikanische Erziehungswissenschaftlerin Linda Nielsen (2013) weist auf Untersuchungen hin, wonach in den USA in den meisten Familien die Väter 60 Minuten und die Mütter 90 Minuten pro Tag Zeit mit ihren Kindern verbringen. Ähnliche Umstände herrschen auch in Schweden, dem Land mit den meisten Scheidungskindern in alternierender Obhut: In Schweden ist es üblich, die Kinder nicht selber zu betreuen. Entsprechend großzügig und flächendeckend ist die staatlich organisierte Kinderbetreuung. Es versteht sich von selbst, dass es in diesen Familien tatsächlich kaum einen Unterschied macht, welcher Elternteil nach der Scheidung das Kind in die Kita bringt.

16.1.4 Repräsentativität der untersuchten Population

Nicht zuletzt beeinflusst die Auswahl der zu untersuchenden Population das Resultat einer Studie. Eine Besonderheit stellen dabei US-amerikanische College-Studenten dar: Während es beispielsweise in der Schweiz aufgrund von Auflagen sehr schwierig ist, eine breite Population von Jugendlichen in Ausbildungseinrichtungen über ihre Erfahrungen zu befragen, bilden College-Studenten in den USA die meistuntersuchte Population der Welt. Weil die Studenten in den sozialwissenschaftlichen Studiengängen an US-amerikanischen Ausbildungseinrichtungen mit Credits belohnt werden, wenn sie sich als Versuchsperson für eine Forschungsarbeit zur Verfügung stellen, ist die Motivation zum Ausfüllen von Fragebogen unter den Studenten sehr hoch. Studenten bilden nun aber nicht die Population der Kinder ab, deren Kindeswohl es bei einem Gerichtsverfahren zu beurteilen gilt.

Ein gewichtiger Bias liegt auch den Befunden zugrunde, dass es den Kindern in der Obhut beider Eltern eher besser geht als Kindern in der alleinigen Obhut eines Elternteils. Diese Erkenntnis bildet zunächst nur die Tatsache ab, dass die befragten Familien mit geteilter Obhut dieses Modell – vor dem Hintergrund einer moderaten Konfliktlage und guter Absprachefähigkeit zwischen den Eltern – selber gewählt oder sich nach vorübergehenden Uneinigkeiten für dieses Modell entschieden haben. Aus der Compliance der befragten Familien kann man schließen, dass es sich bei diesen Familien um hinreichend funktionale und kompensierte Nachtrennungssysteme handelt. Die Erfahrung zeigt nämlich, dass es nahezu unmöglich ist, Familien für die Teilnahme an einem Forschungsprojekt zu gewinnen, welche aufgrund ihrer vielschichtigen Probleme im Zusammenhang mit der Trennung oder Scheidung zu belastet sind. Diese Menschen verfügen nicht über die nötigen Ressourcen zur Teilnahme an einer Studie. Selbst bei vorhandener Compliance infolge Aufwandsentschädigung könnte man von schwer konfliktfokussierten und damit wahrnehmungseingeschränkten oder persönlichkeitsauffälligen Eltern kaum verlässliche Aussagen erwarten.

16.1.5 Untersuchungsinstrumente und Gütekriterien

Bedenkt man, dass selbst Resultate von hochtechnisierten Magnet-Resonanz-Tomographie-Studien in der Medizin in Frage gestellt werden müssen, weil das MRT-Gerät als vermeintlich verlässliches Messinstrument falsche Befunde zutage gefördert hat (Eklund, Nichols & Knutsson, 2016), ist es nicht nur legitim, sondern angebracht, fragebogenbasierte Befunde grundsätzlich mit Vorsicht zu betrachten. Noch bedenklicher ist die Gewohnheit, nicht mittels standardisierter Fragebogen zu befragen, sondern die Fragebogen für die einzelnen Studien und die erhofften Resultate selber zu konstruieren. Mit anderen Worten: Es ist grundsätzlich ein Problem, wenn zur Objektivierung von Sachverhalten eigens Messinstrumente entwickelt werden. Zudem stellt das Antwortverhalten von Menschen beim Ausfüllen eines Fragebogens eine weitere Fehlerquelle dar.

16.1.6 Interpretation der Befunde

Weil die Scheidungsforschung keine Grundlagenforschung mit verlässlichen Kontrollgruppen-Designs ist, fehlt die Möglichkeit, die Gültigkeit der Befunde im engeren, wissenschaftstheoretischen Sinne abzusichern. Daher liegt die Interpretation der Befunde nicht auf der Hand, sondern in den Augen des Betrachters. Beispielsweise ist die vielzitierte Aussage von Fabricius und Luecken (2007), dass die negativen Scheidungsfolgen durch einen großzügigen Vater-Kontakt kompensiert werden können, eine reine Behauptung. Diese Deutung entnimmt er den Aussagen von Studenten, die retrospektiv angaben, dass sie mehr Zeit mit dem Vater hätten verbringen wollen. Daraus den Schluss zu ziehen, dass der Großteil der Kinder mehr Kontakt zum Vater haben möchte, ist willkürlich. Unter Umständen hätten die Studenten nach egalitärer Betreuung durch beide Eltern im Nachhinein bedauert, dass sie nicht mehr Zeit mit der Mutter verbracht haben.

16.1.7 Publikationskriterien

Die Kriterien für die Veröffentlichung einer Arbeit in einem einschlägigen Journal sind sehr streng. Nachdem im Jahr 2004 eine Forschergruppe (McKibbon, Wilczynski & Haynes, 2004) 60532 publizierte Arbeiten aus 170 medizinischen und sozialwissenschaftlichen Journals auf deren Qualität untersucht hat und zu dem Schluss gekommen ist, dass gerade einmal 6,8 Prozent der Publikationen das Prädikat „hohe Qualität" verdienen, scheint es also nicht nur von der Qualität abzuhängen, welche Studien publiziert werden und welche nicht. Da die nachgewiesene Befähigung zu forschen ein Bestandteil der sozialwissenschaftlichen Studienabschlüsse ist, begleiten und protegieren Professoren eine Unzahl von Studien. Und weil nicht alle Forschungsarbeiten publiziert werden können, ist es nicht verwunderlich, dass insbesondere unerwünschte oder nicht der Erwartung entsprechende Befunde kaum veröffentlicht werden.

16.2 Entscheidungskriterien für alternierende Obhut auf der Elternseite

Anders als in der Sorgerechtsfrage werden bei einer mehr oder weniger egalitären Betreuungsaufteilung oder alternierenden Obhut höhere Anforderungen an die Eltern gestellt. Vom Kind wird die Flexibilität verlangt, sich in zwei Lebenswelten zu verwurzeln und die Übergänge ohne großen Energieaufwand zu vollziehen – eine Lebensform, mit welcher viele Erwachsene überfordert wären.

Die folgenden Kriterien sind keine Checkliste, welche einfach abgearbeitet werden kann. Vielmehr handelt es sich bei den zur Diskussion gestellten Kriterien gleichsam um Färbungen oder Schattierungen, die in der Zusammenstellung eher harmonisch oder eher disharmonisch wirken, wobei gewisse Farben das Bild dominieren können. Die Voraussetzungen für eine alternierende Obhut sind sowohl auf der Elternseite als auch auf der Seite des Kindes verortet. Auf der Elternseite sind zunächst die Kriterien zu nennen, welche auch bei der Bestimmung der alleinigen Obhut erfüllt sein müssen:

16.2.1 Erziehungsfähigkeit der Eltern

Will man eine alternierende Obhut anordnen, so setzt dies die Erziehungsfähigkeit *beider* Eltern voraus (vgl. Kap. 8). Wenn sich Eltern um die Betreuungsanteile streiten, die Kinder vor der Trennung aber mehr oder weniger gemeinsam betreut haben, ist die Frage nach der Erziehungsfähigkeit dieser Eltern obsolet. Im Streit um die Betreuungsanteile gilt es allenfalls, die Bindungstoleranz als Teilaspekt der Erziehungsfähigkeit zu beurteilen. Es kann sein, dass eine nicht hinreichende Bindungstoleranz der einzige Grund ist, warum sich ein Elternteil gegen eine alternierende Obhut stellt. Im Zusammenhang mit einer mangelhaften oder fehlenden Bindungstoleranz bei sonst hinreichender Erziehungsfähigkeit können auch unangemessene Loyalitätsforderungen, Entfremdungsabsichten oder der Einbezug des Kindes in den Elternkonflikt vorliegen.

16.2.2 Aufrechterhaltung der stabilen Verhältnisse

Ist die Erziehungsfähigkeit bei beiden Elternteilen gegeben, kann die Stabilität der örtlichen und familiären Verhältnisse bei der Betreuungsregelung eine wichtige Rolle spielen. Dieses Kriterium fragt danach, welche Regelung das Leben des Kindes in Bezug auf den Schulalltag, die soziale und örtliche Umgebung und die Betreuungsform am wenigsten verändert.

Bei älteren Kindern gewinnt die Aufrechterhaltung der äußeren Bedingungen wie Schule, Möglichkeit der Ausübung von Freizeitaktivitäten und das soziale Umfeld zunehmend an Bedeutung, während die Frage, welcher Elternteil die Kinder bisher betreut hat, in den Hintergrund tritt. Bei Kleinkindern und Kindern im Vorschulalter bezieht sich die Stabilität der Verhältnisse hauptsächlich auf die bisher gelebte Betreuungsverteilung bzw. elterliche Rollenaufteilung.

Grundsätzlich ist bei einer geteilten Obhut die Kontinuität bzw. Stabilität der familiären Verhältnisse (vgl. Kap. 12) am ehesten gegeben, wenn die Eltern bereits vor der Trennung zu gleichen Teilen die Betreuung und Erziehung der Kinder leisteten. Es wäre aber vermessen zu behaupten, dass sich für das Kind mit der geteilten Obhut kaum etwas ändert, weil es Beziehungen und Bindungen vergleichbar zur intakten Familie pflegen könne. Die Summe ist eben mehr als ihre Teile. Für das Kind ist es merklich zweierlei, ob es von einander zugewandten Eltern abwechselnd in seinem Zuhause betreut wird oder von unverträglichen Eltern in zwei unterschiedlichen Umwelten.

Viele Elternteile, welche bei der Familiengründung mit dem Partner ein klassisches Rollenmodell vereinbart und bis zur Trennung auch gelebt haben, sehen in der geforderten „Stabilität der Verhältnisse“ ein Killerkriterium. Sie monieren, dass sie aufgrund dieser Forderung gar nie die Möglichkeit haben, sich fortan zu gleichen Teilen an der Kinderbetreuung zu beteiligen. Dies mag auf viele Familien mit Kleinkindern zutreffen. Daher sollten zukünftige Eltern bereits bei der Familienplanung entscheiden, ob und inwieweit sie Betreuungsaufgaben übernehmen wollen, und ihre berufliche Karriere mit den Betreuungserfordernissen abstimmen. Mit der Entscheidung für ein Rollenmodell vor der Geburt des Kindes bestimmen die Eltern auch weitgehend seine Elternverfügbarkeit und die damit einhergehende leitführende Bindungsentwicklung im Fall einer Trennung.

Fallbeispiel

Die Eltern einigten sich bei der Geburt des Kindes, die Kinderbetreuung zu teilen.

Nach der elterlichen Trennung im 16. Lebensmonat des Kindes verhinderte die Mutter den Kontakt des Vaters mit seinem Kind in den nächsten sieben Monaten. Die Mutter beansprucht nun die alleinige Obhut mit der Begründung, dass das Kriterium der Stabilität der Verhältnisse gegen eine alternierende Obhut spreche und dass den besonderen Bindungs- und Betreuungsbedürfnissen von Säuglingen und Kleinkindern im in einer geteilten Obhut kaum Rechnung getragen werden könne.

Mit der Begründung des Status quo als zukunftsbestimmende Betreuungsregelung vernachlässigt die Mutter die Tatsache, dass eine alternierende Obhut eher in Betracht kommt, wenn die Eltern das Kind schon vor ihrer Trennung wechselnd betreut haben. Noch viel entscheidender ist jedoch, dass die Mutter das Betreuungsarrangement ignoriert, welches sie in der Absprache mit dem Vater dem Kind zugemutet und infolgedessen für dessen Entwicklung als optimal beurteilt hat. Mit der Aussetzung der Vater-Kind-Kontakte über einen im Leben dieses Kindes langen Zeitraum hat sie Fakten geschaffen, welche eher darauf abzielen, den Vater auch zukünftig aus dem Leben des Kindes fernzuhalten, als dass sie ihrer Überzeugung treu geblieben ist, dass es für das Kind am besten ist, von beiden Elternteilen betreut zu werden.

Im Rechtsstaat räumt das Gesetz der Selbstbestimmung der Eltern in Bezug auf ihre Kinder einen hohen Stellenwert ein. Entsprechend werden individuelle Wertvorstellungen weitestgehend toleriert, sofern sie dem Kindeswohl nicht zuwiderlaufen. Es ist Ausdruck des Respekts den elterlichen Erziehungsplänen gegenüber, wenn die Eltern im Konfliktfall an ihre ursprünglichen Entscheidungen erinnert und darauf behaftet werden. Anders zu urteilen hieße, missbräuchliches Verhalten eines Elternteils zu billigen[40], welcher sich nach der Trennung der Fortsetzung einer bis anhin gelebten alternierenden Obhut widersetzt.

40 Vgl. BGE 5A_367/2000 Urteil vom 19. Oktober 2020

16.2.3 Persönliche Betreuung

Beim Kriterium der persönlichen Betreuung stellt sich die Frage nach der Verfügbarkeit der Eltern. Das Kind hat grundsätzlich das Recht, von den eigenen Eltern betreut zu werden, wenn diese dazu fähig und bereit sind, obwohl das Schweizer Bundesgericht die Gleichwertigkeit von Eigen- und Fremdbetreuung postuliert, wenn keine besonderen Bedürfnisse des Kindes dagegensprechen oder ein Elternteil nur zu Randzeiten verfügbar ist.[41] Beantragt eine Mutter die alleinige Obhut, obwohl sie das Kind nicht selber betreuen kann, während der Vater das Kind in Abwesenheit der Mutter persönlich betreuen könnte, ist zu prüfen, ob sich mit einer geteilten Obhut eine Fremdbetreuung verhindern lässt. Wenn beide Eltern aufgrund voller Berufstätigkeit das Kind schon vor der Trennung nicht selber betreuen konnten und das Kind auch nach der Trennung mehr oder weniger fremdbetreut wird, ist die alternierende Obhut theoretisch möglich, es sei denn, das Pendeln zwischen den nunmehr mindestens drei Lebenswelten überfordert das Kind oder das Kind protestiert aufgrund einer unsicheren Bindung an einen Elternteil.

16.2.3.1 Delegierte Betreuung

Beansprucht ein Vater die geteilte Obhut und plant, das Kind während seiner beruflichen Abwesenheit von seiner Mutter, der Großmutter des Kindes, betreuen zu lassen, ist diese Forderung abzulehnen, wenn es sich um ein Kleinkind handelt und stattdessen die Mutter selber das Kind betreuen möchte. Anders liegt der Fall, wenn dieses Betreuungsmodell der Kontinuität der Verhältnisse entspricht. Handelt es sich um ein Kind im Schulalter oder um ein Kleinkind, das auch in der vollständigen Obhut der Mutter fremdbetreut werden müsste, haben sich die gemeinsam sorgeberechtigten Eltern grundsätzlich über die Modalitäten der Fremdbetreuung einig zu werden. Ist dies nicht möglich, so ist die Fähigkeit zu einer hinreichend konstruktiven Kommunikations- und Streitkultur über die Betreuungsfrage hinaus zu prüfen.

16.2.3.2 Persönliche Betreuung und Homeoffice

Obhutfordernde Elternteile, deren oft hochprozentige Erwerbstätigkeit mit der Betreuungstätigkeit interferiert, argumentieren häufig, dass sie einen Großteil ihrer Erwerbsarbeit im Homeoffice verrichten können, wenn die schulpflichtigen Kinder in der Schule oder die Kleinkinder bereits im Bett sind. Während vor der Corona-Pandemie das Thema Homeoffice das Phänomen einer Minderheit war und die Arbeitgeber das Arbeiten im Homeoffice in vielen Fällen als nicht umsetzbar hielten, wurde durch Corona mit der gesellschaftlichen Akzeptanz von Homeoffice ein Prozess beschleunigt, der vermutlich zu einer dauerhaften und irreversiblen Veränderung der Erwerbsarbeit und damit zu einer

41 BGE 5A_629/2019 vom 13. November 2020, E.4.2

neuen Normalität führen wird. Da viele Berufe und Tätigkeiten ein weitaus größeres Potential an mobilem Arbeiten als bisher genutzt aufweisen, wird möglicherweise eine wachsende Zahl von erwerbstätigen Eltern langfristig mehr Zeit von zu Hause aus arbeiten als zuvor.

Neben den Chancen und Vorteilen, welche diese Entwicklung bietet, gehen damit auch Risiken und Herausforderungen einher. Mit den Grenzen sind insbesondere alleinerziehende Eltern in der Betreuung von Kleinkindern konfrontiert. Denn das von der Werbung vorgegaukelte Bild eines emanzipierten Vaters, der im Multitasking sowohl den Laptop als auch sein Kleinkind auf den Knien jongliert, hat mit der Realität wenig zu tun.

Die Pandemie hat weder die kognitiven und emotionalen Ressourcen noch die Entwicklungsbedürfnisse der Kinder verändert: Die Aufmerksamkeitsspanne des Menschen ist nach wie vor beschränkt, und geteilte Aufmerksamkeit bzw. Multitasking geht immer mit einer Qualitätseinbusse der zu bewältigenden Aufgaben einher. Kinder brauchen auch nach der Pandemie mehr als physische Sicherheit. Daher ist konzentriertes und gewissenhaftes Arbeiten im Homeoffice nur möglich, wenn die Kinder schlafen, betreut oder beschäftigt sind.

Bei der Erfüllung von Arbeitsaufgaben oder Befassung mit eigenen Projekten in diesen „kinderfreien“ Zeiten sind einige Punkte zu bedenken:

Emotionale Distanzierung: Es versteht sich von selbst und ist auch empirisch belegt, dass bei Heimarbeit im Homeoffice die kognitive und emotionale Distanzierung von der Arbeit geringer ist als bei der Arbeit in den Betriebsräumen (vgl. Zöchling, 2016). Die Arbeit ist immer präsent, egal ob der PC auf dem Küchentisch oder im Arbeitszimmer steht, denn auch die gedankliche Beschäftigung mit der Arbeit ist ein Bestandteil der Heimarbeit. Das Aufschieben von Arbeiten ist zwar besser möglich, geht aber mit einer dauernden gedanklichen Beschäftigung einher im Sinne von „Ich sollte dringend ... “, „Das darf ich nicht vergessen ...“ Mit dem Verlassen des Arbeitsortes nach Feierabend ist es legitim, auch gedanklich abzuschalten und sich nunmehr auf die Kinder zu konzentrieren. Wenn der Arbeitsplatz aber in den Wohnräumen liegt, ist der Job immer präsent. Dies kann insofern zu Problemen führen, als der Elternteil auch in Anwesenheit der Kinder mit der Arbeit beschäftigt ist.

Physische vs. psychische Anwesenheit: Insbesondere für Kinder im Vorschulalter ist die psychische Abwesenheit und die damit einhergehende fehlende Verfügbarkeit eines Elternteils sehr schwer zu verstehen und zu akzeptieren. Dass der Elternteil keine Zeit für sie hat, kann dazu führen, dass sich die Kinder abgelehnt fühlen und als Folge davon besonders lästig und ungezogen werden. Dadurch wird der Elternteil bei der Arbeitsverrichtung häufig unterbrochen. Weil sich der Elternteil weder auf die berufliche noch auf seine Elternrolle einlassen kann, ist er mit dem Gefühl konfrontiert, in keiner der beiden Rollen zu genügen. Abgesehen davon gehen die häufigen Arbeitsunterbrechungen in kurzen Intervallen und während der kurzen Arbeitsphasen mit einem hohen Konzentrationsanspruch einher. Diese Arbeitsunterbrechungen sind energieaufreibend und erschöpfend. Legt man die Arbeit zur Seite, fehlt die Energie für das Kind (vgl. auch Baethge & Rigotti, 2010).

Stresszuwachs: Die Verpflichtung gegenüber den Kindern konkurriert mit der Rechenschaft gegenüber dem Arbeitgeber. Der Stresszuwachs entsteht dadurch, dass keine Kollegen und kein Vorgesetzter, sondern allein die räumliche Umgebung einen Aufforderungscharakter hat. Daher muss die Motivation und Disziplin selbst geleistet werden. Grundsätzlich besteht die Gefahr, dass bei gewissenhaften Arbeitnehmern in höherer Stellung oder selbständig Erwerbstätigen im Homeoffice eher mehr geleistet wird als zu wenig. Der Rechtfertigungsdruck gegenüber dem Arbeitgeber oder der selbstauferlegte Arbeitsdruck ist hoch: Ist der Arbeitnehmer nicht am Arbeitsplatz, stellt sich nämlich viel schneller die Frage, welche Leistungen er erbringt. Es besteht die Gefahr, dass die ständige Nähe zur Familie trotz Mehrleistung zu einer Verringerung der Produktivität führt. Der Stress wird zum Teufelskreis und wirkt sich zweifellos auf die zu betreuenden Kinder aus.

In seinen Empfehlungen in Bezug auf das Homeoffice schreibt der Kaufmännische Verband der Schweiz: „Heimarbeit ist nicht mit gleichzeitiger Kinderbetreuung und entsprechender Ablenkung möglich. Sie ist kein Ersatz für eine externe respektive geregelte Kinderbetreuung.“[42] Entsprechend hat die Forschung gezeigt, dass institutionelle Einrichtungen bei der Kinderbetreuung auch bei Heimarbeit eine große Rolle spielen: In einer qualitativ-empirischen Studie ließ sich aufzeigen, dass die Betreuung eines Kleinkindes bei gleichzeitiger Erfüllung beruflicher Aufgaben kaum vorstellbar ist.

16.2.4 Elternkooperation und Elternkonflikt

Die alternierende Betreuungsregelung erfordert gewisse organisatorische Maßnahmen und gegenseitige Information. Dies setzt die Kooperationsbereitschaft und -fähigkeit der Eltern voraus. Je höher der Koordinationsbedarf (z. B. bei jüngeren Kindern und bei Kindern mit besonderen Bedürfnissen), desto höhere Anforderungen stellen sich an die Kooperation der Eltern. Eltern mit geteilter Obhut müssen bereit sein, über die zwei Wohnsitze des Kindes ein fiktives Dach zu spannen. Sie müssen dem Kind zumindest gedanklich eine Überschneidung der beiden Lebensbereiche ermöglichen, indem es zum Beispiel über den anderen Elternteil und den Alltag in der anderen Lebenswelt sprechen kann, wenn es das möchte.

---

42 https://www.bgm-ag.ch/aktuelles/nachricht/regelungen-fuer-home-office.html?file=files/public/aktuelles/2012-05-16-empfehlungen-home-office-kv-schweiz.pdf [Zugriff am 08. Dezember 2022].

Bei der Beurteilung des Elternkonflikts als Kriterium für die wechselnde Kinderbetreuung ist die Forschungslage wenig hilfreich, zumal Elternkonflikte in ihrer Qualität und Dynamik kaum quantifizierbar sind. Neben Ausmaß und Dynamik ist nicht zuletzt auch der Inhalt des Konflikts relevant (vgl. Kap. 2.1). Liegt dem Elternkonflikt eine Gewalt-, Macht- oder Kontrolldynamik zwischen persönlichkeitsauffälligen Eltern zugrunde, ist eine alternierende Obhut kaum im Interesse des Kindeswohls. Wenn sich hingegen zeigt, dass sich der Elternkonflikt erst im Rahmen der Obhutsfrage akzentuiert und sich einzig auf die Unstimmigkeit in Bezug auf die Betreuungsanteile und daraus folgenden Unterhaltszahlungen bezieht, kann der Elternkonflikt nicht als ausschlaggebender Grund gegen die alternierende Obhut aufgeführt werden, insbesondere wenn es sich um ein älteres Kind handelt. Dazu müsste sich zeigen, dass die Eltern auch in Bezug auf andere gewichtige Kinderbelange nicht kooperationsbereit sind.

Fallbeispiel

Die Familienplanung eines jungen Elternpaars gründete ganz klar auf einer klassischen Rollenteilung, von welcher beide Eltern überzeugt waren. Die Mutter gab nach der Schwangerschaft ihren Beruf auf und kümmerte sich fortan nur noch um das Haus und das Kind, während der Vater eine Arztpraxis führte. Nach der Trennung kam der Vater von seiner ursprünglichen Überzeugung ab, stellte einen Teilhaber an und verlangte die alternierende Obhut. Während die Trennung noch einvernehmlich stattfand, führte dieser Konflikt zu einer massiven Verschlechterung der Beziehung zwischen den Eltern.

Dieses Fallbeispiel zeigt deutlich, dass die Abgrenzung von Konflikten, die sich auf die Betreuungsanteile beziehen, gegenüber anderen Konflikten auch sehr akademisch sein kann. Wenn der Konflikt um Betreuungsanteile auf einem tiefgreifenden Verrat beruht, kann er sich wie im obigen Beispiel zu einem Flächenbrand ausweiten.

Leidet ein Elternteil an einer akzentuierten Persönlichkeitsstruktur mit negativer Auswirkung auf die Beziehungswahrnehmung und das Konfliktverhalten und entsprechender Bewirtschaftung des Elternkonflikts, während der andere Elternteil in seiner Bemühung um Deeskalation resigniert, ist es zu kurz gegriffen, von einer hochkonfliktigen Elternschaft zu sprechen und diese als Begründung gegen die Installation einer alternierenden Obhut zu bemühen. Im Interesse einer Schadensbegrenzung ermöglicht in diesem Fall eine alternierende Obhut dem Kind die Beziehung und Identifikation mit einem funktionalen Erziehungs- und Rollenmodell und die Entwicklung eines Realitätssinnes in seinem Lebensalltag.

Im Fall von schwerwiegenden Konflikten propagieren Salzgeber und Schreiner (2014) eine alternierende Obhut als Übergangsmodell, wenn allein dadurch der Auszug eines Elternteils aus dem bis dahin gemeinsamen Haushalt möglich werde. Dies sei der Fall, wenn der zum Auszug bereite Elternteil nicht ohne sein Kind gehen möchte, andererseits das weitere Zusammenleben unmöglich sei und das Kind selbst sich nicht für einen Aufenthalt bei einem Elternteil entscheiden könne. In dieser Konstellation ermögliche die alternierende Betreuung einem Elternteil, die Wohnung zu verlassen, ohne den Verlust des Kindes befürchten zu müssen. Zudem ermögliche eine solche Übergangslösung dem Kind, eine alternative Lebenssituation zu erproben. Es ist wünschenswert, dass solche Vorgehensweisen häufiger und unbürokratisch im Rahmen von interventionsorientierten Begutachtungen erprobt werden können (vgl. Kap. 23.3).

16.2.5 Geographische Nähe

Einigkeit herrscht darüber, dass das Kind nicht an zwei verschiedenen Orten zur Schule gehen kann. Diskutiert wird die Frage, ob es dem abwechselnd betreuten Kind zuträglich ist, vom weiter weg wohnenden Elternteil in die Schule gefahren zu werden. Von einer solchen Regelung ist Abstand zu nehmen. Den Wechsel zwischen zwei Wohnorten unter optimalen Bedingungen kann man dem Kind zumuten, aber seine soziale und räumliche Umwelt außerhalb des Elternhauses sollte konstant bleiben. Das entspricht auch der Forderung, dass ein Kind seinen Schulweg möglichst allein bewältigen können soll.

Der Schulweg ist für Kinder keine sinnentleerte Streckenüberwindung, sondern ein Erfahrungsraum, in dem sie ihre sozialen Konflikte austragen, Beziehungen zu Gleichaltrigen pflegen und Kontakte knüpfen. Der Schulweg ist oft der einzige Freiraum im durchstrukturierten Tagesablauf der Kinder. In der Abwesenheit der Erwachsenen nutzen Kinder den Schulweg als Freiraum und können die Umgebung mit eigenen Augen erkunden und bewerten und eigene Entscheidungen treffen. Im Übergang vom Elternhaus in den öffentlichen Raum erfahren Kinder die Vorteile der Selbstbestimmung und die Schattenseiten der Eigenverantwortung. Insbesondere für Kinder von hochkonflikthaften Trennungseltern kann dieser Übergangsraum eine regenerative Funktion haben, was sich auch im Schulunterricht niederschlagen kann. Lehrpersonen erscheinen chauffierte Kinder angespannter als jene, die ihren Schulweg zu Fuß oder mit öffentlichen Verkehrsmitteln zurücklegen (vgl. Egger & Hummel, 2016).

Da das selbständige Zurücklegen des Schulwegs für die Persönlichkeitsentwicklung der Kinder von großer Bedeutung ist, gilt die Faustregel, dass das schulpflichtige Kind den Weg sowohl zwischen den beiden Wohnorten als auch zwischen dem jeweiligen Wohnort und der Schule alleine bewältigen kann, sei es zu Fuß, sei es mit dem Fahrrad oder mit öffentlichen Verkehrsmitteln (vgl. Horvath, 2007).

16.2.6 Finanzielle Verhältnisse

Bei diesem Kriterium stellt sich zunächst die Frage, ob die Familie sich eine alternierende Obhut finanziell leisten kann, ohne dass auf die Unterstützung der öffentlichen Hand zurückgegriffen werden muss.

Die Begeisterung für dieses Modell darf nicht so weit führen, dass Trennungskinder gegenüber Kindern aus vollständigen Familien bevorzugt werden. Auch in vollständigen Familien erlaubt die berufliche und existentielle Realität es oft nicht, dass sich beide Eltern um die Kinder kümmern, obwohl auch Kinder von finanziell benachteiligten Eltern gerne von beiden Eltern betreut werden möchten.

Im Zuge von partnerschaftlichen Konflikten nimmt Geld oft eine zusätzliche Bedeutung an und wird nicht selten zum Machtfaktor. Daher ist zu prüfen, ob die Eltern in der Lage sind, den ökonomischen Aspekt vom psychologisch-pädagogischen zu trennen. Obwohl die Höhe der Unterhaltszahlung primär keine psychologische Frage ist, sind sich viele Experten einig, dass der Streit um die alternierende Obhut stark durch den monetären Aspekt motiviert ist. Und da sich letztlich jeder elterliche Streit auf die Kinder auswirkt, wird das Kindeswohl auch von der Unterhaltszahlung beeinflusst oder von der Frage, ab welchem Kindesalter die Mutter wieder arbeiten gehen soll. Der Streit ums Geld ist für Kinder so oder so problematisch, ob sie den Grund für den Streit nun kennen und miteinbezogen werden oder ob die Eltern so tun, als ginge es im Streit um etwas ganz anderes. Im letzteren Fall ist das Kind irritiert und entwickelt Phantasien, worüber die Eltern sich streiten. Schlimmstenfalls nimmt das Kind an, dass es selber der Grund dafür ist. Wird es in die monetären Auseinandersetzungen einbezogen, entwickelt das Kind Existenzängste oder macht einen Elternteil zum Täter, weil dieser offenbar nicht genug bezahlt.

Es ist nicht von der Hand zu weisen, dass der Uneinigkeit der Eltern in Bezug auf eine alternierende Obhut häufig ein finanzieller Verteilungskampf zugrunde liegt: Mütter fürchten um die finanzielle Entschädigung, welche ihnen für die Betreuung der Kinder zusteht, Väter versprechen sich von der zusätzlichen Betreuung der Kinder Entlastung von Unterhaltszahlungen. Dabei nehmen Väter oft an, dass sich die Betreuung von Kindern auch nebenher leisten ließe. Beispiel: Ein zu 100 Prozent tätiger selbständiger Kaufmann versucht glaubhaft zu machen, dass er seine Arbeitszeit nicht zu reduzieren braucht, um seine drei schulpflichtigen Söhne zu betreuen. Er stellt sich vor, einen Teil seiner Arbeit im Homeoffice zu verrichten oder sich der Arbeit zu widmen, wenn die Kinder in der Schule sind oder schlafen. Wenn dies möglich und mit dem Kindeswohl zu vereinbaren ist, stellt sich die Frage, warum die Schweizer Gerichtspraxis einer alleinerziehenden oder geschiedenen Mutter die Wiederaufnahme einer Erwerbstätigkeit grundsätzlich erst ab dem 10. Lebensjahr des jüngsten Kindes zu 50 Prozent und ab dem 16. Lebensjahr des Kindes zu 100 Prozent zumutet. Wollen Eltern ihre Kinder im Rahmen einer alternierenden Obhut selber betreuen und erziehen, darf man von ihnen erwarten, dass die Kinder nicht nur beaufsichtigt werden. Bindet man die Kinderbetreuung jedoch an die zeitliche Verfügbarkeit eines Elternteils, gilt es zu berücksichtigen, dass sich die Kinderbetreuung nicht mit dem 10. Lebensjahr ändert, sondern allenfalls mit dem Eintritt des Kindes in den Kindergarten im Alter von 4 Jahren oder spätestens mit Erreichen des Schulalters mit 6 Jahren.

16.3 Entscheidungskriterien auf der Kindseite

Nach der oben dargelegten Kritik stellt sich die Frage nach verlässlichen Quellen und objektivierbaren Kriterien, mit denen sich eine kindeswohlverträgliche Obhutsverteilung im Einzelfall beurteilen lässt. Trotz oder gerade wegen aller Vorbehalte gegenüber der empirischen Scheidungsforschung ist die Kenntnis und Auseinandersetzung damit unabdingbar, um Befunde vor dem Hintergrund der Gütekriterien beurteilen zu können. Das Kindeswohl als Domäne der Entwicklungspsychologie in Kombination mit der Familienrechtspsychologie verlangt zunächst die Auseinandersetzung mit Forschungsarbeiten von entsprechend sozialisierten Wissenschaftlern. Im Sinne einer besseren Vergleichbarkeit gilt es weiter, Forschungsarbeiten zu berücksichtigen, welche eine gerichtsnahe Population fokussieren. Nicht zuletzt empfiehlt es sich, solide Forschungsarbeiten aus dem deutschsprachigen Kulturraum zu beachten. Insbesondere bei der Beurteilung von jüngeren Kindern ist die entwicklungspsychologische Grundlagenforschung, namentlich die Bindungsforschung, heranzuziehen. Schließlich sind die wissenschaftlichen Erkenntnisse mit den täglichen Erfahrungen der mit Scheidungsfamilien betrauten Fachpersonen abzugleichen. Die folgenden Ausführungen skizzieren einen möglichen Entscheidungsweg vor diesem Hintergrund.

Die Vorstellung, dass ein Kind einen Hauptwohnsitz braucht bzw. einen sicheren Ort, von dem aus es die Welt erkunden kann, ist wissenschaftlich nicht gesichert und lässt sich angesichts der zunehmenden Mobilität der Gesellschaft, wobei besonders Großstadtkinder oft zahlreiche Umzüge und die damit einhergehenden Veränderungen des räumlichen und sozialen Umfeldes erleben, nicht mehr aufrechterhalten. Das Zuhause ist in erster Linie durch Beziehungen definiert und hängt nicht von der Aufenthaltsdauer ab. Eine alternierende Obhut hingegen verlangt dem Kind eine hohe Anpassungsleistung ab. Es wächst in zwei „Zuhause" auf, was sowohl Vorteile als auch Nachteile mit sich bringt. Abgesehen von der individuellen Konstitution hängt die Anpassung des Kindes an ein Pendeln zwischen zwei Welten von verschiedensten Einflussfaktoren ab. Auf der Seite des Kindes ist dies neben anderen Kriterien in erster Linie sein Alter.

16.3.1 Kindesalter

Je jünger das Kind ist, desto mehr muss zur Beurteilung von kindeswohlrelevanten Kriterien die Biologie bemüht werden, zumal im bio-psycho-sozialen Entwicklungsverständnis des Menschen der biologische Aspekt in der frühesten Entwicklung noch am deutlichsten zum Tragen kommt. Mit der alternierenden Obhut gehen Übernachtungen des Kindes in zwei Haushalten einher, deren Auswirkungen auf das Kindeswohl sich am ehesten vor dem Hintergrund der Bindungsentwicklung diskutieren lassen (vgl. Kap. 10).

16.3.1.1 Von 0 bis 3 Jahren

Das Kind entwickelt seine Bindung zur zweiten Bindungsperson in der Regel erst nach 18 Lebensmonaten, wenn sich zunehmend auch die linke Gehirnhemisphäre entwickelt. Die Areale der linken Hemisphäre sind zuständig für die fortschreitende Sprachentwicklung, zielorientiertes Verhalten, die Aggressionsregulation und vor allem für die zunehmende Mentalisierungsfähigkeit bzw. den Erwerb einer *Theory of Mind*[43] zwischen dem 3. und 4. Lebensjahr. Allein schon aus neurobiologischer Sicht wird daher eine hälftige Betreuung der Kinder nach einer elterlichen Trennung in den ersten zwei Lebensjahren als hochproblematisch beurteilt (Shore & McIntosh, 2011).

Das Leitkriterium der Bindungstheorie ist die Gewährleistung der größtmöglichen emotionalen Sicherheit des Kindes. Entsprechend gilt es bei der Obhutsfrage zunächst zu ermitteln, an welchen Elternteil das Kleinkind vor der elterlichen Trennung eine einzigartige und daher schützenswerte Bindung entwickelt hat.

Der Maßstab hierfür ist die bisher gelebte Rollenverteilung und Familienstruktur der Trennungseltern. Eine alternierende Obhut mit zwei bis drei Übernachtungen pro Woche vor dem 3. Lebensjahr ist nur in Erwägung zu ziehen, wenn das Kind aufgrund einer hälftigen Rollenverteilung der Eltern keine Bindungshierarchie ausgebildet, sondern zu beiden Eltern gleichzeitig eine Bindung entwickelt hat und beide Eltern dem Kind als feinfühlige, vertraute und verlässliche Bezugspersonen zeitlich hinreichend zur Verfügung stehen. Darüber hinaus müssen die kooperationswilligen Eltern dem Kleinkind stressfreie Übergänge zwischen den Bindungspersonen ermöglichen.

Diese Voraussetzungen sind am ehesten gegeben, wenn sich beide Eltern freiwillig für eine alternierende Obhut entscheiden. Auch dann werden beim Kleinkind Irritationen auftreten. Diese sind dem Kind aber zumutbar, da ihm die wohlwollende Ermutigung der ersten Bindungsperson sicher ist und es sich von seiner zweiten feinfühligen Bindungsperson trösten lassen kann. Vorstellbar ist der Fall, dass sich die Eltern die Versorgung und Betreuung des Kindes ab dem 6. Lebensmonat hälftig geteilt haben und sich trennen, als das Kind 2 Jahre alt ist.

Ein Vater, der den Säugling bis zum 6. Lebensmonat zusammen mit der Mutter betreut hat und danach wieder Vollzeit auswärts arbeiten geht, ignoriert die Bedürfnisse des Kindes, wenn er nach der Trennung die alternierende Obhut über das 2-jährige Kind fordert. Selbst wenn sich dieser Vater außerhalb der Arbeitszeit intensiv mit dem Kind beschäftigt, kann die Betreuungsqualität des Vaters die Betreuungsquantität der Mutter bis zum 3. Lebensjahr nicht ausgleichen. Allerdings wäre ein starres Umgangsrecht von zwei Wochenenden im Monat in diesem Fall ebenfalls nicht im Interesse des Kindes.

---

43 *Theory of Mind* bezeichnet die Fähigkeit, sich gedanklich in andere Menschen hineinzuversetzen, das heißt Bewusstseinsvorgänge auch in anderen Personen anzunehmen und diese in der eigenen Person zu erkennen. Erst wenn die Meinung eines Gegenübers von der eigenen unterschieden werden kann und wenn Auffassungen von Sachverhalten als falsch erkannt werden können, ist die *Theory of Mind* entwickelt.

Väter, die sich im jungen Alter ihrer Kinder trennen, mögen monieren, dass sie ohne die Möglichkeit der alternierenden Obhut nie die Chance haben, eine Bindung zum Kind zu entwickeln, zumal sich die aus der Beziehungsqualität ergebende Vater-Bindung etwas später entwickelt und hinreichende, zeitlich nahe Interaktionserfahrungen mit dem Vater nötig sind. Diesem Umstand lässt sich jedoch mit häufigeren und kürzeren Vater-Kind-Kontakten Rechnung tragen (vgl. Kap. 15.3). Bei Kontaktrechtstreitigkeiten infolge ausgeprägter Elternkonflikte steigt die Gefahr einer Verunsicherung und Destabilisierung des Kindes infolge Trennung von der primären Bezugsperson, auch wenn das Kind nicht direkt Zeuge der Konflikte ist. Weil das Erleben von ausgeprägten und anhaltenden Elternkonflikten eine höhere psychische Belastung für das Kind darstellt als ein reduzierter Elternkontakt, müssen die Kontakte angepasst werden.

Die Verfügung einer alternierenden Obhut gegen den Willen eines Elternteils kann man also unter Wahrung des Kontinuitätsprinzips in Erwägung ziehen, wenn dieses Modell die Betreuungsform vor der Trennung widerspiegelt. Wenn sich nun aber trotz guter Ausgangslage eine der Bindungspersonen vehement gegen eine alternierende Obhut stellt, verändert dies die Situation für das Kind. Eine strittige Obhut führt auch nach vorangegangener Gleichbetreuung zu Spannungen zwischen den Eltern und kann das noch fragile Bindungssystem des Kindes destabilisieren. In solchen Fällen sollen die Eltern angehalten werden, in einer Mediation einen Konsens anzustreben. Bei unbegründetem Widerstand eines Elternteils gegen geteilte Obhut trotz vorangegangener Gleichbetreuung muss unter Umständen ein Obhutswechsel geprüft werden.

16.3.1.2 Ab dem 4. Lebensjahr

Wurde vor der Trennung eine Familienstruktur gelebt, in der beide Eltern tatsächlich zu gleichen Teilen ihre Kinder betreut haben und vom Kind gleichermaßen als verfügbare, verlässliche und vertraute Bindungspersonen verinnerlicht worden sind, ist analog zu oben eine alternierende Obhut durchaus in Betracht zu ziehen, selbst wenn sich ein Elternteil dagegen wehrt. Aber indem die Eltern das Kind in ihrem Streit um Betreuungsanteile in den Kaukasischen Kreidekreis[44] stellen, bringen sie dieses in einen Loyalitätskonflikt. Je nach Ausmaß dieses Streits und Konflikts kann das vorgängig an beide Eltern gebundene Kind eine Koalition mit dem Elternteil eingehen, von dem es sich subjektiv abhängiger fühlt, mit dem es sich besser fühlt oder der von ihm mehr Loyalität fordert. Oder das Kind klammert sich an den Elternteil, der ihm den Verbleib in der vertrauten Umgebung gewäh-

44 Im gleichnamigen Theaterstück von Brecht ordnet ein Richter den Beweis der Mutterschaft durch ein Experiment an. Dazu lässt er das Kind in einen Kreidekreis stellen und befiehlt den beiden Frauen, gleichzeitig zu versuchen, das Kind zu sich aus dem Kreis herauszuziehen. Herrisch reißt die leibliche Mutter ihr Kind an sich, während die Pflegemutter das Kind voll Mitleid loslässt. Damit erweist sich diese als die „wahrhaft Mütterliche", die ihr Kind liebt und es lieber loslässt, als ihm weh zu tun. Schließlich erhält nicht die leibliche Mutter das Kind zugesprochen, sondern die Pflegemutter.

ren kann. In diesem Fall gilt es zunächst, das Kind in die Lage zu bringen, dass es keine Stellung beziehen muss. Dies ist nur der Fall, wenn es den Eltern mit oder ohne fachliche Hilfe gelingt, die Bedürfnisse des Kindes in den Fokus zu nehmen und ihm die emotionale Erlaubnis zu erteilen, weiterhin von beiden Eltern betreut zu werden.

Man könnte nun davon ausgehen, dass dies auch für Kinder gilt, deren voll berufstätige Eltern sich in ihren ersten Lebensjahren zu gleichen Teilen *nicht* um die Betreuung des Kindes gekümmert haben bzw. das Kind bis zum Schulalter mehr oder weniger in der Kita oder von Tageseltern haben betreuen lassen. Dies trifft aber nicht uneingeschränkt zu, zumal man nicht in jedem Fall davon ausgehen kann, dass dieses Kind sichere Bindungen an beide Eltern entwickelt hat. Wurde das Kind zum Beispiel von der primären Bezugsperson zu einem für das Kind zu frühen Zeitpunkt getrennt, kann es durchaus sein, dass es zur Mutter eine ängstlich-unsichere Bindung entwickelt hat, während sich in der späteren Bindungsentwicklung zum Vater eine hinreichend sichere Bindung mit wenig ausgeprägten Trennungsreaktionen zeigt. Wenn nun dieses junge Kind aufgrund seiner unsicheren Bindung auf die Mutter fixiert ist und ein Klammerverhalten zeigt, können unfreiwillige und längere Trennungen zu einer Retraumatisierung und einer persistierenden ängstlich-unsicheren Bindung beim Kind führen (vgl. Kap. 10.5.3).

Noch komplexer ist die Situation, wenn die alternierende Obhut nicht dem Betreuungsmuster vor der Trennung entspricht, die Vater-Kind-Beziehung nachweislich tragfähig und vertrauensvoll ist, der Vater aber die geteilte Obhut gegen den Willen Mutter fordert. Infolge fehlender Ambivalenz und unreifer Bewältigungsstrategien in der Anpassungsphase ist die Gefahr groß, dass das Kind ein „Besuchsrechtssyndrom" entwickelt (vgl. Kap. 9.1.3), die Eltern sich wegen der falschen Interpretation des Phänomens noch mehr in die Haare geraten und dadurch der Versuch der alternierenden Obhut für das Kind tatsächlich zu einem Kräftemessen wird. Ist dies der Fall, ist von einer alternierenden Obhut gegen den Willen eines Elternteils eher abzusehen.

Diese Ausführungen lassen erkennen, dass bei strittiger Obhut selbst die Prüfung des Einzelfalls nicht leicht ist und man daher oft Fachpersonen einbeziehen muss.

16.3.1.3 Besonderheit im Jugendalter

Vor dem Hintergrund der fortgeschrittenen moralischen Entwicklung geht die elterliche Trennung im Jugendalter der Kinder oft mit schweren Enttäuschungen einher. Insbesondere wenn die Außenbeziehung eines Elternteil Anlass zur Trennung gab, bewältigen Jugendliche ihre Enttäuschung oft im Ausdruck der Verachtung und Ablehnung des Elternteils, welchen sie als Täter wahrnehmen. Andere Jugendliche kompensieren ihre Enttäuschung mit einem gesteigerten Autonomiebedürfnis und ergreifen die Flucht nach vorn. Sie möchten so schnell wie möglich ausziehen und eine eigene Wohnung haben. In der neutralen Distanz zu beiden Eltern erhoffen sie sich eine Klärung ihrer Bedürfnisse nach den jeweiligen Elternteilen und Bewältigung ihrer unterschwelligen Loyalitätskonflikte.

Dieses Bedürfnis gilt es ernst zu nehmen und zu respektieren. Verbieten es wirtschaftliche Verhältnisse oder ist der Jugendliche noch nicht hinreichend für ein eigenständiges Leben ausgerüstet, ist es angebracht, nach befristeten betreuten Wohnformen zu suchen oder allenfalls zu veranlassen, dass der Jugendliche vorübergehend bei Verwandten oder Freunden wohnen kann.

16.3.2 Kindeswille

Vorausgesetzt, die elternrelevanten Kriterien sind erfüllt und das Kind hat das Alter der Willensfähigkeit erreicht, stellt der Wille des Kindes das wichtigste Kriterium dar.

Ab dem 4. Lebensjahr wird das Kind immer fähiger, Trennungen auszuhalten. Seine Selbstregulation lässt es nun zu, Bedürfnisse länger aufzuschieben. Die Gedächtnisorganisation macht es möglich, dass es auf Erfahrungen zurückgreifen kann. Das Kind hat eine *Theory of Mind* entwickelt und ist nun in der Lage, Gefühle, Bedürfnisse, Ideen, Absichten, Erwartungen und Meinungen anderer Personen zu antizipieren und das eigene und das Verhalten anderer durch Zuschreibung mentaler Zustände zu interpretieren (vgl. Förstl, 2012). Weil damit die Voraussetzungen zur Willensbildung erfüllt sind, soll ab dem Alter von circa 4 Jahren das ausgedrückte Bedürfnis des Kindes unbedingt berücksichtigt werden, wenn es darum geht, dass es über ein Umgangsrecht hinaus alternierend beim Vater und der Mutter leben soll, selbst wenn dieses Kind in Bezug auf die Regelung der Betreuungsverhältnisse nach dem Gesetz noch lange nicht urteilsfähig ist.

Die Gründe, die das Kind zu einer stabilen, zielgerichteten und intensiven Willensäußerung in Bezug auf seine Lebenswelten veranlassen, sind vielfältig. Der Wille kann Ausdruck des Bedürfnisses nach der gelebten Familienstruktur sein oder Ausdruck der Beziehungsentwicklung, welche auf gemeinsamen Erfahrungen des Kindes mit beiden Elternteilen beruht. Im Loyalitätskonflikt kann der geäußerte Wille Ausdruck einer Bewältigungsstrategie zur Verringerung der Belastung sein. Seitens des Kindes sind verschiedene Bedürfnisäußerungen möglich; siehe Kapitel 16.3.2.1 und 16.3.2.2.

16.3.2.1 Das Kind will keine alternierende Obhut

Bei grundsätzlich erziehungs- und kooperationsfähigen Eltern ist eine Betreuungsregelung, die dem Willen des Kindes entspricht, mit dem Kindeswohl vereinbar. Ob nun der eindeutige Wille des Kindes auf eine Beeinflussung eines Elternteils zurückzuführen ist oder nicht, ist eine akademische Frage. Theoretisch wäre es möglich, dass das Kind aufgrund einer „bedingten Bindungsstrategie“ (vgl. Kap. 6.4) keine alternierende Obhut will oder dass der Wille des Kindes Ausdruck einer anderweitigen Bewältigungsstrategie ist. In beiden Fällen wären Wille und Kindeswohl gleichgerichtet. Die vom Kind gewählte Bewältigungsstrategie verdient Unterstützung, und der Wille ist zu respektieren, es sei denn, die Gewährung des Kindeswillens geht mit einer Kindeswohlgefährdung einher oder schadet dem Kind anderweitig. Dabei darf man nicht außer Acht lassen, dass Beeinflussung nur vor dem Hintergrund einer engen Beziehung möglich ist. Weder Kinder noch Erwachsene lassen sich ohne Beziehungsgrundlage beeinflussen. Theoretisch ist es möglich und daher prüfenswert, ob es sich bei der engen Beziehung um eine Angstbindung handelt, bei der sich das Kind aus Angst vor dem Elternteil manipulieren oder sich mit falschen Versprechungen locken lässt, was aber bei gegebener Erziehungsfähigkeit des Elternteils kaum zutreffen dürfte.

Kritiker mögen zutreffend darauf hinweisen, dass nicht alle Bewältigungsstrategien von Kindern funktional und im Interesse des Kindeswohls sind. Wenn zum Beispiel ein Kind die Beziehung zu einem Elternteil opfert, um die Gunst des anderen Elternteils nicht zu verlieren, ist dies keine funktionale Strategie. Wenn jedoch ein Kind spürt, dass es ihm zu stressig ist, zwischen seinen beiden einander nicht freundlich gesinnten Eltern zu pendeln, lieber an einem Ort richtig zuhause sein und zum anderen Elternteil regelmäßig Kontakt haben möchte, ist gegen diese Strategie nichts einzuwenden.

16.3.2.2 Das Kind spricht sich für eine alternierende Obhut aus

Während sich bei strittiger Obhut jüngere und ambivalenzschwache Kinder eher mit der primären Bezugsperson solidarisieren, tendieren ambivalenzfähige und auf Fairness bedachte Kinder im Schulalter oft dazu, sich Entlastung zu verschaffen, indem sie sich selber auf die Kindeseltern „gerecht verteilen". Sie möchten keinen Elternteil benachteiligen. Und das ist nicht ganz unproblematisch: Bei strittiger Obhut droht die Gefahr, dass obhutfordernde Väter diese Tatsache ausnützen und ihre Kinder emotional mehr oder weniger subtil unter Druck setzen, was bei einer engen Vater-Kind-Beziehung häufig auch gelingt. In diesem Fall mag der Wunsch des Kindes, gleich viel Zeit mit beiden Eltern zu verbringen, Ausdruck einer Bewältigungsstrategie sein, welche dem Kind ebenfalls gewährt werden muss. Obwohl es grundsätzlich nicht die Aufgabe des Kindes ist, seine Eltern zufriedenzustellen oder psychisch zu kompensieren, kann man in diesem Fall davon ausgehen, dass das Kind an seinen Elternteil gebunden ist, den es nicht verletzen möchte. Vor diesem Hintergrund ist ein Zusammenleben mit diesem Elternteil nicht abwegig. Dem Vorwurf der Einflussnahme des Elternteils, der gegen die alternierende Obhut ist, lässt sich insofern begegnen, als eine Beeinflussung nur vor dem Hintergrund einer Beziehung stattfinden kann. Überstrapaziert wird der Vorwurf der Beeinflussung, wenn Eltern ihn immer nur dann ins Feld führen, wenn Kinder den Kontakt zu einem Elternteil ablehnen. Es ist nicht angemessen, immer dann Beeinflussung zu unterstellen, wenn der Wunsch des Kindes den Eltern nicht genehm ist.

Im Einzelfall stellt sich die Frage nach dem kurz- und langfristigen Kindeswohl bei Gewährung des aus Erwachsenensicht dysfunktionalen Kindeswillens. Unter Umständen fühlt sich das Kind besser, wenn es sich gegen sein Bedürfnis entscheidet, nur bei der Mutter zu leben, sich dafür aber selbstwirksam und einflussfähig erlebt. Der Nachteil dabei ist, dass das Kind lernt, dass es ihm nur gut geht, wenn es die Bedürfnisse seiner sozialen Umwelt befriedigt. Wird der Wille des Kindes nicht gewährt, erlebt sich das Kind hilflos und schuldig, weil es den Wunsch seines Vaters nicht erfüllt. Im besten Fall lernt es, dieses Gefühl auszuhalten, und wird stark dabei. Im schlechtesten Fall führt die gelernte Hilflosigkeit zu einem depressiven Verhaltensmuster. Prognostische Aussagen über eventuelle Entwicklungen sollten grundsätzlich den Fachpersonen überlassen werden. Vermutet man, dass das Kind nicht frei entscheiden kann, empfehlen sich bei Anhörungen die einfachen, aber wirkungsvollen Fragen an das Kind: Wie wäre es für dich, wenn das Gericht nun entscheidet, dass du bei deiner Mutter wohnen bleibst? Wie wäre es für deine Eltern, wenn das Gericht nun entscheidet, dass du bei deiner Mutter wohnen bleibst?.

16.3.3 Geschlecht des Kindes

Da das männliche Kind sich wohl oder übel früher oder später von der Mutter weg identifizieren muss und die Geschlechtsrollenidentifikation in der Identifikation mit dem gleichgeschlechtlichen Elternteil am besten gelingt, ist die Orientierungsmöglichkeit an einer väterlichen Identifikationsfigur für die Entwicklung der Männlichkeit von großer Bedeutung. Dies gilt selbst dann, wenn an die Stelle des leiblichen Vaters ein sozialer Vater getreten ist (z. B. der Lebenspartner der Mutter). Bei gegebenen Voraussetzungen und Wunsch des Knaben, bei beiden Eltern zu leben, ist eine alternierende Obhut in Betracht zu ziehen.

16.3.4 Geschwisterbeziehungen

Die gegenseitige Zuneigung der Geschwister als wichtige Ressource ist schützenswert und vor allem dann relevant für die Kindszuteilung, wenn die Beziehung der Eltern stark zerrüttet ist (vgl. Kap. 11). Zwar wird eine Trennung der Geschwister idealerweise nur nach sorgfältiger Prüfung verfügt, aber die Eltern-Kind-Beziehung steht im Normalfall hierarchisch über der Geschwister-Beziehung. Unterhält ein Kind eine intensive Beziehung zum Vater, während ein anderes Kind stark an die Mutter gebunden ist, kann bei unterschiedlicher Neigung der Kinder zu den Eltern eine Trennung der Geschwister sinnvoll sein. Bei Fragen der Betreuungsregelung ist die Qualität der Geschwisterbeziehung daher ebenso sorgfältig zu prüfen wie die Qualität der Eltern-Kind-Beziehung. Neben dem Geschwisterverhältnis vor der Trennung sind auch der Altersabstand und die damit einhergehenden unterschiedlichen Bedürfnisse von Geschwistern zu berücksichtigen.

Eine Trennung ist möglich, wenn sich Geschwister in ihrer Entwicklung gegenseitig behindern. Es sei der konkrete Fall genannt, in dem ein körperbehindertes Mädchen die volle Aufmerksamkeit der Mutter in Anspruch nimmt, während sich der ältere Bruder vernachlässigt fühlt. Eine Trennung ist auch in Betracht zu ziehen, wenn sich Geschwister emotional stark ablehnen (Salzgeber, 2001) oder wenn die Eltern damit überfordert sind, alle Kinder allein zu betreuen (Balloff, 2004). Dettenborn und Walter (2002) machen darauf aufmerksam, dass man Geschwister nicht trennen soll, um das Leid der Eltern zu verringern, indem man zum Beispiel jedem Elternteil ein Kind als Entschädigung belässt. Eine solche Entscheidung käme einer Instrumentalisierung der Kinder gleich und widerspräche dem Kindeswohl.

16.4 Alternierende Obhut: Fazit

Grundsätzlich gelten bei einer alternierenden Obhut dieselben Voraussetzungen, welche auch bei einer alleinigen Obhut maßgebend sind. Bei der Entscheidungsfindung gilt es zunächst, die wesentlichen Voraussetzungen für eine paritätische Kindbetreuung auf der Eltern-Ebene zu beurteilen, bevor man die Aspekte auf der Kind-Ebene in den Entscheidungsprozess miteinbezieht. Dabei ist zu berücksichtigen, dass sich die maßgeblichen Entscheidungskriterien gegenseitig beeinflussen und daher nicht im Sinne einer Checkliste abgearbeitet werden können. Die Gewichtung der Faktoren kann auch hier in einem Kreismodell dargestellt werden (**Abb. 4**).

Trotz der Stimmen, die propagieren, dass die alternierende Obhut im Interesse des wohlverstandenen Kindeswohls sei, ist Vorsicht am Platz. Tatsache ist, dass die Wissenschaft keine zuverlässigen Erkenntnisse liefern kann, weil die sozialwissenschaftliche Forschung nicht in der Lage ist, die komplexe Situation eines Scheidungskindes zu quantifizieren und verlässlich zu messen. Ob es im Interesse des Kindeswohls ist, die alternierende Betreuung gegen den Willen eines Elternteils anzuordnen, hängt von den Umständen des Einzelfalles ab. Da sich die Auswirkung der anzuordnenden Betreuungsregelung erst in der Zukunft zeigt, basiert die richterliche Prüfung des Kindeswohls auf einer Prognose. Diese gilt es im Einzelfall auf Zuverlässigkeit und Wahrscheinlichkeit hin zu prüfen.

Man kann davon ausgehen, dass der Antrag eines Elternteils auf alternierende Obhut für Kinder in der Obhut eines Elternteils den Loyalitätskonflikt verschärft oder erneuert. Das Kind erfährt bewusst oder unbewusst den Widerwillen des ablehnenden Elternteils und wird nach den vorangegangenen trennungsbedingten Belastungen erneut mit Ohnmachtsgefühlen konfrontiert. Daher stellt sich aus psychologischer Sicht die Frage, ob längerfristig auf die Bezeichnung „alternierende Obhut" verzichtet werden kann. Grundsätzlich gilt es, die Sorge zu regeln und unabhängig davon die Betreuungsanteile kindeswohlverträglich zu verteilen. Mit diesem Ansatz würde das Kind viel deutlicher in den Fokus genommen und ein erhebliches Konfliktpotential von Elternteilen ferngehalten, die sich um möglichst gleichberechtigte Elternrechte streiten. Bei günstigen Voraussetzungen könnten als Ausgangsprunkt die gemeinsame Obhut belassen und unabhängig davon angemessene Betreuungsanteile vorgesehen werden. Dasselbe käme bei einem elterlichen Antrag auf erweitertes Kontaktrecht und alleinige Obhut zum Zug. In der Realität erhalten Eltern mit erweitertem Kontaktrecht bereits heute nahezu ausgeglichene Be-

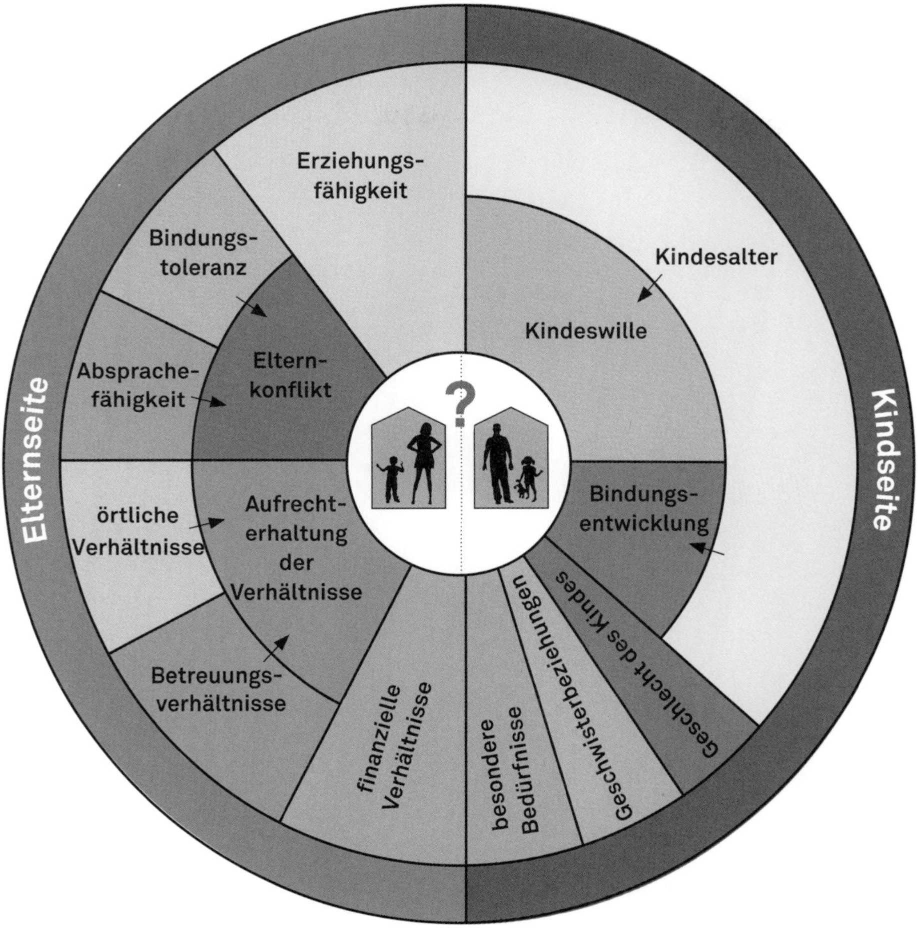

Abbildung 4: Kreismodell.

treuungszeiten, auch wenn diese Regelungen nicht als alternierende Obhut bezeichnet werden. Zudem hat rechtlich gesehen die alleinige Obhut an Bedeutung verloren: Zwar sind an diesen Begriff weiterhin Rechtswirkungen geknüpft. Insgesamt darf man aber davon ausgehen, dass der definitive Abschied vom ausgehöhlten Institut mittels einer Gesetzesrevision relativ leicht machbar wäre (Kilde & Staub, 2017).

Aus entwicklungspsychologischer Sicht ist es im Interesse des Kindeswohls, die Bindung und Beziehung des Kindes zu seinen Elternteilen aufrechtzuerhalten. Diese gesicherte Erkenntnis rechtfertigt im Normalfall den Druck auf das unwillige Kind, zumindest einen regelhaften Kontakt zum getrennt lebenden Elternteil im Rahmen eines Regelbesuchsrechts beizubehalten. Hingegen ist es unethisch und entbehrt jeglicher wissenschaftlichen Grundlage, wenn man ein meinungsfähiges Kind gegen seinen erklärten Willen dazu zwingt, im Sinne einer Befriedigung seiner Eltern zwischen zwei Lebenswelten zu pendeln.

Teil III: Kindesschutzmaßnahmen und Handlungsalternativen bei strittiger Betreuungsaufteilung

17 Die Kindesanhörung

Die Anhörung ist ein Persönlichkeitsrecht des Kindes und soll im Scheidungsverfahren deshalb die Regel sein. Nur in begründeten Ausnahmefällen soll darauf verzichtet werden. Das Gericht nimmt die Meinung des Kindes durch eigene Anhörung oder aus dem schriftlichen Protokoll als dritte Meinung neben den Meinungen der zwei Elternparteien zur Kenntnis und gewichtet sie bei den gerichtlichen Entscheidungen nach seinem Ermessen.

Das Kind kann sich zu jenen Scheidungsbelangen äußern, von denen es betroffen ist. Die anhörende Instanz erfährt, was das Kind über die Scheidung und deren Folgen weiß, und kann falsche Informationen korrigieren und fehlende ergänzen. Das Gericht bzw. die anhörende Instanz erfährt die Bedürfnisse und Vorstellungen des Kindes hinsichtlich jener Belange, von denen es selbst betroffen ist. Das Kind hat ein Recht auf freie Meinungsäußerung. Es kann aber auch darauf verzichten.

Nicht zuletzt dient die Anhörung dem Zweck, einen möglichen, im Interesse des Kindes liegenden Bedarf an vertiefter Abklärung bzw. Begutachtung oder die Bestellung eines Kinderanwalts für das Kind zu klären. Wenn auch eine Anhörung keine Begutachtung ist, kann sie dem Gericht doch den Bedarf an Beratung der Eltern oder die Notwendigkeit einer Begutachtung aufzeigen. Dies ist im Protokoll im Sinne einer Empfehlung zu vermerken. Anders als bei der Begutachtung ist nur das Kind Gesprächspartner der anhörenden Person. Seine Äußerungen sind Inhalt des Protokolls.

17.1 Rechtsgrundlage

In Deutschland ist die Anhörung des Kindes im Familienrecht in § 159 FamFG und Artikel 103 des Grundgesetzes geregelt. Seit 1980 ist die Kindesanhörung zwingend, wenn sich die Eltern um die Sorge, Obhut oder den Elternkontakt streiten. Das Kind ist stets anzuhören, wenn es das 14. Lebensjahr vollendet hat und das gerichtliche Verfahren die elterliche Sorge oder Obhut betrifft.

In Österreich sind in Kontaktrechts- und Sorgerechtsverfahren Kinder ab dem 10. Lebensjahr zwingend vom Gericht anzuhören. Kinder, die jünger als 10 Jahre alt sind, werden auf dem Jugendamt oder von einem Sachverständigen befragt.

In der Schweiz ist die Anhörung des Kindes vor Gericht in Artikel 298 ZPO geregelt. Die Kinder werden in geeigneter Weise vom Gericht oder einer beauftragten Drittperson persönlich angehört, soweit nicht ihr Alter oder andere gewichtige Gründe dagegen sprechen. Das Gesetz spricht von einer „Anhörung", was semantisch eine verbale Äußerung des Kindes voraussetzt; die bloße „Anschauung" oder Beobachtung des Kindes wird diesem Erfordernis nicht gerecht. Folglich setzt die Anhörung ein entsprechendes Alter des Kindes voraus, und insofern ist sie von der kinderpsychiatrischen Begutachtung abzugrenzen, bei der die Beobachtung des Kindes eine von mehreren Erkenntnisquellen darstellen kann und für deren Anordnung kein bestimmtes Mindestalter vorausgesetzt ist. Hingegen hat das Bundesgericht entschieden,[45] es sei nicht willkürlich, wenn das Gericht davon absehe, ein 7- bzw. 5-jähriges Kind erneut anzuhören, das bereits im Rahmen einer psychologischen Begutachtung befragt worden und im Übrigen durch die chronische Auseinandersetzung zwischen den Eltern stark belastet war, was aus psychologischer Sicht richtig ist.

17.2 Zuständigkeit und Anforderungen an die anhörende Person

Ob ein im Umgang mit Kindern nicht versierter Richter oder eine Richterin ein Kind selber anhören will, hängt im Wesentlichen davon ab, ob er oder sie diese Aufgabe gern übernimmt oder sich dabei unwohl fühlt. Darüber hinaus sollte der Richter oder die Richterin diese Frage vom Ausmaß der Strittigkeit des Verfahrens und dem Alter des Kindes abhängig machen. Im Zweifelsfall wird folgendes Vorgehen empfohlen:

- Anhörung durch das Gericht bei Schulkindern bis zu 11 Jahren in unstrittigen Verfahren und Kindern über 11 Jahren in allen Verfahren;
- Anhörung durch eine Fachperson aus dem psychosozialen Bereich bei Kindern im Vorschulalter, Schulkindern bis zu 11 Jahren in strittigen Verfahren und behinderten oder kranken Kindern oder wenn mit besonderen Schwierigkeiten zu rechnen ist.

Handelt es sich bei der anhörenden Person nicht um den Richter, sollte diese neben einer Beratungskompetenz über ein entwicklungspsychologisches und familienrechtspsychologisches Fachwissen verfügen und darf nicht bereits mit dem Kind oder dessen Eltern gearbeitet haben.

---

45 BGE 5P. 322/2003 vom 18. Dezember 2003 E. 3.2.

17.3 Befragung und Protokollierung der Ergebnisse

Die Anhörung findet idealerweise in einer geschützten Atmosphäre in geeigneten Räumlichkeiten im Gericht statt und dauert circa 30 bis 60 Minuten. Befragt wird zunächst im Einzelsetting, anschließend im Geschwisterverband. Das Kind kann zur Anhörung eine Vertrauensperson beiziehen, wenn dadurch die Authentizität der Aussagen nicht gefährdet wird. Bei Verdacht auf hochstrittige Eltern wäre es wünschenswert, die Kinder bereits im Rahmen des Eheschutzverfahrens anzuhören.

Während der Anhörung sind folgende Grundregeln zu beachten:
- Dem Kind soll einleitend erklärt werden, dass von ihm nicht erwartet wird, sich für einen Elternteil zu entscheiden.
- Das Kind soll zunächst dazu ermuntert werden, mit seinen eigenen Worten seine Erwartungen darzustellen. Dafür eignen sich offene Fragen: Wer? Wie? Wo? Wann? Warum?
- Die Anhörung sollte sich inhaltlich nicht auf die sich stellenden Probleme reduzieren, sondern die Interessen und den Lebensalltag des Kindes einbeziehen.
- Die Anhörung hat nicht zum Ziel, die Wahrheit herauszufinden, sondern die Wirklichkeit und das Dilemma des Kindes transparent zu machen.
- Bei Kinderzuteilungsfragen soll das Kind stets gefragt werden, was es mit dem einen und dem anderen Elternteil gern unternimmt und was es an seinen Eltern besonders gerne mag.

Will man den Bindungs- und Beziehungsbedürfnissen von Kindern im Vorschulalter auf die Spur kommen, muss man solche Fragen stellen, die der Organisation des kindlichen Gedächtnisses angepasst sind und die in Skripten gespeicherten Informationen aktivieren können. Jüngere Kinder erinnern sich an Einzelereignisse weniger gut, sondern eher an konsistente und stabile Interaktionserfahrungen mit ihren Bezugspersonen. Daher müssen sich Fragen inhaltlich auf konkrete, wichtige und vertraute Situationen beziehen. Zum Beispiel fragt man ein Kind: Wenn du zum Arzt gehen musst, wer soll dich dahin begleiten? Mit wem gehst du gerne einkaufen? Wen würdest du gerne zum Geburtstag einladen? Wer bekommt von dir das größte Geschenk zu Weihnachten?

Im Artikel 314a Absatz 2 ZGB ist vorgeschrieben, dass im Protokoll der Anhörung nur die für den Entscheid wesentlichen Ergebnisse festgehalten werden und dass die Eltern über diese Ergebnisse zu informieren sind. Das Protokoll der Anhörung ist kein Wortprotokoll, sondern ein summarisches Protokoll. Es enthält formale Informationen (Beteiligte, Zeit, Datum, Ort), Inhalt der Anhörung (Fragen der anhörenden Person, verbale Antworten und nonverbale Äußerungen des Kindes), Verlauf und besondere Vorfälle. Es sind nur die Ergebnisse zu protokollieren, die für den Entscheid von Bedeutung sind. Grundsätzlich ist die Anhörung des Kindes eine vertrauliche Angelegenheit. Da aber die Eltern gemäß Gesetz über die Ergebnisse informiert werden müssen, kann man auf Wunsch des

Kindes Teile des Gesprächsinhalts ausklammern. Handelt es sich bei der anhörenden Person nicht um den Richter, wäre es wünschenswert, dass die anhörende Person in einem gesonderten Abschnitt auch ihren persönlichen Eindruck und ihre Einschätzung äußert, zum Beispiel über die Glaubwürdigkeit und den Gehalt der Antworten, Hinweise auf eventuelle Belastungen des Kindes oder die Empfehlung weiterer Abklärungen. Das Protokoll ist unmittelbar nach der Anhörung zu erstellen. Der Umfang des Anhörungsprotokolls soll in der Regel eine A4-Seite nicht überschreiten.

17.4 Auswirkung der Anhörung auf das Kind

Einer Untersuchung aus Deutschland zufolge scheint die gerichtliche Anhörung die Kinder kaum zu belasten (Karle, Gathmann & Klosinski, 2010). Die Befragung von Kindern aus 49 Familien über anhörungsbedingtes Stresserleben ergab, dass die zu beobachtende Anspannung laut Studie vergleichbar war mit der Angst vor einer Prüfung oder einem Zahnarzt-Termin. In der Regel entlaste die Anhörung die Kinder eher, wenn sie dabei die Erfahrung machen, dass sie nicht zwischen dem Vater und der Mutter entscheiden müssen, weil dies der Richter tut. Immerhin räumt der Autor Michael Karle in einem Interview mit *Zeit online* (Badenschier, 2011) ein, es komme vor, dass sich im Vorfeld der Anhörung die Situation zu Hause hochschaukle und dass dieser Umstand, nicht so sehr die Anhörung selber, das Kind belaste.

Die gerichtliche Anhörung von älteren Kindern steht außer Frage. Vorsicht ist indes geboten, wenn Eltern die Anhörung von noch jungen Kindern explizit verlangen. In der Regel handelt es sich in diesen Fällen um Kinder von hochstrittigen Eltern, welche ihre Rolle in diesem Kampf schon längst eingenommen haben. Es besteht die Gefahr, dass unter dem Deckmantel „Bedürfnisse des Kindes wahrnehmen" Elternkonflikte auf dem Rücken des Kindes in den Gerichtsraum transportiert und Elternbedürfnisse delegiert werden. Das Kind wird so zum Botenträger für Elterninteressen.

18 Kinderanwaltschaft

In der Schweiz und in Deutschland prüft man die Einsetzung eines Kinderanwalts bzw. Verfahrensbeistandes dann, wenn die Eltern über die Betreuungsaufteilung oder die elterliche Sorge streiten oder wenn erhebliche Zweifel daran bestehen, dass ihre gemeinsamen Anträge dem Kindeswohl angemessen sind. Eine Kinderanwaltschaft kann in Frage kommen, wenn die Kindesschutzbehörde oder ein Elternteil die Vertretung einfordert. Beantragt ein urteilsfähiges Kind eine Vertretung, wird diese ohne weiteres angeordnet. Im schweizerischen Gesetz ist die Kinderanwaltschaft sowohl im Familienrecht Artikel 299 ZPO als auch im Kindesschutzverfahren Artikel 314a^{bis1} ZGB geregelt. In familiengerichtlichen Verfahren ersetzt in Deutschland seit Inkrafttreten des FamFG am 1. September 2009 der Kinderanwalt bzw. Verfahrensbeistand den bisherigen Verfahrenspfleger.

18.1 Ziel und Zweck

Ziel des Instituts der Kinderanwaltschaftist, die Position des Kindes im Verfahren zu stärken. Das Kind soll im Verfahren in Belangen, welche auch es selber betreffen, unterstützt und begleitet werden. Der unabhängige Kindesanwalt steht im direkten Kontakt mit dem Kind und informiert dieses umfassend über den Sachverhalt. In Gerichtsverhandlungen hat die Kindesvertretung die Kompetenz, die Meinung und den Willen des Kindes rechtlich zu vertreten. Zu diesem Zweck kann sie Anträge und Rechtsmittel einlegen. Im schweizerischen Familienrecht beziehen sich die Kompetenzen des Kinderanwalts vor allem auf die Fragen der Sorge- und Obhutszuteilung, den persönlichen Verkehr und Kindesschutzmaßnahmen.

Mit den gleichen Forderungen, mit denen man vor bald 20 Jahren die Anhörung der Kinder vor Gericht verlangt und begründet hat, wird heute auch die rechtliche Kindesvertretung legitimiert. Unter anderem fordert die Kinderanwaltschaft Schweiz: „Das Recht auf Gehör ist dem Kind in vollem Umfang und unter Berücksichtigung von Alter und Reife zuzusichern."[46]

Der Einbezug der Kinder in Angelegenheiten, welche für sie von Bedeutung sind, steht unbestritten fest. Kinder fühlen sich wertgeschätzt und entwickeln eine bessere Selbstwirksamkeit, wenn Erwachsene ihre Meinung ernst nehmen. Es ist psychologisch hinreichend erwiesen, dass Kinder eine Entscheidung besser akzeptieren können, wenn man sie in die Entscheidungsfindung einbezieht. Aber man beachte die sprachlichen Nuancen: Es heißt, das Kind soll einbezogen werden, aufgeklärt werden, nach seiner Meinung gefragt werden. Es gibt keinen psychologischen Grund, warum der ungefilterte Wille des Kindes in den Gerichtssaal getragen werden soll. Hingegen gibt es gute Gründe, die diesbezüglich zur Vorsicht mahnen.

18.2 Selbstbestimmung oder Zwang zur Autonomie?

Die Anerkennung des Kindes als Träger eigener Rechte ist Ausdruck eines tiefgreifenden Wandels im Verhältnis der Erwachsenen zu den Kindern. Diese bahnbrechende Errungenschaft führt aber auch zu der Tendenz, dass im Sinne der Komplexitätsreduktion tatsächlich bestehende Unterschiede eingeebnet werden. Das birgt die Gefahr, dass den Kindern und Jugendlichen die Selbstbestimmung nicht zugebilligt, sondern abverlangt wird. Ein Zwang zur Autonomie fördert jedoch nicht die Entwicklung der Fähigkeit zur Selbstbestimmung. Kinder sind keine kleinen Erwachsenen. Aufgrund ihres Alters und ihrer sich noch entwickelnden körperlichen und geistigen Fähigkeiten und Möglichkeiten bedürfen Kinder des besonderen Schutzes und der besonderen Fürsorge. Kinder brauchen eigene Kinderrechte. Sie brauchen ein Recht auf einen Schon- und Spielraum, in dem Verantwortlichkeit wachsen und eingeübt werden kann. Das Geborgenheitsbedürfnis und der Schon- und Spielraum werden aber insbesondere in familiären Umstrukturierungsprozessen empfindlich beeinträchtigt. Insbesondere in elterlichen Konfliktsituationen neigen Kinder im Loyalitätskonflikt dazu, Eltern zu entlasten oder deren Entscheidungsaufgaben zu übernehmen. Insbesondere können Umgangsverweigerungen der Kinder zum einen Elternteil immer als Willensäußerungen des Kindes verstanden werden. Aber es stellt sich die Frage, worauf sich dieser Wille bezieht: Will das Kind den Elternteil schützen, will es dem Elternteil seine Loyalität bezeugen? Will es nicht zu einem Elternteil gehen, mit dem es schlechte Erfahrungen gemacht hat? Will es sich vor andauernden Streitigkeiten anlässlich der Übergaben schützen, oder will es ganz einfach, dass sich die Eltern nicht mehr streiten?

---

46 Stellungnahme der Kinderanwaltschaft Schweiz zum Bundesgerichtsentscheid BGE 5A_52/2015 auf deren Website https://www.kinderanwaltschaft.ch/news/eine-kindgerechte-justiz-zum-schutz-der-kinder [Zugriff am 9. Dezember 2022].

Bereits Säuglinge verfügen über Verhaltensmöglichkeiten, mit denen sie die Erfüllung ihrer biologisch-existentiellen Triebwünsche zielorientiert anstreben. Das macht deutlich, dass sich ein körperbetonter Bedürfnisausdruck von der verbalen Äußerung des Kindeswillens oft nur durch die Ausdrucksform unterscheidet und dass die Bedürfnisstruktur eines Menschen wesentlich von seiner biologischen Entwicklung und der aktuellen psychosozialen Situation geprägt ist. Das heißt, dass das Recht auf Partizipation nicht mit dem Recht des Kindes auf Schutz seiner Integrität konkurrieren darf. Das Recht auf Willensäußerung darf nicht dazu führen, dass das Kind zur Willensäußerung genötigt wird, und in einem Autonomiedruck[47] auf das Kind einwirken. Ein anderer Grundsatz der Kinderanwaltschaft Schweiz könnte entsprechend verstanden werden: „Das Kind hat das Recht auf eine qualifizierte Rechtsvertretung, welche seine Meinung und seine Standpunkte gegenüber Behörden und Gerichten vertritt."[48] Hat beispielsweise ein induziert entfremdetes Kind nicht auch ein Recht darauf, vor sich selber geschützt zu werden?

Im Folgenden sei auf weitere Probleme der Kinderanwaltschaft aus psychologischer Sicht aufmerksam gemacht.

18.3 Zur Kinderanwaltschaft aus psychologischer Sicht

Fallbeispiel

Ein Mädchen entwickelt sich nach der Trennung seiner Eltern in einem hochkonflikthaften Elternklima in der Obhut seiner Mutter, nachdem ein Gutachten dem suchtkranken Vater eine hochmanipulative Tendenz attestiert und sein Begehren einer Obhutsumverteilung, als das Kind 4 Jahre alt war, nicht gutgeheißen hat. In der Folge hält das Kind einen engen Kontakt zum getrennt lebenden Vater aufrecht und merkt (unbewusst), dass es dem Vater die größte Freude bereiten kann, wenn es die Mutter schlechtmacht. Im Rahmen von pubertätstypischen Autoritätskrisen beklagt sich das Mädchen beim Vater einmal mehr über die Mutter. Der Vater drängt das Mädchen, sich an einen Kinderanwalt zu wenden, und übergibt ihm sogleich eine entsprechende Empfehlung. Anlässlich eines nächsten Streits mit der Kindesmutter fährt das Mädchen in die Stadt und sucht den besagten Kinderanwalt in seinem Büro auf. Der junge Anwalt hört sich die Klagen des Mädchens über die Probleme mit seiner Mutter an, protokolliert diese eins zu eins in einer ausführlichen Gefährdungsmeldung an die zuständige Behörde und gibt sich damit das Mandat. Die Behörde setzt sofort einen Beistand ein, welcher das Mädchen anhören soll.

47 Bezeichnenderweise wird sich kein Kind beklagen, dass es unter einem Autonomiedruck steht, im Gegenteil. Aber dabei besteht die Gefahr einer forcierten Reife, einer sogenannten Pseudo-Reife, und die Entwicklung eines falschen Selbst.

48 http://www.kinderanwaltschaft.ch

Abgesehen davon, dass in der Pubertät nicht nur Scheidungskinder mit ihren Eltern Probleme bekunden, wäre es angezeigt, diese Probleme vorzugsweise mit den Eltern selber und nicht mit einem Anwalt zu lösen. Darüber hinaus macht dieses Fallbeispiel deutlich, dass junge Klienten der Kinderanwälte in der Regel loyalitätsbelastet, parentifiziert oder beeinflusst sind. Daher kommt es in einem manipulativen Klima zu wiederholten Anhörungen bzw. Befragungen von Kindern. Während die Gefahr von wiederholten Befragungen von Kindern im Strafrecht bekannt ist, liegt das Bewusstsein in Bezug auf dieses Phänomen im familienrechtlichen Kontext im Argen. Dass der Einsatz einer Kinderanwaltschaft mit zusätzlichen Befragungen des Kindes einhergeht und diese Befragungen nicht nach allen Regeln der Fachlichkeit durchgeführt werden, stellt aus psychologischer Sicht die größte Gefahr des Instituts der Kinderanwaltschaft dar.

18.3.1 Rollenverständnis

Für die Aufgabe der Kinderanwälte besteht weder ein konkretes Anforderungsprofil, noch sind die Aufgaben klar definiert. Zumindest das Schweizer Gesetz nennt keine verbindlichen Regeln, wie ein Kinderanwalt seine Rolle erfüllen soll (Meier, 2015). Gemäß dem Schweizer Bundesgericht hat die Kindesvertretung die Aufgabe, den einschlägigen Prozessstoff im Hinblick auf die in Frage stehende Rechtsanwendung zu sammeln, zu sichten und aus Sicht des Kindesinteresses einzuordnen. Sie muss sich ein umfassendes, elternunabhängiges und neutrales Bild von der konkreten Situation machen und dieses dem Gericht zur Kenntnis bringen. Dazu gehöre auch die Dokumentation des subjektiven Kindeswillens. Abgesehen davon, dass es nicht ganz leicht ist, einem Kind diese Aufgaben zu erklären, kann ein Kind kaum verstehen, welche Kompetenzen der Kindesvertreter hat und was er konkret für es tun kann. Daher droht die Gefahr, dass das Kind entweder gar kein Vertrauen in den Kinderanwalt hat oder überzogene Erwartungen an seinen Vertreter stellt. Schon aufgrund des Umstands, dass die Rolle des Kindesanwalts per se nicht klar definiert ist, kann ein Kind schwer nachvollziehen, was der Kinderanwalt macht, was der Beistand für eine Aufgabe hat und welche Rolle der Gutachter hat, welchem es unter Umständen ebenfalls schon mehrmals Rede und Antwort gestanden hat.

18.3.2 Umgang mit Niederlage

Während Erwachsene damit umgehen können, wenn der Anwalt, der ihre Interessen vertritt, bei Gericht damit nicht durchkommt, ist es für ein Kind sehr viel schwieriger, den Mechanismus des Gerichtsprozesses zu verstehen. Unter Umständen gelingt der Vertrauensaufbau zum Kind einem fachfremden Kindesvertreter nur mit Versprechungen oder einer übermäßigen Identifikation mit dem Kind. Wenn das Kind später damit konfrontiert ist, dass seinem Willen nicht entsprochen wird, ist das insbesondere für ein jüngeres

Kind nicht nachvollziehbar. Bei älteren Kindern kann sich diese Niederlage, subjektiv als Verrat empfunden, in der Persönlichkeitsentwicklung niederschlagen und zu einem allgemeinen Misstrauen Behörden und der Gesellschaft gegenüber führen.

18.3.3 Fachlichkeit

In Deutschland wird für die Übernahme eines Mandats mittlerweile ein Studienabschluss vorausgesetzt. Die Ausbildung ist gesetzlich jedoch noch nicht geregelt. Mandatsträger sind in der Regel Juristen oder Personen aus dem psychosozialen Bereich. In der Schweiz ist für die Tätigkeit des Kinderanwalts „eine in fürsorgerischen und rechtlichen Fragen erfahrene Person" vorgesehen. Nicht festgelegt ist ferner, welche Fähigkeiten diese Person nachweisen muss. Obwohl das Schweizer Bundesgericht darauf hinweist, dass die Einsetzung eines Anwalts in der Regel nicht gerechtfertigt sei, wenn ein sehr großer Anteil der Tätigkeit auf Abklärungen vor Ort entfalle,[49] übernehmen in der Schweiz mehrheitlich Juristen und Rechtsanwälte Kindesvertretungsmandate. Dieser Umstand ist insofern problematisch, als der Konfliktdynamik des innerpsychischen Systems dieser häufig nicht offensichtlich belasteten Kinder oft nicht hinreichend begegnet werden kann. Die Vorstellung des Bundesgerichts, dass der Kindesvertreter die Kommunikation zwischen dem Kind und den Akteuren des Scheidungsprozesses sicherstellen und dem Kind das Verfahren und seine Auswirkungen fortlaufend in kindgerechter Form erklären soll, ist zu befürworten. Es stellt sich einfach die Frage, inwieweit Juristen dazu in der Lage sind, zumal auch juristisch ungebildete Erwachsene oft Mühe haben, die Prozessmechanismen zu verstehen.

Die Fachlichkeit der Kindesvertretung ließe sich mit einem Tandem-Modell bewerkstelligen, in welchem eine juristische und eine psychologische Fachperson die Vertretung gemeinsam übernehmen. Diese Variante ist indessen in der Regel kaum verhältnismäßig und scheitert allein schon an den Kosten.

18.3.4 Subjektiver vs. objektiver Kindeswille

Zur Unterscheidung von subjektivem und objektivem Kindeswillen sei auf Kapitel 6.5 verwiesen. In der Doktrin werden unterschiedliche Meinungen vertreten, wie weit sich der Kindesvertreter dem subjektiven oder dem objektiven Kindeswillen verpflichten soll (Meier, 2015; Blum & Weber Khan, 2012; Rumo-Jungo, 2012). Setzt sich der Kindesvertreter für den subjektiven Willen ein, stellt sich die Frage nach dem Mehrwert der Kindesvertretung im Vergleich zur Kindesanhörung durch den Richter. Setzt der Kindesvertreter sich für den objektiven Kindeswillen ein, stellt sich die Frage, inwieweit Kinderanwälte

49 BGE 142 III 153 S. 168 E. 5.3.4.1.

ohne psychologisches Fachwissen in der Lage sind, das Kindeswohl zu beurteilen. Die Notwendigkeit, den objektiven Kindeswillen zu ermitteln, wird in der Schweiz in Bundesgerichtsentscheiden[50] damit begründet, dass das Kind nur in formeller, nicht aber in materieller Hinsicht als Partei begriffen werde. Dieser Umstand lege nahe, dass der Prozessbeistand bzw. Kindesvertreter im eherechtlichen Verfahren nicht in erster Linie subjektive Standpunkte zu vertreten habe, sondern das objektive Kindeswohl ermitteln und zu dessen Verwirklichung beitragen muss. Eine im eigentlichen Sinn anwaltliche, auf den subjektiven Standpunkt des Vertretenen fokussierte Tätigkeit sei nicht angezeigt. Die Kinderanwaltschaft Schweiz bedauert diese Haltung und betont nach wie vor den subjektiven Kindeswillen als zwingenden Bestandteil des Kindeswohls. Die Aufgabe einer anwaltschaftlichen Vertretung wird klar darin gesehen, diesen Kindeswillen mit dem Kind zu eruieren und sein Recht auf Meinungsäußerung dem Gericht mitzuteilen.[51]

Die Idealvorstellung der Kinderanwaltschaft Schweiz liegt somit sehr nahe am österreichischen Modell der Kinderbeistandschaft nach §104 Außerstreitgesetz. Im Unterschied zur Beistandschaft, wie sie in der Schweiz verstanden wird, oder zur Verfahrensbeistandschaft in Deutschland kümmert sich der vom Gericht bestellte Kinderbeistand in Österreich um die Anliegen und Wünsche des Kindes in den Sorgerechtsverfahren und den Verfahren des persönlichen Verkehrs. Er ist dem Kind Ansprechperson, Vertrauensperson und im Gerichtsverfahren sozusagen sein Sprachrohr. Der Kinderbeistand vermittelt dem Gericht mit dem Einverständnis des Kindes dessen ausschließlich subjektiven Willen. Er darf somit keine Meinung äußern, die nicht vom Kind autorisiert ist. Den Kinderbeistand trifft eine umfassende Verschwiegenheitspflicht. Er darf das Gericht bei der Stoffsammlung zur Entscheidungsfindung hinsichtlich des objektiv verstandenen Kindeswohls nicht unterstützen. Er ist nicht gesetzlicher Vertreter des Kindes und auch nicht Partei des Verfahrens. Somit hat er auch kein Rechtsmittelrecht. Der Kinderbeistand orientiert sich ausschließlich am ausdrücklichen Wunsch und Willen des Kindes (Prenzlow, 2013).

Wird die Kindesvertretung ausschließlich als Sprachrohr des Kindes verstanden, stellt sich die Frage nach der Rechtfertigung und dem Mehrwert eines solchen Instituts gegenüber der Anhörung, schon wenn man bedenkt, dass ein Kinderbeistand durchschnittlich 12 bis 15 Sitzungen mit dem Kind abhält. Die Frage nach dem Mehrwert eines Kindesvertreters stellt sich jedoch auch, wenn dieser angehalten ist, sich um die Identifikation eines objektiven Kindeswillens zu bemühen. Wie und nach welchen Gesichtspunkten soll insbesondere ein juristischer Kindesvertreter einen objektiven Kindeswillen eruieren? Während es relativ leicht ist, sich gegen den erklärten Willen eines Kindes zu stellen, welches mit seinem sexuell übergriffigen Vater zusammenbleiben möchte, ist die Identifikation des objektiven Kindeswillens in anderen Fällen nicht immer so offensichtlich. Soll der Wille eines parentifizierten Jugendlichen respektiert werden, wenn er in der Obhut eines

50 BGE 142 III 153 S. 162 E. 5.2.2.
51 http://www.kinderanwaltschaft.ch

emotional bedürftigen Elternteils bleiben will? Soll der Kinderanwalt den Willen eines Jugendlichen vertreten, der mit einer alkoholkranken Mutter zusammenbleiben will?

Das Schweizer Bundesgericht weist darauf hin, dass die Kindesvertretung grundsätzlich nur notwendig sei, wenn sie dem Gericht effektiv zusätzliche Unterstützung und Entscheidungshilfen bieten könne bei der Frage, ob im jeweiligen Fall das Regeln oder Anordnen von Maßnahmen erforderlich ist.[52] Bestehe zum Beispiel bereits eine Beistandschaft und liefere der Beistand dem Gericht ein umfassendes, elternunabhängiges und neutrales Bild von der konkreten Situation, bedürfe es keiner Verdoppelung der Informationsquelle und daher keiner Kindesvertretung.

18.3.5 Wiederholte Befragungen

Die Kognitions- und Meinungsforschung hat hinreichend aufzeigen können, dass wiederholte Befragungen, bei denen man Kinder um die Wiedergabe zurückliegender Ereignisse bittet, zwar dazu führen, dass die Kinder neue Details schildern, die sie in früheren Befragungen noch nicht berichtet haben. Gleichzeitig werden diese Schilderungen mit der Anzahl Befragungen im Zeitverlauf aber auch deutlich ungenauer. Werden die wiederholten Befragungen dann auch noch in suggestiver Weise geführt, so nutzen besonders junge Kinder die suggestiven Vorgaben offenbar in produktiver Weise, um das Originalereignis zu rekonstruieren, was dazu führt, dass die suggerierten Schilderungen immer detaillierter und farbiger werden (Bruck, Ceci & Hembrook, 2002). Das liegt unter anderem daran, dass Kinder grundsätzlich gefallen wollen und ein gutes Sensorium dafür haben, was Erwachsene hören möchten. Die für den familienrechtspsychologischen Kontext relevanten Erkenntnisse stammen von den Pionieren der Gedächtnisforschung: Festinger und Carlsmith konnten schon vor bald 60 Jahren belegen, dass vor dem Hintergrund starker Beeinflussung zustande gekommene Meinungsäußerungen gegenüber korrigierten Informationen und Modifikationen mit häufigerer Befragung resistent werden (z. B. Festinger & Carlsmith, 1959; Jelalian & Miller, 1984). Diese Befunde weisen darauf hin, dass wiederholte Befragungen von Kindern in einem Loyalitätskonflikt problematisch sind. Zum einen erhöht sich bei gesteigertem Befragungsdruck durch Erwachsene die Konfabulierungsneigung[53] von Kindern, zum anderen entfernt sich das Kind mit seinen widersprüchlichen Angaben immer mehr von seinen ureigenen Wahrnehmungen und Bedürfnissen. Wenn einem Kind eine Stellungnahme abverlangt wird, deren Färbung im Vorhinein bekannt ist, bringt man das Kind damit in die Lage, seine unter Umständen nicht aufgrund von echten Beziehungserfahrungen gewonnene Überzeugung erneut zu

52 BGE 5A_52/2015.

53 Unter „Konfabulation" bzw. „konfabulieren" versteht man in der Psychopathologie die Produktion objektiv falscher Aussagen oder Erzählungen, die in verschiedenen Formen auftritt. Einige beruhen auf falschen Wahrnehmungen, andere auf Fehlfunktionen des Gedächtnisses.

präsentieren. Damit wird diese neurotische Überzeugung zementiert. Dieses Phänomen kursiert unter der Bezeichnung *Belief Perseverance* und wird wie folgt definiert:

> *Once we have decided that we believe something, we will tend to keep on believing it, even in the face of disconfirming evidence. Particularly if other people know of our belief, it can be embarrassing to climb down from our previous assertions. It is also difficult to remove a belief which has been woven into a wider web of belief, without disturbing those other beliefs. (Ross, Lepper & Hubbard, 1975, S. 890)*

19 Therapie von Kindern

Signalisiert ein Kind im Umgang mit der Umstrukturierung der Familie oder dem Problemverhalten seiner Eltern eine Überforderung, ist es angebracht, dem Kind die nötige Unterstützung in Form von entlastenden und erklärenden Informationen zur Verfügung zu stellen, sofern beim Kind eine entsprechende Offenheit dafür vorhanden ist. Häufig genügen dazu zwei bis drei Sitzungen bei einem spezialisierten Kindertherapeuten. Die Frage nach der Anordnung einer Therapie stellt sich im familienrechtspsychologischen Kontext jedoch viel häufiger bei Kontaktverweigerungen des Kindes. Abgesehen davon, dass oft nicht nur betroffene Eltern, sondern auch Rechtsvertreter und Fachpersonen in den Entscheidungsbehörden überzogene und unrealistische Heilserwartungen an die Psychotherapie hegen, gilt es vor allem, die schädlichen Auswirkungen einer Psychotherapie aufgrund von Kontaktverweigerungen im Auge zu behalten.

19.1 Kontraindikation für eine Kindertherapie

Schicken stark zerstrittene Eltern ihr kontaktverweigerndes Kind in die Therapie, so kann man davon ausgehen, dass die dem Loyalitätskonflikt zugrundeliegende Inkompatibilität von zwei gegensätzlichen Einstellungen sich auch in dem Versuch abzeichnet, den Widerstand des Kindes zu „therapieren“. Aus seiner Sicht hat das Kind nämlich nur zwei Möglichkeiten: Entweder nimmt das Kind den Therapeuten als Vertrauensperson wahr und fühlt sich mit seinem subjektiven Willen ernst genommen oder es nimmt den Therapeuten als Vertreter der Erwachsenen dar, der die Aufgabe hat, es in Bezug auf die Kontakte umzustimmen und gefügig zu machen. Entgegen der Erwartung von fallführenden Sozialarbeitern und Juristen ist es für einen Psychotherapeuten unmöglich, beide Rollen gleichzeitig einzunehmen. Es stellt sich die Frage, ob die Rolle auf zwei Therapeuten aufgeteilt werden könnte. Diese Möglichkeit erlaubt dem Kind, seinen Loyalitätskonflikt teilweise an seine Therapeuten zu delegieren; doch ist kaum anzunehmen, dass der finanzielle, personelle und energetische Aufwand den Ertrag rechtfertigt, im Gegenteil: Die schädigende Wirkung der Psychotherapie zeigt sich nicht erst, wenn sich Menschen im

Rahmen von suggestiven Techniken plötzlich an Dinge erinnern, die nie passiert sind. Ähnlich einem Medikament, das verheerenden Schaden anrichten kann, wenn es nicht bei der Krankheit verabreicht wird, für die es bestimmt ist, kann auch Psychotherapie kontraindiziert sein und mehr schaden als nützen.

Dies trifft beispielsweise regelmäßig zu, wenn in Fällen von induzierter Entfremdung die beeinflussenden Eltern das Kind in eine Therapie schicken. Hier ist es der Therapeut, der nur zwei Möglichkeiten hat: Entweder lässt er sich darauf ein und befindet sich alsbald in der Koalition mit dem auftraggebenden Elternteil und dem Kind oder er wird aus seiner Aufgabe entlassen, sobald er die Rolle dieses Elternteils in Frage stellt. Schwierig gestaltet sich die therapeutische Arbeit auch dann, wenn eine Behörde den Kindern die Therapie verordnet hat. Die gegen den Willen des Kindes auferlegte Therapie wird das Kind als Racheakt oder Bestrafung des abgelehnten Elternteils betrachten, und zwar unabhängig davon, wer die Therapie eingeleitet hat.

Auch folgende Gefahren sind bei einer Therapie von induziert entfremdeten Kindern zu berücksichtigen:

Gefahr der Pathologisierung. Sind die Umstände im Zusammenhang mit der elterlichen Trennung verantwortlich für das Problemverhalten des Kindes, ist das Kind nur der Symptomträger. Die Pathologisierung des Kindes droht, wenn es nun stellvertretend für die problembeladenen Eltern in die Therapie gehen muss. Diese Erfahrung kann beim Kind zu einem problematischen Selbstbild führen. Es verinnerlicht das Gefühl, dass etwas mit ihm nicht stimmt.

Zementierung von dysfunktionalen Überzeugungen. Wenn das negative Bild des abgelehnten Elternteils zu einer verinnerlichten Realität geworden ist, wird das Kind auch in der Therapie nicht davon abweichen, sondern seine Energie nutzen, um den Therapeuten von diesem Bild zu überzeugen. Unbewusst führen diese Kinder den Therapeuten immer wieder auf das Schlachtfeld der Entfremdung, wo sie ihre Not reinszenieren. Und mit jedem Mal, bei dem das Kind sich dazu ermuntert fühlt, seine Abwehrhaltung gegenüber dem Elternteil ausdrücken, verfestigt sich sein Bild davon. Schenkt der Therapeut dieser Inszenierung Aufmerksamkeit, wird er – ob er will oder nicht – zum Beifall spendenden Zuschauer und Supporter. Geht er auf die Inszenierung nicht ein, fühlt sich das Kind abgelehnt und unverstanden. Es wird die Therapie früher oder später boykottieren.

Instrumentalisierung des Therapeuten. Da sowohl der anhaltende Elternkonflikt als auch die manipulative Entfremdung den Loyalitätskonflikt des Kindes aufrechterhält, kann es nur von den Personen davon erlöst werden, die dafür verantwortlich sind. Das Kind erlebt unbewusst die Hilflosigkeit des Therapeuten und wird dadurch unbewusst noch hilfloser. Nur noch die Flucht nach vorn ist möglich, mit dem Therapeuten als Mitträger des dysfunktional gelösten Loyalitätskonfliktes im Schlepptau.

Insbesondere bei nicht systemisch orientierten Kindertherapeuten ist die Gefahr sehr groß, dass sie nicht das ganze System im Blick haben und nicht beide Eltern in die Therapie einbeziehen, sondern den Loyalitätskonflikt des Kindes unbewusst auf sich selber übertragen lassen. In der Gegenübertragung gehen sie eine Allianz mit dem Elternteil ein, von welchem sie beauftragt und bezahlt werden. Solche Therapien sind nicht im Interesse des Kindeswohls. Der sofortige Abbruch müsste in entsprechenden behördlichen Entscheidungen verfügt werden.

19.2 Indikation für eine Kindertherapie

Während sich im Kontext der elterlichen Trennung die große Zurückhaltung der Kindertherapie vor allem auf Kinder mit einem Entfremdungsverdacht bezieht, sind durchaus Probleme denkbar, welche einer Therapie zugänglich wären: Kinder, welche von einer Therapie profitieren können, fühlen sich zwischen ihren Eltern zerrissen. Sie gehen jedoch keine Allianzen ein, sondern versuchen, den Loyalitätskonflikt auszuhalten. Dieses Phänomen ist häufiger bei ambivalenzstarken und resilienten Kindern zu beobachten oder bei Kindern, welche sich aus anderen Gründen nicht mit einem Elternteil solidarisieren. Das Aushalten des Loyalitätskonflikts stellt aber für Kinder von stark zerstrittenen Eltern mitunter einen ungeheuren Kraftakt dar und ist mit der Mobilisierung von beträchtlicher psychischer Energie verbunden. Nicht selten drücken diese Kinder ihre Belastung psychosomatisch aus oder neigen zu Depressionen oder Angstzuständen. In diesen Fällen ist die Kinderpsychotherapie angezeigt und hat zum Ziel, dem Kind zu funktionalen Bewältigungsstrategien zu verhelfen und sie beim Aufbau derselben zu unterstützen. Diese Behandlungen sind erfolgreich, wenn das Kind motiviert ist, was meistens der Fall ist, wenn es sich verstanden fühlt. Diese Situationen zeichnen sich in der Regel dadurch aus, dass beide Eltern die Therapie befürworten und zur Zusammenarbeit bereit sind.

Die Frage, ob das Kind in einem Therapiesetting profitieren könnte, das sich von der ganzen Thematik rund um die Elternbeziehungen distanziert, ist sehr theoretisch. Allenfalls stünde eine rein spielerische Therapie im Sinn eines Psychodramas zur Diskussion. Aber da wie jede Therapie auch eine Kindertherapie ein klares Behandlungsziel anstrebt und eine Behandlungschance eine minimale Bereitschaft des Kindes voraussetzt, stellt sich die Frage, wie eine solche Therapie vor dem Kind gerechtfertigt werden soll.

Letztlich sind nur zwei Möglichkeiten zu empfehlen, welche in jedem Fall ohne Schaden für das Kind bleiben:

Kindertherapie ohne Kinder. Bei dieser Therapieform arbeiten fachkundige Psychotherapeuten ausschließlich mit den Eltern, haben aber das Kind im Fokus. Damit wird die Verantwortlichkeit der Eltern bereits mit dem Setting betont. Diese Therapieform verhindert nicht nur eine Pathologisierung des Kindes, sondern auch eine Konfusion auf der hierarchischen Eltern-Kind-Ebene.

Gruppentherapie. In der Schweiz[54] gehört die Gruppentherapie zum ständigen Angebot der kantonalen Erziehungsberatungsstellen. In Gruppentherapien für Scheidungskinder erleben die Kinder, dass ihre Erfahrungen nicht außergewöhnlich sind. Sie lernen, ihre Erfahrungen mit anderen Kindern zu teilen und dadurch ihre eigene Geschichte zu akzeptieren. Schon durch diese Entlastung und die Entstigmatisierung gewinnen Kinder ihre Kontrolle zurück. Der Austausch mit gleichermaßen Betroffenen im gleichen Alter ermöglicht den Kindern, eine Sprache für ihre Gefühle und Wahrnehmungen zu finden, sozusagen als Voraussetzung dafür, dass Gefühle auch reguliert werden können. Im Erwerb von funktionalen Bewältigungsstrategien werden die Kinder von einer erfahrenen Gruppentherapeutin unterstützt und begleitet. Die Methoden der Gruppentherapie mit Scheidungskindern sind Gespräche, Gruppendiskussion und Rollenspiele. Dabei wendet man auch gestaltpsychologische Elemente an, zum Beispiel Bilderbücher, kreatives Gestalten oder das gemeinsame Spiel (Schmidt-Denter & Schmitz, 1997.)

54 Insbesondere im Kanton Bern.

20
Begleitete Eltern-Kind-Kontakte

Der begleitete Umgang ist eine Interventionsmaßnahme im Trennungs- und Scheidungsgeschehen, bei der eine dritte Person Kontakte zwischen einem Kind und seinem getrennt lebenden Elternteil begleitet. Diese Begleitung ermöglicht den Eltern-Kind-Kontakt, denn die Eltern können diesen zunächst nicht in eigener Verantwortung durchführen (für eine umfassende Diskussion dieser Maßnahme vgl. Staub, 1997). Mit Hilfe der drittbegleiteten Kontakte soll sichergestellt werden, dass das Recht des Kindes auf Umgang mit seinen Eltern selbst dann gewährleistet ist, wenn ein Elternteil das Kind im Rahmen von beschränkten Kontakten alleine nicht betreuen kann. Grundsätzlich handelt es sich bei der konzeptionellen Kontaktbegleitung um eine Krisenintervention. Die zeitlich beschränkte Maßnahme dient dazu, selbständig durchgeführte Kontakte zwischen Kind und Elternteil anzubahnen.

Allgemeine Gründe für eine Kontaktbegleitung mit dem Ziel der Beziehungserhaltung oder des Beziehungsaufbaus sind:

- häusliche Gewalt,
- Verdacht auf sexuelle Übergriffe,
- psychische Störung des kontaktberechtigten Elternteils,
- lange Kontaktunterbrechung zwischen Kind und Elternteil,
- Überforderung des Elternteils in Bezug auf die Betreuung des Kindes,
- kein fester Wohnsitz des kontaktberechtigten Elternteils,
- großes Misstrauen zwischen den Eltern.

Dass diese Maßnahme auch bei Kontaktverweigerung von Kindern immer häufiger angeordnet wird, ist angesichts der Hilflosigkeit in Bezug auf dieses Phänomen zwar verständlich, jedoch auch kritisch zu betrachten. Insbesondere bei ungerechtfertigter und unverhältnismäßiger Ablehnung der Kontakte durch das Kind kann die Maßnahme kontraproduktiv sein, wenn das Kind dadurch in seiner irrigen Annahme bestätigt wird, dass etwas mit dem Elternteil nicht in Ordnung ist. In der Wahrnehmung des Kindes muss dieser im Kontakt mit ihm begleitet werden: Eine Drittperson muss aufpassen, dass der

Vater oder die Mutter ihm nicht schadet. Sinnvoll ist die Maßnahme allenfalls bei einem jüngeren Kind mit einem „Besuchsrechtssyndrom“ auf der Beziehungsstufe 3 (vgl. Kap. 9.1.3) oder wenn der Umgang mit diesem Elternteil für das Kind mit unzumutbaren Spannungen einhergeht. Allerdings wird die Kontaktbegleitung allein nicht bewirken können, dass das Kind immer lockerer und problemloser zwischen den beiden Eltern wechselt oder dass die Spannungen abnehmen. Dies macht erst die flankierende Maßnahme einer Elternmediation möglich.

21 Freiwillige Elternprogramme

Von den Auswirkungen der elterlichen Trennung auf die Kinder sind einige der wichtigsten Risiko- bzw. Schutzfaktoren modifizierbar und lassen sich mittels geeigneter präventiver Interventionsstrategien beeinflussen. Daher hat man eine Anzahl von präventiven Interventionen entwickelt, welche darauf abzielen, die Anpassung der Kinder an die neuen Lebensumstände zu erleichtern und Anpassungsstörungen zu verhindern (Übersicht bei Fthenakis, 1995a; Wolchik, Sandler, Winslow & Smith-Daniels, 2005).

Neben Gruppenprogrammen für Kinder wurde in den USA in den 1990er Jahren eine Reihe von Programmen entwickelt, welche darauf abzielen, Eltern mit den problematischen Auswirkungen der Scheidung auf die Kinder in einer Art *Divorce Education* vertraut zu machen (Arbuthnot & Gordon, 1996; Geasler & Blaisure, 1999). In vielen Staaten der USA ist die Teilnahme der sorgeberechtigten scheidungswilligen Eltern an einem informativen, zwei- bis vierstündigen Programm obligatorisch. Im Allgemeinen bewerten sowohl die Eltern als auch die Gerichte die Programme als positiv und hilfreich (Geasler & Blaisure, 1999). Differenzierte methodische Analysen gibt es jedoch kaum. Das einzige wissenschaftlich evaluierte *Divorce Education Program* ist das Programm von Arbuthnot und Gordon (1996) „Children in the middle". Anlässlich der Wirksamkeitsprüfung sechs Monate nach Durchführung der Intervention berichteten die Eltern, dass sie die erworbenen Strategien beibehalten konnten und die Kinder dem elterlichen Konflikt weniger ausgesetzt haben als vor der Intervention. Es gilt jedoch zu bedenken, dass man keine Kontrollgruppe in die Studie einbezogen hat und die betroffenen Kinder nicht untersucht wurden.

21.1 New Beginnings – Neue Anfänge

Bisher ist das an der Arizona State University entwickelte präventive Interventionsprogramm „New Beginnings" vermutlich das erste wirkungsvolle Programm für betreuende Mütter, welches einer methodisch strengen Evaluation standgehalten hat. Dieses empirie- und theoriegeleitete Programm wurde von einer Arbeitsgruppe um Sharlene Wolchik am Institut für Präventionsforschung an der Arizona State University entwickelt, mehrfach durchgeführt und ausgewertet (Wolchik et al., 1993; Wolchik et al., 2004). Das Programm zielt auf die trennungsbedingten Faktoren ab, die das Kind nachweislich beeinträchtigen, jedoch beeinflussbar sind. Die Vergleiche der Daten vor und nach der Intervention ergaben eine bessere Qualität der Mutter-Kind-Beziehung, ein effektiveres Disziplinierungsverhalten, weniger scheidungsbezogene Belastungserfahrungen bei den Kindern und ein besseres psychisches Wohlbefinden der Kinder behandelter Mütter als bei den Kindern der Mütter in der Kontrollgruppe.

In den Jahren 2004 und 2005 wurde dieses Programm im Rahmen eines Pilotprojekts an der Kinder- und Jugendpsychiatrischen Klinik der Universität Bern repliziert (Staub, Baumgartner, Michel & Felder, 2007):

46 Mütter und deren 61 Kinder wurden zufällig einer Interventions- und einer Kontrollgruppe zugeteilt. Die Mütter der Interventionsgruppe nahmen in elf Gruppensitzungen an einem kognitiv-behavioralen Trainingsprogramm teil. Die Mütter der Kontrollgruppe besuchten eine einmalige zweistündige Informationsveranstaltung. Die Mütter und deren Kinder wurden vor der Intervention, zwei Wochen und sechs Monate danach befragt. Anders als in der amerikanischen Studie ergab der Direktvergleich nach sechs Monaten keine Mittelwertunterschiede zwischen der Interventionsgruppe und der Kontrollgruppe. Hingegen berichteten die Kinder und die Mütter in der Interventionsgruppe von einem Nachlassen des Elternkonflikts, und die Mütter der Interventionsgruppe gaben eine bessere Befindlichkeit an, was das amerikanische Programm nicht zu leisten vermochte. Dieser positive Effekt dürfte der Professionalität der Studienleiterinnen zuzuschreiben sein. Während in den USA die Programme von Studenten durchgeführt wurde, leiteten im Schweizer Pilotprojekt systemisch ausgebildete Psychotherapeutinnen das Programm. Aufgrund der klinischen Erfahrung der Gruppenleiterinnen mit Scheidungskindern im Loyalitätskonflikt wurde dem dafür verantwortlichen Elternkonflikt im Programmablauf besondere Aufmerksamkeit geschenkt. Die signifikant bessere Befindlichkeit der Mütter deckt sich mit früheren Erfahrungen, dass sich der größte Effekt bei Interventionsprogrammen auf die Zufriedenheit der teilnehmenden Eltern bezieht (vgl. Staub, 2001). Die Rückmeldungen der Mütter im Schweizer Pilotprojekt zeigen, dass mit der Bereitschaft zur freiwilligen Teilnahme an einem präventiven Programm ein hohes Problembewusstsein einhergeht. Dies führt zu der Annahme, dass Mütter mit einem geringeren Problembewusstsein hinsichtlich der möglichen negativen Scheidungsfolgen bei den Kindern in einem ersten Schritt zu sensibilisieren sind. Die präventive Intervention sollte erst in einem zweiten Schritt angeboten werden. Durch dieses schrittweise Vorgehen ließen sich potentiell mehr Mütter mit Bedarf an einer präventiven Intervention gewinnen, was langfristig zu einer Reduktion von aufwändigen und kostspieligen therapeutischen Interventionen führen sollte.

21.2 Kind im Blick

Dass sich die Konflikthäufigkeit bei Teilnahme beider Elternteile reduzieren kann, zeigen die vorläufigen Resultate eines vergleichbaren Präventionsprogramms, „Kind im Blick" (KiB). Dieses Programm wurde in Zusammenarbeit des Familien-Notrufs München und der Fakultät für Psychologie und Pädagogik der Universität München entwickelt und evaluiert (Walper & Krey, 2011; Walper & Retz, 2015). Das Angebot richtet sich an Eltern in einer konfliktbelasteten Trennungssituation und umfasst sechs bis sieben je dreistündige Sitzungen in einer geschlechtergemischten Gruppe von maximal 12 Elternteilen. Unter der Leitung von ausgebildeten KiP-Trainer und -Trainerinnen werden die Eltern in Kurzvorträgen, Gruppendiskussionen, Rollenspielen und Selbsterfahrungsübungen für drei grundlegende Bereiche sensibilisiert und in der Erprobung der neuen Erfahrungen unterstützt: Positive Beziehungsgestaltung zum Kind und Entwicklungsförderung, Verminderung und Abbau von Stress sowie positive Gestaltung des Kontaktes zum anderen Elternteil im Interesse des gemeinsamen Kindes. Mittels Hausaufgaben sollen die Eltern die Lernerfolge auch in ihrem Alltag verankern.

Eine erste wissenschaftliche Evaluation des Programms „Kind im Blick" in Deutschland (Krey, 2010) verweist auf signifikant positive Effekte in den Bereichen Wohlbefinden der Eltern, Reduktion von Konfliktintensität und Konflikthäufigkeit. Auf Kinderebene zeigten sich signifikant positive Veränderungen im Bereich der Entwicklung und eine Reduktion von somatischen Beschwerden und Problemverhalten. Hinsichtlich der Elternbeziehung, Elternallianz und Erziehungsverhalten zeigten sich vergleichsweise weniger deutliche Veränderungen.

In der Schweiz hat die Zürcher Beratungsstelle für Eltern und Kinder „Pinocchio" in Zusammenarbeit mit der Klinik für Kinder- und Jugendpsychiatrie und Psychotherapie der Psychiatrischen Universitätsklinik Zürich das Angebot „Kind im Blick" während drei Jahren bis in sechs Durchgängen angeboten und evaluiert. Die Studienautorinnen (Schellenberg & Widmer, 2020) identifizierten die Stärke des Programms im Bereich der Elternkommunikation rund um das Kind und in Bezug auf die Befindlichkeit der Eltern, jedoch weniger auf der Erziehungsebene.

21.3 Kinder aus der Klemme

Beim Programm „Kinder aus der Klemme" (KadK), welches in Holland entwickelt wurde (vgl. Lawick & Visser, 2017), handelt es sich wie beim Programm „Kinder im Blick" (KiB) ebenfalls um ein hochstrukturiertes Multifamilienprogramm. Das Programm basiert auf dem Konzept der parallelen Elternschaft und der entsprechenden Annahme, dass zerstrittene Eltern sich besser voneinander lösen können, wenn die Interaktion auf ein absolutes Minimum beschränkt wird und die Eltern sich strikt getrennt um die Belange des Kindes kümmern. Im Gegensatz zum Programm KiB arbeiten im Programm KadK sechs

Elternpaare mit je zwei Therapeuten bzw. Therapeutinnen in der gleichen Gruppe. Die Arbeitsweise in der Elterngruppe orientiert sich an den Elementen des offenen Dialogs. In acht zweistündigen Sitzungen werden die Eltern über die Dynamik von dysfunktionalen Kommunikationsmustern und die Funktionsweise der Stresssysteme informiert und in interaktiven Gruppenübungen und Rollenspielen zur Reflexion angehalten. Darüber hinaus werden auch die Kinder einbezogen. Zur selben Zeit wie ihre Eltern arbeiten zwei Kindertherapeutinnen und -therapeuten in einem Nebenraum mit den mindestens vierjährigen Kindern der betroffenen Eltern. Die Teilnahme der Kinder ist verpflichtend. Sie sind auch beim Vorgespräch mit dabei und werden in der Kindergruppe über Inhalte und Ablauf informiert.

Eine weitere Besonderheit des Programms besteht darin, dass Personen aus dem sozialen Netzwerk der Eltern miteinbezogen werden. Diese Personen nehmen an einem Netzwerk-Informationsabend teil und bleiben auch während des Programms beteiligt, beispielsweise indem sie die Hausaufgaben gemeinsam mit den Eltern bearbeiten. Nach den Vorgesprächen mit je einem Elternpaar werden die gerichtlichen Prozesse sistiert.

Das Programm „Kinder aus der Klemme“ wird mittlerweile von verschiedenen Anbietern in Deutschland und der Schweiz durchgeführt. In der Schweiz können die Gerichte die Eltern zur Teilnahme an diesem Programm verpflichten.

Die Ergebnisse zur Wirksamkeit von KadK sind aufgrund der Neuartigkeit des Programms noch recht vorläufig. Die ersten empirischen Ergebnisse sowie klinischen Erfahrungsberichten aus den Niederlanden sprechen für eine grundlegende Wirksamkeit des Programms (Schoemaker et al., 2017).

22
Die angeordnete Elternmediation

Häufig sind konfliktbelastete Eltern aufgrund ihrer eigenen Belastung nicht mehr in der Lage, das Kind in der Beziehung zu seinem getrennt lebenden Elternteil entsprechend seinem genuinen Bedürfnis zu unterstützen. Sind sich die Eltern der Auswirkung ihrer Situation auf das Kind bewusst und lassen sich freiwillig zu einem verträglicheren Umgang mit ihren Konflikten anleiten, hat auf der subsidiären Stufe der freiwilligen Maßnahmen die freiwillige Elternmediation gute Erfolgschancen.

Ist jedoch der obhutinnehabende Elternteil davon überzeugt, dass der persönliche Verkehr mit dem anderen Elternteil dem Kind schadet, zum Beispiel weil dieser einen falschen Umgang pflegt, das Kind in den Kontaktzeiten zu wenig beaufsichtigt oder verwöhnt, wird dieser Elternteil das Kind kaum zu regelmäßigen Kontakten mit seinem getrennt lebenden Elternteil veranlassen oder dem Kind diese Kontakte emotional erlauben. Können solche Eltern nicht motiviert werden, sich aus freien Stücken in eine Mediation zu begeben, wird es im Interesse des Kindeswohls nötig sein, diese Maßnahme zu verfügen bzw. anzuordnen (vgl. Staub, 2006, 2009). In der Schweiz hat das Bundesgericht die mögliche Anordnung einer Elternmediation gutgeheißen.[55] In Deutschland kann das Familiengericht nach § 156 Absatz 1 FamFG streitende Eltern zu einer Beratung verpflichten, nicht jedoch zu einer Mediation im klassischen Sinn.

Nachdem die *mandatory Mediation* in den 1980er Jahren in den USA Fuss gefasst und man auch in Europa zur Kenntnis genommen hatte, dass die Wirksamkeit dieses Vorgehens überzeugt, wurde die Bezeichnung „mandatory" im deutschsprachigen Raum in „Pflichtmediation" übersetzt. Diese Bezeichnung ist insofern unglücklich, als der Begriff „Pflicht" zwar in Bezug auf die Elternpflichten angebracht ist, jedoch in der Konnotation von Zwang einen Gegendruck mobilisiert. Der Begriff „Mediation" ist bei vielen Eltern mit „Versöhnung" assoziiert, was ebenfalls Widerstände auslöst. Daher ist es hilfreich, mit der Bezeichnung „Elternmediation" die Elternrolle anzusprechen. Da „Pflicht-Elternmediation" eher schwerfällig klingt, wird die Bezeichnung „angeordnete Elternmediation" vorgeschlagen.

---

55 BGE 5A_457/2009.

22.1 Unterschied zur klassischen Mediation

Das klassische Mediationsverfahren basiert auf den Erkenntnissen der Kommunikations- und Konfliktforschung und hat seit Ende der 1970er Jahre auch im deutschsprachigen Rechtsraum kontinuierlich an Bedeutung gewonnen: Durch Vermittlung eines neutralen Mediators wird unter Wahrung der jeweiligen Bedürfnisse und Interessen der Parteien eine allseits akzeptable und durchführbare Lösung im Wege von Verhandlungen angestrebt bzw. herbeigeführt. Das klassische Mediationsverfahren als strukturierte Verhandlungsmethode ist durch folgende sechs Grundprinzipien geprägt:

1) Freiwilligkeit und Autonomie: Das Vermittlungsverfahren liegt ausschließlich in der Verfügung der Mediationsparteien.
2) Selbstbestimmung der Konfliktparteien: Mediatoren haben keine Entscheidungsbefugnis und geben keine Lösungen vor.
3) Vertraulichkeit: Der Inhalt der „Verhandlungen" wird vertraulich behandelt.
4) Neutralität: Der Mediator sucht eine ausgeglichene Nähe und Distanz zu den Parteien und bleibt in der Sache neutral.
5) Auf Verständigung hin orientierte Kommunikation: Im Verfahren herrscht ein respektvoller Umgang.
6) Interessenausgleich: Eine interessens- und zukunftsgerichtete Regelung ermöglicht eine „Win-win-Situation".

Methodisch unterscheidet sich die angeordnete Elternmediation von der klassischen Mediation dadurch, dass im Pflichtkontext direktiver gearbeitet wird und die Vermittlung von psychoedukativen Informationen und Beratungen eine wichtige Rolle spielt. Darüber hinaus lassen sich im angeordneten Setting die klassischen Mediationsprinzipien Freiwilligkeit, Selbstverantwortlichkeit, Neutralität und Allparteilichkeit sowie Vertraulichkeit nur bedingt berücksichtigen.

22.1.1 Zum Prinzip Freiwilligkeit

In der klassischen Mediation wird die Freiwilligkeit der Teilnahme an der Mediation als eine der wichtigsten Voraussetzungen für eine erfolgreiche Mediation propagiert, jedoch nur selten begründet, warum die freiwillige Teilnahme so erfolgsentscheidend ist bzw. inwiefern das Ausmaß der Freiwilligkeit den Schlichtungsprozess beeinflusst. Empirische Befunde weisen darauf hin, dass die Mediation nicht weniger wirkungsvoll ist, wenn sie verordnet wird (Staub, 2006). Nicht zuletzt wird der Grundsatz der Freiwilligkeit begrifflich undifferenziert und allumfassend verwendet. Selten wird erkennbar, ob sich die Freiwilligkeit auf die Einwilligung in die Intervention bezieht oder ob Freiwilligkeit bedeutet, dass es den Teilnehmern freisteht, die Mediation vorzeitig abzubrechen. Die Relativierung der Freiwilligkeit lässt sich wie folgt begründen (Curtius & Schwarz, 2004; Kriegel, 2006):

1) Die wohl offensichtlichste Rechtfertigung bezieht sich auf normale, ebenfalls unfreiwillige Interventionen im Kindesschutz. Den Kritikern der Pflichtmediation muss bewusst werden, dass das gerichtliche Scheidungsverfahren per se im Zwangskontext steht (Staub, 2009). Sowohl sämtliche Verfahren zur Regelung des Kindesunterhaltes als auch die Sorgerechtsregelung und selbst die Errichtung von Beistands- bzw. Verfahrenspflegschaften sind Zwangsverfahren, und sie gehen damit über die an sich schon in Artikel 301 ZGB verankerte Elternpflicht hinaus, alles Zumutbare zur Wahrung des Kindeswohls zu unternehmen – einschließlich einer Mediation. Bei den unzähligen Beistandschaften und Verfahrenspflegschaften, die man im deutschsprachigen Raum pro Jahr zur Überwachung des Kontaktrechts errichtet, wird das einvernehmliche, freiwillige Einverständnis beider Eltern in der Regel nicht vorausgesetzt. Wenn der Beistand bzw. Verfahrenspfleger diese Überwachung in Form von beratenden Gesprächen mit den Eltern praktiziert, wird die Compliance der Eltern vorausgesetzt.
2) Weil die Mediation ein prozesshaftes, dynamisches Verfahren ist, vermag sie die Motivation der Beteiligten in Bezug auf die Intervention zu verändern. Die Erfahrung zeigt, dass sich die negative Einstellung gegenüber der Pflichtmediation im Verlauf der Intervention oft positiv verändert. Nicht selten stellt sich auch bei zunächst widerwilligen Eltern nach einer oder zwei Sitzungen ein echtes Bedürfnis nach Ruhe und Frieden ein. Vor diesem Hintergrund beginnen sie sich um Kooperation zu bemühen und setzen plötzlich große Hoffnungen in die Mediation. Diese Eltern realisieren, dass erst die Pflicht zur Mediation ihnen wieder Autonomie verschafft und ihnen damit die Möglichkeit eröffnet, alternative Handlungsspielräume zu nutzen.
3) Die Inanspruchnahme einer freiwilligen Mediation wird umso unwahrscheinlicher, je stärker sich die Konfliktpartner als Gegner in einem Machtkampf befinden und je stärker sie emotional beteiligt sind. Es liegt in der Natur des Machtkampfes, dass die Kontrahenten Nähe und Gemeinsamkeit vermeiden bzw. bestrebt sind, größtmögliche Distanz zu wahren. Hier verflüchtigt sich die Vorstellung, dass sich die Konfliktpartner gemeinsam und freiwillig in eine Gleichheit und Kompromiss beabsichtigende Intervention begeben.
4) Das Prinzip der Freiwilligkeit geht davon aus, dass die Bedingungen für Selbstbestimmung gegeben sein müssen, um aus freiem Willen heraus handeln zu können. Bei hochkonflikthaften Eltern muss man aber genau diesen freien Willen in Frage stellen. Wenn man bedenkt, dass emotionale Konflikte die kognitiven Funktionen und die soziale Wahrnehmung blockieren, kann man davon ausgehen, dass der Wahrnehmungsradius bei stark zerstrittenen Eltern nicht nur hinsichtlich der Kinder eingeschränkt ist, sondern auch in Bezug auf mögliche Lösungsstrategien wie zum Beispiel Hilfsangebote.
5) Nicht zuletzt richtet sich der „Zwang“ ausschließlich auf die Teilnahme an der Mediation. Den Eltern steht es auch bei der angeordneten Elternmediation frei, ob sie sich auf den Prozess einlassen, und in Bezug auf die Einigung bleibt die Freiwilligkeit erhalten.

22.1.2 Zum Prinzip Autonomie

Menschen in hochbelastenden Situationen können auf bewährte Konfliktbewältigungsstrategien oft nicht mehr zurückgreifen. Wenn hochzerstrittene Trennungseltern in ihrer Verletzung und Kränkung mit den entsprechenden Waffen „Kinder gegen Geld“ wild um sich schlagen und völlig dysfunktional agieren, ist dieses Verhalten kaum mit dem Prinzip der Autonomie zu vereinbaren. Anders gesagt: Wenn Eltern Kinder „bewusst“ oder „eventualvorsätzlich“ schädigen, geschieht dies in der Regel vor dem Hintergrund einer eingeschränkten Zurechnungsfähigkeit oder eben „verminderten Autonomie“. Selbst in Fällen, in denen Eltern im Kampf um das Kind behaupten, „autonom“ zu handeln, und Selbstbestimmung für sich beanspruchen, bedeutet diese Autonomie keine uneingeschränkte Handlungsfreiheit. Es ist ein allgemein anerkannter ethisch-moralischer Grundsatz, dass Autonomie immer dann an Grenzen stößt, wenn die geschützten Interessen anderer berührt oder gar in Mitleidenschaft gezogen werden. Die Freiheit eines Menschen hört dort auf, wo die Freiheit des anderen anfängt.

22.1.3 Zum Prinzip Neutralität

Die kindbezogene Scheidungsmediation hat einen Konflikt zum Gegenstand, welcher sich von einem Nachbarschaftskonflikt oder einer Vermögensstreitigkeit hinsichtlich der vom Streit betroffenen Personen unterscheidet: In einer Erbschafts- oder Nachbarschaftsmediation werden Lösungen angestrebt, welche ausschließlich für die teilnehmenden Parteien von Bedeutung sind. Im Gegensatz dazu ist in einer kindbezogenen Scheidungsmediation das Kind, welches keinen direkten Einfluss auf die Austragung des Konflikts hat, unmittelbar betroffen. Vorausgesetzt dass im Fall der „klassischen“ Mediation der Grundsatz der Neutralität gilt, muss dieser für den Sonderfall „Scheidung“ bzw. „Trennung“ in Frage gestellt werden. Die Allparteilichkeit des Mediators ist schon allein deshalb nicht gegeben, weil er in Bezug auf das Erleben und Verhalten des Kindes im Elternkonflikt einen Wissensvorsprung besitzt und die Aufgabe hat, Partei für das Kind zu ergreifen, wenn die Eltern die Interessen des Kindes nicht mehr wahrnehmen können.

22.1.4 Zum Prinzip Vertraulichkeit

Inwieweit der Mediator nach Abschluss oder Abbruch des Verfahrens Angaben zum Mediationsverlauf und dessen Ergebnis an den Auftraggeber weitergeben soll und darf, wird kontrovers diskutiert. In den meisten Gliedstaaten der USA, wo die Pflichtmediation fest verankert ist, aber auch in Deutschland (vgl. Krabbe, 2006) wird die angeordnete Elternberatung absolut vertraulich gehandhabt. Weder werden Gesprächsakten geführt noch ist es dem Mediator erlaubt, dem Gericht einen Vorschlag zum weiteren Vorgehen zu unterbreiten. Es kann einen durchaus sinnvollen Erfolgsdruck darstellen, wenn die Eltern wissen, dass der Mediator seine Einschätzung des Verfahrensverlaufs der anordnenden Behörde rapportieren wird, insbesondere wenn das Mediationsverfahren von der öffentlichen Hand bezahlt wird. Dies muss jedoch im Auftrag vermerkt werden. Wird vom Mediator ein Abschlussbericht verlangt, sollen sich die Angaben im Bericht lediglich auf die Prozessdynamik beziehen. Im Fall einer erfolgreichen Mediation werden im Bericht nur die gemeinsam getroffenen Vereinbarungen festgehalten. Bei Scheitern des Mediationsversuchs soll der Mediator sachlich begründen, warum die Mediation nicht erfolgreich war oder vorzeitig abgebrochen wurde.

22.2 Einfluss der juristischen Prozessstruktur

Im juristischen Verfahren delegieren die Eltern die Entscheidung über ihren Konflikt oft in dreifacher Hinsicht: Sie fügen sich dem juristischen Rechtsverständnis als Entscheidungsmaßstab, sie wählen sich ihre Rechtsvertreter selber aus, und sie müssen das Gericht bzw. die Entscheidungsbehörde als entscheidende Instanz anerkennen. Hinsichtlich eines funktionalen Konfliktverhaltens ist diese Kombination nicht unproblematisch (Mähler & Mähler, 1995; Kriegel, 2006).

Zunächst einmal werden mit dem Eintritt in das juristische System gewinnversprechende Tatsachen akzentuiert und zu einer „Position“ verdichtet. Interessen und Motive, welche auf der Beziehungs-Ebene liegen, werden nicht mehr hinterfragt, da diese die eigene Position schwächen könnten. Die Konfliktlösung reduziert sich auf Entscheidungen zwischen zwei entgegengesetzten Positionen, ohne das Spektrum von Alternativen zu berücksichtigen. Die Rechtsvertreter betonen vorteilhafte Züge ihrer Klienten und unterstreichen Schwächen der gegnerischen Seite, während Ambivalenzen ignoriert werden. Dies führt zu einer Eskalation auf der Konflikt-Ebene oder zumindest zu einer Verschärfung des Machtkampfes.

Weil in einem Gerichtsverfahren in der Regel nicht die Eltern selbst, sondern ihre Rechtsvertreter miteinander verhandeln, besteht die Gefahr, dass der Konflikt zwar juristisch beseitigt wird, aber die tatsächlichen Konflikte auf der Gefühls-Ebene weiterschwelen und nachhaltig wirksam bleiben. Kränkungen, subjektive Wahrnehmungen oder frühere auf Loyalität beruhende Absprachen zwischen den Eltern fallen im juristischen Prozessgeschehen durchs Netz und werden nicht aufgefangen. Hinzu kommt, dass die Eltern im Rechtsverfahren keine Kompetenzen erwerben, selber einen kindeswohlverträglichen Umgang mit ihren Konflikten zu finden.

Da ein Gerichtsverfahren wenig geeignet ist, die Motive der Eltern zu identifizieren und diese in ihren Anliegen zu unterstützen, werden auch keine Lernprozesse initiiert, welche dazu beitragen würden, die Konflikte autonom zu regeln. Die Eltern verlieren im juristischen Prozess zwangsläufig ihren Expertenstatus hinsichtlich ihrer eigenen Situation und erleben schon allein dadurch einen Kontrollverlust. Nachdem der Richter oder die entscheidende Behörde in den Augen der Eltern dem einen Recht und dem anderen Unrecht zugesprochen hat, werden sich die Eltern im Nachscheidungsprozess kaum über das Notwendigste hinaus annähern. Der sich als Verlierer sehende Elternteil wird insbesondere wenn es sich um eine akzentuiert narzisstische Persönlichkeit handelt alles tun, um diese Kränkung von sich abzuwenden. Dabei wird der Fokus wiederum weniger auf dem Kindeswohl liegen als auf der eigenen Rehabilitierung. Der Umgang des Kindes mit dem Elternteil, der die Obhut nicht innehat, wird zur Bühne, auf welcher zerstrittene Eltern ihre Konflikte nahezu unbefristet fortführen.

22.3 Indikation und Kontraindikation von angeordneter Elternmediation

Bei drohender Verhärtung von Umgangsrechtsstreitigkeiten ist die angeordnete Elternmediation die Maßnahme der Wahl. Idealerweise finden die Eltern-Kind-Kontakte noch statt, aber die Eltern streiten sich über die Kontaktgestaltung, den Kontaktplan, den Betreuungsstil anlässlich der Kontakte, oder sie interpretieren das Verhalten des Kindes unterschiedlich. Auf das Kind bezogen ist eine angeordnete Elternmediation angezeigt, wenn das Kind auf den Beziehungsstufen 2 „Affinität zu einem Elternteil“ und 3 „Bevorzugung eines Elternteils“ (vgl. Kap. 9.1) das Bedürfnis nach Kontakt zu beiden Eltern bekundet, aber Hinweise vorliegen, dass es im Trennungskonflikt psychisch schwer belastet ist oder bereits psychische Auffälligkeiten zeigt. Verweigert das Kind auf der Beziehungsstufe 4 „Allianz mit einem Elternteil“ den Kontakt bereits, hängt die Erfolgswahrscheinlichkeit der angeordneten Elternmediation davon ab, inwieweit die Eltern eine gleichzeitige Wiederaufnahme von begleiteten Kontakten befürworten und unterstützen.

Grundsätzlich hat die angeordnete Elternmediation die größten Erfolgsaussichten, wenn die Maßnahme möglichst sofort nach der Problemerkennung verfügt wird. Interventionszeitpunkt, Konfliktausprägung, Mediationsfähigkeit der Eltern und Professionalität des Mediators sowie Flexibilität der Überzeugungen stellen die wesentlichen Kriterien dar, welche über die Erfolgschancen dieser Maßnahme entscheiden.

Interventionszeitpunkt: So wie ein potentes Krebsmedikament in einer terminalen Situation kaum mehr eine Heilung herbeiführen kann, ist auch das wertvolle Instrument der angeordneten Elternmediation wirkungslos, wenn man es zu spät einsetzt oder als Verlegenheitsmaßnahme verfügt, nachdem alle anderen Interventionen gescheitert sind. Insbesondere bei Obhuts- oder Umgangsrechtsstreitigkeiten ist es ratsam, die Anordnung einer Elternmediation möglichst früh in Betracht zu ziehen. Zum einen ist die Gefahr der Verhärtung bei diesen Konflikten sehr groß, zum anderen steht nicht selten der Kampf um das Kind im Zentrum. Da im elterlichen Kampfgeschehen das Kind keine neutrale Kraft ist, sondern im Sinne seiner Stressbewältigung mitagiert, drohen schwerwiegende Beziehungsabbrüche. Diese Prozesse sind ausgesprochen dynamisch und werden sehr schnell unkontrollierbar. Daher ist Zeit Gift, wenn die Beziehungen zwischen Eltern und Kindern gefährdet oder gar Entfremdungsprozesse im Gang sind.

Konfliktausprägung: Ob die Anordnung einer Elternmediation angezeigt ist, hängt auch vom Konfliktniveau zwischen den Eltern ab. In Anlehnung an die von Glasl (2009) aufgestellten neun Stufen und Alberstötters (2004) drei Stufen der Konflikteskalation kann man davon ausgehen, dass ab Glasls siebter Konfliktstufe und Alberstötters dritter Stufe eine gemeinsame Elternintervention kaum mehr sinnvoll ist, sondern den Konflikt eher noch verstärken wird.[56] In diesen Fällen stehen strukturierende Beschlüsse der Behörde oder des Gerichts im Vordergrund. Bei vorangegangener häuslicher Gewalt muss man die Elternmediation sorgfältig abwägen; sie darf *nicht* angeordnet werden, wenn ein Elternteil traumatisiert ist. In diesen Fällen geht die Gewalt mit einem Machtgefälle zwischen den Eltern einher. Häufig geht dieses Machtgefälle mit der Traumatisierung und der Co-Abhängigkeit eines unterlegenen Elternteils und einer Bagatellisierungstendenz des überlegenen Elternteils einher. Allein dadurch sind die Möglichkeiten der Eltern beschränkt, sich auf gleicher Augenhöhe zu begegnen und eine einvernehmliche Lösung zu erarbeiten.

Die Anordnung einer Mediation ist in jedem Fall kontraindiziert, wenn ein Strafverfahren eingeleitet worden ist und dieser Umstand einen negativen Einfluss auf die Mediation haben könnte.

Mediationsfähigkeit: Abgesehen von der Beziehung des Kindes zum kontaktberechtigten Elternteil ist eine minimale Mediationsfähigkeit der Eltern Voraussetzung. Diese Einschätzung lässt sich aus der Persönlichkeitsstruktur und dem damit einhergehenden Konfliktverhalten der Eltern ableiten oder anlässlich von Einzelgesprächen mit den Eltern vor der eigentlichen Mediation ermitteln. Eine Mediationsfähigkeit gilt als eingeschränkt bei Eltern, welche nicht kompromissfähig sind und keinen Perspektivenwechsel vollziehen können, bei Eltern, bei denen aufgrund einer Suchtmittelabhängigkeit oder einer psychischen Erkrankung die Einhaltung von Verbindlichkeiten nicht möglich oder die Fähigkeit zur Vertretung der eigenen Interessen und Bedürfnisse stark eingeschränkt ist.

Besondere Beachtung gilt der schwer eingeschränkten Mediationsunfähigkeit von Menschen mit einer Borderline-Struktur oder einer ausgeprägt narzisstischen Struktur. Allein aufgrund ihres Schwarz-Weiß-Denkens und der rigiden Abwehrmechanismen sind Borderline-Persönlichkeiten überfordert mit Perspektivenübernahmen und Kompromisslösungen, zu denen stets ein Sowohl-als-auch gehört. Hinzu kommt die Schwierig-

56 Auf der siebten Stufe beschreibt Glasl die „begrenzte Vernichtung“. Hier soll dem Gegner mit allen Tricks empfindlich geschadet werden. Der Gegner wird nicht mehr als Mensch wahrgenommen. Von dieser Stufe an wird ein begrenzter eigener Schaden schon als Gewinn angesehen, sollte der des Gegners größer sein. Alberstötter nennt diesen Beziehungskrieg auf seiner dritten Stufe „Kampf um jeden Preis“.

keit, dass der Konflikt bei Borderline-Persönlichkeiten oft die Funktion hat, den vollständigen Beziehungsabbruch zu verhindern. Strebt der Mediator die Möglichkeit an, den Konflikt mittels Minimalkommunikation einzudämmen, so kann dies einem Borderline-Elternteil zuwiderlaufen. Die Schwierigkeit bei ausgeprägten Narzissten besteht darin, dass deren Grundangst vor Machtverlust auch ihnen Mühe macht, im Sinne einer Kompromissfindung „Federn zu lassen“, und sie daher psychoedukativen Informationen des Mediators kaum zugänglich sind.

Belastbarkeit und Kompetenz des Mediators: Professionelle Arbeit im Pflichtkontext bedeutet für den Mediator, dass er sich in gewissem Grade selbst in das Spannungsfeld der Trennungseltern begeben muss. Da sich die negativen Gefühle und Spannungen der Eltern unweigerlich auf den Mediator übertragen, werden hohe Anforderungen an seine Abgrenzungsfähigkeit und Belastbarkeit gestellt. Wenn er diesen Belastungen nicht standhält, besteht die Gefahr, dass er die Mediation vorschnell abbricht und als gescheitert erklärt oder dass er, um diese Negativspannung aufzulösen, das gleiche Lösungsmuster anwendet wie das im Spannungsfeld stehende Kind: Er geht eine Koalition mit einem der beiden Elternteile ein. Eine solche Koalition ergibt sich in der angeordneten Elternmediation oft beinahe naturgemäß. Beispielsweise besteht bei einer unbegründeten Kontaktvereitelung eine größere Nähe zwischen dem Mediator und dem Elternteil, der einen ungestörten Kontakt mit seinem Kind wünscht. Unter solchen Umständen besteht die größte Herausforderung darin, das Vertrauen des vereitelnden Elternteils zu gewinnen.

Unveränderbare Überzeugungen: Relativ schlechte Chancen hat die Anordnung einer Elternmediation, wenn das Kind den Kontakt zum getrennt lebenden Elternteil bereits verweigert, der verantwortliche Elternteil sich in vordergründiger Compliance hinter dem Willen des Kindes versteckt und selbst nach psychoedukativer Information über den Sinn und Zweck dieser Kontakte nicht willig oder nicht fähig ist, das Kind zu Kontakten zu bewegen. Diese Eltern vertreten die Haltung: „Ich hätte ja nichts gegen Kontakte, aber das Kind weigert sich, und ich werde mein Kind sicherlich nicht zwingen.“ Häufig handelt es sich bei diesen Elternteilen um Menschen, welche vor dem Hintergrund eigener Lebenserfahrungen die Überzeugung entwickelt haben, dass der andere Elternteil zu nichts nütze ist, und diese Überzeugung nun an die nächste Generation weitergeben.

Die schlechten Chancen der Maßnahme ergeben sich aus den beschränkten Kompetenzen des Mediators. Sitzt der renitente Elternteil die Sitzungen bloß ab und verweigert er dem Mediator, sich ein eigenes Bild von dem Kind zu machen, hat der Mediator die Pflicht, die Mediation so rasch wie möglich zu beenden und den Auftraggeber zu informieren.

22.4 Formen der angeordneten Elternmediation

Für den Ablauf einer Pflichtmediation bzw. angeordneten Elternmediation existieren keine Standards. Die formale und inhaltliche Gestaltung der Mediation sollte der beauftragten Fachperson überlassen werden. Beispielsweise sollte man weder vorschreiben noch ausschließen, dass er die Eltern vor den gemeinsamen Sitzungen zu Einzelgesprächen einlädt. Gerade in Hochkonfliktfamilien ist es symptomatisch, dass sich Eltern zunächst außerstande sehen, miteinander am gleichen Tisch zu sitzen oder miteinander im gleichen Raum zu sein. In der Überwindung dieser Unfähigkeit besteht eines der Ziele des Verfahrens, und schon zu Beginn der Mediation gilt es dieser Tatsache Rechnung zu tragen. Im Interesse der Verbindlichkeit und der Vorhersehbarkeit der Kostenfolgen ist es angezeigt, einen ungefähren Zeitrahmen – zum Beispiel sechs bis acht Sitzungen – festzusetzen. Nach Möglichkeit tragen beide Elternteile die Kosten je hälftig, und zwar unabhängig von der Anzahl der Einzelsitzungen, weil eine finanzielle Beteiligung der Eltern deren Compliance eher erhöht. Die von Mediationsspezialisten vertretene Meinung, dass eine Mediation, um deren Qualität und die Psychohygiene der Mediatoren zu fördern, immer von einer männlichen und einer weiblichen Fachperson gemeinsam durchgeführt werden sollte, ist theoretisch richtig. In der Praxis ist diese Forderung jedoch angesichts der nötigen finanziellen und personellen Ressourcen in der Regel kaum realisierbar.

Indirekt ist das Kind immer am Mediationsprozess beteiligt; inwieweit das Kind auch direkt in den Mediationsprozess einbezogen werden soll, darin unterscheiden sich die Meinungen der Mediationsspezialisten. Der deutsche Spezialist für Pflichtmediation Heiner Krabbe (2006) vertritt die Auffassung, dass Kinder keinen Platz haben in Sitzungen, in denen es um die Verantwortlichkeiten und Pflichten der Eltern geht. Zu Wort kommen sollen Kinder im Mediationsprozess hingegen, wenn es um ihre Wünsche und Erfahrungen geht. Gemäß Krabbe muss zur Einbeziehung der Kinder das Einverständnis der Eltern vorausgesetzt werden. Zudem sollten Kinder und Jugendliche nur beteiligt werden, wenn gleichzeitig ihre Eltern anwesend sind.

22.4.1 Child-inclusive-Mediation

In Australien hat die Entwicklungspsychologin Jennifer McIntosh mit ihren Kollegen (2008) verschiedene Mediationsmodelle erprobt und empirisch ausgewertet. Dabei zeigte sich in Vergleichsstudien, dass der Einbezug des Kindes in die Mediation nicht nur den größten Erfolg hinsichtlich der Konfliktlösung verspricht, sondern auch einen signifikant positiven Einfluss auf die Anpassung des Kindes hat. Bei McIntosh erfolgt der Einbezug des Kindes in anderer Weise als bei Krabbe: Im interviewähnlichen Gespräch mit dem Kind in einer Einzelsitzung eruiert der Mediator die Gefühle, die Wahrnehmung und die Bedürfnisse und macht sich ein Bild von dem spezifischen Kind im Umgang mit dem Loyalitätskonflikt. Abschließend wird das Kind darüber informiert, dass der Mediator in der

Arbeit mit beiden Eltern versuchen wird, die Situation für das Kind zu erleichtern. Im anschließenden Elterngespräch berichtet der Mediator darüber, wie er das Kind erlebt hat, und konfrontiert die Eltern mit seinem Erleben ihres Kindes. Die vom Kind gewonnenen Informationen dienen nun als gemeinsame Grundlage für die Erarbeitung von Zielen.

Diese Methode hat den großen Vorteil, dass die Eltern besser in die Mediation einsteigen, weil der Mediator nicht über die Erfahrung von Scheidungskindern im Allgemeinen berichtet, sondern sich auf das Erleben ihres Kindes bezieht. Die Einzelsitzung mit dem Kind allein verhindert eine Rollenkonfusion, welche in einer gemeinsamen Sitzung mit den Eltern entstehen kann. Dem Kind soll vermittelt werden, dass einzig und allein die Eltern für es zuständig sind und sein Wohl gewährleisten können. Wenn sie wissen, dass die Eltern in ihrem Interesse gemeinsam mit dem Mediator zusammensitzen, fühlen sich die Kinder schon allein dadurch entlastet, wie die Erfahrung zeigt.

Aber auch bei dieser „milden" Form des Einbezugs besteht die Gefahr, dass das Kind instrumentalisiert oder weiteren Loyalitätskonflikten ausgesetzt wird, vor allem wenn man es auffordert, seine Interessen zu äußern. Daher versteht sich von selbst, dass der Einbezug des Kindes von dessen konkreter Persönlichkeitsentwicklung und von der Professionalität des Mediators abhängt. Bei jeder Art des Einbezugs von Kindern in den Mediationsprozess muss gewährleistet werden, dass die Entscheidungsverantwortung bei den Eltern liegt und Entscheidungen nicht an die Kinder delegiert werden.

22.4.2 Shuttle-Mediation

Bei ausgeprägtem Elternkonflikt oder nach häuslicher Gewalt, wenn gemeinsame Elternsitzungen nicht zumutbar sind oder verweigert werden, hat sich die Shuttle-Mediation bzw. „Pendeldiplomatie" bewährt, welche in der Schweiz in der Poliklinik der Kinder- und Jugendpsychiatrie Basel praktiziert wird (Bahnholzer, 2010; Schreiner, 2014). Bei dieser Variante arbeiten zwei Mediatoren bzw. Berater im Tandem zusammen. Nach den parallel geführten Einzelgesprächen mit den Eltern übermittelt der Berater A in Anwesenheit des Beraters B die Anliegen in verträglicher Weise dem Elternteil B und transferiert die Ergebnisse wiederum in das Einzelgespräch mit dem Elternteil A.

Der Vorteil dieser „therapeutischen Tandem-Shuttle-Beratung", wie es die Autoren nennen, liegt darin, dass eine effiziente Deeskalation von hochgradigen Elternkonflikten möglich wird. Darüber hinaus werde das Bedürfnis hochstrittiger Eltern minimiert, den Mediator auf seine Seite zu ziehen, weil die Berater quasi stellvertretend für die Eltern den Konflikt managen. Auch in diesem Modell werden Einzelgespräche mit den Kindern geführt. Auf die Nachteile ihrer Methode weisen die Autoren selber hin: Die Arbeit sei sehr zeitaufwändig, ressourcen- und kostenintensiv. Darüber hinaus seien die hochstittigen Eltern zu einer Teillösung nicht immer bereit. Bei induzierter Entfremdung stoße auch die Pendel-Mediation an ihre Grenzen.

22.5 Schematischer Ablauf einer angeordneten Elternmediation

Idealerweise werden die Eltern im Auftrag aufgefordert, sich zwecks Vereinbarung der Modalitäten mit dem Mediator in Verbindung zu setzen. Damit werden die Eltern in die Pflicht genommen, den ersten Schritt zu tun. Im Folgenden wird ein mögliches Vorgehen einer angeordneten Elternmediation skizziert.

Sitzung 1: In Abstimmung mit den Informationen des Auftraggebers und den Informationen der Eltern selber aus dem telefonischen Erstkontakt werden diese vorzugsweise zusammen eingeladen. Das gemeinsame Gespräch mit den Eltern von Beginn an hat den Vorteil, dass der Elternkonflikt offensichtlicher wird und gegenseitige Erwartungen und Ansprüche ausgebreitet werden können. Indem man die Eltern bittet, über die Entwicklung und darüber zu berichten, wie sich das Kindeswohl konkret optimieren lässt, ergeben sich bereits erste Gelegenheiten, die kindspezifischen Erlebens- und Verhaltensweisen (z. B. Besuchsrechtssyndrom, Loyalitätskonflikte) aus entwicklungspsychologischer Sicht zu erläutern und die Eltern zur Perspektivenübernahme anzuhalten. Nachdem anlässlich dieser ersten Sitzung klar geworden ist, in welchen Bereichen die Eltern noch Verantwortung übernehmen können, ist es im Interesse der Aufrechterhaltung der Compliance essentiell, dass man die Eltern dafür gewinnt, minimalste Sofortmaßnahmen umzusetzen. Die Eltern werden auch mit den Vorteilen des Einbezugs des Kindes vertraut gemacht. Psychoedukative Informationen, wie sie im Elternratgeber *Trennung mit Kindern – was nun? Ratgeber für betroffene Eltern* exemplarisch zur Verfügung stehen (Staub, 2018), lassen sich bereits in dieser Sitzung geben, um in den Einzelsitzungen individuell betreffende Inhalte vertiefen zu können.

Sitzung 2 und 3: In den Folgesitzungen mit jeweils einem Elternteil erhalten beide die Möglichkeit, die Situation aus ihrer Sicht darzustellen. Diese Sitzungen dienen der Vertrauensbildung und eröffnen dem Mediator gleichzeitig die nächste Möglichkeit zur gezielten Verhaltensmodulation und Psychoedukation. Die getrennten Sitzungen haben den Vorteil, dass die Eltern keinen Gesichtsverlust erleiden, wenn sie über ihre Nöte und Schwächen berichten.

Sitzung 4: In der nun folgenden gemeinsamen Sitzung werden die minimalen Sofortmaßnahmen der ersten Sitzung ausgewertet und weitere Ziele ins Auge gefasst.

Sitzung 5 (fakultativ): In der von den Eltern befürworteten Sitzung mit dem Kind wird diesem zunächst die Rolle und die Absicht des Mediators erklärt. Primär geht es um ein Kennenlernen des Kindes. Im Vordergrund stehen Interessen, Schule, Freunde des Kindes und seine Situation in der Familie. Ist das Kind im Schulalter, kann seine schwierige Situation gewürdigt werden, indem ihm in psychoedukativer Absicht eine eigens für Kinder entwickelte Informationsbroschüre überreicht wird, wie sie exemplarisch dem Elternratgeber *Trennung mit Kindern – was nun? Ratgeber für betroffene Eltern* beiliegt (Staub, 2018).

In den **Sitzungen 6 und 7** werden die Aspekte des Kindes in die Mediation einbezogen. Insbesondere bei Umgangsproblemen werden Lösungsmöglichkeiten besprochen und konkrete Schritte eingeleitet.

Eine abschließende **Kontrollsitzung 8** findet statt, nachdem die Eltern genügend Zeit hatten, die erarbeiteten Vereinbarungen zu erproben. Es kann durchaus sein, dass zwischen den Sitzungen 6 bis 8 mehrere Wochen liegen. Grundsätzlich bestimmen die Konfliktlösungsstrategien und die Kompromissbereitschaft der Eltern, wie lange eine Mediation dauert.

Die angeordnete Elternmediation ist als eine zumindest dem Grundsatz nach wirkungsvolle Verhaltensbeeinflussung unbestritten. In der Mediation werden die Eltern angehalten, sich der Kritik an ihrem dysfunktionalen Konfliktverhalten zu stellen. Dazu sagte Paul Watzlawick:

> *Damit sind wir beim vielleicht faszinierendsten Aspekt der Pragmatik menschlicher Beziehungen angelangt: bei der Frage der Verhaltensbeeinflussung. Wenn es zutrifft, dass ein System in dem Grade pathologisch ist, als es nicht aus sich selbst Regeln für die Änderung seiner Regeln hervorbringen kann, so ist es die offensichtliche Aufgabe einer wirksamen Therapie, diese Regeln von außen in das System einzuführen. Indem die Angehörigen eines solchen Systems in Kommunikation mit einem Außenseiter treten, der nicht in ihrem Spiel ohne Ende verfangen ist, kann dieses erweiterte System dann sozusagen von außen her Überblick über seine ursprüngliche Struktur gewinnen und verändernd einwirken. (Watzlawick, 2005, S. 35)*

23 Gutachten

Weil im Familienrecht in der Regel Kinder betroffen sind, gehen entsprechende Sachverhalte häufig mit psychologischen Fragestellungen einher, welche die Entscheidungsbehörden nicht ohne fachliche Empfehlungen beurteilen möchten und daher Sachverständige damit beauftragen. Gerade im Zusammenhang mit den politisch vorgegebenen Gesetzesnovellen werden die familienrechtlichen Entscheidungsbehörden mit Fragen konfrontiert, welche eine stark psychologische Komponente enthalten, wie zum Beispiel, ob es dem Kindeswohl zuträglich ist, wenn sich zwei grundsätzlich erziehungs- und betreuungsfähige Eltern über die Betreuungsanteile streiten. Mit den neuen Gesetzen und Vorgaben steigt der Bedarf an Gutachten. Die mehr oder weniger unveränderte Anzahl von hinreichend ausgebildeten und erfahreneren Sachverständigen ist jedoch beschränkt, was sich auf mehrere Aspekte auswirkt:

Lange Bearbeitungszeit. Die Auftraggeber kommen auf eine Warteliste oder sind mit überlangen Bearbeitungszeiten konfrontiert. Die Entwicklung des Kindes schreitet unaufhaltsam voran, und eine aufgeschobene Entscheidung kann für alle Beteiligten zu einer massiven Belastung werden.

Hohe Kosten. Da sich die große Anzahl an Gutachtensaufträgen auf eine beschränkte Anzahl von Sachverständigen verteilt, stehen diese unter hohem Arbeitsdruck, den sie sich häufig mit überlangen Gutachtensabfassungen monetär abgelten lassen. Dies führt zu unverhältnismäßigen Kosten für die Gutachten, welche selbstbezahlende Eltern in große finanzielle Nöte stürzen und Eltern mit unentgeltlicher Prozessführung begünstigen. Diese Entwicklung dient mit Sicherheit nicht der Rechtsgleichheit.

Ungeeignete Gutachterstellen. Aufgrund der langen Bearbeitungszeit und des Kostendrucks beauftragen die Entscheidungsbehörden immer häufiger Sozialdienste oder anderweitige Abklärungsstellen, wo sich dann Sozialarbeiter und Sozialarbeiterinnen oder Sozialpädagogen und Sozialpädagoginnen mit der Beantwortung von psychologischen Fragestellungen befassen.

Im Folgenden werden die verschiedenen Formen von Gutachten, Anforderung an Gutachten und alternative Prozesse bei der Entscheidungsfindung diskutiert.

23.1 Sozialbericht versus Gutachten

In familienrechtlichen Verfahren betreffend Kinderbelange gilt in den deutschsprachigen Jurisdiktionen das System des Freibeweises. Das Gericht erhebt die erforderlichen Beweise in geeigneter Form und ist an das Vorbringen der Beteiligten nicht gebunden (Staub, Grütter & Reardon-Kofmel, 2020). Bei familienrechtlichen Verfahren werden deshalb häufig sogenannte Abklärungsberichte eingeholt. Inhaltlich werden in einem Abklärungsbericht mehr oder weniger objektivierbare Sachverhalte und Beobachtungen referiert, wie sie sich einem Beistand oder einer sozialarbeiterisch tätigen Fachperson präsentieren. Somit dient der Sozialbericht als spezifische Klärung, Ergänzung oder Hinweis betreffend einer begrenzteren Fragestellung wie z. B. der finanziellen, räumlichen und psychosozialen Situation einer Familie und einer allfälligen Kindeswohlgefährdung vor diesem Hintergrund.

Fallbeispiel

Ein Vater fordert die alternierende Obhut über einen 4-jährigen Knaben, der seit Geburt und auch nach der elterlichen Trennung im zweiten Lebensjahr hauptsächlich von der Mutter betreut worden ist. Aktenkundig ist bekannt, dass der Knabe nach einem existenziell bedrohlichen Ereignis traumatisiert ist und entsprechende Symptome aufweist und in seiner Sprachentwicklung verzögert ist.

Im oben genannten Fall beauftragte das Gericht eine Sozialpädagogin mit der Beantwortung der Frage, ob das Kind unter die alternierende Obhut der Eltern gestellt werden soll. Diese beantwortet die Frage positiv, nachdem sie anlässlich einer Beobachtung des Vater-Kind-Kontaktes die Vater-Kind-Beziehung als tragfähig beurteilt hat. Tatsächlich ist die Unterscheidung zwischen einfacher und komplexer Fragestellung oft schwierig. Theoretisch handelt es sich beispielsweise bei der Frage nach alleiniger oder alternierender Obhut vordergründig immer um eine einfache Fragestellung. Für Nicht-Fachpersonen ist es jedoch schwierig, das innere Beziehungsgeschehen zu identifizieren und entwicklungspsychologische Hypothesen zu prüfen, z. B. vor dem Hintergrund der Familiengeschichte die Ursachen für eine Belastungsstörung zu identifizieren oder daran beteiligte unbewusste Prozesse zu benennen, welche unter Umständen gegen eine alternierende Obhut sprechen.

An Sozialberichte werden ähnliche Anforderungen gestellt wie an Gutachten. Sie müssen nachvollziehbar, transparent und sachlich formuliert sein, die bezeichneten Themenbereiche eingehend abhandeln und bewerten sowie die gestellten Fragen vollständig beantworten. Es muss aus dem Bericht ersichtlich sein, wer die Erhebung gemacht hat, was eigene Wahrnehmungen und was Angaben Dritter sind und ob die Angaben mündlich, telefonisch oder schriftlich erfolgt sind. Solche Berichte können im Verfahren verwendet und gewertet werden und unter Umständen auch genügen. Diese Berichte besitzen jedoch nicht den Stellenwert eines Gutachtens einer unabhängigen sachverständigen Fachperson. Daher ist im jeweiligen Einzelfall zu prüfen, ob weitere Erhebungen notwendig sind.

Für die Erhebung von Sachverhalten, Befunden und für die Befragung von Eltern ist eine in der Sozialarbeit oder Sozialpädagogik tätige Fachperson hinreichend befähigt; bei psychisch auffälligen Eltern, bei der psychologischen Untersuchung der Kinder und bei der Interpretation von Befunden stößt diese Fachperson jedoch auf Schwierigkeiten. Abklärende ohne Erfahrungen in der klinischen Diagnostik sind zwar in der Lage, psychische Auffälligkeiten bei Eltern zu erkennen oder zu vermuten. Aber sie sind kaum fähig zu unterscheiden, ob es sich um ein akzentuiertes Verhalten oder um eine krankheitswertige psychische Störung handelt. Abgesehen davon können sie die Störung nicht benennen und die Auswirkungen auf das Kind nicht beurteilen. Zum Beispiel kann ein Sozialarbeiter oder eine Sozialarbeiterin nicht beurteilen, ob die Schizophrenie-Erkrankung eines Elternteils mit einer Kinderbetreuung vereinbar ist. Handelt es sich um Symptome bei Kindern, stellt sich die Frage nach der Ursache, den Auswirkungen und der langfristigen Prognose – insbesondere bei Ausscheidungsproblemen, Sprachentwicklungsverzögerungen, psychischen Belastungen oder bei der Einschätzung eines nicht mehr kindeswohlverträglichen Loyalitätskonflikts. Eine sachverständige Person hingegen muss in der Lage sein, Symptome oder Verhaltensweisen bei Kindern zu erkennen, welche vordergründig als schwerwiegend imponieren, aber Ausdruck einer normalen Entwicklung sind, wie zum Beispiel Übergangsprobleme bei Kleinkindern oder leichtere Adoleszentenkrisen.

23.2 Unterschied zwischen Anhörung und Untersuchung

Eine Anhörung und eine Untersuchung unterscheiden sich zum einen von der Person, welche dieses Verfahren durchführt, und zum anderen vom Sinn und Zweck dieses Verfahrens.

Die Anhörung eines Kindes im Rahmen einer Scheidung ist vergleichbar mit dem Augenscheinnehmen (vgl. Kap. 17). Das Gericht macht sich ein Bild des Streitinhaltes „Kind“. Bei der gerichtlichen Anhörung handelt es sich um ein Gespräch, in welchem der Richter, die Richterin oder eine beauftragte Fachperson dem Kind Fragen zu seiner Lebensumwelt und seinem Erleben stellt. Zum einen dient die Anhörung sowohl dem Kontrollbedürfnis des Kindes als auch dem Kontrollbedürfnis des Entscheidungsträgers. Im Rahmen der Anhörung wird in Erfahrung gebracht, was das Kind bereits weiß bzw. von seinen Eltern erklärt bekommen hat, und allfällige Wissenslücken können geschlossen werden. Mit dem Wissen über die Folgen der Scheidung seiner Eltern wird das Kontrollbedürfnis des Kindes bedient. Weil Kontrollüberzeugungen und die Bewältigung schwieriger Umstände die Akzeptanz von Entscheidungen begünstigen, ist dies im Interesse des Kindeswohls.

Das Gericht verschafft sich Kontrolle darüber, dass das Kind über die Folgen der elterlichen Scheidung aufgeklärt ist und dass in Bezug auf die Obhuts- und Umgangsangelegenheiten hinreichende Sachaufklärung geleistet worden ist. Bei unstrittigem Sachverhalt lässt sich das Gericht im Rahmen der Anhörung vergewissern, dass die Einvernehmlichkeit der Eltern im Interesse des Kindeswohls ist.

Obwohl das Kind im Rahmen einer Anhörung angehalten wird, Auskunft über seine Neigungen und Abneigungen zu geben, ist eine Anhörung nicht ein hypothesengeleitetes klinisches Untersuchungsgespräch und kann ein solches bei Hochstrittigkeit in Bezug auf die Kindbelange nicht ersetzen. Eine Anhörung liefert allenfalls Indizien für Neigungen des Kindes, ist aber kein taugliches Mittel für die Ermittlung des objektiven Kindeswillens, zumal Beziehungsqualität, Kindeswille oder Neigung nur in einem hypothesengeleitetem klinischen Gespräch erfassbar sind.

23.3 Interventionsorientierte Begutachtung

Bei der interventionsorientierten Begutachtung[57] handelt es sich um eine Kombination von Diagnostik, Evaluation und intervenierender Steuerung. Die Interventionen umfassen Psychoedukation, Mediation, Erprobung von vorläufigen Maßnahmen und deren Evaluation als Grundlage für eine Entscheidung der Behörde.

Die interventionsorientierte Begutachtung eignet sich vor allem in Fällen, in denen man sich von einer Elternmediation noch eine Verhaltens- und Haltungsänderung der Eltern erhofft, aber eine Entscheidung ansteht. Der Nachteil einer angeordneten Mediation besteht in diesen Fällen darin, dass die Behörde keine Entscheidungsgrundlage hat, wenn die Mediation scheitert. Dies ist insbesondere dann der Fall, wenn die angeordnete Mediation mit einer Schweigepflicht des Mediators einhergeht. Wird das Gericht nur darüber informiert, ob die Mediation stattgefunden hat und ob die Eltern zu einer gemeinsamen Entscheidung gelangt sind, fehlt ihm die nötige Entscheidungsgrundlage weiterhin. Wenn der Richter oder die Richterin infolgedessen noch ein Gutachten in Auftrag gibt, führt dies nicht nur zu hohen Kosten, sondern auch zu einer Verschleppung der zu regelnden Angelegenheit, was oft nicht im Interesse des Kindes ist.

Das Konzept, mediative Elemente und Begutachtung zu verbinden, ist keine neue und schon gar keine heilsversprechende Strategie der „fürsorglichen Belagerung“ von Hochkonfliktfamilien. Die Idee zielt darauf ab, die Zeit als schädlichen Einflussfaktor zu kontrollieren, Synergien zu nutzen und Ressourcen zu optimieren. In den USA hat sich die Euphorie über die anfangs angenommene Heilswirkung der Mediation in Fachkreisen in den letzten Jahren etwas gelegt und wird mittlerweile sachlich diskutiert (z. B. Salem, 2009). Die nüchterne Betrachtung hat ergeben, dass freiwillige und unfreiwillige Media-

57 Synonym verwendet man auch die Begriffe „lösungsorientierte“ oder „prozessorientierte Gutachten“.

tion sich nur noch darin unterscheiden, ob die Mediation privat oder gerichtsnahe ist bzw. ob der Mediator oder die Mediatorin Bericht erstattet oder nicht. Vor diesem Hintergrund, aber auch aufgrund knapper finanzieller Ressourcen wurden in den USA entsprechende Konzepte erprobt: die *Evaluative Mediation* (Lowry, 2004) oder *Mediative Evaluation* (Barsky, 2007). Auch bei der interventionsorientierten Begutachtung handelt es sich um eine Art Kombination von Begutachtung und angeordneter Elternmediation (vgl. Staub, 2010a), doch erschließt sich die Wirkung der Methode vor allem aus dem Gutachtensaspekt mit der größeren Verbindlichkeit und den größeren Kompetenzen des Sachverständigen im Vergleich zum Mediator.

23.4 Entscheidungsorientierte versus interventionsorientierte Gutachten

In Deutschland wurde mit Wirkung ab 1. September 2009 das FamFG, das Gesetz über das Verfahren in Familiensachen und in den Angelegenheiten der freiwilligen Gerichtsbarkeit, insofern geändert, als das Gericht in Kinder betreffenden Verfahren anordnen kann, dass der Sachverständige bei der Erstellung eines Gutachtens auch auf die Herstellung des Einvernehmens zwischen den Beteiligten hinwirken soll. Ob eher ein entscheidungsorientiertes oder eher ein interventionsorientiertes Vorgehen angebracht ist, hängt davon ab, ob Ausgangs- und Ziellage bzw. Ist- und Soll-Zustand bekannt sind. Wenn beide Zustände bekannt oder beide Zustände unbekannt sind, ist ein interventionsorientiertes Vorgehen angezeigt. Beispielsweise ist bei einer bekannten Ausgangslage („Das Kind hat keinen Kontakt mehr zum Elternteil") und einem bekannten Ziel („Das Kind soll wieder Kontakt haben") das wie oder im schlimmsten Fall das warum nicht Inhalt der Begutachtung. Wenn nur ein Zustand bekannt ist, lässt sich die Frage eher in einem entscheidungsorientierten Gutachten beantworten (s. **Tab. 3**).

Tabelle 3: Fragestellung nach Ausgangs- und Ziellage

Fragestellung	Ist-Zustand bekannt	Soll-Zustand definiert
Kontaktschwierigkeiten	Ja	Ja
Bindungstoleranz	Ja	Ja
Kooperation der Eltern	Ja	Ja
Obhutzuteilung nach der Trennung	Ja	Nein
Möglichkeit der geteilten Obhut	Ja	Ja
Rückplatzierung Pflegekinder	Ja	Ja
Erziehungsfähigkeit	Nein	Ja

23.4.1 Entscheidungsorientierung

Führen im Rahmen von elterlichen Trennungen oder Scheidungsverfahren hochgradige Elternkonflikte dazu, dass der Kontakt des Kindes zu beiden Eltern nicht gewährleistet werden kann oder sich die Eltern hinsichtlich der Sorgerechts- und Obhutsverteilung nicht einig sind, schalten die zuständigen Behörden Sachverständige ein, um sich von diesen empfehlen zu lassen, welches Vorgehen aus kinderpsychologischer Sicht dem Kindeswohl „am besten" entspricht. Die Empfehlungen, welche der Sachverständige vor dem Hintergrund eines fachspezifischen methodischen Vorgehens abgibt, werden in einem schriftlich abgefassten Gutachten dargestellt und interpretiert. Da zumindest in der Schweiz keine verbindlichen Standards für das Vorgehen und die Dokumentation einer Begutachtung bestehen, beziehen sich die Sachverständigen auf ihren persönlichen Ausbildungshintergrund und ihre Berufserfahrung. Traditionellerweise werden unter Berücksichtigung der vorangegangenen Entwicklung und der Statusdiagnose Prognosen erstellt und entsprechende Empfehlungen für die Zukunft abgegeben. Dabei verhält sich der Sachverständige neutral und objektiv. Er oder sie bedient sich klassischer diagnostischer Verfahren und beschränkt sich von Anfang an darauf, entscheidungsrelevante Daten und Aspekte zu registrieren, um der auftraggebenden Behörde schließlich einen Entscheidungsvorschlag zu unterbreiten (vgl. Kling, 2009).

Während entscheidungsorientierte Gutachten bei Fragen, die aufgrund einer bloßen Statusdiagnostik beantwortet werden können, oder Problemstellungen, welche eine rasche Entscheidung verlangen, nach wie vor Gültigkeit haben, ist diese Form von Gutachten nicht angezeigt bei Fragen, welche nur im Prozess beantwortet werden können, zum Beispiel ob ein Elternteil sein Erziehungsverhalten aufgrund gewonnener Erkenntnisse ändern kann.

23.4.2 Interventionsorientierung

Erst eine Thematisierung der Paar-Ebene schafft die Voraussetzungen dafür, dass es den getrennten Eltern gelingt, sich lediglich auf der Eltern-Ebene auseinanderzusetzen. Diese Tatsache liegt dem interventionsorientierten Konzept zugrunde. Wie die Mediatoren in der angeordneten Elternmediation arbeiten auch die Sachverständigen im interventionsorientierten Ansatz darauf hin, die Eltern-Ebene von der Paar-Ebene zu isolieren. Die Bestandteile bzw. Aspekte einer interventionsorientierten Begutachtung – Diagnostik, Psychoedukation, Mediation, Coaching und Erprobungsphase – seien nun näher erläutert.

Diagnostik: Der vergleichbare lösungsorientierte Ansatz nach Jopt (Jopt & Zütphen, 2004; Jopt & Behrend, 2006) verzichtet auf jegliche Statusdiagnostik und verweist auf eine rein systemisch orientierte Prozessdiagnostik. Mit dem interventionsorientierten Vorgehen jedoch wird ein Ansatz vertreten, welcher eine sorgfältige Eingangsdiagnostik zwingend voraussetzt. Wenn die Interventionen erfolglos bleiben, müssen Sachverständige in der Lage sein, fortan ein entscheidungsorientiertes Vorgehen zu verfolgen und ihre Empfehlungen auf der Grundlage von vorgängig erhobenen psychodiagnostischen Erhebungen abzusichern. Darüber hinaus dürften Sachverständige bei vorgeschalteter Eingangsdiagnostik überzeugender auf die Eltern einwirken können (Salzgeber & Fichtner, 2009). Nicht zuletzt ist gerade die sorgfältige Diagnostik mit den darauf abgestimmten Interventionen die Stärke des interventionsorientierten Gutachtens im Vergleich zur angeordneten Mediation. Daher konzentrieren sich die Sachverständigen zu Beginn vorwiegend auf die Erhebung der Paar-, Beziehungs- und Konfliktdynamik, der familiären Interaktionsprozesse und Kommunikationsmuster. Ein wesentlicher Bestandteil der Eingangsdiagnostik ist auch die Untersuchung der Kinder und die Erhebung von biographischen Daten der beteiligten Eltern. In einem weiteren Schritt werden Entwicklungsmöglichkeiten und Ressourcen des familiären Systems mittels Befragung der Eltern ausgelotet.

Psychoedukation: Dass sie sich vorwiegend mit ihren Konflikten und ihrer Geschichte beschäftigen, hindert Trennungspaare daran, zu erkennen, dass ihr Fall gar nicht so einzigartig ist, wie sie denken. Die meisten Trennungen laufen nach einer bestimmten Regelhaftigkeit ab. Damit sie sich dieser Tatsache bewusst werden können, müssen die Eltern aufgeklärt werden. Deshalb erhalten sie im Rahmen der Auseinandersetzung über die Ursachen ihres Scheiterns Informationen über trennungstypische Konfliktverläufe, was im besten Fall bereits zu einer Aufweichung der Opfer-Täter-Haltungen führt. Damit ist oft erst die Voraussetzung geschaffen, dass sie die Eltern-Ebene fokussieren können. Auch hierbei ist psychoedukative Information und Aufklärung von Bedeutung, insbesondere wenn es um die psychische Situation der betroffenen Kinder geht. Die Vermittlung von Erkenntnissen der Scheidungsforschung dient als Vorbereitung, um den Eltern Empathie und Sensibilität für die Situation und Bedürfnisse ihrer Kinder zu ermöglichen.

Mediation: In der Mediationsphase werden die Eltern nach Möglichkeit gemeinsam zu Sitzungen gebeten. Wenn die Eltern nicht miteinander sprechen können, nehmen die Sachverständigen eine moderierende Rolle ein und interagieren mit den Eltern bilateral. Diskussionsgrundlage in der Elternarbeit sind die diagnostisch abgesicherten Lösungsmöglichkeiten im Interesse des Kindeswohls.

Coaching: Bestandteile des Coachings sind die Interventionen, wobei es von der Situation und den persönlichkeitsbedingten Möglichkeiten der Eltern abhängt, welche Interventionen man wählt. In der Interventionsphase werden Vereinbarungen getroffen und in konkrete Schritte umgesetzt. Je nach Bedarf und Situation werden Hilfspersonen einbezogen, oder die Sachverständigen stellen sich selber zur Verfügung, zum Beispiel als Begleitperson von Eltern-Kind-Kontakten.

Erprobungsphase: Die Möglichkeit, innerhalb einer Begutachtung Teillösungen zu erproben, zu evaluieren und wieder anzupassen, gehört zur Besonderheit und Stärke der interventionsorientierten Begutachtung. Lässt sich eine mögliche Lösung nicht ohne Verfügung der Behörde erproben, muss die Behörde in einem Zwischenbericht über den Sinn und Zweck dieser Maßnahme informiert werden. Dies kann der Fall sein, wenn es um das Erproben geteilter Obhut geht oder wenn bei einer psychischen Erkrankung eines alleinerziehenden Elternteils erprobt und evaluiert werden soll, wie viel Unterstützung nötig ist, um eine Fremdunterbringung des Kindes zu verhindern. Da die tiefgreifende Entscheidung für eine Fremdunterbringung einen erheblichen Eingriff in das Familienleben bedeutet, sehr kostenintensiv ist und Beziehungsabbrüche nach Fremdunterbringungen prozentual gesehen weit häufiger sind als bei regulären Trennungen (vgl. Kindler & Werner, 2006), sollen die familiären Unterstützungssysteme im Rahmen der Begutachtung sehr genau untersucht werden.

Eine interventionsorientierte Begutachtung endet idealerweise mit einvernehmlich getroffenen Vereinbarungen der Eltern über die weitere Perspektive der Trennungs- und Nachscheidungsfamilie, insbesondere der Kinder. Aber anders als bei der angeordneten Elternmediation ist Mediationsfähigkeit nicht Voraussetzung für ein interventionsorientiertes Gutachten. Werden interventionsorientierte Gutachten bei besonders komplexen, chronischen Fällen mit hochstrittigen Eltern in Auftrag gegeben, wird eine von beiden Eltern getroffene Vereinbarung Illusion bleiben. Im besten Fall beschränken sich die Interventionsmöglichkeiten in solchen Fällen auf das Heben des Mahnfingers oder die Vermittlung von Informationen. Aber die abschließenden Empfehlungen des Sachverständigen nach einer mehr oder weniger langen Zeit der Zusammenarbeit und versuchter Erprobung mehrerer Lösungsversuche mit den Eltern sind ein Konglomerat von Wissen und eigenen Erfahrungen mit dieser Familie. Die daraus hervorgehenden Vorschläge sind daher als valide und verlässlich zu werten und können von den Entscheidungsträgern besser vertreten und hoffentlich auch besser durchgesetzt werden. In der Folge erübrigt sich der Versuch, weitere Fachpersonen mit der „fürsorglichen Belagerung der Familie zu beauftragen, denn: Was ein mediativ, therapeutisch und als Coach tätiger Sachverständiger nicht zustande gebracht hat, wird vermutlich auch eine Beistandsperson oder ein Verfahrenspfleger bzw. Verfahrenspflegerin nicht schaffen. Daher dürfen nach einer prozessorientierten Arbeit ausschließlich Empfehlungen abgegeben werden, welche im Rahmen des Gutachtens hinreichend und erfolgreich erprobt worden sind. Beispielsweise ist es nicht zulässig, einen begleiteten Umgang zu empfehlen, nachdem eine flüchtige Begegnung zwischen einem Elternteil und dem Kind, begleitet vomSachverständigen, nur unter größten Schwierigkeiten und nur dank dem Druck auf die Beteiligten zustande gekommen ist.

23.4.3 Transparenz im interventionsorientierten Gutachten

Insbesondere Sachverständige, welche auch therapeutisch tätig sind, haben bereits in der Vergangenheit in ihrer Gutachtertätigkeit verschiedentlich auch beraterische, therapeutische oder mediative Techniken angewendet, was grundsätzlich nicht falsch ist und möglicherweise von etlichen Auftraggebenden sogar erwartet wird. Dass aber die Transparenz von Art, Zweck und Absicht solcher Interventionen gegenüber der auftraggebenden Behörde und vor allem gegenüber den zu begutachtenden Personen fehlt, dient dem grundlegenden Ziel, nämlich der Auflösung des Konflikts zum Schutz des Kindes, nur bedingt. Die fehlende Transparenz stellt auch ein ethisches Problem dar und sorgt vor allem für Irritationen und Unklarheiten. Es entspricht nämlich einem Allgemeinverständnis, dass eine Begutachtung ein diagnostischer Prozess ist. Das heißt, auch die zu begutachtenden Eltern wissen, dass sie eingeschätzt werden. Entsprechend werden sie sich bemühen, sich selber in möglichst gutem Licht zu präsentieren. Häufig errechnen sie für sich ein besseres Ergebnis, wenn sie den anderen Elternteil in einem möglichst schlechten Licht darstellen und vor allem seine schlechten Verhaltensweisen und seine Fehler hervorheben. Die Eltern werden also im Zugeben von Fehlern oder im Annehmen von Ratschlägen seitens der sachverständigen Person sehr vorsichtig und äußerst zurückhaltend sein. In einem üblichen Gutachtensprozess sind die Eltern also nicht darauf eingestimmt, ihre Bedürfnisse und Grenzen offenzulegen oder über ihre Ängste zu sprechen.

Es liegt auf der Hand, dass Sachverständige in dieser Ausgangslage ganz schlechte Karten haben, wenn sie mit mediativen Techniken operieren wollen. Anders gesagt: Wenn der oder die traditionelle Sachverständige an einem gut gemeinten Schlichtungsversuch scheitert, muss es nicht unbedingt daran liegen, dass ihm oder ihr der Konflikt eine Schuhnummer zu groß war. Es kann auch daran liegen, dass die Eltern auf einen Assessment-Prozess und nicht auf Schlichtung eingestellt waren.

Transparenz ist daher die Grundvoraussetzung für ein Gelingen des interventionsorientierten Ansatzes. Für die auftraggebende Behörde bedeutet dies, dass sie die Eltern über die Besonderheit dieser Begutachtungsarbeit aufklären muss und der schriftliche Auftrag über die Art, den Zweck und die Absicht der Interventionen Auskunft geben muss.

23.5 Rolle der Sachverständigen

Der bedeutendste Unterschied zwischen den beiden Gutachterpositionen liegt im Verständnis ihrer Expertenrolle. In einem entscheidungsorientierten Gutachten verstehen sich Sachverständige als Experten, welche mit der Aufgabe betraut sind, die Lage des Kindes nach der Trennung der Eltern unter die Lupe zu nehmen. Es wird diagnostiziert, Prognosen für die Zukunft werden erstellt, und der Entscheidungsbehörde wird ein entsprechendes Vorgehen empfohlen. Damit ist der Auftrag der Sachverständigen erfüllt.

Dieses Vorgehen verlangt ein hohes Maß an Abstinenz, Neutralität und Objektivität und ist vergleichbar mit einer wissenschaftlichen Untersuchung, was eine Begutachtung aber nur sehr bedingt ist. Der Einfluss von Störfaktoren auf die Datengewinnung kann allenfalls bei naturwissenschaftlichen Experimenten kontrolliert werden, aber mit Sicherheit nicht bei familienrechtspsychologischen Vorgängen.

Die interventionsorientierten Sachverständigen haben eine Mehrfachrolle. Nebst der Rolle des Mediators und Coaches nehmen sie auch die Rolle des Fachspezialisten für das Kindeswohl ein, deren Aufgabe es ist, die Eltern zu beraten und in ihrer Erziehung als Trennungseltern zu befähigen. Und schließlich obliegt den Sachverständigen die Rolle des Diagnostikers und Prognostikers, welche auch den interventionsorientierten Sachverständigen nicht erspart bleibt. Anders als die entscheidungsorientiert arbeitenden Sachverständigen streben sie jedoch keine Abstinenz oder Allparteilichkeit an, was eine größere Herausforderung an ihre Psychohygiene stellt. Sie können sich nicht hinter ihre Prüfer-Rolle verstecken, sondern bringen sich mit ihrem Wissen, ihrem Stil und ihrer persönlichen Erfahrung aktiv ein. Die interventionsorientierten Sachverständigen sind aber nicht parteiisch, sondern vollziehen die subjektiven Überzeugungen der Eltern wertneutral nach. Die Illusion, dass die Person des Sachverständigen auswechselbar ist, kann bei einem Interventionsorientierten Gutachten nicht aufrechterhalten werden. Die unkontrollierbare Störvariable „Gutachterpersönlichkeit“ wird in das Untersuchungsdesign sozusagen miteinbezogen.

Zieht das Gericht oder eine andere Entscheidungsbehörde Sachverständige bei, so unterliegt das entsprechende Gutachten, wie jedes andere Beweismittel auch, grundsätzlich der freien richterlichen Beweiswürdigung. Die Entscheidungsbehörde hat zu prüfen, ob das Gutachten vollständig, nachvollziehbar und schlüssig ist. Erheben sich in wesentlichen Punkten Zweifel an der Schlüssigkeit des Gutachtens, kann die Entscheidungsbehörde der sachverständigen Person nötigenfalls ergänzende Fragen zur Klärung dieser Zweifel stellen. Dies wird sie insbesondere dann tun, wenn gewichtige, zuverlässig begründete Tatsachen oder Indizien die Überzeugungskraft des Gutachtens ernstlich erschüttern. In Sachfragen soll das Gericht aber nur aus triftigen Gründen von einer gerichtlichen Expertise abweichen, und es muss eine eventuelle Abweichung begründen.[58] Zusatzfragen zur Neubeurteilung des Sachverhalts drängen sich auch auf, wenn sich die Situation im Zeitraum der Gutachtensherstellung und Entscheidungsfindung drastisch verändert hat.

58 BGE 138 III 193 E. 4.3.1 S. 198f.; BGE 4A_612/2015 vom 9. Mai 2016 E. 3.3 in fine. vgl. auch Peter Guyan, in: Basler Kommentar, Schweizerische Zivilprozessordnung, 2. Aufl. 2013, N. 6 zu Art. 157 ZPO.

23.6 Beurteilung der Qualität eines Gutachtens

In seiner Diskussion um die Qualität familienrechtspsychologischer Gutachten schreibt Fichtner (2015), dass Gutachten nicht nur dahingehend überprüft werden können, ob sie die Gütekriterien erfüllen, sondern ob die sachverständige Person zu einer guten Empfehlung komme. Fichtner nennt zwei zentrale Kriterien für eine gute Empfehlung: a) das Kindeswohl wird befriedigt, d.h. es findet eine Weichenstellung statt, welche möglichst gute Entwicklungsbedingungen für das Kind nach der familiären Trennung schafft, b) der Elternkonflikt sollte so gut wie möglich reduziert werden, um elterliches Zusammenarbeiten zu verstärken und konfliktbedingte Einbussen der elterlichen Erziehungseignung zu vermeiden.

Ein Gutachten ist im weitesten Sinne eine wissenschaftliche Leistung, die darin besteht, aufgrund wissenschaftlich anerkannter Methoden und Kriterien nach feststehenden Regeln der Gewinnung und Interpretation von Daten zur konkreten Fragestellungen Aussagen zu machen. Verschiedene Autoren haben sich des Themas angenommen und in teilweise umfassenden Standardwerken zur Qualität und Ausarbeitung von Gutachten gemacht (vgl. Westhoff, Terlinden-Arzt & Klüber, 2000; Dettenborn & Walter, 2002; Aebi et al., 2006; Salzgeber, 2001). Die sorgfältigen Vergleichsuntersuchungen dieser teilweise umfangreichen Werke mit unterschiedlichen Sichtweisen auf die Qualität von Gutachten von Fichtner (2015) oder Kling (2009) richten sich jedoch vor allem an die Sachverständigen und sind daher für die praktische Arbeit der „Endverbraucher" nicht geeignet.

23.6.1 Psychometrische Gütekriterien eines Gutachtens

Die Gemeinsamkeiten zwischen einer wissenschaftlich empirischen Studie und einem Gutachten beziehen sich aus psychologischer Sichtweise in erster Linie auf die Einhaltung der Gütekriterien der Objektivität, Reliabilität und Validität.

23.6.1.1 Objektivität

Das Gütekriterium „Objektivität" bezeichnet die Unabhängigkeit der Ergebnisse von den Personen, die bei der Ergebniserstellung beteiligt sind. Das heißt, das Resultat muss unabhängig von der Person, welche die Arbeit erstellt hat, Gültigkeit haben. Dabei wird zwischen interindividueller Objektivität und Durchführungsobjektivität unterschieden:

Die interindividuelle Objektivität bezieht sich darauf, dass die am Forschungs- oder Evaluationsprozess beteiligten Personen idealerweise immer zu den gleichen Ergebnissen kommen sollten. Nun haben aber auch Wissenschaftler und Wissenschaftlerinnen unterschiedliche Eigenschaften, Verhaltensweisen und Herangehensweisen. Kommen sie bei der Untersuchung des gleichen Sachverhalts zu verschiedenen Ergebnissen, verringert dies die interindividuelle Objektivität. In Bezug auf ein Gutachten ist das Gütekriterium der interindividuellen Objektivität erfüllt, wenn angenommen werden kann, dass andere Sachverständige zum gleichen Schluss gekommen wären. Dieses Kriterium wäre in natura nur überprüfbar, wenn mehrere unabhängige Sachverständige gleichzeitig mit der Begutachtung eines und desselben Familiensystems beauftragt würden. Dass dieses Unterfangen weder ethisch noch wirtschaftlich vertretbar ist, versteht sich von selbst. Stellvertretend für die nicht überprüfbare interindividuelle Objektivität kann bei der Erstellung eines Gutachtens theoretisch sichergestellt werden, dass ein anderer Aspekt der Objektivität positiv geladen wird, nämlich die Durchführungsobjektivität.

Die Durchführungsobjektivität ist grundsätzlich höher, wenn mehrere Sachverständige an einem Gutachten beteiligt sind bzw. alle beteiligten Sachverständigen an sämtlichen Gesprächen, Hausbesuche und Untersuchungen präsent sind. Die Einhaltung dieser Vorgabe geht jedoch mit enormen Kosten einher und scheitert an den Kapazitäten der zur Auswahl stehenden Sachverständigen. Daher gilt es andere Wege zu finden, welche die Objektivität eines Gutachtens gewährleisten: Die Einhaltung der Auswertungs- und Interpretationsobjektivität als weiterer Bestandteil der Objektivität kann gewährleistet werden, wenn der Hauptgutachter seine Befunde mit einem Fachkollegen oder einer Fachkollegin diskutiert und beide Sachverständige für die Beurteilung und die daraus hervorgehenden Empfehlungen Verantwortung übernehmen.

Falls weder die interindividuelle Objektivität noch die Durchführungs- und Interpretationsobjektivität gewährleistet werden können, muss die Objektivität eines Gutachtens angenommen und vorausgesetzt werden. Die Wahrscheinlichkeit dieser Vorgabe steigt mit der Fachlichkeit der sachverständigen Person, zusammengesetzt aus Ausbildungshintergrund, Erfahrung, ethischer Verantwortung und Persönlichkeitsdisposition.

23.6.1.2 Reliabilität

Das Gütekriterium Reliabilität bezeichnet die Genauigkeit von Messungen, Messinstrumenten und entsprechende Zuverlässigkeit von Ergebnissen. Entscheidend ist, dass mit Reliabilität nur die Genauigkeit gemeint ist, unabhängig davon, ob auch das gemessen wird, was man messen will. Wenn also für die Berechnung der Intelligenz eines Menschen die Schuhgröße gemessen wird und wiederholte Messungen immer das gleiche Resultat hervorbringen, ist die Untersuchung durchaus reliabel. In Untersuchungen wird der Grad der Reliabilität mit Testwiederholungen berechnet. Beispielsweise kann nach der wiederholten Messung der Intelligenz einer Person – notabene mit einem geeigneten Test – zu verschiedenen Zeitpunkten aus der Korrelation zwischen den Ergebnissen auf die Genauigkeit des Tests geschlossen werden. Der Störfaktor bei diesem Verfahren sind jedoch Lerneffekte und verändertes Antwortverhalten infolge wiederholter Befragung.

In Gutachten wird zunehmend versucht, die Reliabilität zu erhöhen, indem die Aussagen der Beteiligten mittels standardisierter Tests und Fragebögen erfasst werden. Dabei wird angenommen, dass die Beteiligten die Kreuze an der gleichen Stelle anbringen würden, wenn sie den Fragebogen ein paar Tage später nochmals ausfüllen sollten. Während damit die Reliabilität gewährleistet wäre, stellt sich die Frage nach der Validität als wichtigstes Gütekriterium, wenn die verlässlichen Testresultate nicht mit den klinischen Befunden abgeglichen werden.

23.6.1.3 Validität

Das Gütekriterium Validität bezeichnet die Gültigkeit einer Messung und fragt danach, ob überhaupt das gemessen wurde, was gemessen werden sollte. Wie oben erwähnt, ergeben sich zuverlässige bzw. reliable Messwerte, wenn die Intelligenz anhand der Schuhgröße bestimmt wird. Aber die Untersuchung ist nicht valide, weil nicht das gemessen wurde, was gemessen werden sollte. Eine Untersuchung ist umso valider, je eher sich das Messverfahren (z.B. Befragung in einem offenen Gespräch) mit dem zu messenden Konstrukt (z.B. psychischer Zustand des Befragten) deckt und je höher die Korrelation der Resultate dieser Befragung mit relevanten anderen Kriterien (z.B. Einsatz von standardisiertem Fragebogen) ist. Diese Bedingungen implizieren, dass die Validität nur zuverlässiger bestimmt werden kann, wenn Sachverhalte auf verschiedenen Wegen erhoben werden und miteinander abgeglichen werden.

23.6.1.4 Objektivitäts-Validitäts-Dilemma

Unter den Sachverständigen besteht ein zunehmendes Bedürfnis, relevante Aspekte wie z.B. die Frage nach der Obhut auf einer numerischen Skala zu operationalisieren und Tendenzen numerisch zu berechnen. Dieses Bedürfnis wird von den Testautoren und -vertreibern auch bedient. Ein relativ junges Instrument zur objektiven Erfassung emotionaler Beziehungen von Kindern zu ihren Eltern ist das SURT (Hommers, 2022). Es verfolgt den Anspruch, in der familienrechtspsychologischen Begutachtung einen Mangelzustand zu beheben, indem nun ein objektives, reliables und valides Verfahren vorliege, welches nach den Grundsätzen der klassischen und probabilistischen Testtheorie konstruiert worden sei. Tatsächlich sind unter dem Aspekt der Objektivität viele Testverfahren gegenüber Interviews oder Verhaltensbeobachtungen überlegen, weil die Ergebnisse zumindest nicht durch den Auswerter beeinflusst sind. Allerdings geht dieser Vorteil mit dem immensen Nachteil einher, dass ein Test eben nur das misst, was er eben misst bzw. messen kann. Dabei bleibt zweifelhaft, ob dies dann genau der Aspekt ist, welcher für die Fragestellung von Bedeutung ist. Dieses sogenannte „Objektivitäts-Validitäts-Dilemma" kommt beim Einsatz psychologischer Testverfahren in der Begutachtung besonders stark zum Ausdruck. Während der Einsatz von strukturierten Fragebögen die Transparenz der Befragung und die Vergleichbarkeit zu erhöhen vermag, liegt das Problem beim Einsatz von strukturieren Abklärungsinstrumenten darin, dass unter Umständen anderweitige wichtige Problembereiche nicht berücksichtigt werden. Fichtner (2015) weist zurecht darauf hin, dass bei dieser Methodik die Gefahr deutlich erhöht sei, dass nur das erfragt wird, was man vorab schon für relevant hält. Daher seien in der Einzelfallanalyse ein hermeneutischer Zugang und das lückenfüllende Hintergrundwissen des Diagnostikers unabdingbar.

Das Objektivitäts-Validitäts-Dilemma kann auch am Beispiel der Interaktionsdiagnostik dargestellt, werden, welche in der Regel eine Verhaltensbeobachtung beinhaltet. Dabei entschieden sich die meisten Sachverständigen für eine systematische oder unsystematische Verhaltensbeobachtung: Bei einer *unsystematische Verhaltensbeobachtung* werden die Personen im Alltagsgeschehen beobachtet (z. B. der Umgang der Eltern mit dem Kind zu Hause). Diese Methode leidet unter mangelnder Objektivität und Reliabilität, wogegen die Validität besser begründet werden kann. Bei der *systematischen Verhaltensbeobachtung* wird die Person zu einer vorgegebenen Tätigkeit angehalten, und dieses Verhalten wird nach einem zuvor gewählten Beobachtungsschema ausgewertet. Durch die Systematisierung steigen die Gütekriterien Objektivität und Reliabilität. Die Beobachtungssituation ist vom Sachverständigen geplant, und die Bedingungen sind vorab definiert (z. B. ein Elternteil soll in der Gutachterpraxis mit dem Kind ein bestimmtes Spiel spielen). Diese „künstliche“ Beobachtungssituation kann nun aber die Validität der Ergebnisse mindern.

23.7 Verschriftlichung von Gutachten

Form und Umfang der Verschriftlichung eines Gutachtens hängen von der Art des Gutachtens ab. In einem interventionsorientierten Gutachten wird nach Möglichkeit gestrafft dokumentiert. Hier verzichten die Sachverständigen weitgehend auf narrative Schilderungen. Stattdessen beziehen sie direkt im Gespräch Stellung, indem sie den Eltern aufzeigen, was ihr Verhalten beim Kind auslösen könnte. Im Fall einer Einigung wird nach Abschluss des Prozesses ein Prozessprotokoll erstellt, welche sich zu folgenden Fragen äußert: Welche Ausgangslage hat die sachverständige Person angetroffen? Welche Methoden wurden eingesetzt? Welche Lösungsmöglichkeiten wurden erprobt und evaluiert? Im Zentrum des relativ schlanken Prozessgutachtens stehen die Beurteilung der vergangenen Arbeit mit der Familie und die daraus hervorgehenden Empfehlungen. Insofern lässt sich ein interventionsorientiertes Gutachten mit der Verschriftlichung einer wissenschaftlichen Untersuchung vergleichen: Nach der Übersicht über die Fragestellung wird die Ausgangslage dargestellt. Danach wird die Untersuchungsmethode bzw. der Prozessverlauf beschrieben. Die Ergebnisse werden beurteilt, die Bedeutung für die Fragestellung diskutiert und Empfehlungen abgegeben. Gemäß Jopt und Behrend (2006) soll der Umfang eines interventionsorientierten Gutachtens, auch wenn sich keine Einigkeit erzielen ließ, 20 Seiten nicht überschreiten – wobei anzumerken ist, dass die deutschen Kollegen bei der Eingangsdiagnostik auf die Erhebung der doch aufschlussreichen biographischen Angaben verzichten.

Da in einem entscheidungsorientierten Gutachten die Zusammenarbeit mit den Beteiligten wegfällt, sind an die Stringenz der Beurteilung und Diskussion höhere Anforderungen zu stellen. Nicht unproblematisch ist die Tatsache, dass viele entscheidungsorientierte Sachverständige die Aktenlage umfangreich zusammenfassen und die einzelnen Gespräche mit den Eltern und Drittpersonen detailgetreu protokollieren oder gar transkribieren. Es gilt zu bedenken, dass transkribierte oder umfassende Gesprächsprotokolle nicht nur zu episch langen Gutachten führen, sondern auch der Sache nicht dienen, wenn sich dadurch neue Minenfelder öffnen. Werden alternativ zu Transkriptionen die Angaben der Eltern und Drittpersonen zusammengefasst, droht aber auch die Gefahr, dass dies nicht in der Sprache dieser Personen, sondern in der Sprache der Sachverständigen geschieht, was das Bild der Befragten verfälscht. Die Lösung bestünde darin, beurteilungsrelevante Angaben zu referieren, welche nicht aktenkundig sind, um sich im letzten Drittel des Gutachtens, dem Diskussions- und Beurteilungsteil, darauf zu beziehen. Abgesehen davon werden Gutachten allein dadurch schlanker und sind flüssiger zu lesen, wenn nicht jeder neue Abschnitt mit erklärenden Textbausteinen eingeleitet wird. Auffallend häufig ist ein starkes Ungleichgewicht zwischen der deskriptiven Bestandsaufnahme und dem Diskussionsteil mit den Beurteilungen und Empfehlungen zu beobachten. Dies ist umso problematischer, wenn die Beantwortung der Fragen nicht selbstredend aus der knappen Beurteilung hervorgeht. Idealerweise sollte der Beurteilungs- und Diskussionsteil mit den Empfehlungen rund ein Drittel des Gutachtens umfassen.

Unabhängig von der Art und Qualität des Gutachtens ist es angezeigt, die Verschriftlichung im Sinne einer ressourcenorientierten Nützlichkeit zu überprüfen. Unnötige, der Sache nicht dienliche Schreibarbeiten und immer umfangreichere Gutachten verteuern die Gutachten in mehrfacher Hinsicht: Zum einen berechnen die Sachverständigen das Gutachten nach Zeitaufwand oder Umfang, zum anderen berechnen auch die Rechtsvertretenden ihren Aufwand nach Zeitaufwand, der sich mit dem Studium von umfangreichen Gutachten massiv erhöht. Schon eine umfangreiche Zusammenfassung der Aktenlage ist zu überdenken: Zwar ist es sinnvoll, vorgängige Beurteilungen von Fachpersonen zusammenzufassen, um diese Beurteilungen im Diskussionsteil mit den eigenen Befunden abzugleichen; aber sämtliche Schriften in den Akten zusammenzufassen, ist nicht nötig. Denn die Aktenlage ist der Entscheidungsbehörde bekannt, und das Gericht wird sich mit den Originalakten befassen, wenn es zu einer Beschwerde vor einer höheren Instanz kommt.

23.7.1 Einholen von Fremdangaben

Die Befragung von unabhängigen Fachpersonen, welche mit der Familie oder dem zu untersuchenden Kind betraut sind, dient dem Abgleich mit den eigenen Untersuchungsbefunden. Angaben von fachfremden Personen aus dem Umfeld der jeweiligen Eltern einzuholen, ist hingegen obsolet und erübrigt sich in dem Maße, wie die Eltern miteinander zerstritten sind. Zum Schutz der weiteren Zusammenarbeit zwischen den befragten Fachpersonen und den Kindeseltern sollte bei der Protokollierung der Fremdangaben im Gutachten ein Augenmerk darauf gerichtet sein, dass ausschließlich Angaben referiert werden, welche zur Veröffentlichung im Gutachten freigegeben worden sind. Relevante Angaben darüber hinaus, welche sich mit der Einschätzung der Sachverständigen decken, können direkt in die Beurteilung einfließen.

23.7.2 Gutachtenseröffnung

Ein weiterer diskutierbarer Punkt ist die Frage, ob Sachverständige das Gutachten den Betroffenen eröffnen sollen oder nicht. Während sich bei einem interventionsorientierten Vorgehen die Eröffnung aufgrund der transparenten Arbeit erübrigt, ist es nicht konsequent, wenn entscheidungsorientierte Sachverständige nach einem abstinenten Rollenverständnis am Schluss den Hasen aus dem Hut zaubern und das Rätsel auflösen, wer gewonnen hat. Dazu Jopt:

> *Zwar glauben manche Gutachter, den Eltern mit der Bekanntgabe ihrer diagnostischen Befunde die Konsensfindung zu erleichtern; doch das gilt allenfalls für die Herstellung von Rechtsfrieden. Ist ein Elternteil erstmal zum designierten Gewinner des Rechtsstreites erklärt worden, ist jede Hoffnung auf Entspannung und Einvernehmlichkeit unrealistisch. Deshalb sind solche Angebote, die lediglich akzeptiert werden können, allenfalls von psychohygienischem Wert, methodisch ändert sich dadurch am Primat der Entscheidungsorientierung nichts. (Jopt & Zütphen, 2004, Kap. 2)*

Nicht zuletzt sprechen ganz pragmatische Gründe gegen die Gutachtenseröffnung durch die Sachverständigen: Die Terminfindung verzögert die Gutachtensabgabe, und die zusätzliche Sitzung erhöht die Kosten.

23.8 Auftragsformulierung der auftraggebenden Behörde

Häufig ist das Ziel einer interventionsorientierten Begutachtung, in Zusammenarbeit mit den Eltern Lösungsprozesse einzuleiten, zu erproben und schließlich Empfehlungen abzugeben. Die Wahl der Methode zur Erprobung der Lösungsversuche ist den Sachverständigen überlassen. Die Eltern sind angehalten, sich an die Weisungen der Sachverständigen zu halten. Während der Laufzeit des Gutachtens übernimmt die sachverständige Person die sachbezogenen Aufgaben der behördlich eingesetzten Verfahrenspflegschaft bzw. Beistandsperson. Die Verantwortung liegt aber immer noch bei der Behörde. Die Sachverständigen tragen eine delegierte Verantwortung. Entsprechende Auftragsformulierungen könnten wie folgt lauten:

- **Obhut, Betreuungsanteile**
  - Die sachverständige Person A wird beauftragt, im Hinblick auf die Regelung der Obhut sowie der Ausgestaltung der Betreuungsanteile bzw. den persönlichen Verkehr betreffend das Kind B ein interventionsorientiertes, eventuell entscheidungsorientiertes Gutachten zu erstellen.
  - Das Gutachten hat zum Ziel zu prüfen, welche Obhutsregelung und Ausgestaltung der Betreuungsanteile bzw. persönlichen Kontakte dem Kindeswohl am besten entspricht. Darüber hinaus sollen die Eltern beim Entwickeln eines kindeswohlverträglichen Kommunikationsstils und funktionaler Konfliktbewältigungsstrategien unterstützt und bei deren Erprobung begleitet werden.
  - Ziel der interventionsorientierten Arbeit ist es, bis zum (Datum) eine tragfähige und dauerhafte Obhuts-, Betreuungs- bzw. Kontaktregelung betreffend das Kind B zu erproben und zu vereinbaren.
  - Zu diesem Zweck wird die sachverständige Person A ermächtigt, den Eltern soweit erforderlich Empfehlungen zur Abänderung des bestehenden Betreuungsmusters zu geben und Änderungen im Alltag mit den Eltern zu erproben.
  - Sollten die Interventionsbemühungen scheitern oder eine einvernehmliche Regelung der Obhut sowie der Ausgestaltung der Betreuungsanteile bzw. der persönlichen Kontakte aus anderen Gründen nicht möglich sein, werden in einem entscheidungsorientierten Vorgehen folgende Fragen zu beantworten sein:
    - Welche Gründe haben zum Scheitern der Interventionen bzw. zum Misslingen einer einvernehmlichen Regelung geführt?
    - Welche Regelung empfehlen Sie betreffend Obhut und Betreuungsanteilen bzw. Kontaktrecht aus Sicht des Kindeswohls?
    - Empfehlen Sie Kindesschutzmaßnahmen?

- **Unbegleitete Kontaktregelung**
  - Die sachverständige Person wird beauftragt, in Zusammenarbeit mit den Eltern die Bedingungen dafür zu schaffen, dass sich unbegleitete Kontakte zwischen einem Elternteil und dem Kind wieder einleiten und regelmäßig durchführen lassen. Sind die Methoden und Interventionen der sachverständigen Person nicht zielführend, sollen in einem entscheidungsorientierten Gutachten folgende Fragen geklärt werden:
    - Wie beurteilen Sie die Erziehungsfähigkeit und Betreuungsfähigkeit der Eltern vor dem Hintergrund ihrer psychischen und physischen Gesundheit?
    - Wie beurteilen Sie die Gesundheit des Kindes?
    - Welche Gründe sind dafür verantwortlich, dass die Wiederherstellung der Kontakte gescheitert ist?
    - Welche weiteren psychologischen und rechtlichen Kindesschutzmaßnahmen werden empfohlen?

23.9 Bearbeitungszeit und Kosten

Entscheidungsorientierte Gutachten mit abgegrenzten Fragestellungen sollten innerhalb von drei Monaten erstellt werden, wenn die notwendigen Sitzungen in kurzen Abständen vereinbart werden. Terminvereinbarungen mit den Beteiligten zur Erfassung des Status quo im Abstand von Monaten laufen einer Entscheidung zuwider, zumal dysfunktionale Systeme die Tendenz haben, sich rasant zu verändern bzw. es dann plötzlich fraglich wird, auf welchem Status quo die Empfehlungen der sachverständigen Person beruhen, wenn zwischen Aufnahme der Begutachtung und Abgabe des Gutachtens ein halbes Jahr liegt.

Hingegen kann eine interventionsorientierte Begutachtung unter Umständen tatsächlich sechs bis neun Monate in Anspruch nehmen. Hier ist es jedoch nicht die sachverständige Person, die über die Zeit entscheidet, sondern die Sache selber oder eventuell die auftraggebende Instanz. Bei der Auftragserteilung ist es allerdings kaum möglich, einen Zeitraum anzugeben, bis wann das Gutachten vorliegen soll, weil sich der Zeitaufwand für die im Einzelfall notwendigen Interventionen, welche sich häufig erst im Rahmen des Prozesses abzeichnen, nicht abschätzen lässt. Die längeren Pausen zwischen den Sitzungen gegen Ende der Begutachtung sind denn auch nicht auf den Terminplan der sachverständigen Person zurückzuführen, sondern dienen der Erprobung von Lösungen. Wenn mittelfristig Entscheidungsverhandlungen anstehen, werden in der Regel keine interventionsorientierten Gutachten in Auftrag gegeben. Da Eltern und Kinder in einen Prozess eingebunden werden, geht auch keine Zeit verloren, im Gegenteil.

Die Kosten für ein Gutachten setzen sich zusammen aus der Arbeit mit den Beteiligten, dem Einholen von Fremdangaben, dem Verfassen des Gutachtens, administrativen Arbeiten wie Testauswertungen und Aktenstudium sowie Fahrzeit und -kosten für Hausbesuche. Je nach Anzahl der mitarbeitenden Sachverständigen erhöhen sich die Kosten entsprechend.

Während sich bei interventionsorientierten Gutachten die Zusammenarbeit von zwei Sachverständigen im Tandem allein schon zur Psychohygiene und zum Schutz vor Instrumentalisierung der Abklärenden empfiehlt, ist es vertretbar, entscheidungsorientierte Gutachten von einer Fachperson allein erstellen zu lassen. Damit werden aber nicht unbedingt Kosten gespart: Wenn eine sachverständige Person allein mit einer Familie umgeht, braucht sie mehrere Sitzungen mit den Beteiligten, bis sie sich ihrer Einschätzung sicher ist und überzeugt hinter ihren Empfehlungen stehen kann. Finden die Begegnungen mit den Beteiligten in Anwesenheit zweier Sachverständigen statt, steigt die Qualität schon aufgrund des Vier-Augen-Prinzips. Außerdem sind weniger Begegnungen nötig, wenn sich zwei Sachverständige im Austausch in ihren Einschätzungen stützen.

Eine dritte Möglichkeit besteht darin, dass man der hauptverantwortlichen sachverständigen Person die Befugnis erteilt, für einzelne Gespräche einen namentlich genannten Berufskollegen bzw. eine Berufskollegin beizuziehen oder Abklärungen an diese Fachperson zu delegieren.

23.10 Alternative Wege der Entscheidungsfindung

Neue Gesetze erfordern ein Umdenken der ganzen Gesellschaft. Die erforderliche Anpassungsleistung sowohl auf individuellen als auch auf der behördlichen Ebene geht mit einer Verunsicherung einher, welche sich nicht zuletzt ökonomisch auswirkt, wenn Verantwortung allzu sorglos delegiert wird. So ist in Deutschland seit der Reform des Kindschaftsrechts im Jahr 1998 nicht nur die Zahl der Prozesse um das Umgangsrecht deutlich angewachsen, auch ein blühender Gutachtermarkt hat sich entwickelt. In der Schweiz zeichnen sich derzeit ähnliche Tendenzen ab: Weil die gängigen Gutachtenstandards Untersuchungen und Erhebungen erfordern, welche zwar informativ, aber zur Beantwortung der Fragen nicht immer zwingend notwendig sind, werden die Gutachten nicht nur immer teurer, es lassen sich auch kaum noch Sachverständige finden, welche einen Auftrag in absehbarer Zeit erfüllen können. Dieser ungesunden Entwicklung gilt es entgegenzuwirken. Verschiedene Möglichkeiten stehen zur Diskussion:

- Kurzgutachten
- Sachverständige als Experten vor Gericht
- Entscheidungsentschlossenheit der Behörde
- Fallsupervision

23.10.1 Kurzgutachten

Je nach Fragestellung haben sowohl entscheidungsorientierte als auch interventionsorientierte Gutachten ihre Berechtigung. Auf der Suche nach Alternativen mit dem Potential, die Behörden bei der Entscheidungsfindung rasch, pragmatisch, aber dennoch fachlich verlässlich zu unterstützen, stellt das Kurzgutachten einen gangbaren Weg dar. Diese Form von Gutachten ist angezeigt, wenn der Entscheidungsbehörde die wesentlichen Umstände bekannt sind, aber die Beantwortung einer Einzelfrage die Einschätzung einer Fachperson erfordert.

Stellt sich beispielsweise die Frage, ob bei einem 11-jährigen Kind eine alternierende Obhut kindeswohlverträglich ist, braucht man dazu nicht zwingend die ganze Familienanamnese zu erheben und eine kinderpsychologische Untersuchung vorzunehmen. Da sich beide Eltern zutrauen, das Kind zu betreuen, erübrigt sich auch eine Interaktionsdiagnostik, und wenn die gemeinsame Betreuung mehr oder weniger den Verhältnissen vor der Trennung entspricht, entfällt auch die Frage nach der Erziehungsfähigkeit der Kindeseltern. Es ist nicht anzunehmen, dass Eltern plötzlich nicht mehr erziehungsfähig sind, nur weil sie sich getrennt haben. Wenn in diesem Fall eine Begutachtung überhaupt notwendig ist, würde es vermutlich ausreichen, das Kind zu befragen und die Betreuungsverhältnisse in Augenschein zu nehmen, um eine Empfehlung auszusprechen.

Voraussetzung für ein Kurzgutachten ist eine klar umrissene Fragestellung und ein entsprechender Auftrag der Behörde. Ist das Kind urteilsfähig in Bezug auf die Frage nach seinem Lebensmittelpunkt? Entspricht der subjektive Kindeswille dem objektiven Kindeswohl? Kann man einem psychisch kranken Vater einen unbegleiteten Kontakt zutrauen? Der Mehrwert eines Gutachtens bezieht sich dann ausschließlich auf eine Einschätzung vor dem Hintergrund ausgewiesenen Fachwissens. Daher ist das Expertenwissen bei einem Kurzgutachten höher zu gewichten als bei einer globalen Einschätzung. Eine spezifische Frage kann die mit einem Kurzgutachten beauftragte sachverständige Person nicht deswegen besser beantworten, weil sie mehr Zeit hat als die Behörde, sondern weil ihr ein fachliches Instrumentarium zur Verfügung steht, über das weder ein Richter, eine Richterin noch eine sozialarbeiterisch tätige Person verfügt. So wie ein Allgemeinmediziner den globalen Gesundheitszustand eines Patienten beurteilen kann, jedoch nicht in der Lage ist, eine seltene Augen- oder Hauterkrankung zu diagnostizieren und zu behandeln, ist auch ein Sozialarbeiter nicht in der Lage, spezifische Probleme zu identifizieren, geschweige denn deren Auswirkungen auf die Entwicklung des Kindes zu beurteilen.

Bei der Abschätzung der Kindeswohlverträglichkeit einer alternierenden Obhut reicht es aus, die Urteilsfähigkeit des Kindes in Bezug auf diese Frage zu ermitteln, festzustellen, ob der subjektive Wille dem objektiven Kindeswohl zuträglich ist, und abzuklären, ob die Betreuungsverhältnisse mit dem Kindeswohl vereinbar sind. Bei diesem pragmatischen Vorgehen besteht auch weniger die Gefahr, dass bei Trennungsfamilien ein strengerer Kriterienmaßstab angewendet wird als bei Kernfamilien.

Weil das Erstellen eines Kurzgutachtens in der Regel nicht mehr als 10 Arbeitsstunden in Anspruch nehmen sollte, stellt dieses Vorgehen hohe Ansprüche an das Fachwissen der sachverständigen Person. Während es eher unwahrscheinlich ist, dass ein Sozialarbeiter oder eine Sozialarbeiterin nach zeitintensiver und umfassender Abklärung zu einer Fehleinschätzung gelangt, droht die Gefahr, dass eine nicht hinreichend erfahrene und versierte sachverständige Person in einer Kurzabklärung zu falschen Schlüssen kommt. Daher sind bei Kurzgutachten höhere Ansprüche an die Fachlichkeit der sachverständigen Person zu stellen als bei umfassenden Abklärungen. Sachverständige sollten ein abgeschlossenes Studium der Psychologie (Diplom oder Master) oder der Medizin (Staatsexamen) aufweisen. Darüber hinaus ist eine besondere familienrechtspsychologische Sachkunde und Erfahrung zu fordern.

23.10.2 Sachverständige als Experten vor Gericht

Insbesondere bei abgegrenzten Fragestellungen wäre es möglich, Sachverständige als Experten an den Verhandlungen teilnehmen zu lassen. Man stelle sich vor, dass in einem Fall geklärt werden muss, ob die alternierende Obhut dem Kindeswohl der schulpflichtigen Kinder zuträglich wäre, obwohl sich die Eltern bei guter Ausgangslage nicht einig sind. Hierzu könnte es ausreichen, eine sachverständige Person mit der Aktenlage vertraut zu machen, sie mit der Untersuchung oder Anhörung der Kinder zu beauftragen und die Befunde knapp protokollieren zu lassen. Anlässlich der Verhandlung soll die sachverständige Person im Expertenstatus den Rechtsvertretenden und dem Gericht Frage und Antwort stehen.

23.10.3 Entscheidungsentschlossenheit der Behörde

Nicht selten leiten Auftraggebende ihre Gutachtenanfragen wie folgt ein: „In besagtem Fall handelt es sich um eine lange Geschichte, ... um eine verfahrene Situation, ... es wurde schon vieles versucht und abgeklärt ..." Liegen solche Aufträge auf dem Tisch, erstaunt vor dem Hintergrund der erdrückenden Aktenlage dieser „hochkonflikthaften und komplizierten Fälle" häufig, dass die Eltern von den Entscheidungsbehörden nicht schon längst mit einem Entscheid entlastet worden sind. Diese Aussage klingt autoritär und unethisch, aber das Gegenteil ist der Fall:

Beschwerdeführende Hochkonflikteltern produzieren eine Unmenge von Negativenergie, die sich in Form von lähmender Hilflosigkeit auf *die* Menschen ausbreitet, aus welcher sich die Entscheidungsbehörde zusammensetzt: in den Gerichten, aber insbesondere in den Kindes- und Erwachsenenschutzbehörden. Abgesehen von der Negativenergie-Produktion und der entsprechenden Machtausübung auf das Umfeld sind hochstrittige Eltern aber ähnlich hilflos wie die Entscheidungsbehörde und wären dringend auf eine Entscheidung angewiesen, damit sie wieder handlungsfähig werden. Nur eine Entscheidung erlöst sie aus dem Hamsterrad und ermöglicht ihnen, den Rechtsweg zu gehen bzw. sich zu überlegen, was sie möchten und warum sie es möchten, und bei der nächsthöheren Instanz eine entsprechende Eingabe einzureichen. Hinter diesen Eltern befinden sich die Kinder, für welche die Zeit läuft, und es wäre auch in deren Interesse, wenn die Behörde endlich entscheidet. Der lange Zeitverzug, bis ein Gutachten vorliegt, die Zeit, bis die Behörde letztlich entscheidet, liegt selten im Interesse des Kindeswohls. In dieser Zeit können sich die Kinder nicht mit einer Begebenheit abfinden, und sie können sich nicht einlassen. Die Unsicherheit, was aus ihnen wird, kann unerträglich werden.

23.10.4 Fallsupervision

Die Fallsupervision als effiziente und kostengünstige Möglichkeit der Entscheidungsfindung eignet sich besonders für die Kindes- und Erwachsenenschutzbehörden und Jugendämter. Insbesondere bei umfangreicher Aktenlage und bei Familien, die mehreren Behördenmitgliedern bekannt sind, werden vor der Fallbesprechung in der Supervision alle Teilnehmenden inklusive Supervisor bzw. Supervisorin auf den gleichen Informationsstand gebracht. Die interaktive Besprechung und Lösungsfindung unter der Leitung des Supervidierenden – im Idealfall einer familienrechtspsychologischen sachverständigen Person – ist in dreifacher Hinsicht lohnend und vorteilhaft: Erstens dient sie der Entscheidungsfindung, zweitens stellt sich anlässlich der Supervision heraus, ob ein Gutachten zwingend ist und welche Art von Gutachten sich aufdrängt, und drittens ist die Supervision gleichzeitig Bestandteil der Weiterbildung der Behördenmitglieder.

24 Erinnerungskontakte

Wenn Jugendliche oder massiv entfremdete Kinder den Kontakt zu einem Elternteil hartnäckig verweigern und sich dieser Widerstand mittels gängiger Maßnahmen und Interventionen nicht auflösen lässt, stellt sich die Frage nach der Schadensbegrenzung. Zum einen bieten sich Maßnahmen an, die das Potential haben, das Rad der Prozess- und Beschwerdeführung anzuhalten, zum anderen gilt es sicherzustellen, dass sich das Kind trotz Beziehungsabbruch zu einem Elternteil gesund entwickelt.

Sowohl bei der angeordneten Elternmediation als auch beim interventionsorientierten Gutachten bildet die Eltern-Ebene bislang noch den hauptsächlichen Einflussbereich. Wenn sämtliche Unterstützungsmöglichkeiten und Maßnahmen erschöpft sind, wird die „fürsorgliche Belagerung" auf dieser Ebene aufgegeben werden müssen. Dies kann der Fall sein, wenn die vehemente Kontaktverweigerung eines Jugendlichen veränderungsresistent ist, obwohl die Bezugsperson des urteilsfähigen jugendlichen Kindes den Kontakten gegenüber grundsätzlich nicht abgeneigt, jedoch außerstande ist, den Jugendlichen dafür zu motivieren. Ist das kontaktverweigernde Kind noch nicht urteilsfähig und sind die psychologischen und rechtlichen Möglichkeiten ausgeschöpft, dem Kind indirekt über die Arbeit mit dem verantwortlichen Elternteil zu regelmäßigen Kontakten zu verhelfen, wird man auch in diesem Fall die Bemühungen auf der Eltern-Ebene einstellen müssen.

Zum Schutz des langfristigen Kindeswohls bieten kurze Erinnerungskontakte[59] zwischen Eltern und älteren Kindern im Beisein einer aktiv moderierenden Drittperson eine minimale Alternative zum nicht kindeswohlverträglichen Kontaktabbruch (Staub & Kilde, 2013).

---

59 Während in der Erstauflage versucht wurde, im Sinne der Abgrenzung zum Umgangskontakt den Begriff „Erinnerungsbegegnungen"einzuführen, wird in der vorliegenden Zweitauflage wieder der Begriff „Erinnerungskontakte" verwenden, zumal sich im internationalen Diskurs die Bezeichnung „Erinnerungsbegegnungen" nicht durchgesetzt hat.

24.1 Definition von Erinnerungskontakten

Bei den Erinnerungskontakten nach Staub und Kilde (2013) handelt es sich entgegen der Behauptung von Salzgeber und Schreiner (2014) weder um eine Machtdemonstration der Behörde noch um eine Strafmaßnahme für renitente Kinder noch um ein Trostpflaster für zurückgewiesene, des Wohlwollens ihrer Kinder verlustig gegangene Elternteile. Erinnerungskontakte sind auch keine Alternative zu einem Regelbesuchsrecht oder einem begleiteten Umgang. Während sowohl begleitete als auch unbegleitete Kontakte im Rahmen des Kontaktrechts der Beziehungspflege und Beziehungssicherung zwischen einem Kind und seinem getrennt lebenden Elternteil dienen, handelt es sich bei Erinnerungskontakten um strukturierte, informelle Begegnungen zwischen einem Elternteil und einem urteilsfähigen Kind, die von jeglichem Anspruch auf Beziehung befreit sind. Dieser Minimalkontakt ist Ultima Ratio in Fällen, in denen ein Jugendlicher den Kontakt zu einem Elternteil – aus welchen Gründen auch immer – hartnäckig ablehnt und gängige Maßnahmen zur Umsetzung oder Wiederaufnahme von Eltern-Kind-Kontakten erfolglos blieben. Erinnerungskontakte werden als Kindesschutzmaßnahme verstanden und stehen im Dienst der Begrenzung eines Schadens, der aus einem vollständigen Kontaktabbruch erstehen könnte.

Diese Eltern-Kind-Begegnungen werden von einer beauftragten Fachperson aus dem psychosozialen Bereich begleitet. Vorgeschlagen werden mindestens drei Begegnungen pro Jahr bis zum vollendeten 15. Lebensjahr oder bis zum Abschluss der obligatorischen Schulzeit.

24.2 Abgrenzung von begleitetem Umgang

Einen begleiteten Umgang zieht man vor allem dann in Betracht, wenn die Beziehung zwischen Eltern und Kindern erhebliche Störungen aufweist. Die Besuchstage sollen Eltern und ihren Kindern trotz Schwierigkeiten den persönlichen Kontakt ermöglichen, um Beziehungen zu reparieren und zu pflegen. Mit einem begleiteten Umgang wird also eine Kontaktpflege verordnet, um zu verhindern, dass unter erschwerten Umständen Kontakte einfach abgebrochen werden. Zusätzlich erhält das Kind bei Bedarf den nötigen Schutzraum (für eine Übersicht vgl. Staub, 1997).

Weil emotionale Nähe und Zuneigung nicht verordnet werden können, wird sich unabhängig von jeder Maßnahme zur Umgangs- und Kontakterhaltung im späteren Kindesalter die längerfristige Beziehung zwischen Kindern und Eltern an dieser Conditio humana orientieren. Deshalb zielen Erinnerungskontakte nicht auf den emotionalen Aspekt der Eltern-Kind-Beziehung ab; es geht also nicht um die Pflege und Aufrechterhaltung der Kind-Eltern-Beziehung. Erinnerungskontakte müssen sich von drittbegleiteten Eltern-Kind-Kontakten im Rahmen eines begleiteten Umgangsrechts klar unterscheiden.

Beim begleiteten Umgangsrecht wird häufig auch mit dem Ziel der Realitätskontrolle argumentiert. Zumindest die Begründer dieses Instituts verfolgten mit dieser Maßnahme ganz klar das Ziel, die Kind-Eltern-Beziehung aufrechtzuerhalten und zu pflegen (vgl. Staub, 1997). Begleitete Kontakte stellen nach wie vor eine Alternative zum persönlichen Verkehr dar, mit dem erklärten Ziel, dem Kind und dem Elternteil einen Rahmen zur Verfügung zu stellen, den sie zur konkreten Beziehungspflege nutzen können. Im begleiteten Umgang befinden sich die Beteiligten in einem Entwicklungsprozess mit dem Ziel, Fortschritte in der Beziehungsgestaltung herbeizuführen, um in absehbarer Zeit zu unbegleiteten Eltern-Kind-Kontakten übergehen zu können. Weil das Aufrechterhalten der Beziehung eine minimale Kontakthäufigkeit voraussetzt, treffen der Elternteil und das Kind mindestens monatlich für mehrere Stunden zusammen und werden angehalten, miteinander zu interagieren.

24.3 Ablauf eines Erinnerungskontakts

Wenn das Gericht bzw. die Entscheidungsbehörde zu der Überzeugung gelangt ist, dass weitere Bemühungen, Eltern-Kind-Kontakte im Rahmen eines ordentlichen Kontaktrechts durchzusetzen, nichts nützen werden, sollen Eltern und Kind über die Notwendigkeit von minimalen Eltern-Kind-Zusammenführungen im Rahmen von Erinnerungskontakten aufgeklärt werden. Anschließend ist zu prüfen, ob sich das jugendliche Kind dazu bewegen lässt, dem abgelehnten Elternteil in regelmäßigen Abständen zu begegnen und über sich Auskunft zu geben. Bei Widerstand auch gegenüber diesen Minimalkontakten soll dem erziehungsverantwortlichen Elternteil explizit die Verantwortung dafür übertragen werden.

Die größte Herausforderung der Erinnerungskontakte ist deren Vorbereitung (vgl. Immoos & Sigrist, 2014). Nachdem die Eltern und der Jugendliche von der auftraggebenden Instanz über den Sinn und Zweck von Erinnerungskontakten aufgeklärt und dafür motiviert worden sind, werden die Eltern an eine für Erinnerungskontakte spezialisierte Fachperson überwiesen[60]. Diese führt nun getrennte Vorgespräche ausschließlich mit dem beteiligten Elternteil und dem Jugendlichen durch. Im Vorbereitungsgespräch mit dem beteiligten Elternteil wird dieser in Hinblick auf seine Hauptrolle gecoacht, während es im Vorgespräch mit dem jugendlichen Kind darum geht, Vertrauen zu schaffen und Informationen über sein Leben zu gewinnen, um sich anlässlich der eigentlichen Begegnung der beiden Parteien darauf beziehen zu können.

60 In der Schweiz sind Fachpersonen der Erziehungsberatungsstellen dafür ausgerüstet. In Österreich werden Ausbildungsgänge in der Durchführung von Erinnerungskontakten angeboten. Fachpersonen, welche in der Durchführung von Erinnerungskontakten ausgebildet sind, auf der Website Erinnerungskontakte.ch aufgeführt.

Nach Abschluss der Vorgespräche findet die eigentliche Begegnung zwischen Elternteil und jugendlichem Kind vorzugsweise in den Räumlichkeiten der Behörde (z.B. Sozialdienst, Jugendamt) oder in die Räumlichkeiten der spezialisierten Fachperson statt. In einer Dreieckanordnung mit dem Elternteil und der das Gespräch moderierenden Fachperson befragt die Fachperson zuerst den Elternteil und bittet ihn, sich sachlich über sich zu äußern. Dazu gehören Informationen über Wohnort, Lebensumstände (neue Partner, Kinder), Gesundheit, berufliche Beschäftigung oder berufliche Veränderungen und Angaben über die Gestaltung der Freizeit. Bei der entsprechenden Befragung des Elternteils imponiert die Fachperson stellvertretend für den Jugendlichen mit einem neugierigen Interesse an der Person des Elternteils, welche das jugendliche Kind nicht oder nicht mehr aufbringen kann. Der Elternteil hält sich an die im Vorgespräch vereinbarten Anweisungen. Insbesondere vermeidet er, sich über seine situationsspezifischen Gefühle zu äußern. Falls der Elternteil dennoch emotional einbricht, soll die moderierende Fachperson diese Gefühle wertungsfrei validieren und zur Befragung des Jugendlichen überwechseln. Nach der Befragung des Elternteils bittet sie den Jugendlichen, über die Bereiche Auskunft zu geben, über die der Elternteil ein Auskunftsrecht hat: Wohnort, Lebensumstände, Schulort und Schulleistungen, Berufsabsichten und Gesundheit. Je nach Gesprächsverlauf wird der Jugendliche gefragt, ob er über seine Freizeitbeschäftigungen und Interessen Auskunft geben möchte.

Das Gespräch verläuft grundsätzlich bilateral, das heißt über die moderierende Fachperson, welche eine ähnliche Funktion wie ein Dolmetscher ausübt.[61] Der Jugendliche darf nicht gezwungen werden, mit dem Elternteil persönlich zu sprechen; zumutbar ist ihm aber, dass man ihn zum Abschluss fragt, ob er nun noch eine Frage oder eine Information direkt an den Elternteil richten möchte.

Ob die Beistandsperson des Jugendlichen oder eine unabhängige Fachperson das Gespräch führen soll, muss im Einzelfall entschieden werden. Die Befragung durch den Mandatsträger hat den Vorteil, dass das jugendliche Kind diesen in der Regel bereits kennt, was bei Befragungen von introvertierten oder unsicheren Adoleszenten von Vorteil ist. Wenn die Beziehung zum Mandatsträger jedoch vorbelastet ist oder sich eine Rollenkonfusion abzeichnet, empfiehlt es sich, die Moderation der Erinnerungskontakte von einer nicht mit dem Fall vorbefassten Fachperson durchführen zu lassen. Für einen Jugendlichen kann es natürlicher und realer sein, sich einer fremden Person vorzustellen, und unnatürlich, einer Beistandsperson Fragen zu beantworten, auf die diese die Antworten bereits kennt.

61 Dem Jugendlichen wird im Vorgespräch die Analogie des TV-Moderators nahegelegt, welcher sich mit zwei Gästen unterhält, die sich nicht kennen und nicht miteinander sprechen müssen, wenn sie dies nicht wollen.

24.4 Erinnerungskontakte aus psychologischer Sicht

Bei nicht auflösbarem Umgangswiderstand sollte zunächst geprüft werden, ob das Kind in Bezug auf seine Ablehnung hinreichend urteilsfähig ist. Anders als die Meinungs- und Willensfähigkeit setzt Urteilsfähigkeit ein Abstraktionsvermögen voraus und bezieht sich auf eine spezifische Fragestellung (vgl. Kap. 7). Bezogen auf Umgangsverzicht auf einen Elternteil bedeutet dies erstens, dass das Kind sich bewusst ist, was es heißt, keinen Umgang mehr mit einem Elternteil zu haben. Es ist auch in der Lage zu verstehen, dass es mit der Volljährigkeit möglicherweise seinen Unterhaltsanspruch einklagen muss, wenn es danach weiterhin darauf angewiesen ist. Schließlich verfügt das Kind drittens über die Fähigkeit, die Konsequenzen zu bewerten, die sich aus dem Kontaktabbruch ergeben.

Weil das Stirnhirn im Alter von 12 bis 13 Jahren in der Regel hinreichend ausgereift und die kognitive Entwicklung fortgeschritten ist, geht man davon aus, dass das Kind in diesem Alter über die dazu notwendigen Fähigkeiten verfügt und nun dafür ausgerüstet ist, neue Entwicklungsaufgaben in Angriff zu nehmen. Im Sinne des Aufbaus einer Ich-Identität und der Persönlichkeitskonsolidierung gilt es jetzt unter anderem, sich von seiner Ursprungsfamilie zu lösen, sein Privatleben auf festere, stabilere Partnerschaften auszurichten, eine angemessene soziale Gruppe zu finden, eine Berufs- oder Schulausbildung abzuschließen und Verantwortung als Staatsbürger zu übernehmen.

24.4.1 Entwicklungshindernisse in der Spätadoleszenz

Die Anforderungen an den Spätadoleszenten kommen nicht nur von innen, sondern werden auch von außen an ihn herangetragen. Bedeutsam ist der wechselseitige Einfluss von sozialer Umwelt und innerpsychischen Problemen, geht es doch um die endgültige Einbindung des jungen Erwachsenen in gesellschaftliche und kulturspezifische Strukturen. Es bestehen nun auch Zwänge, sich zu definieren und verantwortliche Rollen zu übernehmen. Dabei bringt jede Entscheidung den Verzicht auf potentiell andere Wunscherfüllungen mit sich. Erwartet wird vom Spätadoleszenten die Fähigkeit zum Kompromiss und zum Triebaufschub und dass seine politischen, religiösen und ideologischen Konzepte verbindliche Konturen annehmen. Es geht letztlich um die Integration von Gegensätzen, um die Grenzziehung zwischen der inneren und äußeren Wirklichkeit, um Introspektionsfähigkeit und um die Übernahme gesellschaftlicher Verantwortung sowie um Triebkontrolle. Dazu gehört unter anderem die Fähigkeit, intime Beziehungen einzugehen, ohne dass diese sich als Abbild der infantilen Abhängigkeit von der primären Bezugsperson gestalten. Die Integration von gegensätzlichen inneren Strebungen setzt jedoch die Bereitschaft voraus, Idealisierungen zu hinterfragen und die Unvollkommenheit sowohl der eigenen Person als auch der Beziehungspersonen zu akzeptieren. Nach erfolgreicher Integration verfügt die Ich-Organisation des Spätadoleszenten über genügend Stärke, innere Kontinuität, genuine Interessen und Wünsche, um die teilweise unbewusst ablaufenden Auseinandersetzungen mit den kindlichen Strebungen zu einem vorläufigen Abschluss zu bringen und sich in seinen Gefühlen und Handlungen ausgewogener und autonomer zu erleben.

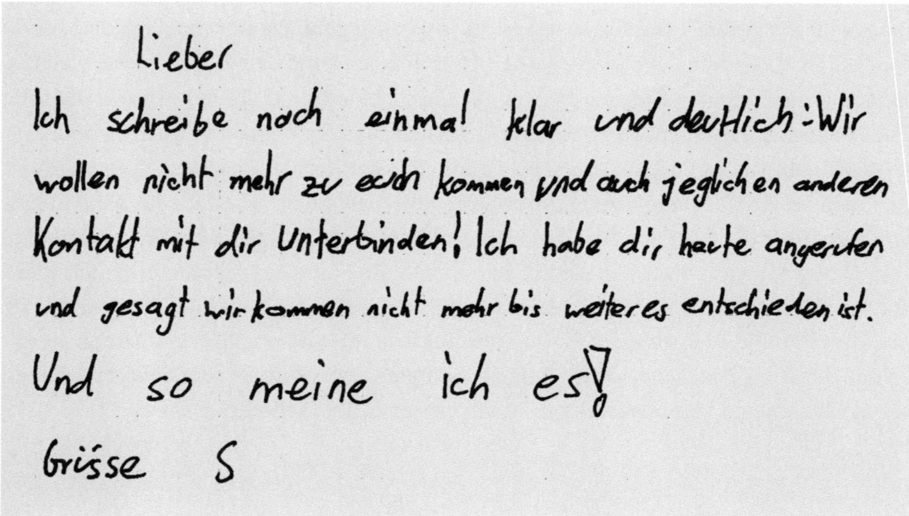

Lieber

Ich schreibe noch einmal klar und deutlich: Wir wollen nicht mehr zu euch kommen und auch jeglichen anderen Kontakt mit dir Unterbinden! Ich habe dir heute angerufen und gesagt wir kommen nicht mehr bis weiteres entschieden ist. Und so meine ich es!

Grüsse S

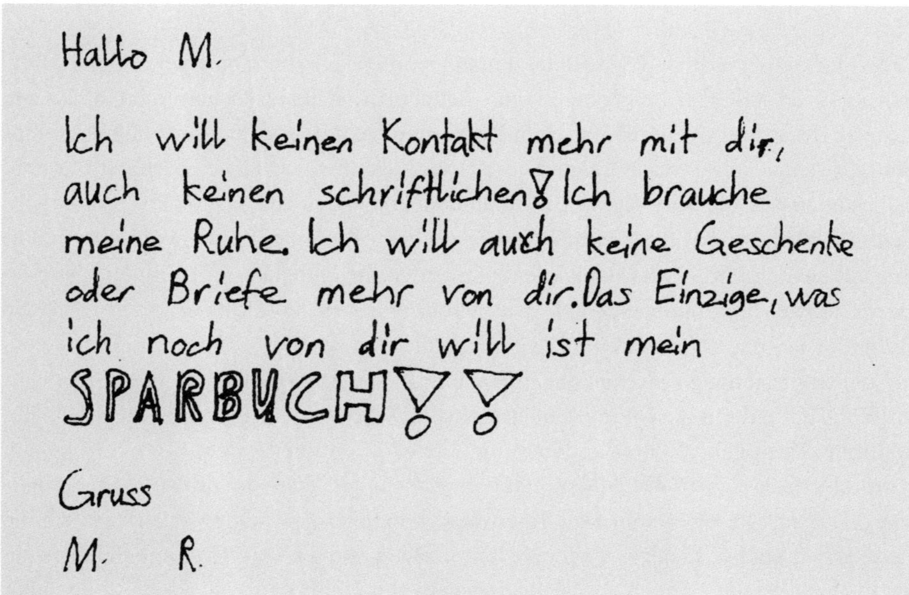

Hallo M.

Ich will keinen Kontakt mehr mit dir, auch keinen schriftlichen! Ich brauche meine Ruhe. Ich will auch keine Geschenke oder Briefe mehr von dir. Das Einzige, was ich noch von dir will ist mein SPARBUCH!!

Gruss

M. R.

Abbildung 5: Zwei Schreiben von 13-jährigen Jungen an ihre Väter

Abbildung 6: Zeichnung eines 10-jährigen Jungen an die Adresse seines Vaters

Die Integration von inneren und äußeren Strebungen und Anforderungen kann jedoch nicht in Angriff genommen werden, wenn beim Individuum rigide Abwehrmechanismen wirksam bleiben und nicht aufgelöst werden können.

Nehmen wir an, die drei 10- bis 13-jährigen Jungen (**Abb. 5** und **6**) haben ihren ungeliebten Elternteil erfolgreich „entsorgt" und dadurch im turbulenten Jugendalter ihre „Ruhe" gefunden. Mit Erreichen der Spätadoleszenz und den damit einhergehenden Entwicklungsanforderungen sind die gereiften Jugendlichen nun auch zu komplexeren Denkprozessen fähig und können Moraldilemmata erkennen. Im Rahmen der Identitätsentwicklung und der wachsenden Fähigkeit zur Integration von gegensätzlichen Strebungen interessieren sich die elternentfremdeten Jugendlichen nun unter Umständen für ihren abgelehnten Elternteil in seiner Ganzheit. Außerdem steht die Ablösung vom primären Elternteil bevor, und daher besteht nun theoretisch die Möglichkeit, dass diese Jugendlichen zu einem Perspektivenwechsel in Bezug auf ihre Eltern fähig werden und bisherige Überzeugungen insgeheim in Frage stellen. Dem aufkommenden Bedürfnis, zu prüfen, wie der abgelehnte Elternteil in Wirklichkeit ist, können diese Jugendlichen aber nicht stattgeben.

24.4.2 Abwehrmechanismen als Hindernisse

Während im Kleinkindalter vor allem Loyalitätskonflikte die größten Hindernisse darstellen, sind es ab dem Jugendalter zunehmend abgewehrte Scham- und Schuldgefühle, unter Umständen auch Angst vor Gesichtsverlust, welche den Jugendlichen daran hindern, dem Bedürfnis nachzugeben, mit dem – aus welchen Gründen auch immer – entfremdeten Elternteil Kontakt aufzunehmen. Der Jugendliche ist sich seiner aktiven und unter Umständen auch unschönen Beteiligung am Kontaktabbruch bewusst. Dieses Bewusstsein fördert Schuldgefühle zutage, die einer proaktiven Realitätskontrolle zunächst im Wege stehen.

Abwehrmechanismen sind meist unbewusste psychische Manöver, durch die der Mensch ein überschaubares Weltbild aufrechterhalten kann. Was ein überschaubares Weltbild stören könnte, wird ausgeblendet. Dazu gehören Fakten, die wir nicht wahrhaben wollen, ebenso wie Gefühle und Handlungsimpulse, vor denen wir uns fürchten. Abwehrmechanismen dienen – psychologisch betrachtet – generell dem Zweck, Unlust und Unsicherheit zu vermeiden, das Bild vom eigenen Selbst den sozial erwünschten Normen anzugleichen und so ein gutes Selbstwertgefühl aufrechtzuerhalten. Die Palette der Abwehrmechanismen ist breit gefächert. Dem Bewusstsein leichter zugänglich ist der Abwehrmechanismus „Verdrängung"; die Abwehrmechanismen „Abspaltung" und „Introjizierung" (projektive Identifikation) hingegen gehören zu den rigiden Abwehrmechanismen. Sie werden als „unreife Abwehrmechanismen" bezeichnet, da sie in ihrer funktionalen bzw. „gesunden" Form dem sich entwickelnden Kind vorbehalten sind, aber Ausdruck von schweren Persönlichkeitsstörungen sind, wenn das Individuum sie im Lauf der Entwicklung nicht ablegen kann.

24.4.3 Dynamik der Abwehr von Schuld

Weil Schuld- und Schamgefühle zerstörerische und lähmende Affekte sind und zu den unangenehmsten und am schwersten aushaltbaren Gefühlen des menschlichen Daseins gehören, besteht eine starke Tendenz, diese Gefühle abzuwehren. Um Schuld empfinden zu können, bedarf es eines gewissen Maßes an depressiver Haltung, weil das Eingeständnis von Schuld kurzfristig mit einem Einbruch des Selbstwertgefühls einhergeht. Die Anerkennung und das Aushalten und Reparieren von Schuld ist dem reifen, ichstarken, hinreichend selbstwertstabilen und reflexionsfähigen Menschen vorbehalten, aber wohl kaum einem belasteten Kind oder Jugendlichen. Daher versteht sich von selbst, dass Kinder und Jugendliche Schuldgefühle abwehren und sich entsprechend ihrem Entwicklungsalter der unreifen bzw. rigiden Abwehrmechanismen bedienen.

Das Unbewusste kennt viele Wege, Schuld abzuwehren. Sie wird zum Beispiel verdrängt bzw. beiseite geschoben oder überredet, indem man sie rational begründet und rechtfertigt oder abspaltet. Eine besonders rigide Form der Abspaltung ist die Introjektion. Hier wird die Schuld auf ein Objekt der Außenwelt, zum Beispiel einen Menschen, übertragen bzw. diesem introjiziert. Die eigenen Schuldgefühle werden dann nicht mehr empfunden. Nachdem die Schuldgefühle übertragen wurden, sind sie vom Erleben, Denken, Phantasieren oder Sprechen weitestgehend abgetrennt und werden im Gegenüber als unangenehmer Fremdkörper erlebt, den man fürchten oder bekämpfen oder vor dem man fliehen muss. So erklärt sich die irreale, nicht mit den realen Erfahrungen übereinstimmende Fluchttendenz, Angst oder Wut eines entfremdeten Kindes auf einen Elternteil. Es sind seine eigenen unbewussten Schuldgefühle, die es abwehren muss und dem Objekt „Elternteil" überträgt, der das Kind scheinbar in diese Lage bringt. Vordergründig bringt dies dem Kind Entlastung, aber ähnlich einem Virus, das fremdes Genmaterial einschleust, entfaltet diese Abspaltung im Ich seine Wirkung und produziert neurotische Handlungen. In der Mythologie finden sich Entsprechungen für das abgespaltene Introjekt: Leichen im Keller, ruhelose Geister, Untote oder der Pakt mit dem Teufel, der früher oder später seinen Tribut einfordert. Das Introjekt „Schuld" wirkt wie ein ausgelagerter Fremdkörper, der das Erleben und Verhalten des Individuums steuert wie ein Virus den PC. Dieser Fremdkörper lähmt aber in der fortschreitenden Entwicklung die Lebendigkeit und Kreativität, führt zu Gefühlen der Leere, zur „grundlosen" Depression und zu mangelndem Selbstwertgefühl. Im Wiederholungszwang lässt dieser frei flottierende Fremdkörper das Verborgene Wirklichkeit werden. Das Introjekt „Schuld" kann sich aber auch im Agieren äußern oder den Körper als Ausdrucksmittel verwenden. In diesen Fällen zeigen sich selbstdestruktives Agieren gegen den eigenen Körper, Promiskuität oder Klagen über körperliche Symptome.

Darüber hinaus ziehen Abspaltungsmechanismen und die damit verbundene Desorganisation der psychischen Struktur ein reduziertes Gefühlsspektrum und eine defizitäre Selbst- und Fremdwahrnehmung nach sich. Nicht zuletzt entwickelt der Mensch auf der Verhaltens-Ebene Abwehrstrategien, um eine Wiederholung von unangenehmen Geschehnissen zu verhindern. Diese starre Schutzschicht verhindert in Zukunft allerdings auch, dass positive Impulse zum Selbst gelangen.

24.4.4 Dynamik der Abwehr von Scham

Es widerstrebt dem Menschen, Schuld einzugestehen, weil das damit einhergehende Schamgefühl keine unmittelbare reale Entlastung bringt. Schuldig sein ist schlimm genug, und sich dann im Zuge des Eingeständnisses zu schämen, sich also unvollkommen, unmoralisch und bloßgestellt zu fühlen, verspricht keine unmittelbare Entlastung. Bei ungenügender Ich-Stärke, wie sie bei jungen Menschen zu erwarten ist, kann Scham schlecht ausgehalten werden und wird daher ebenfalls bevorzugt abgewehrt. Da Scham in den seltensten Fällen „direkt" beobachtbar ist, erscheint sie zumeist indirekt in ihrer Maskierung und Verhüllung. Wie Schuld lässt sich auch Scham durch eine große Bandbreite an komplexen Mechanismen umgehen, verleugnen, verdrängen oder als Reaktionsbildung[62] verwandeln.

Eine charakteristische Abwehr von Scham zeigt sich im Nicht-wahrhaben-Wollen. Dieser Abwehrmechanismus hat ernste Konsequenzen für die psychische Anpassung und das psychische Wohlbefinden des Individuums, weil sich der verdrängende Mensch der Möglichkeit beraubt, die schamerzeugende Situation zu reflektieren und Selbstreparatur zu leisten. Weitgehendere psychische Konsequenzen haben die Abwehrmechanismen der Verleugnung und der Abspaltung des Schamgefühls. Mit zwanghaftem Verhalten versucht das Individuum, Schamgefühle durch Perfektionismus zu verhindern oder zu überwinden. In seinem sklavischen Bestreben, einem Ideal zu entsprechen, fürchtet der Perfektionist nichts mehr, als Fehler zu machen und das von Scham erfüllte Gefühl von Scheitern zu empfinden. In dieser zwanghaften Abwehr der Scham muss die normale menschliche Unvollkommenheit um jeden Preis vermieden werden, denn Menschlichkeit ist für dieses Individuum gleichbedeutend mit Scheitern.

Ein weiterer dysfunktionaler Versuch, mit unerträglichen Schamgefühlen umzugehen, besteht darin, diese durch erträglichere Affekte zu substituieren: Schamgefühle werden abgewehrt, indem man diese in Form von ungerichteter Wut, Hass, Verzweiflung, Verachtung oder Neid ausagiert. Die Gemeinsamkeit dieser stellvertretenden Gefühle besteht darin, dass sie leichter zu ertragen sind als Scham. Die meisten narzisstischen Wutreaktionen sind akute Schamerfahrungen, in denen sich das Individuum gekränkt und übergangen fühlt. Wenn die Wut direkt auf das schamauslösende Objekt abzielt, hat dies die Funktion, die darunterliegende Scham zu verdecken. Da Scham auch ein Gefühl von Hilflosigkeit widerspiegelt, dient Wut dem Selbst dazu, die Ohnmacht in eine Form von Aktivität umzuwandeln.

24.5 Ziel der Erinnerungskontakte

Bei Kontaktverweigerung stellen Erinnerungskontakte eine minimale Voraussetzung zur Sicherung des Kindeswohls dar. Sinn und Zweck der Erinnerungskontakte lassen sich wie folgt umreißen:

24.5.1 Unterstützung der Identitätsentwicklung

Da der Mensch selbständig und ohne natürliche Wurzeln leben muss, ist er gezwungen, sich ein Bild von sich selbst zu machen, denn nur so kann sich der Mensch als Subjekt seines Handelns erleben und sich seiner selbst als ein eigenständiges Wesen bewusst sein.

---

62 Bei der Reaktionsbildung wird ein Impuls oder Gefühl dadurch abgewehrt, dass man eine entgegengesetzte Verhaltensweise entwickelt. Beispiele sind Sorgen um einen eigentlich ungeliebten Menschen oder Hassgefühl gegen einen geliebten Menschen.

Jeder Mensch hat das Bedürfnis zu wissen, woher er kommt, damit er sich eine Identität geben und sich unter den bestmöglichen Bedingungen entwickeln kann. Der Wunsch, seine Wurzeln zu kennen, entwickelt sich im Allgemeinen während der Pubertät und im frühen Erwachsenenalter. Die Auseinandersetzung mit der Frage nach der Herkunft, Abstammung, Vererbung von Dispositionen, Charaktereigenschaften, Stärken und Schwächen ist für die Entwicklung einer gesunden Identitätsbildung essentiell. Der junge Erwachsene will wissen, was an ihm von ihm selbst ist und daher beeinflussbar und wo er eine Mitgift zu tragen hat, der er mehr oder weniger machtlos ausgeliefert ist. Diese Prozesse verlangen eine minimale Kenntnis und Auseinandersetzung mit den leiblichen Eltern. Dafür muss der sich entwickelnde Mensch jedoch Zugang zu diesen Bezugspersonen haben, unabhängig davon, ob diese noch leben oder nicht.[63] Falls die Eltern noch leben, ist dieser Zugang am besten gewährleistet, wenn er den Kontakt zu diesen Personen nie vollständig abbricht. Macht das Individuum diese Identifikation unmöglich, läuft es Gefahr, sich in der Phantasie mit idealisierten oder dämonisierten Figuren zu identifizieren, was die Entwicklung eines positiven, widerspruchsfreien und stabilen Selbstbildes empfindlich beeinträchtigen kann.

24.5.2 Möglichkeit der Realitätskontrolle

Die Realitätskontrolle ist vergleichbar mit der Erfahrung von adoptierten Menschen, die nach verzweifeltem Suchen ihre Eltern im Erwachsenenalter zum ersten Mal treffen und dann im Wissen darum, wer ihre Eltern sind, ruhig weiterleben können, ohne dass sich eine Beziehung zu diesen leiblichen Eltern ergibt. Erinnerungskontakte ermöglichen dem Jugendlichen, seinen Elternteil „in natura" wahrzunehmen, diesen in seinem Gestus zu erleben und Informationen über ihn aus erster Hand zu erhalten. Diese Realitätskontrolle beugt der Verinnerlichung von irrealen Annahmen über den Elternteil vor und erlaubt dem zunehmend zur Differenzierung und Integration fähigen Jugendlichen, sein in der Kindheit und im frühen Jugendalter erworbenes Bild des Elternteils zu überprüfen. Entweder versteht der Jugendliche seine Ablehnung zunehmend besser und gelangt zu einem schuld- und schamfreien Verhältnis seinem Elternteil gegenüber, oder er entdämonisiert diesen Elternteil mehr und mehr und wird neugierig auf die eigene Herkunft. Es versteht sich von selbst, dass Erinnerungskontakte nicht nur dem jugendlichen Kind eine Realitätskontrolle erlauben, sondern auch dem abgelehnten Elternteil: Realisiert dieser im Rahmen der Erinnerungskontakte, dass ein Kontakt mit seinem Kind auf der Grundlage einer Beziehung nicht möglich ist und dass keine weltliche Instanz das Kind zur Beziehung mit ihm anhalten kann, besteht die Möglichkeit, dass der abgelehnte Elternteil sich damit abfinden kann und den Kampf um Vollstreckung der Kontakte aufgibt. Allein der

63 Sind die Eltern tot, findet die Auseinandersetzung unter anderem in Gesprächen über diese Personen statt.

mit dieser Einsicht einhergehende Respekt dem Jugendlichen gegenüber hat zumindest ein theoretisches Potential, dass sich auch die Haltung des Jugendlichen verändern kann.

24.5.3 Verhinderung von Spaltungsvorgängen

Indem der Jugendliche in der Begegnung mit dem abgelehnten Elternteil zur regelmäßigen Konfrontation mit seinen unangenehmen Gefühlen gezwungen wird, kann er die Erfahrung machen, dass er diese Gefühle aushält. Dadurch lässt sich verhindern, dass diese zutiefst unangenehmen Gefühle von Schuld und Scham aus dem Bewusstsein verbannt und abgespalten werden und in der Folge zu einem Bewältigungsmuster des Jugendlichen mutieren. Es besteht die Möglichkeit, dass der Jugendliche in der Auseinandersetzung mit diesen Gefühlen zu einem funktionalen Umgang mit diesen findet oder dass sich diese Gefühle im besten Fall sogar auflösen.

Auch abgelehnte Eltern tendieren dazu, Gefühle der Ablehnung dysfunktional zu verarbeiten, negative Gefühle dem Kind gegenüber abzuspalten oder Schuldgefühle in das Kind zu introjizieren, um sie dann dort aggressiv zu bekämpfen. Damit aber wird dem Jugendlichen eine eventuelle spätere Wiederaufnahme des Kontaktes erheblich erschwert. Abgelehnte Eltern können auch in der Trauer um den uneindeutigen Verlust des Kindes steckenbleiben und darüber krank werden, was dem Spätadoleszenten auf lange Sicht nicht verborgen bleiben kann und bei diesem die Abwehr der Schuld- und Schamgefühle zusätzlich zementiert. In regelmäßigen Begegnungen kann sich der Elternteil der Realität seines Kindes vergewissern. Bindungen werden aufrechterhalten und verhindern, dass der Elternteil später nichts mehr von seinem Kind wissen will, wenn dieses im späteren Alter doch noch den Kontakt zu seinem Elternteil suchen sollte.

24.5.4 Möglichkeit zur späteren Beziehungsaufnahme

Nach einem Kontaktabbruch kann häufig nur noch ein Wunder bewirken, dass sich Kinder und Eltern nach überwundener Krise wieder begegnen und danach den Kontakt zueinander freiwillig wieder aufnehmen. Weil die regelmäßigen Erinnerungskontakte eine Begegnungsplattform darstellen, bleibt zumindest die theoretische Chance zur Wiederaufnahme der Beziehung intakt. Es besteht die Möglichkeit, dass ein Elternteil nach einem fünften oder auch zehnten Kontakt den Jugendlichen bei der Verabschiedung fragt, ob er noch einen Kaffee trinken kommt, und der Jugendliche ohne Gesichtsverlust einwilligen kann.

24.5.5 Psychoedukation

Von einem älteren Kind, das den Anspruch erhebt, in Bezug auf das Verhältnis seinen Eltern gegenüber urteilsfähig zu sein, darf man erwarten, dass es den unverwechselbaren Charakter der Eltern-Kind-Beziehung im Unterschied zu anderen Beziehungen verstanden hat und die Tatsache akzeptieren kann, dass es zur menschlichen Entwicklung gehört, sich mit den eigenen Eltern auseinanderzusetzen, unabhängig davon, ob diese Auseinandersetzung in eine emotional tragfähige Kind-Eltern-Beziehung mündet oder nicht. Wenn ein nach dem Gesetz urteilsfähiger 12-jähriger Jugendlicher vehement zu überzeugen versucht, dass für ihn dieser Prozess abgeschlossen ist und er sich mit dem Elternteil für den Rest des Lebens hinreichend auseinandergesetzt hat, mögen gewisse Zweifel an der entwicklungspsychologisch angenommenen Urteilsfähigkeit angebracht sein. Diese Zweifel rechtfertigen die psychoedukative Maßnahme, das Kind zumindest zu Anstand und Respekt gegenüber seinen Eltern nach dem geltenden Gesetz[64] zu erziehen und ihm damit einen entwicklungsnotwendigen, gesellschafts- und sozialverträglichen Lernprozess zu ermöglichen, den die familiäre Erziehung offenbar nicht gewährleisten konnte.

24.6 Erinnerungskontakte auch bei jüngeren Kindern?

Gerichte, Entscheidungsbehörden und insbesondere Sachverständige sind oft auch mit hartnäckigen und nicht auflösbaren Kontaktverweigerungen jüngerer Kinder konfrontiert. Mit der gleichen Beharrlichkeit kämpfen die abgelehnten Elternteile um Kontakt zu ihren Sprösslingen. Die Hilflosigkeit und der Kontrollverlust dieser Eltern ergießt sich häufig in Beschuldigungen der Behörde, die in ihren Augen einfach wegschaut und ihre Aufgabe nicht ernst nimmt oder das Gesetz nicht umsetzt. Oft können diese Eltern kaum akzeptieren, dass Beziehungen nicht verordnet werden können, und zwar unabhängig davon, inwieweit die Ablehnung des Elternteils das Resultat einer mehr oder weniger malignen Beeinflussung ist. Nicht selten stößt man bei abgelehnten Elternteilen auf die Vorstellung vom Kind als Manipuliermasse, welche je nach Gutdünken in die eine oder andere Richtung programmiert werden kann.

Vor dem Hintergrund, dass aus entwicklungspsychologischer Sicht die Brechung eines kindlichen Widerstandes einer Begründung bedarf und der Tatsache, dass der Nutzen von erzwungenen Beziehungskontakten zwischen Eltern und Kinder für Letztere empirisch nicht gesichert ist (vgl. Kap. 15.5.2), stellt sich auch bei jüngeren Kindern die Frage, wie die Realitätskontrolle und Auseinandersetzung mit der eigenen Abstammung aufrechterhalten werden kann. Die hohe Plastizität der kindlichen Entwicklung im Zusam-

64 In diesem Zusammenhang sei auf den Artikel 272 ZGB verwiesen, welcher besagt: „Eltern und Kinder sind einander allen Beistand, alle Rücksicht und Achtung schuldig, die das Wohl der Gemeinschaft erfordert."

menhang mit der zunehmenden Gehirnentwicklung bis zum Jugendalter bringt es auch mit sich, dass sich die Wahrnehmung der Welt stetig verändert. Damit das Kind alte Erfahrungen mit dem Objekt der Angst und des Abscheus überwinden kann, braucht es die Möglichkeit, aus einer sicheren Distanz mit dem Objekt konfrontiert zu werden, um eine andere Sicht darauf entwickeln zu können.

Während die Erinnerungskontakte in der Sache zwar ergebnisoffen sind, aber bei Jugendlichen nicht die Vorstufe zu begleiteten oder unbegleiteten Eltern-Kind-Kontakten darstellen, kann diese Maßnahme bei jüngeren Kindern durchaus darauf abzielen, deren Berührungsängste und Ressentiments in Bezug auf den Elternteil abzubauen und Interesse für den Elternteil zu entwickeln, so dass mittel- bis längerfristig zunächst begleitete und danach idealerweise unbegleitete Kontakte wieder stattfinden können. Solche Entwicklungen sind erfolgversprechender, wenn der Widerstand des jüngeren Kindes weniger die Folge einer induzierten Entfremdung, sondern vielmehr die Folge von schwierigen Erfahrungen mit dem getrennt lebenden Elternteil ist und diese Traumata durch neue Erfahrungen repariert werden können.

Fallbeispiel

Die Eltern der beiden sieben- und achtjährigen Mädchen haben sich vor drei Jahren getrennt. Aufgrund eines hochgradigen Elternkonflikts und einer Depressionsentwicklung mit einhergehenden Suchterkrankung des Vaters gestaltete sich die Umsetzung eines geregelten Kontaktrechts von Anfang an als schwierig. Die Kinder verweigerten die Kontakte zunehmend, und es kam zu einem Kontaktabbruch. Inzwischen geht es dem Vater wieder besser, und er möchte den Kontakt zu den beiden Mädchen wieder aufnehmen. Die Mutter ist inzwischen wieder verheiratet, und der neue Partner der Mutter übernimmt eine Vaterrolle. Da sich sowohl die Kinder als auch die Mutter der Wiederaufnahme der Kontakte zum leiblichen Vater der Kinder hartnäckig entziehen, laufen sämtliche Versuche ins Leere. Nach einer sorgfältigen Information über den Sinn und Zweck von Erinnerungskontakten unterstützt die Mutter dieses Vorgehen und ist bereit, die Kinder darauf vorzubereiten.

Im Gegensatz zum strukturierten Ablauf eines Erinnerungskontakts mit Jugendlichen ist die moderierende Fachperson im Kontakt mit jüngeren Kindern angehalten, das Setting kreativer zu gestalten. Es gilt, aufmerksam und flexibel auf die kleinsten Regungen eines Beziehungsinteresses beim Kind zu reagieren und dieses Interesse auch subtil zu fördern, ohne dass sich das Kind genötigt fühlt oder unter Druck gerät. Beispielsweise kann man den Elternteil bitten, Fotos oder Gegenstände mitzubringen. Stellvertretend für das Kind interessiert sich die moderierende Fachperson für den Elternteil, unterhält sich mit ihm über Fotos oder Gegenstände und vermittelt dadurch dem Kind indirekt, dass dieser Mensch hier etwas zu bieten hat. Dieser „Eiertanz“ erfordert pädagogisches und therapeutisches Geschick.

Das längerfristige Ziel der circa vier bis fünf Erinnerungskontakte pro Jahr bei jüngeren Kindern ist die Wiederherstellung der Eltern-Kontakte. Aber dieses Ziel wird nicht anlässlich der Erinnerungskontakte angestrebt: Anders als bei Jugendlichen werden bei jüngeren Kindern auch die betreuenden Elternteile in Nachgesprächen in die Pflicht genommen.

24.7 Zur Kritik an Erinnerungskontakten

Kritik an Erinnerungskontakte tragen vor allem Salzgeber und Schreiner (2014) vor. In erster Linie fällt auf, dass die beiden Autoren die Natur der Erinnerungskontakte nicht verstanden haben, wenn sie davon ausgehen, dass eine Drittperson ein Gespräch zwischen einem Jugendlichen und einem Elternteil moderiert und damit zu einer Entspannung der Eltern-Kind-Beziehung beiträgt. „Dies stellt erhebliche psychologische Anforderungen an die Drittperson. Hat sich an der Grunddynamik nichts geändert, wird sich auch durch ein solches Treffen keine Entspannung in der Eltern-Kind-Beziehung ergeben. Vielmehr besteht das Risiko einer weiteren Zuspitzung, wenn das Treffen nicht gut verläuft.“ (Salzgeber & Schreiner, 2014, S. 89.) Abgesehen davon, dass Interaktionen zwischen dem Kind und dem Elternteil nicht vorgesehen sind, geht es bei Erinnerungskontakte eben nicht um Beziehung. Daher wird die Eltern-Kind-Beziehung weder zusätzlich belastet noch merklich entspannt.

Ferner stören sich Salzgeber und Schreiner daran, dass dieser Zwang in der Dynamik einer Hochkonfliktsituation in den meisten Fällen zu einem erheblichen Stresserleben des Kindes bzw. des Jugendlichen führe, welches mit hoher Wahrscheinlichkeit jedes Mal schon Tage oder Wochen vor dem Treffen einsetzen werde (Salzgeber & Schreiner, 2014, S. 89). Wie diese Argumentation deutlich macht, gehen die Autoren davon aus, dass Stress in jedem Fall schädlich ist und dass man das Kind von getrennten Eltern in jedem Fall vor einem Stresserleben schützen muss und auch schützen kann, was illusorisch ist.

Unter „Stress“ ist primär ein psychophysisches Aktivierungsmuster zu verstehen, das als Orientierungsreaktion auf einen Reiz, einen Umstand oder eine Situation folgt, welche das Individuum nicht mehr reflexartig oder routinemäßig beantworten kann. Ein entsprechendes Aktivierungsmuster zeigt sich auch, wenn dem Individuum keine Bewältigungsstrategien zur Verfügung stehen, auf die es zurückgreifen kann. Diese Alarmreaktion ist biologisch zweckmäßig und funktional, weil sie den Organismus auf Angriff oder Flucht vorbereitet. Negativ interpretiert man Stress erst dann, wenn er gehäuft aktiviert wird und kein körperlicher Ausgleich erfolgt, das heißt, wenn sich dem Stressor weder mit Flucht noch mit Kampf begegnen lässt. Da nun aber nicht die objektive Charakteristik eines Reizes oder einer Situation für die Stressreaktion bedeutsam ist, sondern deren subjektive Bewertung durch das Individuum, handelt es sich im Umgang mit Stress um eine komplexe Wechselwirkung zwischen dem Anforderungscharakter einer Situation und der handelnden Person. Inwieweit es dem Individuum gelingt, in Bezug auf den Stressfaktor mit einer immer schwächeren oder auch stärkeren Aktivierung zu reagieren, hängt nun von verschiedensten Faktoren ab. Die Wahrscheinlichkeit des subjektiven Gewinns durch Aushalten bzw. Überwinden von Stress ist höher, wenn (a) der Stress nicht chronisch ist, (b) es sich um einen normativen bzw. alltäglichen Stress handelt, den das Individuum mit anderen teilt, und (c) die Entwicklung von spezifischen Bewältigungsstrategien die Selbstwirksamkeit des Individuums erhöht. Beispielsweise profitieren wir davon, wenn wir uns einmal im Jahr auf den Zahnarztstuhl setzen, die Angst vor möglichen Schmerzen aushalten, auch die tatsächlichen Schmerzen aushalten und dafür längerfristig gesunde Zähne haben.

Diese Ausführungen machen deutlich, dass eine direkte Begegnung mit einem abgelehnten Elternteil, notabene ohne Interaktions- und Beziehungsanspruch, nicht mit Stress gleichgesetzt werden kann. Das Ausmaß und die Art der Belastung werden durch die Wechselwirkung bestimmt. Abgesehen davon, dass diese Begegnungen die Dauer eines Zahnarztbesuches nicht übersteigen und nicht wesentlich häufiger im Jahr stattfinden müssen, handelt es sich nicht um schädlichen chronischen Stress. Da Erinnerungskontakte nur angeordnet werden, wenn diese psychologisch als zumutbar betrachtet werden, handelt es sich beim Elternteil auch nicht um einen abnormen oder existentiell bedrohlichen Reiz, den es mit größter Vorsicht zu behandeln gilt (hochpotentes Gift, ein wildes gefährliches Tier). Daher ist eine Angststarre als dysfunktionales Coping also eher unwahrscheinlich. Schließlich bleibt noch die Frage zu klären, ob auch im Fall von Erinnerungskontakte das Aushalten von Stress die Selbstwirksamkeit erhöhen kann. Diese Frage kann zweifelsohne bejaht werden: Im schlimmsten Fall ist der Stress des Jugendlichen Ausdruck von Schuld- und Schamgefühlen, Angst und Unsicherheit dem Elternteil gegenüber – womit die Intervention erst recht gerechtfertigt und angezeigt ist.

Fallbeispiel

Eine 14-jährige Jugendliche hat im Rahmen des Gutachtens konsequent und unmissverständlich geäußert, dass sie keinen Kontakt mehr zum Vater haben möchte. Mit dem Vater zusammen sei es langweilig. Sie fühle sich nicht wohl mit ihm und nicht verstanden von ihm. Er behandle sie wie ein kleines Kind und sei falsch. Er lüge, wenn er nur den Mund aufmache.

In der näheren Untersuchung präsentiert sich eine massiv pubertätsbelastete Jugendliche in einem starken Loyalitätskonflikt zwischen den Eltern. Auf der Suche nach Reduktion der Komplexität erkennt sie im Aufkündigen der Beziehung zum Vater das kleinste Opfer und sucht sich nun verzweifelt davon zu überzeugen, dass dies der richtige Weg ist. Nachdem therapeutische Interventionen und Elternarbeit keine Wirkung gezeigt hatten, blieb nichts anderes übrig, als den Wunsch der Jugendlichen zu akzeptieren, obwohl die Urteilsfähigkeit in Bezug darauf, was die Beziehung zum Vater bedeutet, nicht hinreichend gegeben war. Entsprechend war sie Erinnerungskontakte gegenüber nicht offen und monierte, dass es sie zu sehr stressen würde, ihren Vater zu sehen.

Die psychische Konfrontation mit dem Vater droht die Überzeugung der Jugendlichen zu erschüttern, dass ihre Entscheidung richtig gewesen ist. Das löst bei ihr verständlicherweise Stress aus. Der Stress ergibt sich auch aus den Schuld- und Schamgefühlen, welche abgewehrt werden müssen. Es stellt sich die Frage nach der Alternative. Der Stress, der sich aus dem totalen Abbruch ergibt, wird sich nicht in einem physiologischen Aktivitätsniveau ausdrücken, sondern sich in psychische Verdrängungsenergie verwandeln und in anderen Lebensbereichen Schaden anrichten: Beziehungsverhalten, Konfliktverhalten, Frustrationstoleranz.

Einer weiteren Kritik von Salzgeber und Schreiner (2014), dass nämlich ein 5-jähriges Kind intellektuell den Sinn solcher Kontakte nicht verstehen könne (S. 89), kann insofern begegnet werden, als Erinnerungskontakte grundsätzlich nicht für Kleinkinder konzipiert sind und in diesem Alter nur verordnet werden, wenn der Nutzen für das Kind den Schaden übersteigt.

Das Fazit der Autoren lautet, dass Erinnerungskontakte besonders dann, wenn eine Beziehungs- und Konfliktklärung zwischen einem Elternteil und einem Kind bzw. Jugendlichen trotz vielfältiger Bemühungen gescheitert ist, eine sehr fragwürdige, im schlimmsten Fall sogar erheblich belastende Intervention darstellen, die ausschließlich den Interessen des umgangsberechtigten Elternteils diene (S. 90). Mit dieser Aussage wird die Tatsache verkannt, dass Erinnerungskontakte im Vergleich zu einem regelhaften Kontaktrecht oder einem begleiteten Umgang für den abgelehnten Elternteil äußerst unattraktiv sind und kaum eine Alternative darstellen. Entsprechend scheitert die Maßnahme nicht selten an der Noncompliance des umgangsberechtigten Elternteils, der sich dazu nicht bereitfindet.

25 Zur Zwangsvollstreckung von Kontaktrechten

Im familienrechtlichen Kontext bezeichnet „Zwangsvollstreckung" den Vorgang, bei dem ein Elternteil seinen Anspruch auf Kontakt mit dem Kind mit den Mitteln des Staates durchsetzt. Während im HKÜ-Verfahren die Rückführung von Kindern in das Land, in dem sich der andere Elternteil aufhält, durchaus auch zwangsweise vollstreckt wird, verfolgt man diese Praxis in Fällen von Kontaktverweigerungen von Kindern in keinem deutschsprachigen Land.

25.1 Rechtliche Situation

Schweiz. In der Schweiz sind Kontaktrechte einer Zwangsvollstreckung grundsätzlich zugänglich. Dabei handelt es sich jedoch um eine indirekte Zwangsvollstreckung durch Strafandrohung gemäß Artikel 292 Absatz 1 StGB, wie sie in Artikel 343 Absatz 1 lit. a ZPO bei einer Verpflichtung zu einem Tun ausdrücklich vorgesehen ist. Die Strafandrohung als Vollstreckungsmaßnahme steht dann zur Diskussion, wenn der andere Elternteil sich der Ausübung des Kontaktrechts in grundsätzlicher Weise widersetzt. Auf eine direkte Realvollstreckung wird zumindest bei urteilsfähigen Kindern nach heutiger Auffassung verzichtet.[65]

Deutschland. In der deutschen Rechtspraxis wird es aus Gründen des Kindeswohls nicht als statthaft erachtet, einen Umgangsbeschluss auf dem Weg der Zwangsvollstreckung mittels Gerichtsvollzieher durchzusetzen. Häufig wird die Zwangsvollstreckung von Umgangsanordnungen daher verweigert.[66] Das Mittel der Wahl bei Zwangsvollstreckungsmaßnahmen sind Geldbuße oder Haft. Das mildeste Mittel stellt die Verhängung einer Buße dar, die auch dann als sinnvoll erachtet wird, wenn die Eintreibung des Bußgeldes

65 Vgl. BGer 5A_764/2013 vom 14. Januar 2014 E. 2.1. mit Hinweis auf BGE 107 II 301 und 127 IV 119.

66 Vgl. BVerfG, Beschluss vom 1. April 2008, 1 BvR 1620/08.

nicht möglich ist, um dem umgangsvereitelnden Elternteil deutlich zu machen, dass das Gericht im Interesse des Kindeswohls eine Boykottierung nicht hinnimmt. Zwangsgeld ist dabei keine Strafe für ausgefallenen Umgang, sondern ein Beugemittel, um darauf hinzuwirken, dass kommende Umgangstermine eingehalten werden.

Das Ordnungsgeld ist – im Unterschied zum Zwangsgeld – eine „Bestrafung" für ausgefallenen Umgang und soll es erleichtern, Umgangsvereinbarungen und Urteile zu vollstrecken. Das Ordnungsgeld zielt darauf ab, den verantwortlichen Elternteil zu bestrafen, falls der Umgang nicht stattgefunden hat. Im Gegensatz zum Zwangsgeld ist damit eine Verurteilung auch dann möglich, wenn der Umgang beispielsweise nur hin und wieder ausfällt oder schon ausgefallen, jedoch ein erneuter Ausfall nicht zu erwarten ist. Die zukünftige Verhängung eines Ordnungsgeldes werde zeigen, wie effektiv dies sei und ob und wie es sich anwenden lasse (Büte, 2003).

Österreich. Die Durchsetzung von Obsorge- und Besuchsrechtsregelungen ist in Österreich im Außerstreitgesetz) §110 geregelt (Pesendorfer, 2011):

- Im Verfahren zur zwangsweisen Durchsetzung einer gerichtlichen oder gerichtlich genehmigten Regelung der Obsorge oder des Rechts auf persönlichen Verkehr ist eine Vollstreckung nach der Exekutionsordnung ausgeschlossen. Die Zwangsmittel sind keine Strafe für vergangene Verletzungen der Kontaktregelung, sondern sollen nur der künftigen Durchsetzung der Kontakte dienen.
- Das Gericht hat auf Antrag oder von Amts wegen angemessene Zwangsmittel nach §79 Absatz 2 anzuordnen. Entscheidungen, die die Obsorge betreffen, kann das Gericht auch durch Anwendung angemessenen unmittelbaren Zwanges vollziehen.
- Das Gericht kann von der Fortsetzung der Durchsetzung auch von Amts wegen nur absehen, wenn und solange sie das Wohl des Minderjährigen gefährdet.
- Wenn es das Wohl des betroffenen Minderjährigen verlangt, kann das Gericht bei der Durchsetzung der gerichtlichen oder gerichtlich genehmigten Regelung der Obsorge den Jugendwohlfahrtsträger oder die Jugendgerichtshilfe um Unterstützung, insbesondere um die vorübergehende Betreuung des Minderjährigen, ersuchen. Unmittelbaren Zwang zur Durchsetzung der gerichtlichen Regelung dürfen jedoch ausschließlich Gerichtsorgane ausüben; diese können die Organe des öffentlichen Sicherheitsdiensts beiziehen.

25.2 Zwangsvollstreckung von Umgangskontakten aus psychologischer Sicht

Psychologisch ist unumstritten, dass es in der Regel im Interesse des Kindeswohls liegt, die Beziehung aufrechtzuerhalten und hinreichenden Umgang zwischen Kindern und deren getrennt lebenden Eltern zu gewähren. Entsprechend stellt auch die Gesetzgebung das Recht des Kindes auf Kontakt zu beiden Eltern unter besonderen Schutz, und der

Staat hält Hilfen und Maßnahmen zur Sicherstellung bereit. Die Anwendung dieser Maßnahmen wird selten in Frage gestellt, wenn das Kind das Bedürfnis nach Nähe zum anderen Elternteil signalisiert. Die Frage der Vollstreckung stellt sich erst, wenn die Kontaktrechte nicht umgesetzt werden können, weil Kinder sich gegen den Umgang mit ihrem getrennt lebenden Elternteil sträuben.

Ob sich die Realvollstreckung von Umgangskontakten psychologisch rechtfertigen lässt, hängt davon ab, ob ein echtes Bedürfnis des Kindes nach Kontakt mit dem Elternteil erkennbar ist. Dies ist der Fall, wenn das Kind den Kontakt zum Elternteil nach außen hin zwar ablehnt, aber dennoch ein nachweisliches Bedürfnis nach Nähe zu diesem Elternteil signalisiert, sei es, indem es sich einer Drittperson anvertraut, sei es, dass es den kontaktberechtigten Elternteil heimlich anruft oder ihm Briefe schreibt. Das loyalitätsbelastete Kind versucht den Spagat, die Gunst des betreuenden Elternteils hochzuhalten und gleichzeitig den anderen Elternteil nicht ganz zu verlieren, was längerfristig ohne Erlösung durch eine übergeordnete Instanz nicht gelingt. Nur eine übergeordnete Autorität kann dem Kind die Sicherheit vermitteln, dass es den anderen Elternteil nicht verrät, wenn es die Weisung dieser Autorität, zum Beispiel der Polizei, erfüllt. Dieses „Nachgeben" ist nicht mit einem Gesichtsverlust verbunden, denn schon kleine Kinder wissen, dass man der Polizei nicht widersprechen darf. Selbstverständlich ist damit nicht gemeint, dass das Kind nun alle zwei Wochenenden von einem Streifenwagen abgeholt und zu seinem Elternteil gebracht wird. Vielmehr ist anzunehmen, dass der Auftritt der (nicht uniformierten) Polizeibeamten eine Verhaltensänderung beim verantwortlichen Elternteil bewirkt.

Es stellt sich nun die Frage, ob der Einbezug der Polizei auch gerechtfertigt ist, wenn beispielsweise ein in allen anderen Bereichen unauffälliges und altersgerecht entwickeltes 10-jähriges Mädchen den Umgang mit seinem Vater konsequent ablehnt, weil seine Überzeugung von dessen Bosheit, Bösartigkeit oder Nutzlosigkeit zu einer verinnerlichten Realität geworden ist, und sämtliche Versuche zur Wiederherstellung der Kontakte gescheitert sind.

Grundsätzlich kann von den Vorteilen einer „erzwungenen" Beziehung zum anderen Elternteil kein Kind profitieren, wenn es sich explizit gegen den Umgang sträubt. Vielmehr müssen die negativen Folgen in Betracht gezogen werden, wenn ein Umgangsrecht auf diese Weise durchgesetzt werden könnte – wobei der Erfolg einer solchen Durchsetzung sehr theoretisch bleibt. Es wird nämlich praktisch kaum möglich sein, ein massiv widerständiges Kind zum persönlichen Verkehr mit dem anderen Elternteil zu zwingen, ohne psychische oder physische Gewalt anzuwenden. Unter Umständen würde es vielleicht gelingen, das Kind unter Androhung von Gewalt, Sanktionen oder durch Erpressung dazu zu veranlassen, und ein gelegentlicher Umgang käme tatsächlich zustande. Da der beabsichtigte Beziehungsaufbau zwischen dem Kind und dem Elternteil unter diesen Umständen massiv erschwert, wenn nicht unmöglich wäre, könnte ein solches Vorgehen auch die Sozialisation dieses präpubertären Kindes im Rechtsstaat, das heißt seine Entwicklung zum reifen und verantwortungsbewussten Staatsbürger, empfindlich stören. In einem möglichen Szenario würde das in die Knie gezwungene Kind diese Erfahrung als Ausdruck der Staatsgewalt verinnerlichen. Die Behörden als Exekutive des Rechtsstaates würden als negativ, strafend und unterdrückend wahrgenommen. Als Resultat würde das heranwachsende Kind eine entsprechend feindselige Haltung und ein chronisches Misstrauen gegenüber allen Autoritäten entwickeln. Bei einem solchen Szenario droht die Entwicklung eines querulatorischen Verhaltens oder einer dissozialen Persönlichkeitsstörung, wovon nicht nur das betroffene Individuum selber, sondern auch seine soziale Umwelt in Mitleidenschaft gezogen wird: Im schlimmsten Fall vernachlässigt das nunmehr jugendliche Kind seine wichtigen Entwicklungsaufgaben, wenn es von der fixen Überzeugung beherrscht wird, sich am Staat rächen zu müssen.

Das Schweizerische Bundesgericht hat entschieden, dass es zu respektieren sei, wenn Kinder ab 12 Jahren aufgrund ihrer Erfahrung den persönlichen Verkehr mit dem Vater ablehnen.[67] Dieses Urteil ist richtig, insofern zum persönlichen Verkehr die Beziehungspflege hinzugehört. Abgesehen davon, dass Gefühle nicht verordnet werden können, käme es einer Verletzung des Persönlichkeitsrechts und der psychischen Integrität des Jugendlichen gleich, ihn regelmäßig und für längere Zeit mit Personen interagieren zu lassen, die bei ihm Stress und unangenehme Gefühle erzeugen. Wenn nun auch eine induziert entfremdete 10-Jährige in Bezug auf den abgelehnten Elternteil Stress und unangenehme Gefühle beklagt, ist es aus psychologischer Sicht geboten, diese Gefühle ernst zu nehmen, auch wenn sie vermutlich nicht auf einer Erlebnisgrundlage beruhen. In der Wahrnehmung und Erinnerung sind diese Gefühle real und bestimmen sowohl die gegenwärtige als auch die zukünftige Bewertung von Wahrnehmungsinhalten.

Die Frage, wie weit der Staat in die Persönlichkeitsrechte des Elternteils eingreifen darf, um den Anspruch des Kindes auf Umgang mit beiden Eltern durchzusetzen, stellt sich auch, wenn nicht das Kind, sondern der Elternteil den Kontakt mit dem Kind verweigert. Im Jahr 2008 hat das höchste Gericht in Deutschland entschieden, dass Vaterliebe nicht gerichtlich erzwungen werden kann. Ein Vater, der nach der Geburt des Kindes im Februar 1999 die Vaterschaft zwar anerkannte, Unterhalt zahlte, den Kontakt zum Kind aber ablehnte, wurde von der Kindesmutter eingeklagt. Das Oberlandesgericht als zweite Instanz verpflichtete den Mann unter Androhung einer hohen Geldstrafe zum Umgang mit seinem Sohn und argumentierte, dass das subjektive Recht des Kindes auf Umgang auch dann bestehe, wenn der (nicht eheliche) Vater den Kontakt nachhaltig ablehnt. Schließlich entschied das Bundesverfassungsgericht, dass Eltern in der Regel nicht zum Kontakt mit ihren Kindern gezwungen werden dürfen. Ein erzwungener Umgang, so die psychologisch richtige Begründung der Richter, diene normalerweise nicht dem Wohl des Kindes.[68] Zwinge man einen Elternteil zum Umgang mit dem Kind, könne dies dazu führen, dass der betroffene Elternteil mit Widerwillen und mit einer ablehnenden Haltung zum Kind reagiere. Dies berge die große Gefahr, dass das Selbstwertgefühl des Kindes

---

67 BGE 124 III 90 S. 93 E. 3b.

68 Aktenzeichen 1 BvR 1620/04.

Schaden nehme. Außerdem stelle die Androhung von Zwangsgeld einen Eingriff in die Persönlichkeitsrechte des Vaters dar. Dies sei nur unter bestimmten Umständen zulässig – wenn nämlich zu erwarten sei, dass der erzwungene Umgang dem Wohl des Kindes diene.

Mit diesem Nachsatz haben die obersten Richter in Deutschland nun auch auf die Möglichkeit hingewiesen, dass erzwungener Kontakt dem Kindeswohl dienen könnte, ohne dies zu konkretisieren.

Es ist tatsächlich nicht mit dem Persönlichkeitsrecht eines urteilsfähigen Jugendlichen zu vereinbaren, Kontakte mit dem Ziel eines Beziehungsaufbaus zwangsmäßig zu vollstrecken, da Beziehung eine emotionale Komponente enthält, die nicht erzwungen werden kann, worauf schon mehrmals hingewiesen worden ist.[69] Wie sieht es aber mit der Vollstreckung von beziehungsbefreiten Erinnerungskontakte aus?

25.3 Zur Zwangsvollstreckung von Erinnerungskontakten

Während im Idealfall sowohl die jugendlichen Kinder als auch deren Bezugspersonen sich vom Nutzen der Erinnerungskontakte als minimal invasive und kindeswohlverträgliche Maßnahme überzeugen lassen und in diese Maßnahme einwilligen, stellt sich die Frage, wie mit anhaltendem Widerstand umzugehen ist. Bei der Beurteilung der Frage, ob Erinnerungskontakte gegen den erklärten Willen eines urteilsfähigen Kindes zwangsvollstreckt werden sollen, sind sowohl psychologische als auch rechtliche und ethische Aspekte zu berücksichtigen.

Angesichts der hinreichenden Gründe für die Verordnung von Erinnerungskontakten bildet dieses Institut weniger eine Alternative als vielmehr einen entwicklungsnotwendigen Schadensersatz bei Kontaktabbruch zwischen Eltern und Kindern. Angesichts des potentiellen Nutzens dieser Kontakte ist der unter Umständen notwendige behördliche Druck gerechtfertigt. Zwangsmaßnahmen sind bei Gefährdung des Kindeswohls grundsätzlich statthaft und priorisieren die Persönlichkeitsrechte. Wenn getrennte Eltern aufgrund anhaltender Auseinandersetzungen mit ihrem Paarkonflikt das Kindeswohl beeinträchtigen, werden sie in die Pflicht genommen. Entsprechend kann theoretisch auch ein Jugendlicher davon abgehalten werden, seine Entwicklung vorsätzlich zu gefährden.

---

69 Wenn dies möglich wäre, müsste der Gesetzgeber einem trennungswilligen Elternpaar konsequenterweise verbieten, einander die Beziehung zu kündigen, da dies nicht im Interesse des Kindeswohls ist.

25.3.1 Bedeutung der Urteilsfähigkeit

Da bei Kontaktverweigerung im Allgemeinen und der Verweigerung von Erinnerungskontakten im Besonderen der Urteilsfähigkeit des Kindes ein hoher Stellenwert beigemessen wird, stellt sich die Frage, ob das renitente Kind in Bezug auf die Maßnahme urteilsfähig ist. Während eine richterliche Anhörung nicht dafür geeignet ist, diesen Sachverhalt zu ermitteln, drängt sich zumindest die Vollstreckung der Vorgespräche im Rahmen der Erinnerungskontakte auf. Im Rahmen des Vorgesprächs ist sicherzustellen oder psychoedukativ darauf einzuwirken, dass

- das minderjährige Kind rational verstehen kann, warum es Kenntnis seines Elternteils haben sollte
- die Begründung des Kindes, warum es seine Einstellung zum Elternteil nicht mittels minimaler Begegnungen mit der Realität abgleichen will, nachvollziehbar ist
- das Kind alternative Möglichkeiten zur Realitätskontrolle in Bezug auf den Elternteil gegeneinander abwägen und die Folgen der verschiedenen Möglichkeiten (inkl. des vollständigen Kontaktabbruchs) beurteilen kann
- das Kind fähig ist, die Konsequenzen aus seiner Ablehnung zu tragen
- die Willensbekundung des Kindes in Bezug auf die Fragestellung bzw. Einwilligung zu Erinnerungskontakten nicht von Emotionen beeinflusst wird, die auf den Bereich des Kontakts zum Elternteil wirksam sind, wie z.B. Angst, Scham, Schuld, Abwehr von Unlustgefühlen.

Ist das Kind altersbedingt noch gar nicht dazu in der Lage, diese Kriterien zu erfüllen, oder kann dem Kind die Urteilsfähigkeit trotz Psychoedukation nicht attestiert werden, kann sich die Vollstreckung von Erinnerungskontakten aufdrängen. Da diese Maßnahme ausschließlich in Fällen angeordnet wird, in denen vorangegangene Abklärungen aufgezeigt haben, dass dieses Vorgehen für die weitere Entwicklung des Kindes förderlich und zumutbar ist, kann die Diskussion über eine allfällige Retraumatisierung vernachlässigt werden.

25.3.2 Bedeutung des Persönlichkeitsrechts des Elternteils

In der Schweiz ist es im Fall von Kindesadoption einem Adoptivkind rechtlich häufig untersagt, vor Erreichung der Volljährigkeit Angaben über seine biologischen Eltern zu bekommen[70], weil die Adoptiveltern ein berechtigtes Interesse an der Erhaltung des Familienfriedens haben und bei der Erziehung des Kindes nicht gestört werden sollen. Daraus geht hervor, dass die Interessen von Adoptiveltern die nachvollziehbaren Interessen eines

70 In Deutschland hat das Adoptivkind ab dem 16. Lebensjahr ein eigenständiges Akteneinsichtsrecht, in Österreich ab dem 14. Geburtstag.

minderjährigen, aber urteilsfähigen Adoptivkindes überwiegen. Aus genau den gleichen Gründen ließe sich auch die Anordnung und Vollstreckung von Erinnerungskontakten rechtfertigen. Bei Eltern, die sich ausschließlich im Rahmen von Erinnerungskontakten ein reales Bild ihres Kindes machen können, handelt es sich in den meisten Fällen um Eltern, die unter dem fehlenden Kontakt zu ihren Kinder massiv leiden und infolgedessen nicht selten auch psychische Störungen entwickeln. Häufig sind diese Eltern auf psychologische Unterstützung angewiesen, zumal sie ohne diese Hilfe viel Energie in die erfolglose Wiederherstellung der Kontakte investieren. Abgesehen davon, dass diese verzweifelten Versuche sich in einem kontraproduktiven Aktionismus niederschlagen, fehlen diesen Eltern in der Fixierung auf die Kontaktwiederherstellung die energetischen Ressourcen zur Bewältigung anderer Lebensaufgaben. Bei der Gegenüberstellung der Persönlichkeitsrechte eines belasteten Elternteils und der Persönlichkeitsrechte eines renitenten Jugendlichen könnte man wie bei Adoptionseltern die allfällige „Störung" des abgelehnten Elternteils als richtungsgebend beurteilen. Nicht zuletzt handelt es sich in der Regel um Elternteile, die finanziell für ihre Kinder aufkommen. Würde das vermeintlich urteilsfähige Kind diese Unterstützung verweigern und stattdessen Antrag auf Sozialhilfe stellen, würde seinem selbstbestimmten Willen wohl kaum entsprochen.

25.3.3 Beurteilung der Zumutbarkeit

Wie bereits dargestellt ist die Vollstreckung zwangsweiser Durchsetzung von regelmäßigen Eltern-Kind-Kontakten zur Herstellung oder Pflege einer Eltern-Kind-Beziehung zum einen deshalb nicht zulässig, weil Beziehung nicht erzwungen werden kann, und anderseits, weil einem Jugendlichen nicht zugemutet werden kann, alle zwei Wochen mit der Polizei zum anderen Elternteil gebracht zu werden. Im Fall von Erinnerungskontakten stellen sich diese Fragen nicht, weil es sich eben gerade nicht um einen Umgang handelt, der die Pflege einer freien und lebendigen Eltern-Kind-Beziehung beinhaltet. Wenn die behördliche Zuführung des Jugendlichens zu einer Konfrontation mit dem leiblichen Elternteil nur zu einer einmaligen Begegnung führt, ist das Ziel der Erinnerungskontakte teilweise erfüllt, insbesondere in Fällen, wo sich Kind und Elternteil über längere Zeit nicht gesehen haben.

Kritiker der Vollstreckung von Erinnerungskontakten monieren, dass gerade Jugendliche, die sich mit der Rolle als vehementer Gegner eines Elternteils identifizieren, von einer behördlichen Zuführung kaum abschrecken lassen. Die Abholung durch die Staatsgewalt führe dann eher zu einer Erhöhung des Heldenstatus als zu einem Gewinn an Realitätssinn. Das ist im Einzelfall sehr wohl möglich. Aber da in der Regel schwere Loyalitätskonflikte das Kind zur dysfunktionalen Bewältigungsstrategie des Kontaktabbruchs bewegt haben, muss bei Widerstand gegenüber Erinnerungskontakten davon ausgegangen werden, dass Loyalitätskonflikte in veränderter Form immer noch wirksam sind: Entweder befürchtet das Kind bewusst oder unbewusst, die Loyalität zum geliebten Elternteil zu verletzen, wenn es plötzlich zur Begegnung mit dem anderen Elternteil einwilligt, oder aber das Kind befürchtet, mit der Einwilligung das Gesicht zu verlieren. Gerade weil diese institutionalisierten Erinnerungskontakte keine Freiwilligkeit voraussetzen, muss das Kind bei einem eventuell aufkommenden Kontaktbedürfnis oder der Neugier auf den abgelehnten Elternteil keinen Gesichtsverlust in Kauf nehmen und auch keine Schamgefühle überwinden, um mit dem Elternteil in Kontakt zu treten. Daher kann es für das Kind entlastend sein, wenn es von einer über den Eltern stehenden Autorität zu einem zumutbaren Tun veranlasst wird. Welcher innerpsychische Prozess der geäußerten Haltung des Kindes gegenübersteht, freiwillig niemals eingewilligt zu haben, bleibt dem sozialen Umfeld verborgen.

Ein weiterer Kritikpunkt bezieht sich darauf, dass Fehlverhalten lediglich bestraft, Wohlverhalten jedoch nicht eingefordert werden könne. Analog sollten Erinnerungskontakte nicht vollstreckt werden, sondern die Verweigerung unter Auferlegung von Bussen oder Zwangsgeld geahndet werden. Zum einen kommt die kaum wirksame Geldstrafe dem Ziel der Realitätskontrolle mit dem Elternteil nicht näher. Allenfalls fühlen sich Jugendliche in ihrem Heldenstatus erhöht, wenn sie ihr Taschengeld für eine „gerechte Sache“ opfern. Zum andern wird in der Erziehung renitentem Verhalten sehr wohl mit einer Aufforderung zur Verhaltensänderung begegnet. Pädagogisch umsichtige Eltern würden ihrem Kind kaum erlauben, das Aufräumen des Zimmers regelmäßig mit dem Taschengeld abzugelten. In der Erziehung zielt die Androhung oder Einsetzung von wirkungsvollen Konsequenzen darauf ab, die Verhaltensänderung zu forcieren.

Wie im Einzelfall die Verhaltens- oder Einstellungsveränderung des renitenten Jugendlichen in Bezug auf Erinnerungskontakte bewirkt werden soll, kann nicht vorgeschrieben werden. Die größte Herausforderung der Erinnerungskontakte ist deren Vorbereitung. Das aus psychologischer Sicht vollstreckbare Vorbereitungsgespräch mit dem Jugendlichen zielt darauf ab, die Perspektive vom aktuellen Kindeswohl auf ein längerfristiges Wohlbefinden und die weitere Entwicklung hin zu erweitern (Immoos & Sigrist, 2014).

25.3.4 Rechtliche Überlegungen

In Österreich und Deutschland sieht die Rechtslage eine reale Vollstreckung von Umgangskontakten nicht vor, und die Diskussion über die Möglichkeit der Realvollstreckung von Erinnerungskontakten muss noch geführt werden. In der Schweiz kommt den kantonalen Sachinstanzen im Bereich der Besuchsrechtsgestaltung und insbesondere der Erinnerungskontakte ein großes Ermessen zu, und das Bundesgericht greift nur mit Zurückhaltung ein. Entsprechend wird die Anordnung von Erinnerungskontakten auch in der Bundesgerichtlichen Rechtsprechung gestützt[71]. Die Realvollstreckung ist möglich.

71 Vgl. 5A_1006/2021 Urteil vom 15. Dezember 2021

In einem Fall aus dem Jahr 2019 wurden Erinnerungskontakte von der ersten richterlichen Instanz unter Androhung der Ungehorsamsstrafe nach Art. 292 StGB bei Zuwiderhandlung angeordnet. Aufgrund der Weigerungshaltung der Mutter bezweifelte die zweite Instanz die Durchführbarkeit von Erinnerungskontakten und argumentierte, dass mit der Strafandrohung allein keine Kontakte zustande kommen würden. Mit Verweis auf Art. 273 ZGB und 307 ZGB[72] ermächtigte das Obergericht die Polizei, das Kind an seinem Aufenthaltsort abzuholen und zu den vereinbarten Erinnerungskontakten zu bringen sowie die erforderlichen Zwangsmaßnahmen anzuwenden. Da einer Beschwerde an das Bundesgericht gemäß Art. 103 Abs. 1 BGG keine aufschiebende Wirkung zukam, wurde dieser Entscheid mit der Eröffnung vollstreckt[73]. Die Mutter kooperierte unter diesem Druck und brachte das Kind zu den vorgegebenen Terminen.

Anhaltspunkte für eine Teilvollstreckung von Erinnerungskontakten ergeben sich aus rechtspsychologischer Sicht auch im Hinblick auf die Zumutbarkeit des Volljährigenunterhalts.

In der Schweiz kann gemäß Art. 277 Abs. 2 ZGB ein Elternteil von der Unterhaltspflicht eines in Ausbildung befindenden mündigen Kindes befreit werden, wenn dieses die persönlichen Beziehungen bewusst abbricht oder sich dem Kontakt entzieht. Vorausgesetzt ist allerdings, dass das mündige Kind schuldhaft seinen Pflichten der Familie gegenüber nicht nachkommt, dass es mithin ohne Grund aus eigenem Willen die persönlichen Beziehungen zu den Eltern abbricht oder sich grundlos dem persönlichen Verkehr mit ihnen entzieht. Das Kind muss die Verantwortung dafür tragen, dass das Eltern-Kind-Verhältnis erheblich gestört oder gar zerstört ist, und diese Verantwortung muss ihm subjektiv zum Vorwurf gereichen. In Entscheiden betr. Umgangsverweigerung von Jugendlichen machte das Bundesgericht in der Vergangenheit wiederholt darauf aufmerksam, dass auch urteilsfähige Kinder nicht in Eigenregie bestimmen könnten, ob und zu welchen Bedingungen sie Umgang mit dem besuchsberechtigten Elternteil haben möchten, zumal auch umfassend urteilsfähigen Kindern die Konsequenzen eines Kontaktabbruchs in Bezug auf den Volljährigenunterhalt nicht bewusst seien[74].

In der Theorie kann der Unterhaltsanspruch nach § 1611 Abs. 1 BGB auch **in Deutschland** verwirkt sein, wenn das volljährige Kind sich vorsätzlich einer schweren Verfehlung gegen den Unterhaltspflichtigen schuldig gemacht hat oder gegenüber dem Unterhaltspflichtigen keine oder falsche Angaben über sein eigenes Einkommen macht[75].

In Österreich kann auf der Grundlage von §§ 231 bis 234 im Allgemeinen Bürgerlichen Gesetzbuch der zum Unterhalt verpflichtete Elternteil einen Antrag auf Herabset-

72 Art. 273 ZGB, Art. 307 ZGB, Kontakte werden notfalls erzwungen. Wenn ein Elternteil die Kontakte des Kindes zum andern konsequent hintertreibt, kann notfalls Zwang angewendet werden.

73 https://www.gerichte-zh.ch/fileadmin/user_upload/entscheide/oeffentlich/PQ190029.pdf

74 Vgl. BGE 5A_719/2013; BGE 5A_200/2015;

75 KG FamRZ 2016,379

zung des Unterhalts beim Bezirksgericht stellen, wenn bei fehlendem persönlichem Kontakt der Verdacht besteht, dass kein vollumfänglicher Unterhaltsanspruch mehr besteht.

In allen drei Ländern steht den Gerichten ein großes Ermessen zu bei der Beurteilung der Frage, ob sich ein Kind schuldhaft und in schwerwiegender Weise seinen familienrechtlichen Pflichten entzogen hat und dadurch die Unterhaltszahlung über seine Mündigkeit hinaus dem geschädigten Elternteil noch zumutbar ist.

Diese Frage stellt sich häufig in Fällen, in denen das Kind den Kontakt zum getrennt lebenden Elternteil schon lange vor der Mündigkeit abgebrochen hat und die schwere Zerrüttung der Eltern-Kind-Beziehung das Resultat einer induzierten Entfremdung ist. Obwohl das Kind subjektiv für den Kontaktabbruch verantwortlich ist, kann ihm eine alleinige Schuld allein deshalb nicht attestiert werden, weil es selbst Opfer ist. Grundsätzlich ist aus systemischer Sicht kaum eine Konstellation denkbar, wo ein Beziehungsabbruch zwischen einem Kind und einem Elternteil einzig und allein dem Kind zur Last gelegt werden könnte. Hingegen ist die Verantwortlichkeit anders zu beurteilen, wenn das volljährige Kind die Beziehungs- und Kontaktsperre zum Elternteil ohne hinreichende Begründung aufrechterhält und gleichzeitig Unterhalt einfordert.

Das Schweizer Bundesgericht nimmt an, dass je älter ein Kind ist, desto weniger es im Allgemeinen auf Mündigenunterhalt angewiesen sei; umso eher sollte es aber in der Lage sein, zu früheren Vorkommnissen Abstand zu gewinnen. Entsprechend wird vom mündigen Kind erwartet, zu den Gründen, welche in der Vergangenheit zum Kontaktabbruch geführt hätten, Abstand zu gewinnen und im Gegenzug zur Unterhaltszahlung einen minimalen Kontakt zum Elternteil zu pflegen[76].

Aufgrund von psychodynamischen Prozessen, welche bei der Aufrechterhaltung der Eltern-Kind-Entfremdung wirksam sind (vgl. Kap. 9.6.2), ist es nun aber kaum wahrscheinlich, dass sich entfremdete Jugendliche ohne Unterstützung von außen für die Wiederaufnahme der Beziehung mit dem abgelehnten Elternteil „kaufen“ lassen. Daher stellt sich die Frage, mit welchen Mitteln bewirkt werden kann, dass sich elternentfremdete junge Erwachsenen mittels Realitätssinn und Urteilskraft von ihren Erfahrungen und dem entsprechenden Verhalten in der Kindheit distanzieren und die Voraussetzung für die Fortzahlung der Unterhaltsbeiträge ohne Gesichtsverlust erfüllen können.

Ohne die Beteiligung von Wundern oder glücklichen Schicksalsfügungen kann nach einer induzierten Elternentfremdung die Realitätskontrolle ohne Gesichtsverlust nur mit verordneten Konfrontationen im Rahmen von Erinnerungskontakten vor dem Erreichen der Volljährigkeit gewährleistet werden.

Die Voraussetzungen für einen möglichen Gesinnungswandel und die entsprechende Bereitschaft des jungen Erwachsenen, im Interesse der Fortzahlung von Unterhaltsbeiträgen mit dem Elternteil einen minimalen Austausch zu pflegen, der den Elternteil nicht nur zur Zahlstelle degradiert, müssen jedoch im Jugendalter angelegt werden. Vor dem Hintergrund der Gefahr, dass einem Elternteil die Unterhaltszahlung aufgrund des Ver-

76 Vgl. BGer 5A_503/2012 vom 04.12.2012 Abs3.4.1

haltens eines volljährigen Kindes nicht mehr zugemutet werden kann, kommt es einem selbstschädigenden Kindeswillen gleich, wenn dieses sich den Erinnerungskontakten verweigert. Daher sind Erinnerungskontakte nicht zuletzt im Sinne einer Prävention für spätere Unterhaltsklagen zu verstehen.

25.3.5 Ethische Überlegungen

Zur Beurteilung, ob die Zwangsvollstreckung von Erinnerungskontakten gegen den erklärten Willen eines urteilsfähigen Kindes ethisch vertretbar ist, lassen sich ausgewählte ethische Ansätze bemühen.

Advokatorische Ethik. Ausgangspunkt der advokatorischen Ethik sind die Rechte und vor allem Pflichten, die mündige Menschen gegenüber Mitmenschen haben, die entweder noch nicht oder nicht mehr mündig sind, das heißt, noch nicht oder nicht mehr in der Lage sind, die Gestaltung ihres eigenen Lebens autonom wahrzunehmen. Die advokatorische Ethik ist der Philosophie von Kant verpflichtet, füllt aber die Lücke, dass eben nicht alle Menschen zur Vernunft fähig sind und trotzdem ein Recht auf ein gutes Leben haben. Daher folgt die advokatorische Ethik der Einsicht, dass die entscheidenden ethischen Fragen sich nicht zwischen mündigen Menschen, sondern zwischen Mündigen und Unmündigen stellen.

Ausgangspunkt einer advokatorischen Ethik ist also die Asymmetrie von Beziehungen, die sowohl in alltäglichen pädagogischen Situationen (Eltern-Kind-Beziehung) wie auch in psychosozialen Interventionen ihre Ausprägung finden. Gemäß Brumlik (2004, 2013), dem Begründer der advokatorischen Ethik, ist diese Ethik eine Theorie des moralischen Handelns, welche erklärt, ob, unter welchen Umständen und aufgrund welcher rechtlichen Grundlagen Personen das Recht haben, gegen den erklärten Willen anderer Menschen in deren Namen zu handeln. Die advokatorische Ethik ist eine Art Maßstab zur Beurteilung des Handelns gegenüber Hilflosen, und ebenso dient sie zur Begründung dieses Handelns.

Fragen der advokatorischen Ethik entzünden sich an Interventionen und Maßnahmen, die in die Autonomie von Individuen eingreifen, in der Regel zumeist mit dem Ziel, Selbstverfügungsressourcen zu stärken. Die daraus entstehenden Probleme sind häufig Kern moralischer Dilemmasituationen. Bei allen Interventionen und behördlich angeordneten Maßnahmen verlangt die advokatorische Ethik die kritische Prüfung, ob der ausgeübte Zwang ethischen Grundwerten entspricht und ethisch legitimiert ist.

Vor dem Hintergrund der advokatorischen Ethik stellt sich nun die Frage, ob der Jugendliche gezwungen werden soll oder kann, sich mit seinem abgelehnten Elternteil im Rahmen von Erinnerungskontakten minimal auseinanderzusetzen. In erster Linie prüft die advokatorische Ethik, ob der Jugendliche eine Alternative zu seinen Verhaltensweisen hat, das heißt, ob er die Freiheit hat, eine funktionalere Wahl zu treffen, oder ob verzerrte Wahrnehmung und entsprechend dysfunktionales Verhalten den Jugendlichen eben gerade daran hindert, andere Wege zu gehen, so dass ihm andere Lebenswege verschlossen bleiben. In zweiter Linie gilt es, den Verantwortungskonflikt von Mündigen gegenüber Unmündigen oder nicht urteilsfähigen Individuen zu beurteilen.

Bei entsprechenden Verantwortungskonflikten werden Rangordnungen von ethischen Prinzipien aufgestellt. Lowenberg und Dolghoff (1996) empfehlen folgende Prioritätenreihenfolge des Vorgehens bei der Entscheidung ethischer Fragen:

1) Schutz des Lebens
2) Verhinderung dauerhafter Schädigung
3) Recht auf Selbstbestimmung
4) Geringster Eingriff mit größtmöglicher Revidierbarkeit
5) Unterstützung der Schwächeren
6) Verbesserung der Lebensbewältigung und der Lebensbedingungen
7) Vertraulichkeit und Verschwiegenheit
8) Wahrhaftigkeit und Vollständigkeit der Informationsvermittlung

Capability-Ansatz. Der Fokus auf dem advokatorischen Verantwortungskonflikt im 6. Rang „Verbesserung der Lebensbewältigung und der Lebensbedingungen" verweist auf den *Capability Approach* oder Befähigungsansatz.

Der Capability-Ansatz ist ein international zunehmend diskutierter gerechtigkeitstheoretischer Ansatz, der die Frage nach einem guten Leben und einer praktisch gelingenden Lebensführung in den Mittelpunkt stellt (vgl. Ziegler, 2011). Diese Denkhaltung ist eng verknüpft mit dem indischen Ökonomen und Nobelpreisträger Amartya Sen und der US-amerikanischen Philosophin Martha Nussbaum. Auch diese Strömung basiert auf der Philosophie des guten Lebens nach Kant. Sie bietet die Möglichkeit, im Spannungsfeld zwischen einer geisteswissenschaftlichen und einer sozialwissenschaftlich Erziehungswissenschaft zu vermitteln.

Der Capability-Ansatz vertritt die Perspektive, dass eine Gesellschaftsordnung dann gerecht ist, wenn sie gewährleistet, dass jeder Bürger bestimmte Fähigkeiten ausbilden kann, die als wesentlich für den Menschen angesehen werden. Dabei stellt sich die Frage, welche Möglichkeiten ein Mensch hat, seine Vorstellungen von einem guten Leben zu realisieren, und welche Handlungsalternativen ihm vor dem Hintergrund seiner spezifischen Lebenslage offenstehen.

Weil Kinder und Jugendliche per definitionem zu den Menschen gehören, welche auf Befähigung angewiesen sind, eignet sich der Capability-Ansatz als ethisch fundiertes Maß zur Betrachtung des Lebens und der Lebensumstände, insbesondere bezogen auf die Bedingungen des Aufwachsens von Kindern und Jugendlichen. Diese Lehre ermöglicht es, subjektive und objektive Aspekte gleichzeitig mit den objektiven Bedingungen der Realität des Individuums zu verbinden. Der Capability-Ansatz begründet eine positive Auffassung von Freiheit und Autonomie, welche fordert, dass Kinder und Jugendliche dazu befähigt werden, ihren subjektiven Vorstellungen entsprechend ein gutes Leben anzustreben.

Die Philosophin Martha Nussbaum hat den Befähigungsansatz weiterentwickelt und eine Liste von zehn Capability-Aspekten erarbeitet, die zu einem erfüllten menschlichen Leben befähigen. Familienrechtspsychologisch relevant sind unter anderem die Fähigkeit zur Bindung an andere Menschen und die Ausbildung praktischer Vernunft sowie einer eigenen revidierbaren Konzeption, wie im Wissen um die eigenen Lebensumstände und Wahlmöglichkeiten ein gelungenes Leben aussehen kann.

Vor dem Hintergrund des Capability-Ansatzes geht es in Hinblick auf die Erinnerungskontakte darum, dass man den Jugendlichen befähigt, das Gute und Vernünftige zu erkennen und zu wollen. Die öffentliche Aufgabe bestünde in erster Linie darin, Bedingungen zu schaffen, unter denen Jugendliche diese Fähigkeiten entwickeln können, und ihnen entsprechende Handlungsspielräume zu eröffnen, nicht aber darin, die Realisierung bestimmter Fähigkeiten durchzusetzen. Ob sich der Jugendliche für die Realisierung eines bestimmten Funktionsprofils entscheidet, bleibt Sache des Individuums. Selbst in Fällen, in denen wir uns sicher sind, dass eine spezifische Handlungs- und Daseinsweise für ein gedeihliches Leben unabdingbar ist, wäre es dem Capability-Ansatz zufolge respektlos, wenn wir Menschen in diese Funktionsweise zwängen (vgl. Nussbaum, 1999, 2000).

Wehrt sich nun der Jugendliche gegen Erinnerungskontakte, muss angenommen werden, dass er – aus welchen Gründen auch immer – nicht über die nötige Einsicht und Urteilsfähigkeit verfügt, das Gute und Vernünftige zu erkennen. Die fehlende Erkenntnis legitimiert den Zwang zur Befähigung, jedoch nicht zur gewünschten Funktionsweise. Das heißt, mündige Erwachsene müssen die Verantwortung dafür übernehmen, dass der Jugendliche die Chance hat, das Gute und Vernünftige zu erkennen und sich in letzter Konsequenz dafür entscheidet. Sie dürfen den Jugendlichen aber nicht zu den Begegnungen zwingen.

Daher bezieht sich die Realvollstreckung von Erinnerungskontakten aus ethischer Sicht vor allem auf die psychoedukative Befähigung zum Verständnis derselben.

25.4 Dilemma zwischen Kindesschutz und Erwachsenenschutz

Je feindseliger sich die Eltern des kontaktverweigernden Kindes gegenüberstehen, desto stärker divergieren sie in ihren Erwartungen an die zuständige Behörde: Während der betreuende Elternteil oft jeglichen Kontakt mit den Behörden ablehnt und jegliche Unterstützung als Schikane oder Einmischung betrachtet, wirft der benachteiligte Elternteil genau derselben Behörde fehlendes Engagement und Gleichgültigkeit vor und kritisiert, dass die Gesetze nicht umgesetzt werden.

Fallbeispiel

Ein Vater hat seine drei Kinder im aktuellen Alter zwischen 12 und 15 Jahren seit drei Jahren weder gesehen noch gesprochen. Er versteht deren Ablehnung ihm gegenüber nicht und kann die Erklärungen aus dritter Hand nicht nachvollziehen. Sämtliche Bemühungen, die Kinder zumindest für Erinnerungskontakte zu gewinnen, scheiterten. Der Vater verlangt, dass die nunmehr urteilsfähigen Kinder ihm wenigstens persönlich bzw. unter vier Augen mitteilen, dass sie mit ihm nichts mehr zu tun haben wollen, damit er Gewissheit habe, dass es so sei. Er lebe wie ein Vater, dessen Kinder verschollen seien. Obwohl ihn alle Welt glauben machen wolle, dass diese für ihn quasi tot seien, könne er sich nicht zufrieden geben, solange er keine Gewissheit habe.

Fragt man erziehungsverantwortliche Eltern nach ihren Erziehungsgrundsätzen, werden nicht selten Werte wie Offenheit, Ehrlichkeit, Kritikfähigkeit genannt. Eltern wünschen sich, dass ihre Kinder zu Menschen heranwachsen, die zu ihren Meinungen stehen können, auch wenn diese für ihre Mitmenschen mitunter unangenehm sind. Sie erziehen ihre Kinder zu kritikfähigen und selbstbewussten Menschen. Vor diesem Hintergrund wäre es aus psychologischer Sicht gut denkbar und entspräche dem Ziel von Artikel 301 Absatz 2 ZGB, dass einem urteilsfähigen Jugendlichen zugemutet wird, zu seiner Entscheidung zu stehen und diese seinem Elternteil persönlich mitzuteilen.

25.5 Und dann …

Wenn auch das Befähigen zu Erinnerungskontakten gescheitert ist und nunmehr sämtliche Maßnahmen der Schadensbegrenzung in Bezug auf das Kind ausgeschöpft sind, stellt sich der Entscheidungsbehörde zunächst die Frage, ob eventuell bestehende Beistandschaften aufgelöst oder aufrechterhalten werden sollen. Handelt es sich um ältere Kinder bzw. Jugendliche und hat sich der benachteiligte Elternteil zum Selbstschutz dafür entschieden, seine Bemühungen einzustellen und loszulassen, ist es sinnvoll, die Beistandschaft aufzulösen und die Verantwortung der Familie zurückzugeben.

Kann der Elternteil jedoch nicht loslassen oder handelt es sich um noch nicht urteilsfähige Kinder, soll die Beistandschaft informell beibehalten werden. Der Beistandsperson kann die Aufgabe einer Vermittlungsstelle übertragen werden. Beispielsweise kann die Beistandsperson beauftragt werden, das Kind regelmäßig einzuladen, ihm Briefe des abgelehnten Elternteils vorzulesen und das Kind über dessen Entwicklungen zu informieren. Der betreuende Elternteil kann verpflichtet werden, der Beistandsperson regelmäßig aktuelle Fotos und Entwicklungsberichte über das Kind zukommen zu lassen, welche dann dem anderen Elternteil weitergeleitet werden können.

In Deutschland kann nach § 1686 BGB vom Auskunftsanspruch über die persönlichen Verhältnisse des Kindes Gebrauch gemacht werden. Über diesen Anspruch entscheidet der Rechtspfleger. Danach sind die Eltern verpflichtet, dem anderen Elternteil bei berechtigtem Interesse Auskunft über die persönlichen Verhältnisse des Kindes zu erteilen, soweit dies nicht dem Kindeswohl widerspricht. Bedeutsam ist dieser Anspruch gerade dann, wenn ein Elternteil keinen Umgang mit dem Kind hat. In diesen Fällen kann dieser Elternteil vom anderen – in der Regel halbjährlich – zwei Fotos vom Kind, eine Kopie des Schulzeugnisses sowie einen Bericht über die Entwicklung, die Interessen und den Gesundheitszustand des Kindes fordern. Darauf, dass das Kind womöglich keine Herausgabe dieser Informationen wünscht, kommt es nicht an. Der Anspruch ist lediglich ausgeschlossen, wenn die Gefahr besteht, dass diese Informationen missbräuchlich verwendet werden.

26 Schlusswort

Ratlosigkeit und das Bedürfnis nach Handlungsmöglichkeiten zeigt sich im familienrechtspsychologischen Kontext vorwiegend in der Konfrontation mit der Conditio humana, dass Emotionen und der Umgang mit diesen in Beziehungen nicht per Gesetz eingefordert werden können. Diese Tatsache findet ihren Ausdruck primär in dem Umstand, dass aus Liebesbeziehungen trotz suboptimaler Ausgangsbedingungen Kinder entstehen. Nach einer Trennung sind diese Eltern oft nicht in der Lage, die Situation zumindest für ihre Kinder erträglich zu gestalten. In ihrer Überforderung neigen sie dazu, die Behörden aufzufordern, dass sie sich entweder komplett heraushalten oder ihre Probleme lösen. Für die Entscheidungsbehörde bedeutet dies eine Doublebind-Situation, welche an Komplexität noch zunimmt, wenn man die Position des Kindes mitbedenkt, die beim Aufteilen der Betreuungsanteile nicht eruierbar ist.

Patentrezepte, wie Betreuungsanteile zu verteilen sind und wie mit Umgangswiderständen zu verfahren ist, gibt es keine. Die Fachpersonen der verschiedenen Disziplinen sind gefordert, sich eine gesellschaftlich verträgliche und wissenschaftlich fundierte Haltung anzueignen, vor deren Hintergrund sich argumentieren und diskutieren lässt und im Einzelfall möglichst zügig und schlüssig entschieden werden kann. Dabei sind Überlegungen auf der rechtlichen, psychologischen und gesellschaftlichen Ebene zu berücksichtigen:

Auf der **rechtlichen Ebene** fordern die entsprechenden Gesetzesartikel zur Verhinderung von Umgangswiderständen von den Eltern eine hinreichende Bindungstoleranz. Diese legitimen Forderungen werden jedoch zur Farce, wenn Rechtsvertreter ihren Klienten empfehlen, ihre Bindungstoleranz beizubehalten oder aufzugeben. Die Aufgabe eines Rechtsvertreters ist fraglos die Vertretung der Interessen seines Mandanten. Entsprechend legt der Rechtsvertreter den Sachverhalt aus der Sicht seines Mandanten dar. Trotzdem kann von einem Rechtsvertreter erwartet werden, dass er das Kindeswohl im Auge behält und keine Forderungen vertritt, welche objektiv gegen das Kindeswohl verstoßen. Auch auf rechtlicher Ebene muss sich noch verbreiteter die Haltung durchsetzen, dass Kinder ein Recht darauf haben, dass man ihre Eltern, von denen sie abstammen, respektiert und dass jegliches Polarisieren und Gegeneinander-Ausspielen das Kindeswohl in Mitleidenschaft zieht. Die beteiligten Professionen sollten sich dem gemeinsamen Ziel verpflichten, ihre Arbeitsweisen und die gemeinsame Verfahrensgestaltung am Wohl des Kindes auszurichten.

Um konfliktverschärfendes Verhalten und lange Verfahrensverläufe in ansteigenden Eskalationsstufen zu vermeiden, soll die Arbeitsweise in zivilrechtlichen Verfahren bei Trennungen bzw. Scheidungen vom Grundsatz der frühen Intervention geprägt sein. Ebenfalls in dem Sinne, Konfliktverschärfungen zu vermeiden, sollten sich Rechtsanwälte in verfahrensleitenden Schriftsätzen auf den wesentlichen Sachvortrag beschränken und den Schwerpunkt auf den mündlichen Vortrag in der Verhandlung legen. Wird anlässlich der ersten Verhandlung vor Gericht keine glaubwürdige einvernehmliche Regelung getroffen, sollten die Eltern in eine Beratung oder Elternmediation geschickt werden. Entsprechende Stellen sollten wiederum zügig Termine an die Eltern vergeben. Gutachter sollten zu interventionsorientiertem Vorgehen verpflichtet werden, wenn sich ein solches Vorgehen anbietet.

Rechtsvertreter und Rechtsvertreterinnen tun gut daran, die Elternteile bereits im Rahmen der vorgerichtlichen anwaltlichen Beratung gezielt auf die Notwendigkeit der elterlichen Kooperation im Interesse des Kindeswohls zu verweisen. Wenn Kinder den Wunsch äußern, nicht mehr zum anderen Elternteil gehen zu müssen, sollen alle beteiligten Professionen das Ziel verfolgen, die Hindernisse zu eliminieren, und die Eltern nötigenfalls in die Pflicht nehmen. Behörden und Fachpersonen sollen die Haltung vertreten, dass die Aufrechterhaltung der Eltern-Kind-Beziehungen und die entsprechenden Möglichkeiten zur Auseinandersetzung in den meisten Fällen im wohlverstandenen Interesse des Kindes sind, und zwar unabhängig vom qualitativen Potential dieser Beziehungen und unabhängig von der Häufigkeit der Kontakte, welche erst in einem zweiten Schritt zu regeln sind. Behörden und Fachpersonen bieten Hilfestellungen zur Identifikation und Lösung der bestehenden Probleme an und verhindern die Verschleppung und Chronifizierung von Entfremdungsprozessen, indem sie bei Kontaktabbrüchen zwischen Eltern und Kindern den dringenden Handlungsbedarf erkennen.

Auf der **prozessualen Ebene** muss sich die Erkenntnis durchsetzen, dass kindrelevante Streitinhalte nicht erst nach einer bereits acht Stunden dauernden Sitzung verhandelt werden dürfen. Zu hoch ist das Risiko, dass ein Gerichts-Laie aufgrund der biologisch bedingten optimalen Konzentrationsspanne von circa vier Stunden nicht mehr imstande ist, an einer Lösungsfindung im besten Interesse des Kindes mitzuarbeiten. Darüber hinaus muss beachtet werden, dass zu lange Sitzungen verhandlungsunfähige Menschen zusätzlich überfordern. Diese Menschen sind auf Entscheidungen angewiesen, damit sie wieder handlungsfähig werden.

Die **Psychologie** hat die Aufgabe, die juristischen Partner im interdisziplinären Diskurs mit wissenschaftlich abgesicherten und empirisch geprüften Argumenten zu versorgen. Aus der Entwicklungspsychologie, der Bindungstheorie und der Familienrechtspsychologie ergeben sich wertvolle Hinweise, wie mit Umgangswiderständen zu verfahren ist. Bei nicht auflösbarem Umgangswiderstand ist die Tatsache zu berücksichtigen, dass der erfolgte Umgangsabbruch insbesondere des jugendlichen Kindes nicht die einzige Alternative zu regelmäßigen direkten Begegnungen darstellt. Neben medialen Kontakten (Telefonaten, Briefen, Austausch von Erfahrungsberichten, Videos, Fotos) stehen insbesondere Erinnerungskontakte im Dienst einer Schadensbegrenzung.

Auf der **gesellschaftlichen Ebene** muss sich das Bewusstsein durchsetzen, dass Kinder keine Manipulationsmasse und kein Besitz sind, über den die Eltern verfügen können. Das Manipulieren von loyalitätsbelasteten Kindern für die eigenen Interessen ist kein Kavaliersdelikt, sondern Ausdruck von Schwäche, gepaart mit Egozentrismus, und somit eine Kindesmisshandlung.

Im Weiteren muss sich die Überzeugung durchsetzen, dass die Entscheidung über den Umgang a priori nicht dem Kind überlassen werden darf. Die Tatsache, dass Kinder sich ihre Eltern nicht ausgewählt haben, bleibt über die elterliche Trennung hinaus bestehen. Daher ist es ein Bestandteil der erzieherischen Aufgabe der Eltern, insbesondere auch älteren Kindern gegenüber die Haltung zu vertreten, dass es zur menschlichen Entwicklung gehört, sich mit den eigenen Eltern auseinanderzusetzen, auch wenn dies zuweilen unangenehm sein mag und diese Auseinandersetzung nicht unbedingt in eine emotional tragfähige Kind-Eltern-Beziehung mündet. Weil sich Eltern ihren Kindern bei der Zeugung „zugemutet" haben, müssen sie ihren Kindern auch das Schicksal ihrer spezifischen Abstammung und die aktive Auseinandersetzung mit ihrem biologischen Erbe zumuten.

Beziehung ist keine Einbahnstraße, sondern ein Tanz von mindestens zwei Akteuren, die gewillt und fähig sind, einander nahe zu sein und aufeinander einzugehen, und zwar – in Bezug auf die Eltern-Kind-Beziehung – nicht erst nach der elterlichen Trennung. Dabei entscheidet nicht so sehr die Anzahl erfolgreicher Interaktionen zwischen den Akteuren über das Fortbestehen der Beziehung, sondern der Wille und die Fähigkeit zur Reparatur von missglückten Beziehungen. Unabhängig von jeder Maßnahme zur Umgangs- und Kontakterhaltung im Kindesalter wird sich die längerfristige Beziehung zwischen Kindern und Eltern an der natürlichen Gesetzmäßigkeit orientieren: Weil Nähe und Zuneigung nicht verordnet werden können, hält in einer Beziehung derjenige Akteur das Steuer in der Hand, der weniger Nähe wünscht.

Anhang

Literaturverzeichnis

Adamsons, K. & Johnson, S. K. (2013). An updated and expanded meta-analysis of nonresident fathering and child well-being. *Journal of Family Psychology, 27,* 589–599. http://doi.org/10.1037/a0033786

Aebi, T., Braun, W., Dolanc Oswald, M., Hool, M., Inversini, M. & Kreis, A. (2006). *Psychologische Begutachtung von Kindern und Jugendlichen, Handbuch für die Praxis.* Bern: Erziehungsberatung des Kantons Bern.

Aebi-Müller, R. (2017, September). *Elterliche Sorge, Betreuungsrecht, Betreuungspflicht, Aufenthaltsbestimmungsrecht.* Vortrag anlässlich des Familienrechtssymposiums, Fribourg.

Ahrons, C. (2007). Family ties after divorce. Long-term implications for children. *Family Process, 1,* 53–65. http://doi.org/10.1111/j.1545-5300.2006.00191.x

Alberstötter, U. (2004). *Hocheskalierte Elternkonflikte: Professionelles Handeln zwischen Hilfe und Kontrolle.* Zugriff am 24. Februar 2018 unter www.mediengesetz.at/fileadmin/psy_aufsaetze/a_f/alberstaetter-hocheskalierte-elternkonflikte.pdf

Amato, P. R. & Keith, B. (1991a). Consequences of parental divorce for children's well-being: A meta-analysis. *Psychological Bulletin, 110,* 26–46. http://doi.org/10.1037/0033-2909.110.1.26

Amato, P. R. & Keith, B. (1991b). Parental divorce and adult well-being: A meta-analysis. *Journal of Marriage and the Family, 53,* 43–58. https://doi.org/10.2307/353132

Amato, P. R. & Gilbreth, J. (1999). Nonresident fathers and children's well-being: A meta-analysis. *Journal of Marriage and the Family, 61,* 557–573. http://doi.org/10.2307/353560

Amato, P. R. (2001). Children of divorce in the 1990s: An upgrade of the Amato and Keith (1991) meta-analysis. *Journal of Family Psychology, 15,* 355–370. http://doi.org/10.1037/0893-3200.15.3.355

Amato, P. R. & Sobolewski, J. (2004). The effects of divorce and marital discord on adult children's psychological well-being. *American Sociological Review, 66,* 900–921. http://doi.org/10.2307/3088878

Amato, P. R., Meyers, Ch. E. & Emery, R. E. (2009). Changes in nonresident father-child contact from 1976 to 2002. *Family Relations, 58,* 41–53. http://doi.org/10.1111/j.1741-3729.2008.00533.x

Amelang, M. & Bartussek, D. (2001). *Differentielle Psychologie und Persönlichkeitsforschung* (5. Aufl.). Stuttgart: Kohlhammer.

Arbuthnot, J. & Gordon, D. A. (1996). Does mandatory divorce education for parents work? A six-month outcome evaluation. *Family Court Review, 34,* 60–81. http://doi.org/10.1111/j.174-1617.1996.tb00400.x

Ariès, P. (1975). *Geschichte der Kindheit.* München: Hanser.

Aristoteles (1921). *Nikomachische Ethik.* Leipzig: Meiner.

Averdijk, M., Besemer, S., Eisner, M., Bijleveld, C. & Ribeaud, D. (2011). The relationship between childcare and problem behaviour in Switzerland. *European Journal of Developmental Psychology, 8,* 637–660. http://doi.org/10.1080/17405629.2011.571846

Azar, S., Lauretti, A. & Loding, B. (1998). The evaluation of parental fitness in termination of parental rights cases: A functional-contextual perspective. *Clinical Child and Family Review, 1,* 77–100. http://doi.org/10.1023/A:1021883611965

Azar, S., Makin-Byrd, K. & Nix, R. (2005). Parenting schemas and the process of change. *Journal of Marital and Family Therapy, 31,* 45–58. http://doi.org/10.1111/j.1752-0606.2005.tb01542.x

Badenschier, F. (2011). Kindesanhörung ist nicht schlimmer als Prüfungsangst. *Zeit Online*. Zugriff am 24. Februar 2018 unter http://www.zeit.de/wissen/2011-03/kind-anhoerung-gericht

Baethge, A. & Rigotti, Th. (2010). *Arbeitsunterbrechungen und Multitasking: Ein umfassender Überblick zu Theorien und Empirie unter besonderer Berücksichtigung von Altersdifferenzen.* Dortmund, Berlin, Dresden: Bundesanstalt für Arbeitsschutz und Arbeitsmedizin.

Bäuml, J., Brönner, M. & Leucht, S. (2018). Induzierte wahnhafte Störung (Folie à deux, F24). In S. Leucht & H. Förstl (Hrsg.), *Kurzlehrbuch Psychiatrie und Psychotherapie* (2. Aufl., S. 98). Stuttgart: Thieme.

Baker, A. (2005). The long-term effects of parental alienation on adult children: A qualitative research study. *The American Journal of Family Therapy, 33,* 289–302. http://doi.org/10.1080/01926180590962129

Baker, A. (2006). Patterns of parental alienation syndrome: A qualitative study of adults who were alienated from a parent as a child. *The American Journal of Family Therapy, 34*, 63–78. http://doi.org/10.1080/01926180500301444

Baker, A. (2007). *Adult children of parental alienation syndrome: Breaking the ties that bind.* New York: W.W. Norton.

Balloff, R. (2004). *Kinder vor dem Familiengericht.* München: Ernst Reinhardt.

Balloff, R. (2008). Stalking und Kinder. Kindeswohl, Sorge- und Umgangsrecht. *Zeitschrift für Kindschaftsrecht und Jugendhilfe, 2* (5), 190–195.

Bandelow, B. (2006). *Celebrities. Vom schwierigen Glück, berühmt zu sein.* Reinbek: Rowohlt.

Bahnholzer, K. (2010). Beratung hochstrittiger Eltern im familienrechtlichen Kontext. *FamPra, 3,* 546–567.

Barsky, A. (2007). Mediative Evaluation: The pros and perils of blending roles. *Family Court Review, 45,* 560–572. http://doi.org/10.1111/j.1744-1617.2007.00171.x

Becker, S. (2007). Global perspectives on children's unpaid caregiving in the family: Research and policy on „young carers" in the UK, Australia, the USA and Sub-Saharan Africa. *Global Social Policy, 7,* 23–50. https://doi.org/10.1177/1468018107073892

Bischof-Köhler, D. (2002). *Von Natur aus anders. Die Psychologie der Geschlechtsunterschiede.* Stuttgart: Kohlhammer.

Blum, S. & Weber Khan, Ch. (2012). Der „Anwalt des Kindes" – eine Standortbestimmung. *Zeitschrift für Kindes- und Erwachsenenschutz, 1,* 32–44.

Böhm, R. (2011). Auswirkungen frühkindlicher Gruppenbetreuung auf die Entwicklung und Gesundheit von Kindern. *Kinderärztliche Praxis, 5,* 316–321.

Böhnisch, L. (2004). *Männliche Sozialisation.* Weinheim: Juventa.

Boszormenyi-Nagy, I. & Spark, G. (1981). *Unsichtbare Bindungen: Die Dynamik familiärer Systeme.* Stuttgart: Klett-Cotta.

Brazelton, T.B. & Greenspan, S.I. (2002). *Die sieben Grundbedürfnisse von Kindern: Was jedes Kind braucht, um gesund aufzuwachsen, gut zu lernen und glücklich zu sein.* Weinheim: Beltz.

Brisch, K.H. (2001). *Bindungsstörungen: Von der Bindungstheorie zur Therapie.* Stuttgart: KlettCotta.

Bruck, M., Ceci, S.J. & Hembrook, H. (2002). The nature of children's true and false narratives. *Development Review, 22,* 520–545. http://doi.org/10.1016/S0273-2297(02)00006-0

Brumlik, M. (2004). *Advokatorische Ethik: Zur Legitimation pädagogischer Eingriffe*. Berlin und Wien: Philo-Verlag.

Brumlik, M. (2013). Kindeswohl und advokatorische Ethik. *Ethikjournal, 1* (2). Verfügbar unter www.ethikjournal.de

Büchler, A. & Maranta, L. (2014). Das neue Recht der elterlichen Sorge. *Jusletter, 11*, 1–32.

Büchler, A. (2015). *Elterliche Sorge, Besuchsrecht und Häusliche Gewalt. Die Zuteilung der elterlichen Sorge und zivilrechtliche Aspekte der Ausgestaltung der elterlichen Kontakte zu Kindern bei Trennung*. Gutachten im Auftrag des Eidg. Büro für die Gleichstellung von Frau und Mann. Bern: EBG.

Büte, V.D. (2003). Probleme bei der Durchsetzung von Entscheidungen zum Umgangsrecht. *Familienrecht kompakt, 10*, 137.

Büte, V.D. (2005). *Das Umgangsrecht bei Kindern geschiedener oder getrennt lebender Eltern. Ausgestaltung, Verfahren, Vollstreckung* (2. Aufl.). Berlin: E. Schmidt.

Case, R. (1992). *The mind's staircase: Exploring the conceptual underpinnings of children's thought and knowledge*. Hillsdale, NJ: Erlbaum.

Cappenberg, M. (2004). Besuchskontakte vor dem Hintergrund der Bindungstheorie: Möglichkeiten und Grenzen dieser Theorie, zum Verständnis der Situation von Pflegekindern beizutragen. In Stiftung zum Wohl des Pflegekindes (Hrsg.), *Kontakte zwischen Pflegekind und Herkunftsfamilie. 3. Jahrbuch des Pflegekinderwesens* (S. 71–98). Idstein: Schulz-Kirchner.

Child Care Research Network. (2017). *NICHD-SECCYD – Study overview*. Zugriff am 24. Februar 2018 unter https://www.nichd.nih.gov/research/supported/seccyd/overview

Cloninger, C.R. (1994). Temperament and personality. *Current Opinion in Neurobiology, 2*, 266–273. http://doi.org/10.1016/0959-4388(94)90083-3

Curtius, C. & Schwarz, R. (2004). Verordnete Mediation: Ein Erfahrungsbericht. *Familie, Partnerschaft, Recht, 4*, 191.

Dammann, G. (2007). *Narzissten, Egomanen, Psychopathen in der Führungsetage: Fallbeispiele und Lösungswege für ein wirksames Management* (4. Aufl.). Bern: Haupt.

Dammasch, F., Metzger, H.-G. & Teising, M. (Hrsg.). (2009). *Männliche Identität: Psychoanalytische Erkundungen*. Frankfurt a. M.: Brandes & Apsel.

DeMause, L. (1977). *Hört ihr die Kinder weinen: Eine psychogenetische Geschichte der Kindheit*. Frankfurt am Main: Suhrkamp.

Dettenborn, H. (2007). *Kindeswohl und Kindeswille*. München: Reinhardt.

Dettenborn, H. & Walter, E. (2002). *Familienrechtspsychologie*. München: Reinhardt UTB.

Dornes, M. (1996). Margaret Mahlers Theorie neu betrachtet. *Psyche, 50*, 898–1018.

Ducommun-Nagy, C. (2012). Comprendre les loyautés familiales à travers lœuvre d'Ivan Boszormenyi-Nagy. *Enfance & Psy, 3*, 15–25. http://doi.org/10.3917/ep.056.0015

Egger, A. (1930). *Zürcher Kommentar zum Zivilgesetzbuch: Einleitung und Personenrecht (N 4 zu Art. 16 ZGB)* (2. Aufl. 1939). Zürich: Schulthess Verlag.

Egger, R. & Hummel, S. (2016). *Lernwelt Schulraum: Sozialräumliche Annäherung an ein Alltagsphänomen*. Heidelberg: Springer. http://doi.org/10.1007/978-3-658-10518-1

Eklund, A., Nichols, T.E. & Knutsson, H. (2016). Cluster failure: Why fMRI inferences for spatial extent have inflated false-positive rates. *Proceedings of the National Academy of Sciences PNAS, 113*, 7900–7905. http://doi.org/10.1073/pnas.1602413113

Fabricius, W. & Luecken, L. (2007). Postdivorce living arrangements, parent conflict and long-term physical health correlates for children of divorce. *Journal of Family Psychology, 2*, 195–205. http://doi.org/10.1037/0893-3200.21.2.195

Festinger, L. & Carlsmith, J.M. (1959). Cognitive consequences of forced compliance. *Journal of Abnormal and Social Psychology, 58*, 203–210. http://doi.org/10.1037/h0041593

Fichtner, J. (2010). Verständnis statt Worte. *DJI Bulletin, 89*, 15–22.

Fichtner, J. (2012). Der Umgang mit dem Umgangsboykott und das gefährdete Kindeswohl aus psychologischer Sicht. In D. Coester-Waltjen, V. Lipp, E. Schumann & B. Veit (Hrsg.), *Alles zum Wohle des Kindes?: Aktuelle Probleme des Kindschaftsrechts. 2. Familienrechtliches Forum Göttingen* (S. 93–105). Göttingen: Universitätsverlag.

Fichtner, J., Dietrich, P., Halatscheva, M., Hermann, U. & Sander, E. (2010). *Kinderschutz bei hochstrittiger Elternschaft*. München: Deutsches Jugendinstitut, Wissenschaftliche Texte.

Fichtner, J. (2015). Seriöser Anzug oder Matschhose? Zur Diskussion um die Qualität familienpsychologischer Gutachten. *ZKJ, 1/2*, 9–13; 63–67.

Fidler, B.J. & Bala, N. (2010). Children resisting postseparation contact with a parent: concepts, controversies, and conundrums. *Family Court Review, 48,* 10–47. http://doi.org/10.1111/j.1744-1617.2009.01287.x

Fiedler, P. (2007). *Persönlichkeitsstörungen* (6. Aufl.). Weinheim: Belz.

Förstl, H. (2012). *Theory of Mind: Neurobiologie und Psychologie sozialen Verhaltens* (2. Aufl.). Heidelberg: Springer. http://doi.org/10.1007/978-3-642-24916-7

Frick, J. (2009). *Ich mag dich – du nervst mich!: Geschwister und ihre Bedeutung für das Leben.* Bern: Huber.

Friedrich, V., Reinhold, C. & Kindler, H. (2004). Begleiteter Umgang und Kindeswohl: Eine Forschungsübersicht. In M. Klinkhammer, U. Klotmann & S. Prinz (Hrsg.), *Handbuch Begleiteter Umgang: Pädagogische, psychologische und rechtliche Aspekte* (S. 13–39). Köln: Bundesanzeiger-Verlag.

Fthenakis, W.E. (1995a). *Gruppeninterventionsprogramm für Kinder mit getrennt lebenden oder geschiedenen Eltern*. Weinheim: Beltz.

Fthenakis, W.E. (1995b). Umgangsmodelle zur kindgerechten Gestaltung der Beziehungen zwischen Eltern und Kindern in der Nachscheidungsphase. *Familie, Partnerschaft, Recht, 1,* 94–98.

Fuster, J.M. (2002). Frontal lobe and cognitive development. *Journal of Neurocytology, 31,* 373–385. http://doi.org/10.1023/A:1024190429920

Geasler, M.J. & Blaisure, K.R. (1999). 1998 Nationwide survey of court-connected divorce education programs. *Family Court Review, 37*, 36–63. http://doi.org/10.1111/j.174-1617.1999.tb00527.x

Glasl, F. (2009). *Konfliktmanagement: Ein Handbuch für Führungskräfte, Beraterinnen und Berater.* Bern: Haupt.

Gneist, J. (2003). *Wenn Hass und Liebe sich umarmen: Das Borderline Syndrom*. München: Piper.

Gödde, M. & Fthenakis, W.E. (2008). Voraussetzungen für die positive Auswirkung der Kontinuität der Beziehungen. In W.E. Fthenakis (Hrsg.), *Begleiteter Umgang von Kindern: Ein Handbuch für die Praxis* (S. 84 ff.). München: Staatsinstitut für Frühpädagogik.

Graf, J. & Frank, R. (2001). Parentifizierung. Die Last, als Kind die eigenen Eltern zu bemuttern. In S. Walper & R. Pekrun (Hrsg.), *Familie und Entwicklung. Aktuelle Perspektiven der Familienpsychologie* (S. 314–341). Göttingen: Hogrefe.

Greenglass, E.R. (1986). *Geschlechtsrolle als Schicksal*. Stuttgart: Klett-Cotta.

Grossmann, K.E. & Grossmann, K. (2003). *Bindung und menschliche Entwicklung: John Bowlby, Mary Ainsworth und die Grundlagen der Bindungstheorie*. Stuttgart: Klett-Cotta.

Haller, R. (2013). *Die Narzissmusfalle*. Salzburg: Ecowin.

Hänert, P. (2007). *Die Validität inhaltlicher Glaubhaftigkeitsmerkmale unter suggestiven Bedingungen. Eine empirische Untersuchung an Vorschulkindern.* Dissertation zur Erlangung des Doktorgrades der Philosophischen Fakultät der Christian-Albrechts-Universität zu Kiel.

Hausheer, H. & Perrig-Chiello, P. (2012). Selbstbestimmung – auch eine Frage des Alters. *Zeitschrift des Bernischen Juristenvereins ZBJV, 11,* 773–806.

Hawkins, D.N., Amato, P.R. & King, V. (2007). Nonresident father involvement and adolescent well-being: Father effects or child effects? *American Sociological Review, 72,* 990–101. http://doi.org/10.1177/000312240707200607

Heider, F. (1977). *Psychologie der interpersonalen Beziehungen.* Stuttgart: Klett-Cotta.

Herzig, Ch. (2012). Das Kind in den familienrechtlichen Verfahren. In P. Gauch (Hrsg.), *Serie/Reihe AISUF – Arbeiten aus dem juristischen Seminar der Universität Freiburg Schweiz, Band/Nr. 318* (S. 47–66). Zürich: Schulthess Juristische Medien.

Hickmann, M., Liang, J. & Hendriks, H. (1989). Diskurskohäsion im Erstspracherwerb: Eine sprachvergleichende Untersuchung. *Zeitschrift für Literaturwissenschaft und Linguistik, 19*, 53–73.

Hipp, M. & Kleinz, P. (2014). Mütter mit einer Borderline-Persönlichkeitsstörung (BPS): Auswirkungen auf die Mutter-Kind-Bindung und unterstützende Angebote früher Hilfen. *Zeitschrift für Kindschaftsrecht und Jugendhilfe, 8,* 316–319.

Hoffmann, J. (2006). *Stalking.* Heidelberg: Springer.

Hoffmann, J. & Wondrak, I. (2009). *Umgang mit Gewalttätern.* Frankfurt a. M.: Verlag für Polizeiwissenschaft.

Hommers, W. (2022). *SURT – Sorge- und Umgangsrechtliche Testbatterie* (2. Aufl.). Bern: Hogrefe.

Hooper, L. M., DeCoster, J., White, N. & Voltz, M. L. (2011). Characterizing the Magnitude of the Relation Between Self-Reported Childhood Parentification and Adult Psychopathology: A Meta-Analysis. *Journal of Clinical Psychology, 67* (10), 1028–1043. https://doi.org/10.1002/jclp.20807

Horvath, S. (2007). Der verfassungsmässige Anspruch auf einen zumutbaren Schulweg. *Schweizerisches Zentralblatt für Staats- und Verwaltungsrecht ZBl, 12,* 633 ff., 636.

Howells, J. G. & Lickorisch, J. R. (1975). *Familien-Beziehungs-Test F. B. T.* München: Ernst Reinhardt.

Immoos, N. & Sigrist, V. (2014). *Erinnerungskontakte: Eine neue Herangehensweise an hochstrittige Besuchsrechtsfälle.* Bachelor-Arbeit, Hochschule Luzern, Abteilung Soziale Arbeit, Luzern.

Inhelder, J. & Piaget, J. (1980). *Von der Logik des Kindes zur Logik des Heranwachsenden.* Olten: Walter.

Jelalian, E. & Miller, A. G. (1984). The perseverance of beliefs: Conceptual perspectives and research development. *Journal of Social and Clinical Psychology, 2,* 25–56. http://doi.org/10.1521/jscp.1984.2.1.25

Johnston, J. (2001). *Rethinking parental alienation and redesigning parent-child access services for children who resist or refuse visitation.* Paper presented at the International Conference on Supervised Visitation. München: Staatsinstitut für Frühpädagogik. Zugriff am 09. Dezember 2022 unter https://www.scribd.com/document/23401478/Rethinking-Parental-Alienation-and-Redesigning-Parent-Child

Johnston, J. & Godman, J. (2010). Outcome of family counseling interventions with children who resist visitation. *Family Court Review, 1,* 112–115. http://doi.org/10.1111/j.1744-1617.2009.01292.x

Jopt, U. & Behrend, K. (2006). Wem nützen entscheidungsorientierte Gutachten im Familienrecht?: Plädoyer für eine neue Rolle der Psychologie im Familienrecht. In T. Fabian & S. Nowara (Hrsg.), *Neue Wege und Konzepte in der Rechtspsychologie* (Band 3, S. 261–276). Berlin: LIT-Verlag.

Jopt, U. & Zütphen, J. (2004). Psychologische Begutachtung aus familiengerichtlicher Sicht: Lösungsorientierter Ansatz: Eine empirische Untersuchung. *Zentralblatt für Jugendrecht, 91,* 362–376.

Karle, M., Gathmann, S. & Klosinski, G. (2010). Zur Praxis der Kindesanhörung in Deutschland. *Zeitschrift für Kindschaftsrecht und Jugendhilfe, 12,* 432–434.

Kelly, J. & Johnston, J. (2001). The alienated child. A reformulation of parental alienation syndrome. *Family Court Review, 39,* 249–266. http://doi.org/10.1111/j.174-1617.2001.tb00609.x

Kilde, G. & Staub, L. (2017). Kriterien der Zuteilung von elterlicher Sorge und Obhut bei Trennung der Eltern. In A. Rumo-Jungo, C. Fountoulakis & P. Pichonnaz (Hrsg.), *Elterliche Sorge, Betreuungsunterhalt und Vorsorgeausgleich* (S. 215–236). Zürich: Schulthess-Medien.

Kindler, H. (2006). Welcher Zusammenhang besteht zwischen der Entfremdung von einem Elternteil und der Entwicklung von Kindern? In H. Kindler, S. Lillig, H. Blüml, Th. Meysen & A. Werner (Hrsg.), *Handbuch Kindeswohlgefährdung nach § 1666 und Allgemeiner Sozialer Dienst (ASD)* (S. 30–34). München: Verlag Deutsches Jugendinstitut.

Kindler, H. (2009). Umgang und Kindeswohl. *Zeitschrift für Kindschaftsrecht und Jugendhilfe, 3,* 110–114.

Kindler, H. (2013a). Trennungen zwischen Kindern und Bindungspersonen. *Familie, Partnerschaft, Recht, 8,* 194–200.

Kindler, H. (2013b). Partnergewalt und Beeinträchtigungen kindlicher Entwicklung: Ein aktualisierter Forschungsüberblick. In B. Kavemann & U. Kreyssig (Hrsg.), *Handbuch Kinder und häusliche Gewalt* (S. 27–46). Wiesbaden: Springer.

Kindler, H. & Lillig, S. (2004). Psychologische Kriterien bei Entscheidungen über eine Rückführung von Pflegekindern nach einer früheren Kindeswohlgefährdung. *Praxis der Rechtspsychologie, 14,* 368–397.

Kindler, H. & Werner, A. (2006). Was ist bei Besuchskontakten von Kindern mit ihren Eltern im Rahmen einer Fremdunterbringung zu beachten? In H. Kindler, S. Lillig, H. Blüml, Th. Meysen & A. Werner (Hrsg.), *Handbuch Kindeswohlgefährdung nach §1666 und Allgemeiner Sozialer Dienst (ASD)* (S. 100–108). München: Verlag Deutsches Jugendinstitut.

Kline Pruett, M., McIntosh, J. & Kelly, J.B. (2014). Parental separation and overnight care of young children: Consensus through Theoretical and Empirical Integration. *Family Court Review, 52,* 240–255. http://doi.org/10.1111/fcre.12087

Kling, V. (2009). Gutachten im Familienrecht: Sind Standards notwendig? *FamPra, 3,* 612–633.

Klosinski, G. (2007). Ist der Anspruch auf Abstammungsfeststellung und anschließender Vaterschaftsanfechtung dem Familienwohl dienlich? *Familie, Partnerschaft, Recht, 10,* 385–389.

Kohlberg, L. (1995). *Die Psychologie der Moralentwicklung.* Frankfurt am Main: Suhrkamp.

König, L., Gloger-Tippelt, G. & Zweyer, K. (2007). Bindungsverhalten zu Mutter und Vater und Bindungsrepräsentation bei Kindern im Alter von fünf bis sieben Jahren. *Praxis der Kinderpsychologie und Kinderpsychiatrie, 56,* 445–462. http://doi.org/10.13109/prkk.2007.56.5.445

Kostka, K. (2004). *Im Interesse des Kindes?* Frankfurt: Eigenverlag des Deutschen Vereins für öffentliche und private Fürsorge.

Kostka, K. (2014). Neue Erkenntnisse zum Wechselmodell? Zugleich eine Rezension von Hildegund Sünderhauf „Wechselmodell: Psychologie – Recht – Praxis". *Kindschaftsrecht und Jugendhilfe, 2,* 54–61.

Krabbe, H. (2006). Eltern-Jugendlichen-Mediation. *Praxis der Kinderpsychologie und Kinderpsychiatrie, 55,* 615–624.

Kreisman, J.J. & Straus, H. (1989). *Ich hasse Dich – Verlass mich nicht.* München: Kösel.

Krey, M. (2010). *Der Elternkurs „Kinder im Blick" als Bewältigungshilfe für Familien in Trennung: Eine Evaluationsstudie.* Berlin: Köster.

Kriegel, K. (2006). *Mediationspflicht? Über die Notwendigkeit einer Begleitung von Eltern bei Trennung und Scheidung.* Jena: Edition Paideia.

Krohne, H.W. & Pulsack, A. (1995). *Das Erziehungsstil-Inventar.* (2. Aufl.). Göttingen: Hogrefe.

Lawick, J. & Visser, M. (2017). *Kinder aus der Klemme. Interventionen für Familien in hochkonflikthaften Trennungen.* Heidelberg: Carl Auer Verlag.

Lawson, Ch.A. (2006). *Borderline-Mütter und ihre Kinder: Wege zur Bewältigung einer schwierigen Beziehung.* Gießen: Psychosozial-Verlag.

Lehmann, P. (1997). The development of posttraumatic stress disorder (PTSD) in a sample of child witnesses to mother assault. *Journal of Family Violence, 12,* 241–257. http://doi.org/10.1023/A:1022842920066

Lenz, A. (2005). *Kinder psychisch kranker Eltern.* Göttingen: Hogrefe.

Lowenberg, F.M. & Dolghoff, R. (1996). *Ethical decisions for social work practice.* Itasca, IL: F.E. Peacock.

Lowry, R.L. (2004). Evaluative mediation. In J. Folberg., A.L. Milne & P. Salem (Eds.), *Divorce and family mediation: Models, techniques, and applications* (pp. 72–91). New York: Guilford.

Luby, J.L., Barch, D.M., Belden, A., Gaffrey, M.S., Tillman, R., Babb, C. et al. (2012). Maternal support in early childhood predicts larger hippocampal volumes at school age. *Proceedings of the National Academy of Sciences of the United States of America PNAS, 21, 109*, 2854–2859. http://doi.org/10.1073/pnas.1118003109

Ludewig, R., Tavor, D. & Baumer, S. (2011). Wie können aussagepsychologische Erkenntnisse Richtern, Staatsanwälten und Anwälten helfen? *AJP/PJA, 11/2011.*

Ludewig, R., Baumer, S., Salzgeber, J., Häfeli, Ch. & Albermann, K. (2015). Richterliche und behördliche Entscheidungsfindung zwischen Kindeswohl und Elternwohl: Erziehungsfähigkeit bei Familien mit einem psychisch kranken Elternteil. *FamPra, 3,* 562–621.

Lupien, S.J., Ouellet-Morin, I., Herba, C., Juster, R. & McEwen, B. (2016). *From vulnerability to neurotoxicity: A developmental approach to the effects of stress on brain and behavior.* Heidelberg: Springer.

Mähler, H.-G. & Mähler, G. (1995). Zur Geburt einer neuen Streitkultur bei Trennung und Scheidung. In J. Duss-von-Werdt, G. Mähler & H.-G. Mähler (Hrsg.), *Mediation, die andere Scheidung: Ein interdisziplinärer Überblick* (S. 13–23). Stuttgart: Klett-Cotta.

Mahler, M., Pine, F. & Bergman, A. (1994). *Die psychische Geburt des Menschen.* Frankfurt a.M.: Fischer.

Mattejat, F. & Remschmidt, H. (2008). Kinder psychisch kranker Eltern. *Deutsches Ärzteblatt, 105,* 413–418.

McGaw, S. & Sturmey, P. (1994). Assessing parents with learning disability: The parental skills model. *Child Abuse Review, 3,* 36–51. http://doi.org/10.1002/car.2380030107

McIntosh, J., Wells, Y., Smyth, B. & Long, C. (2008). Child-focused and child-inclusive divorce mediation: Comparative outcomes from a prospective study of postseparation adjustment. *Family Court Review, 46,* 105–124. http://doi.org/10.1111/j.1744-1617.2007.00186.x

McIntosh, J., Kline Pruett, M. & Kelly, J.B. (2014). Parental separation and overnight care of young children, part II: Putting theory into practice. *Family Court Review, 52,* 256–262. https://www.courts.oregon.gov/programs/family/sflac/ParentalInvolvementMaterials/PIOS-Parental-Separation-and-Overnight-Care-of-Young-Children-Part-II.pdf

McKibbon, K.A., Wilczynski, N.L. & Haynes, B. (2004). What do evidence-based secondary journals tell us about the publication of clinically important articles in primary healthcare journals? *BMC Medicine, 2,* 33. http://doi.org/10.1186/1741-7015-2-33

Meier, S. (2015). Kindesvertretung: Eine Bestandesaufnahme mit Plädoyer für die Willensvertretung. *Zeitschrift für Kindes- und Erwachsenenschutz, 5,* 341–359.

Mietzel, G. (2002). *Wege in die Entwicklungspsychologie: Kindheit und Jugend.* Weinheim: Beltz PVU.

Niehaus, S., Volbert, R. & Fegert, J. (2017). *Entwicklungsgerechte Befragung von Kindern in Strafverfahren.* Berlin: Springer. https://doi.org/10.1007/978-3-662-53863-0

Nielsen, L. (2013). Parenting time and shared residential custody. *The Nebraska Lawyer, 1,* 5–8.

Niklewski, G. & Riecke-Niklewski, R. (2006). *Leben mit einer Borderline-Störung: Ein Ratgeber für Betroffene, ihre Partner und Familien* (2. Aufl.). Stuttgart: Trias.

Nussbaum, M. (1999). *Gerechtigkeit oder das gute Leben.* Frankfurt a. M.: Suhrkamp.

Nussbaum, M. (2000). *Women and human development: The Capabilities Approach.* Cambridge: University Press. http://doi.org/10.1017/CBO9780511841286

Oelkers, H. (2000). *Sorge- und Umgangsrecht in der Praxis.* Bonn: Anwaltspraxis.

Oelkers, N. & Schrödter, M. (2010). Kindeswohl und Kindeswille: Zum Wohlergehen von Kindern aus der Perspektive des Capability Approaches. In H.-U. Otto & H. Ziegler (Hrsg.), *Capabilities: Handlungsbefähigung und Verwirklichungschancen in der Erziehungswissenschaft* (2. Aufl., S. 143ff.). Wiesbaden: VS Verlag für Sozialwissenschaften. https://doi.org/10.1007/978-3-531-91909-6_9

Osofsky, J.D. (2003). Prevalence of children's exposure to domestic violence and child maltreatment: Implications for prevention and intervention. *Clinical Child and Family Psychology Review, 6,* 161–170. http://doi.org/10.1023/A:1024958332093

Perry, B. D., Pollard, R. A., Blakley, T. L., Baker, W. L. & Vigilante, D. (1998). Kindheitstrauma, Neurobiologie der Anpassung und „gebrauchsabhängige“ Entwicklung des Gehirns: Wie „Zustände“ zu „Eigenschaften“ werden. *Analytische Kinder- und Jugendlichen-Psychotherapie AKJP, 99,* 277–307.

Peschel-Gutzeit, L. M. (2004). Schützt die Verbleibensanordnung das Kind wirksam? *Familie, Partnerschaft, Recht, 8,* 428–431.

Pesendorfer, U. (2011). Die Durchsetzung des Besuchsrechts. *Interdisziplinäre Zeitschrift für Familienrecht iFamZ, 2,* 64–71.

Philipps, I. M. (2000). *Körper, Liebe, Doktorspiele. Ein Ratgeber für Eltern zur kindlichen Sexualentwicklung* (Teil 1: 1.–3. Lebensjahr, Teil 2: 4.–6. Lebensjahr). Köln: Bundeszentrale für gesundheitliche Aufklärung (BZgA).

Piaget, J. (1978). *Das Weltbild des Kindes.* München: Klett-Cotta.

Prenzlow, R. (2013). Der Kinderbeistand in Österreich. Drei Länder – eine Sprache – große Unterschiede. *Kindschaftsrecht und Jugendhilfe, 1,* 17–20.

Rösel, M. (2016). *Mit zerbrochenen Flügeln: Kinder in Borderline-Beziehungen.* München: Starks-Sture.

Ross, L., Lepper, M. R. & Hubbard, M. (1975). Perseverance in self-perception and social perception: Biased attribution processes in the debriefing paradigm. *Journal of Personality and Social Psychology, 32,* 880–892. http://doi.org/10.1037/0022-3514.32.5.880

Roth, G. & Strüber, N. (2014). *Wie das Gehirn die Seele macht.* Stuttgart: Klett-Cotta.

Rumo-Jungo, A. (2012). Das Kind im Familienprozess – erhöhte Präsenz durch neue Rechte. In A. Rumo-Jungo, Ch. Fountoulakis & P. Pichonnaz (Hrsg.), *Der neue Familienprozess* (S. 22ff.). Zürich: Schulthess-Medien.

Rutishauser, Ch. (2006). Altersangemessener Umgang mit jugendlichen Patienten im Widerspruch zu rechtlichen Aspekten. *Paediatrica, 4,* 28–30.

Sachse, R. (2020). *Persönlichkeitsstörungen verstehen: Zum Umgang mit schwierigen Klienten* (11. Aufl.). Bonn: Psychiatrie-Verlag. https://doi.org/10.5771/9783966050890

Salem, P. (2009). The emergency of triage in family court services: The beginning of the end for mandatory mediation? *Family Court Review, 47,* 3, 371–388. http://doi.org/10.1111/j.1744-1617.2009.01262.x

Salgo, L. (2001). Zielorientierung und Hilfeplanung nach dem SGB VIII (KJHG). In Stiftung „Zum Wohl des Pflegekindes“ (Hrsg.), *Pflegekinder in Deutschland: Bestandaufnahme und Ausblick zur Jahrtausendwende – 2. Jahrbuch des Pflegekinderwesens* (S. 36–67). Idstein: Schulz-Kirchner.

Salzgeber, J. (2001). *Familienpsychologische Gutachten: Rechtliche Vorgaben und sachverständiges Vorgehen* (3. Aufl.). München: Beck.

Salzgeber, J. & Fichtner, J. (2009). Neue und bekannte Handlungsspielräume des Sachverständigen bei der Orientierung auf Lösung. In Sektion Rechtspsychologie im BDP e.V. (Hrsg.), *Themenschwerpunkt Chancen und Risiken des „lösungsorientierten“ Vorgehens in Familiensachen. Praxis der Rechtspsychologie, 19* (2), 245–262.

Salzgeber, J. & Schreiner, J. (2014). Kontakt- und Betreuungsmodelle nach Trennung und Scheidung. In I. Schwenzer, A. Büchler & M. Cottier (Hrsg.), *Die Praxis des Familienrechts* (Nr. 1, S. 66–91). Bern: Stämpfli.

Schellenberg, C. & Widmer, I. (2020). *Evaluation des Projekts Kinder im Blick.* Zürich: Interkantonale Hochschule für Heilpädagogik. Verfügbar unter https://pinocchio-zh.ch/wordpress/wp-content/uploads/2020/12/Evaluation_KiB.pdf

Schmidt-Denter, U. & Schmitz, H. (1997). Gruppeninterventionen für Kinder aus Trennungs- und Scheidungsfamilien: Ein Literaturüberblick. *Psychologie, Erziehung, Unterricht, 14,* 13–26.

Schoemaker, K., Kruiff, A., de Visser, M., von Lawick, J. & Finkenauer, C. (2017). *Vechtscheidingen. Beleving en ervaringen van ouders en kinderen en verandering na Kinderen uit de Knel. Onderzoeksrapport.* Amsterdam, Utrecht: Academische Werkplaats aanpak Kindermishandeling.

Schreiner, J. (2014). Therapeutische Shuttle-Beratung. *Psychoscope, 1,* 8–11.

Schubert, Ch. (2015). *Psychoneuroimmunologie und Psychotherapie* (2. Aufl.). Stuttgart: Schattauer.

Seiffert, S. (2015). *Die Paritätische Doppelresidenz: Eignung der wechselseitigen Kinderbetreuung infolge elterlicher Trennung.* Hamburg: Diplomica-Verlag.

Shell Jugendstudie Nr. 16. (2010). *Jugend 2010.* Frankfurt a. M.: Fischer Taschenbuch.

Shore, A. & McIntosh, J. (2011). Family law and the neuroscience of attachment, part 1. *Family Court Review, 3,* 501–551. http://doi.org/10.1111/j.1744-1617.2011.01387.x

Siegler, R.S. & Jenkins, E.A. (1989). *How children discover new strategies.* Hillsdale, NJ: Erlbaum.

Staub, L. (1997). *Das Begleitete Besuchsrecht für Väter.* Lizentiatsarbeit, Psychologisches Institut, Universität Bern.

Staub, L. (2001). *Die Vater-Kind-Beziehung unter besonderer Berücksichtigung der Bedeutung des nichtsorgeberechtigten Vaters und des Stiefvaters nach der Scheidung der Eltern.* Dissertation, Psychologisches Institut, Universität Bern.

Staub, L. & Felder, W. (2004). *Scheidung und Kindeswohl: Ein Leitfaden zur Bewältigung schwieriger Übergänge.* Bern: Huber.

Staub, L. (2006). Pflichtmediation: Mythos und Wirklichkeit. *Zeitschrift für das Vormundschaftswesen, 3,* 121–133.

Staub, L., Baumgartner, L., Michel, Ch. & Felder, W. (2007). *Replikation des Mütterprogramms „New Beginnings" von Wolchik et al. (1993): Pilotstudie.* Unveröffentlichter Artikel [uzu beziehen bei der Autorin], Kinder- und Jugendpsychiatrie der Universität Bern.

Staub, L. (2009). Die Pflichtmediation als scheidungsbezogene Kindschutzmassnahme. *Zeitschrift des Bernischen Juristenvereins ZBJV, 5,* 404–418.

Staub, L. (2010a). Interventionsorientierte Gutachten bei Sorge- und Besuchsrechtsstreitigkeiten. *Zeitschrift für Kinder- und Erwachsenenschutz, 1,* 34–46.

Staub, L. (2010b). Kontaktwiderstände des Kindes nach der Trennung der Eltern: Ursache, Wirkung und Umgang. *Zeitschrift für Kinder- und Erwachsenenschutz, 5,* 349–364.

Staub, L. (2012). Bedeutung des Kindeswillens und des Persönlichkeitsrechts bei Umgangswiderständen. In A. Rumo-Jungo, C. Fountoulakis & P. Pichonnaz (Hrsg.), *Der neue Familienprozess* (S. 140–161). Zürich: Schulthess-Medien.

Staub, L. (2013). Bedeutung des Bindungskonzepts im interdisziplinären Diskurs. *Zeitschrift für Kindes- und Erwachsenenschutz, 4,* 235–250.

Staub, L. & Kilde, G. (2013). Erinnerungskontakte bei urteilsfähigen Kindern aus psychologischer und juristischer Sicht. *Zeitschrift des Bernischen Juristenvereins ZBJV, 11,* 934–954.

Staub, L. (2018). *Trennung mit Kindern – was nun? Ratgeber für betroffene Eltern.* Bern: Hogrefe. http://doi.org/10.1024/85877-000

Staub, L., Grütter, Th. & Reardon-Kofmel, I. (2020, 21. September). Anleitung zur Beurteilung familienrechts-psychologischer Gutachten. *Jusletter.* https://jusletter.weblaw.ch/juslissues/2020/1037/anleitung-zur-beurte_d1e1a03786.html [Zugriff am 14. Dezember 2022].

Steffens, M.C. & Mehl, B. (2003). Erscheinen „Karrierefrauen" weniger sozial kompetent als „Karrieremänner"? *Zeitschrift für Sozialpsychologie, 34,* 173–185. http://doi.org/10.1024//0044-3514.34.3.173

Sünderhauf, H. (2013). *Wechselmodell: Psychologie – Recht – Praxis.* Berlin: Springer. http://doi.org/10.1007/978-3-531-19019-8

Textor, M. (1999). Bildung, Erziehung, Betreuung. *Unsere Jugend, 51,* 527–533.

Trachsel, M., Hermann, H. & Biller-Andorno, N. (2014). Urteilsfähigkeit: Ethische Relevanz, konzeptionelle Herausforderung und ärztliche Beurteilung. *Schweiz Med Forum, 14,* 221–225. http://doi.org/10.4414/smf.2014.01843

Uhlhaas, P.J. & Konrad, K. (2011). *Das adoleszente Gehirn.* Stuttgart: Kohlhammer.

Vandell, D.L., Belsky, J., Burchinal, M., Vandergrift, N. & Steinberg, L. (2010). Do effects of early child care extend to age 15 years? Results from the NICHD SECCYD. *Child Development, 81,* 737–756. http://doi.org/10.1111/j.1467-8624.2010.01431.x

Vermeer, H.J. & Ijzendoorn, M.H. van (2006). Children's elevated cortisol levels at daycare: A review and meta-analysis. *Early Childhood Research Quarterly, 2,* 390–401. http://doi.org/10.1016/j.ecresq.2006.07.004

Volbert, R. (1998). Sexualwissen von Kindern. *Forum für Sexualaufklärung, 2,* 5–8.

Volbert, R. (1996). Suggestive Beeinflussung von Kinderaussagen. *Psychologische Rundschau, 47,* 183–198.

Volbert, R. (2005). Standards der psychologischen Glaubhaftigkeitsdiagnostik. In H.-L. Kröber & M. Steller (Hrsg.), *Psychologische Begutachtung im Strafverfahren – Indikationen und Qualitätsstandards* (S. 171–203). Darmstadt: Steinkopff.

Volbert, R. & Steller, M. (2014). Is this testimony truthful, fabricated, or based on false memory? Credibility assessment 25 years after Steller and Köhnken (1989). *European Psychologist, 19*, 207–220. https://doi.org/10.1027/1016-9040/a000200

Walper, S. (2006). Das Umgangsrecht im Spiegel psychologischer Forschung. In Deutscher Familiengerichtstag e.V. (Hrsg.), *Sechzehnter Deutscher Familiengerichtstag vom 14. bis 17. September 2005 in Brühl* (S. 23–42). Bielefeld: Gieseking.

Walper, S., Thönnissen, C., Wendt, E.-V. & Bergau, B. (2009). *Geschwisterbeziehungen in riskanten Familienkonstellationen. Band 7 der SPI Materialien.* Herausgegeben vom Sozialpädagogischen Institut des SOS-Kinderdorf e.V. München: Eigenverlag.

Walper, S. & Krey, M. (2011). Elternkurse zur Förderung der Trennungsbewältigung und Prävention von Hochkonflikthaftigkeit: Das Beispiel „Kinder im Blick". In S. Walper, J. Fichtner & K. Normann (Hrsg.), *Hochkonflikthafte Trennungsfamilien: Forschungsergebnisse, Praxiserfahrungen und Hilfen für Scheidungseltern und ihre Kinder* (S. 189–212). Weinheim und München: Juventa.

Walper, S. & Retz, E. (2015). Hochstrittige Eltern in Zwangskontexten: Effekte des Elternkurses Kinder im Blick. *Praxis der Rechtspsychologie, 25,* (1/2), 61–84.

Watzlawick, P. (2005). *Münchhausens Zopf oder Psychotherapie und Wirklichkeit.* München: Piper.

Weiner, I.B. & Freedheim, D.K. (2003). *Handbuch der Psychologie* (S. 438). Hoboken: Wiley.

Weithorn, L.A. & Campbell, S.B. (1982). The competency of children and adolescents to make informed treatment decisions. *Child Development, 53,* 1589–1598. https://doi.org/10.2307/1130087

Westhoff, K., Terlinden-Arzt, P. & Klüber, A. (2000). *Entscheidungsorientierte psychologische Gutachten für das Familiengericht.* Berlin und Heidelberg: Springer.

Wettig, J. (2010). Frühe Bindungserfahrung beeinflusst Genaktivität. *Hessisches Ärzteblatt, 4*, 223 ff. https://doi.org/10.1007/978-3-642-57264-7

Wiemann, I. (2008a). Psychologische und soziale Voraussetzungen für die Rückführung von Pflegekindern zu ihren leiblichen Eltern. *Unsere Jugend, 49*, 229–237.

Wiemann, I. (2008b). *Ratgeber Pflegekinder: Erfahrungen, Hilfen, Perspektiven.* Reinbek: Rowohlt.

Wienand, F. (2018). *Projektive Diagnostik bei Kindern, Jugendlichen und Familien.* Stuttgart: Kohlhammer.

Willi, J. (1975). *Die Zweierbeziehung. Spannungsursachen, Störungsmuster, Klärungsprozesse, Lösungsmodelle – Analyse des unbewussten Zusammenspiels in Partnerwahl und Paarkonflikt: Das Kollusionskonzept.* Reinbek: Rowohlt.

Wolchik, S.A., West, S., Westover, S., Sandler, I., Martin, A., Lustig, J. et al. (1993). The children of divorce parenting intervention: Outcome evaluation of an empirically-based program. *American Journal of Community Psychology, 21,* 293–331. http://doi.org/10.1007/BF00941505

Wolchik, S.A., Sandler, I.N., Millsap, R.E., Plummer, B.A., Greene, S.M., Anderson, E.R. et al. (2004). Six-year follow-up of a randomized, controlled trial of preventive interventions for children of divorce. *Journal of the American Medical Association, 288,* 1874–1881. http://doi.org/10.1001/jama.288.15.1874

Wolchik, S. A., Sandler, I. N., Winslow, E. & Smith-Daniels, V. (2005). Programs for promoting parenting of residential parents: Moving from efficacy to effectiveness. *Family Court Review, 43,* 65–80. http://doi.org/10.1111/j.1744-1617.2005.00008.x

Wolfgram, M. (2009). *Stalking: Ein sozialpädagogischer Leitfaden für die Beratung der Opfer*. Hamburg: Diplomica.

Wygotski, L. S. (1971). *Denken und Sprechen*. Frankfurt: S. Fischer Verlag.

Ziegler, H. (2011). Soziale Arbeit und das gute Leben. In C. Sedmak, C. Babic, R. Bauer & C. Posch (Hrsg.), *Der Capability-Approach in sozialwissenschaftlichen Kontexten*. Wiesbaden: VS-Verlag.

Zitelmann, M. (2001). *Kindeswohl und Kindeswille im Spannungsfeld von Pädagogik und Recht*. Münster: Votum.

Zöchling, S. (2016). *Strategien zur erfolgreichen Vereinbarung von Kinderbetreuung und Homeoffice*. Bachelorarbeit, Studiengang „Betriebswirtschaft & Wirtschaftspsychologie“, Ferdinand Porsche FernFH, Wien.

Die Autorin

Dr. phil. Liselotte Staub ist in Bern aufgewachsen. Nach einer Lehrerausbildung und dem Studium und Promotion in Psychologie an der Universität Bern hat sie sich zur Psychotherapeutin ausbilden lassen und sich gleichzeitig auf dem Gebiet der Familienrechtspsychologie spezialisiert.

Liselotte Staub ist selbständige Psychotherapeutin und Familienrechtspsychologin. Als solche beschäftigt sie sich mit Fragen im zivilrechtlichen Kindesschutz. Sie erstellt Gutachten für Gerichte, publiziert und hält regelmäßig Referate. Sie ist gewählte Fachrichterin am Kindes- und Erwachsenenschutzgericht des Kantons Bern.

Sachwortverzeichnis

F

G

L

Q

R

S

Z